LES FIGURES DU DISCOURS

LES FIGURES DU DISCOURS

PIERRE FONTANIER

LES FIGURES DU DISCOURS

Introduction par

GÉRARD GENETTE

FLAMMARION

INTRODUCTION

LA RHÉTORIQUE DES FIGURES

Ce traité des *Figures du Discours*, que l'on peut à bon droit considérer comme l'aboutissement de toute la rhétorique française, son monument le plus représentatif et le plus achevé, procède de l'union de deux ouvrages que leur auteur lui-même considérait comme destinés à former un tout, et sous le titre même que nous lui avons donné, ou plutôt restitué (1).

En 1818, lorsqu'il publie son *Commentaire* des *Tropes* de Dumarsais, Fontanier annonce (2) qu'il a déjà presque entièrement exécuté le vaste projet d'un traité général des figures, tenant compte des progrès de la « grammaire philosophique » depuis un demi-siècle, et destiné à supplanter l'ouvrage classique de Dumarsais, toujours universellement admiré depuis sa publication en 1730, mais obéré de certains défauts graves, et de toutes manières borné à une seule espèce de figures. Mais, ajoute-t-il, le prestige de Dumarsais lui a fait craindre de voir son propre travail mal reçu, et l'a contraint de publier tout d'abord un commentaire critique destiné à montrer, à côté de ses immenses mérites, les faiblesses et les lacunes de son déjà lointain prédécesseur. La publication du traité des *Figures du Discours* s'en trouve donc différée, et même suspendue : l'accueil fait au *Commentaire* décidera de son opportunité.

(1) « Les deux ouvrages n'en formeraient, joints ensemble, qu'un seul, un Traité général des figures du discours, dont l'un serait comme la première partie et l'autre comme la seconde. Dans le premier plan de l'Auteur, ils se trouvaient fondus l'un dans l'autre, et ils n'ont été séparés qu'à cause de l'usage où l'on est depuis longtemps dans les collèges d'affecter les tropes à la classe de Seconde, et les figures non tropes à la classe de Rhétorique » (*Avertissement* de la 4e édition du *Manuel des Tropes*, 1830, p. VII).

(2) *Préface*, pages XIV-XV. Cette édition des *Tropes* de Dumarsais avec un volume de *Commentaire raisonné* par Pierre Fontanier (Belin-Le Prieur, Paris, 1818) a été réimprimée en 1967 par Slatkine-Reprints, Genève.

Cet accueil fut, semble-t-il, assez favorable pour encourager Fontanier à mener à bien son grand projet, et en 1821 paraissait la première partie, intitulée *Manuel classique pour l'étude des Tropes*, et destinée, selon les programmes de l'époque, aux élèves de la classe de Seconde (les autres figures étant réservées à la classe de Rhétorique proprement dite). Le succès fut considérable, et l'ouvrage fut officiellement adopté comme manuel par l'Université. Pour des raisons inconnues de nous, Fontanier ne profita pas de ce succès pour publier immédiatement la seconde partie. En revanche, il donna en 1822 une deuxième édition sensiblement remaniée de son manuel des tropes, que devait suivre une troisième en 1825. Le livre des *Figures autres que tropes* voyait enfin le jour en 1827 chez De Maire-Nyon à Paris, suivi d'une quatrième édition (chez le même) du *Manuel des tropes* en 1830. C'est le texte de ces deux éditions, la seule en ce qui concerne les *Non-Tropes*, la dernière, expressément corrigée par l'auteur (3), en ce qui concerne les *Tropes*, que nous avons repris ici.

Les deux ouvrages étaient donc, apparemment dès avant 1818, étroitement liés dans l'esprit de leur auteur; en 1827, il déplore encore d'avoir dû les séparer pour des raisons scolaires dont il désapprouve d'ailleurs le principe : « Peut-être finira-t-on un jour par reconnaître qu'il conviendrait que toutes les sortes de figures fussent réunies dans un seul et même Traité, pour être l'objet d'un seul et même enseignement. Ce serait en effet le seul moyen de bien faire saisir, soit les rapports, soit les différences des unes aux autres » (4), et voici comment il s'exprime à ce sujet, pour la dernière fois, en 1830 : « Tout séparés ou séparables qu'ils sont, on peut toujours, si l'on veut, les réunir en un seul, et c'est ce que ne manqueront pas de faire ceux qui voudront connaître dans son entier et dans son ensemble le système de l'auteur, incontestablement le plus raisonné et le plus philosophique, comme le plus complet, qui ait encore paru en notre langue, et peut-être en aucune

(3) « Voici la 4e édition donnée par l'Auteur lui-même (...) qui déclare y avoir donné ses derniers soins et n'avoir désormais qu'à la recommander, pour la fidélité de l'exécution, aux imprimeurs chargés de la reproduire » (*Avertissement*, p. VI-VII).

(4) *Avertissement* des *Figures autres que tropes*, pages V-VI.

autre » (5). C'est donc bien le vœu de Fontanier qui se réalise aujourd'hui, après un siècle et demi d'attente.

Comme il s'en flatte (on vient de le voir) à juste titre, et contrairement à ce que l'on aurait naturellement tendance à croire aujourd'hui, le propos de Fontanier — écrire un traité complet des figures — est en 1818 une entreprise originale, en laquelle il a eu sans doute très peu de prédécesseurs, et aucun imitateur (si bien que ce traité est pour nous, pratiquement, le seul du genre). Il se situe en effet à mi-chemin entre deux partis extrêmes qui ont été honorés chacun à sa façon au cours du règne de la Rhétorique.

Le premier, dont le type les plus illustre se trouve évidemment chez Aristote, est le traité général embrassant la totalité du champ rhétorique, lequel se compose, comme on le sait, d'un art de l'invention (*inventio*) : sujets, arguments, lieux, techniques de persuasion et d'amplification; d'un art de la composition générale ou disposition (*dispositio*) des grandes parties du discours (exorde, narration, discussion, péroraison); d'un art du style ou *elocutio* : choix et disposition des mots dans la phrase, effets de rythme et d'homophonie, figures. Bien que l'Antiquité grecque ait déjà connu quelques différences d'orientation assez sensibles (par exemple, les premières rhétoriques syracusaines, celles de Corax et de Tisias, se souciaient avant tout des techniques d'argumentation et de construction, tandis que Gorgias est plutôt un styliste épris de récurrences phoniques et d'effets de symétrie), on peut dire que la rhétorique ancienne — la plus fidèle, comme il va de soi, aux exigences de la technique proprement oratoire — met surtout l'accent sur l'*inventio* et le *dispositio*, c'est-à-dire sur le contenu et la structure syntagmatique du discours (6). Le discours, considéré en lui-même et pour lui-même, est en effet l'objet essentiel de cette rhétorique, que l'on qualifierait volontiers de rhétorique du discours, ou (si l'on craint ce pléonasme) rhétorique par excellence.

Le second parti, représenté entre autres par le célèbre traité des *Tropes* de Dumarsais, ou par le poème didactique de François de Neufchâteau (*Les Tropes ou les Figures de Mots*, lu à l'Académie en 1816 et publié en

(5) *Avertissement* de la 4e édition des *Tropes*, page VII.
(6) Cf. A.-E. Chaignet, *La Rhétorique et son histoire*, Wieveg, Paris, 1888.

1817), s'en tient au contraire à un seul aspect de l'*elocutio*, et même à une seule catégorie de figures, celle des « figures de signification ». En fait, ce n'est pas en rhétoricien, mais en « grammairien » — nous dirions aujourd'hui en linguiste — que le collaborateur de l'Encyclopédie s'est occupé des tropes : « Ce traité, dit-il lui-même, me paraît être une partie essentielle de la grammaire, puisqu'il est du ressort de la grammaire de faire entendre la véritable signification des mots, et en quel sens ils sont employés dans le discours » (7). L'unité typique n'est plus ici, comme en rhétorique ancienne, l'énoncé complet, phrase ou groupe de phrases, mais le *mot* : unité plus grammaticale que rhétorique. En outre, la « véritable signification » de ces mots, le « sens dans lequel ils sont employés dans le discours », placés ici sous la juridiction du grammairien, sont considérés au niveau du droit commun de langue et non pas de l'ordre privilégié de l'éloquence ou des Belles-Lettres : le sous-titre indique, de façon caractéristique, qu'il s'agit pour l'auteur d'étudier les « différents sens dans lesquels on peut prendre un même mot dans une même langue ». L'attitude de Dumarsais est donc celle d'un lexicologue ou d'un « sémanticien », à peu près au sens que l'on donnera à ce mot à la fin du XIXe siècle. Ce parti proprement linguistique explique en particulier l'insouciance que met Dumarsais (et que Fontanier lui reprochera si vivement) à distinguer, parmi les diverses substitutions de sens, celles qui sont *de la langue* et imposées par la « nécessité », c'est-à-dire la carence du lexique (exemple : un cheval « *ferré* d'argent »), et celles qui sont *du discours*, oratoire ou poétique, choisies par décision de style (exemple : *le fer* pour l'épée) : distinction dépourvue de pertinence dans la perspective du grammairien.

Entre ce propos très général (tout le discours) et ce propos très particulier (seulement les tropes), tout se passe comme si Fontanier avait opté, quant à l'ampleur du champ, pour un parti intermédiaire : seulement les figures, mais toutes les figures; soit, en plus des tropes proprement dits, ce qu'il nomme figures d'expression, de diction, de construction, d'élocution, de style et de pensée. Mais le plus important n'est pas ce changement d'extension en lui-même : c'est le choix d'attitude qu'il

(7) *Des Tropes*, édition Belin, 1818, page 22.

implique, ou qu'il entraîne, et qui marque de son sceau le dernier épisode de l'aventure rhétorique. Si l'unité pertinente et la notion centrale de la rhétorique ancienne étaient l'énoncé et celle de la tropologie selon Dumarsais le mot, celle de Fontanier est évidemment, et pour la première fois semble-t-il, la figure elle-même, dans son extension syntagmatique variable qui va, précisément, du mot (figures de mots) à l'énoncé complexe (figures de pensée) et qui commandera l'ordonnance même de l'exposé. Son traité n'est pas seulement étendu, d'une manière exhaustive et exclusive, à tout le champ des figures, il est aussi *centré*, pour ainsi dire, sur le concept même de figure. Le souci fondamental de Fontanier, qui s'était déjà exprimé avec force dans sa critique de Dumarsais, c'est en effet de définir ce concept le plus rigoureusement possible, dans son extension et sa compréhension, et de dresser un inventaire scrupuleusement fidèle, dans le détail de ses exclusions et de ses annexions, à la lettre et à l'esprit de la définition. Or, cette définition, telle qu'il l'articule en s'appuyant sur la tradition académique, caractérise nettement cette troisième (et dernière) version de la rhétorique comme sa version *stylistique* (au sens moderne) : « Les figures du discours sont les traits, les formes ou les tours... par lesquels le langage... s'éloigne plus ou moins de ce qui en eût été l'expression simple et commune ». On voit immédiatement que la figure est ici définie, comme le « fait de style » pour les stylisticiens d'aujourd'hui, comme un *écart*.

Mais écart par rapport à quelle norme ? Pour la stylistique, on le sait, la réponse est sans ambiguïté : la norme dont s'écarte le « style », c'est l'*usage* (les difficultés commençant avec la nécessité de définir et même, plus simplement, de *saisir* cet usage) : on caractérisera ainsi comme écart, et l'on mesurera comme tel, le fait brut d'employer tel mot plus fréquemment que ne l'emploie la langue commune. La réponse de Fontanier est plus complexe : apparemment, l'expression « simple et commune » est bien celle de l'usage courant, et la figure semble donc définie comme écart à l'usage. Et de fait, il arrive bien que Fontanier oppose de manière à peu près univoque la figure à l'usage : « On pourrait, dit-il dans le *Commentaire*, prouver par mille exemples que les figures les plus hardies dans le principe cessent d'être regardées comme figures lorsqu'elles sont devenues tout à fait communes et usuelles » (8). Mais d'autre part il sait bien, comme tous les rhétoriciens le répètent depuis Boileau, que les figures sont aussi *dans* l'usage, et qu'il s'en produit plus en un jour de halle qu'en plusieurs séances d'Académie. En fait, tout écart (à l'usage) n'est pas figure (comme le montre justement l'exemple des écarts de fréquence dans le vocabulaire), et toute figure n'est pas écart à l'usage, puisque l'usage, et nommément le plus populaire, voire le plus « primitif », comme l'a déjà montré le rhétoricien écossais Hugh Blair à propos d'un discours tenu par un chef indien (9), est lui-même saturé de figures, et que les figures « font partie du langage que la nature inspire à tous les hommes » (10). Il faut donc bien chercher un autre critère de la figure, une autre norme à laquelle elle fasse écart d'une manière plus spécifique et plus pertinente. Ce critère, auquel Fontanier s'est attaché avec beaucoup de rigueur, c'est celui que désigne un peu timidement, dans « expression simple et commune », l'adjectif « simple ». Pour la rhétorique, la figure n'est pas essentiellement ce qui s'oppose à l'expression commune, mais ce qui s'oppose à l'expression *simple* : ainsi, dans le cas des tropes, est trope-figure le mot pris dans un sens détourné qui s'oppose au mot pris dans son sens propre ou « mot propre »; l'opposition pertinente n'est donc pas *figuré/usuel*, mais *figuré/littéral* : le figuré n'existe qu'en tant qu'il s'oppose au littéral, la figure n'existe qu'autant qu'on peut lui opposer une expression littérale. Ainsi, le trope forcé, ou catachrèse, du type « *ferrer* d'argent », est bien un trope en ce que le mot *ferrer* y est pris dans un sens détourné ou *extensif*; mais il n'est pas figure, parce qu'il ne résulte pas du choix d'un mot détourné à la place du (de préférence au) mot propre, comme lorsqu'on écrit *flamme* pour « amour », puisque dans le cas de « ferrer d'argent », le mot propre n'existe pas (11).

(8) Page 6.

(9) Hugh Blair, *Leçons de Rhétorique et de Belles-Lettres* (1783), traduction française par J.-P. Quénot, 3e édition, Hachette, Paris, 1845, tome I, page 114, note.

(10) *Ibid.*, page 242. Fontanier connaît bien la *Rhétorique* de Blair, une des plus célèbres du XVIIIe siècle, qu'il cite à plusieurs reprises.

(11) Qu'il ait ou non existé dans un état antérieur de la langue n'a ici aucune importance : la rhétorique, portant des états de *conscience linguistique*, est enfermée dans la synchronie. Ajoutons que pour Fontanier l'absence

D'où ce paradoxe apparent, que les tropes sont une espèce de figures, et que cependant certains tropes ne sont pas des figures : c'est qu'en réalité, pour Fontanier, les deux classes ne sont pas, comme on l'a dit jusqu'à lui, dans un rapport d'inclusion et de hiérarchie (genre/espèce), mais dans un rapport d'intersection. Le critère du trope, c'est le changement de sens d'un mot, et à ce titre, certaines figures seulement sont des tropes; mais le critère de la figure, c'est la substitution d'une expression (mot, groupe de mots, phrase, voire groupe de phrases) à une autre, que le rhétoricien doit pouvoir restituer mentalement pour être en droit de parler de figure : et à ce titre, certains tropes seulement sont des figures. Le tort de Dumarsais n'est pas d'avoir rangé les autres, en grammairien-sémanticien, dans un traité des tropes; c'est de n'avoir pas précisé, dans son indifférence à la dimension stylistique, que ces tropes-là n'étaient pas figures.

A cette exclusion de la catachrèse, on voit répondre, à l'autre bout de la chaîne, l'éviction de certaines figures de style ou de pensée, au nom du même critère de substitution. Des mouvements de pensée tels que la délibération, la concession, l'interrogation, l'apostrophe, le souhait, la menace, etc., ne méritent le nom de figure que pour autant qu'ils se révèlent à l'analyse fictifs et artificiels. Poser une question — si caractéristique que soit, grammaticalement, la *forme* interrogative — ne constitue pas en soi-même une figure : c'est une attitude de pensée qui s'exprime de manière adéquate et immédiate dans une tournure syntaxique. Pour trouver une figure dans une interrogation, il faut et il suffit d'y voir (sans modification du texte, bien entendu) une « fausse interrogation », c'est-à-dire, de lire cette interrogation comme *valant pour* une assertion : comme lorsqu'Hermione s'écrie « Qui te l'a dit ? » non pas pour savoir qui a donné à Oreste l'ordre de tuer Pyrrhus, mais pour nier que cet ordre ait été donné. De même, la délibération avec soi-même n'est figure, pour Fontanier, que si le véritable mouvement de pensée qu'elle exprime en le travestissant *n'est pas* délibératif : voir l'opposition très démonstrative entre la « dubitation » (vraie)

de *mot propre* fait catachrèse même s'il existe une *expression propre* en plusieurs mots (donc en circonlocution) : ainsi, *violon* pour « joueur de violon » n'est qu'une catachrèse de métonymie (*violoniste* est postérieur).

d'Hermione et la « délibération » (feinte) de Didon : cette dernière « est sans contredit une figure, et une figure de pensée; mais l'on voit pourquoi : *la combinaison, l'artifice, s'y montrent* assez à découvert » (nous soulignons). Le mot *artifice* est à prendre ici dans son double sens d'*effet de l'art* (« artificiel ») et de *feinte* ou, plus brutalement, de *mensonge* (« artificieux ») : mais feinte et mensonge qui ne cherchent pas effectivement à tromper, mais au contraire attendent d'être percés à jour, démasqués, traversés, traduits, pour produire leur véritable effet, qui tient à l'écart perçu, reconnu et identifié entre le signe et le sens; lequel écart, paradoxalement, motive et valorise le signe en lui donnant une forme perceptible et spécifique.

On voit donc s'affirmer chez Fontanier, de la façon la plus nette, l'essence *substitutive* de la figure. On peut certes regretter (mais à condition de pouvoir lui opposer un autre critère vraiment efficace, ce qui, à notre connaissance, n'a jamais été fait) cette extension du critère de substitution (jusque-là réservé aux tropes) à toutes les figures, y compris les « figures de pensée », ainsi caractérisées par l'écart entre la pensée dite et la pensée vraie, ce qui réduit implicitement le champ de la rhétorique à celui de la parole feinte, simulée, travestie, alors que son ambition ancienne (et la valeur moderne de cette ambition) était de vouloir codifier la totalité des discours, sans distinction d'artifice ou de véracité. Mais il faut aussi considérer ce qu'apporte à la théorie du discours cette sorte d'obsession substitutive qui marque la rhétorique des figures telle que la révèle et l'accomplit le livre de Fontanier : une conscience aiguë, et très précieuse, de la dimension *paradigmatique* des unités (grandes ou petites) du discours : dimension et conscience sans lesquelles aucune analyse syntagmatique n'est vraiment possible. Identifier une unité de discours, c'est bien nécessairement la comparer et l'opposer, implicitement, à ce que pourrait être, en ses lieu et place, une autre unité « équivalente », c'est-à-dire à la fois semblable et différente. Caractériser un exorde, un épisode, une description, c'est bien nécessairement évoquer à son propos ce qu'aurait été, au même endroit, un autre exorde ou une absence d'exorde, un autre épisode ou une absence d'épisode, une autre description ou une absence de description. Percevoir un langage, c'est bien nécessairement imaginer, dans le même espace ou dans le même instant, un silence ou un autre langage. Il y a donc ceci d'exemplaire, dans la rhétorique des figures, et dans sa version la plus délibérément « substitutionaliste », qu'elle *figure*, à son tour, un mouvement nécessaire, constitutif, de la pensée du langage et de son exercice même. Sans le pouvoir de se taire ou de dire autre chose, il n'est pas de parole qui vaille : voilà ce que symbolise et manifeste la grande querelle de Fontanier contre la catachrèse. Nous ne pouvons parler si nous ne savons pourquoi nous parlons, pourquoi nous disons *ceci plutôt que cela*. La parole *obligée* n'oblige pas, la parole qui n'a pas été élue parmi d'autres paroles possibles, cette parole ne dit rien, ce n'est pas une parole. S'il n'y avait pas de figures, y aurait-il seulement un langage ?

L'autre innovation dont s'enorgueillit Fontanier, c'est sa « division » des figures, et il faut bien y reconnaître, en effet, l'un des chefs-d'œuvre de l'intelligence taxinomique — certes préparé par les divers efforts d'une tradition millénaire, et apparemment favorisé par cet esprit d'analyse qui marque au début du XIXe siècle le mouvement dit de l'*Idéologie*, auquel Fontanier, comme le Stendhal de *De l'Amour*, semble se rattacher par sa pensée et sa méthode. S'il est un titre auquel Fontanier peut légitimement prétendre, c'est bien celui (balzacien, cette fois) de *Linné de la rhétorique*. Pour se faire une juste idée de cette classification, il faut en effet l'envisager dans son emboîtement hiérarchique de sept *classes* (le terme est de Fontanier) divisées en genres, espèces et variétés. Le niveau de la classe correspond à la fois à la nature (figures de signification, de construction, de « choix et assortiment des mots », etc.) et au degré d'extension syntagmatique (mot, groupe de mots, proposition, phrase, énoncé) de la figure; le niveau du genre, au moyen mis en œuvre : expansion, liaison, opposition, consonance, etc.; le niveau de l'espèce, parfois subdivisée en variétés, est celui de la définition formelle la plus compréhensive possible; c'est celui, en quelque sorte, de l'unité taxinomique, et donc celui par excellence de la nomenclature : lorsqu'on désigne une figure par son « nom », soit *métaphore* ou *antithèse*, c'est toujours une espèce (ou à la rigueur une variété, comme *anaphore*, variété de la *répétition*) que l'on désigne; le dernier niveau est celui des individus particuliers et concrets, que l'on ne peut plus définir, mais seulement *citer* : les exemples; mais, à la différence de ce qui se passe dans les sciences naturelles, ces individus sont pourtant ici, non pas des faits singuliers, mais encore des classes d'occurrences, dont chacune peut se solder par des milliers d'occurrences réelles : ainsi de la métaphore particulière mais (ô combien) itérative : *flamme* pour amour.

La première classe, celle des *figures de signification* (ou tropes proprement dits, c'est-à-dire en un seul mot) est celle où l'effort de clarification est, de la part de Fontanier, le plus sensible et peut-être le plus heureux. A l'énumération désordonnée de Dumarsais succède une division en trois genres-espèces fondamentaux : métonymie, synecdoque, métaphore (12). Cette division corrige celle de Vossius, laquelle comportait quatre genres, dont l'ironie ou antiphrase, que Fontanier exclut de la liste des tropes comme portant toujours, en réalité, sur plus d'un mot; elle amende aussi celle que proposait curieusement Dumarsais *in fine* et sans l'avoir appliquée lui-même, et qui comprenait trois genres : tropes par ressemblance (métaphore), par contraste (ironie), par liaison (métonymie et synecdoque). L'important est donc ici dans le retour à la distinction que Fontanier justifie avec une grande rigueur, entre métonymie et synecdoque, qualifiées de tropes par « correspondance » et par « connexion ». Cette distinction tient à la présence ou à l'absence d'un rapport d'*inclusion* entre les deux objets implicitement rapprochés par le trope : dans la métonymie, les deux objets font chacun « un tout absolument à part », leur rapport est de dépendance externe (exemple : cause-effet, contenant-contenu); dans la synecdoque, les deux objets forment un ensemble tel que « l'existence ou l'idée de l'un se trouve comprise dans l'existence ou l'idée de l'autre » : rapport de dépendance interne (exemple : tout-partie, genre-espèce). Opposition d'une grande valeur logique, même si certains cas sont difficiles

(12) La catégorie annexe des « tropes mixtes » ou syllepses n'est pas une quatrième espèce; elle n'est même pas véritablement une catégorie « mixte », ce qui supposerait une superposition de plusieurs tropes dans le même mot (cela se produit, mais c'est tout autre chose : ainsi dans « boire un *verre* », on a à la fois une métonymie désignant le contenu par le contenant, et, selon Fontanier, une synecdoque désignant ce contenant par sa matière). La syllepse résulte de la présence simultanée dans la même proposition, voire dans le même mot, du sens propre et du sens figuré : *Rome n'est plus dans Rome*, ou encore, *Brûlé de plus de feux que je n'en allumai*.

à distribuer en pratique (13), et il est dommage qu'elle se soit perdue dans la conscience réthorique moderne, qui amalgame les deux rapports sous le même concept de *contiguïté*. Dans cette classe des tropes, les niveaux hiérarchiques de genre et d'espèce se confondent, mais les espèces se subdivisent en variétés selon les modalités particulières que prennent les rapports de dépendance et d'inclusion, et selon la catégorie grammaticale (nom, verbe, adjectif, etc.) sur lequel porte, pour les métaphores, le rapport de ressemblance, ou encore selon la répartition des deux objets dans les classes animé/inanimé.

La deuxième classe (*figures d'expression*) embrasse encore des figures portant sur la signification, mais étendues sur plusieurs mots : soit par *fiction* (« notre esprit produit une pensée sous des couleurs ou des traits qu'elle n'a pas naturellement »), comme l'allégorie, soit par *réflexion* (« les idées énoncées se réfléchissent sur celles qui ne le sont pas ») comme l'allusion ou la litote, soit par *opposition*, comme l'ironie. La troisième classe, celle des *figures de diction* (modification matérielle dans la forme des mots), est mentionnée pour mémoire, comme purement grammaticale et dépourvue de pertinence stylistique; ce qui pourrait prêter à discussion : on sait bien qu'en latin, par exemple, et même en français classique, certaines « formes poétiques » nées de contraintes métriques ou autres (*encor*, *avecque*) peuvent fonctionner comme de véritables indices du style poétique. La quatrième classe est celle des *figures de construction* (ordre des mots), soit par *révolution* (changement d'ordre), comme l'inversion, soit par *exubérance* (expansion), comme l'apposition, soit par *sous-entente*, comme l'ellipse. La cinquième classe rassemble les *figures d'élocution*, qui procèdent du « choix et assortiment des mots » au niveau de l'expression de l'*idée* (notion d'une chose) : par *extension*, comme l'épithète, par *déduction*, comme la répétition ou la synonymie, par *liaison* (ou absence de liaison), par *consonance*, comme l'allitération. Sixième classe : *figures de style* (choix et assortiment des mots toujours, mais pour l'expression d'une *pensée*, c'est-à-dire d'un jugement mettant en relation au moins

(13) Ainsi, *fer* pour « épée », *verre* pour « récipient en verre » sont pour Fontanier des synecdoques en tant qu'il voit dans la matière une partie de la chose; mais on peut aussi bien, ou mieux, y lire des métonymies : car le concept de la matière dont il est fait n'est pas inclus tout entier dans celui de l'objet.

deux « idées »), par *emphase* (encore une expansion), comme l'énumération, par *tour de phrase*, comme l'apostrophe ou l'interrogation, par *rapprochement*, comme la comparaison ou l'antithèse, par *imitation* (du signifié par le signifiant), comme l'hypotypose ou l'harmonie imitative. Septième et dernière classe : *figures de pensée* (tour donné à la pensée elle-même, indépendamment de son « expression »), par *imagination*, comme la prosopopée, par *raisonnement*, comme la délibération ou la concession, par *développement*, comme les diverses espèces de description.

Le tableau ainsi résumé peut paraître d'une complexité excessive, et l'on souhaiterait pouvoir lui substituer quelque répartition plus simple, comme celles qu'offrait déjà la tradition antérieure, en figures de mots/figures de pensée, ou figures de grammaire/figures de rhétorique, ou figures d'imagination/figures de passion. Fontanier examine lui-même cette question, et il va de soi qu'il fournit d'excellentes raisons pour rejeter toutes les classifications sauf la sienne. Et il faut reconnaître que ses arguments sont solides, et qu'on ne le prend jamais, dans le détail, en flagrant délit de distinction arbitraire ou abusive. C'est peut-être au niveau des grandes classes (où d'ailleurs il suit le plus fidèlement la tradition, et où il semble avoir hésité à innover) que l'on pourrait tenter de simplifier son tableau : les différences d'extension n'apparaissent pas comme les plus pertinentes, et l'on peut regretter qu'elles jouent un rôle stratégiquement si important : on rapprocherait ainsi volontiers les figures par fiction des métaphores, par réflexion des métonymies et synecdoques, ou encore les diverses formes d'expansion : exubérance, extension, emphase et développement. Mais proposer une nouvelle « division », ne serait-ce pas tomber à son tour dans cet excès taxinomique que l'on reproche à Fontanier ? Au demeurant, cette répartition par degré d'extension croissant, si elle peut paraître superficielle, présente aussi le grand avantage de manifester d'une manière très claire la projection, de plus en plus ambitieuse, du principe paradigmatique de substitution sur des unités syntagmatiques de plus en plus vastes. Il n'est pas indifférent de constater que cet inventaire des figures s'achève sur la liste des six espèces (ou variétés ?) de la *description* : topographie, prosopographie, éthopée, portrait, parallèle, tableau — où l'on voit se *résorber en figures* tout un pan (énorme) de l'édifice littéraire. Mieux encore : la dernière espèce nommée, le *tableau*, se définit ainsi : « On appelle du nom de *tableaux* certaines descriptions vives et animées de passions, d'actions, d'événements ou de phénomènes physiques ou moraux » — soit (si les mots ont un sens) tout ce que nous appelons aujourd'hui récit, plus quelques annexes, dans l'ordre du roman, de l'épopée, de l'histoire et de la chronique. Tout cela dans une seule, *last but not least*, des quelque quatre-vingt-deux figures dénombrées par Fontanier : telle est la démesure, tel est l'impérialisme — tel fut l'*empire* de la rhétorique.

L'histoire ne semble pas avoir gardé beaucoup de traces du passage de Pierre Fontanier. Les biographies du temps et les suivantes sont muettes à son sujet. On sait qu'il était, en l'an X, professeur de grammaire générale à l'École Centrale de l'Ardèche (14). En 1818, la page de titre du *Commentaire* le qualifie d' « ancien Professeur de Belles-Lettres et de Philosophie dans les Collèges royaux ». En 1821, il fait une communication à l'Académie de Rouen (14). En dehors de son œuvre rhétorique, il a donné des éditions commentées de la *Henriade*, du poème de Louis Racine *La Religion*, et d'extraits de Boileau, une *Clef des Etymologies*, et des *Études de la langue française sur Racine* qui sont un bel exemple de rhétorique appliquée. En 1830, après un dernier *erratum*, on perd sa trace : bref, une vie discrète et exemplaire de professeur, vouée apparemment tout entière à l'enseignement par la parole et par l'écrit. Faut-il souhaiter d'en savoir davantage?

Gérard GENETTE.

(14) Renseignements dus à l'obligeance de M. Claude Duchet.

MANUEL CLASSIQUE
POUR L'ÉTUDE DES TROPES
OU
ÉLÉMENS DE LA SCIENCE
DU SENS DES MOTS

Première partie d'un Traité général et complet des figures du discours, dont la seconde, aussi en un volume, a pour objet toutes les figures autres que les Tropes.

AVERTISSEMENT

(1830)

A peine cet ouvrage, qui ne date que de la fin de 1821, venait-il de paraître, qu'il fut adopté par l'Université, pour l'usage des collèges, et porté sur la liste des livres classiques. C'est aux classes de seconde qu'il se trouve particulièrement affecté, comme l'étaient déjà auparavant les *Tropes de Dumarsais;* et c'est en effet à ces classes qu'il paraît le plus convenir, puisqu'il est comme le complément de la science du langage, et une sorte d'introduction à la Rhétorique et à la Philosophie (*). Un fonctionnaire de l'Université, aussi distingué par son mérite personnel que par son titre d'inspecteur de l'Académie de Paris, et d'ancien proviseur du collège royal de Louis-le-Grand, M. Taillefer, dans ses utiles *Vues d'amélioration de l'instruction publique*, en fait le livre essentiel de la Seconde, et regarde comme indispensable que les élèves le possèdent avant d'entrer en Rhétorique (**). Le *Journal des Débats*, dans un assez long article qu'il lui a consacré en 1823, numéro du 12 janvier, en étend l'usage bien plus loin. « Nous pouvons, dit ce » journal, hardiment recommander cet excellent livre, » et aux Humanistes, auxquels il dévoilera les artifices » du langage, et qu'il exercera à l'analyse la plus exacte; » et aux Rhétoriciens, qui y trouveront les meilleurs » préceptes et les plus beaux exemples; et aux jeunes » Philosophes, qui y saisiront les rapports des mots avec » la pensée, qui y reconnaîtront, dans la substitution » des pensées aux pensées et des mots aux mots, les

(*) Il s'y trouve porté concurremment avec les *Tropes de Dumarsais*; mais il n'a eu besoin que d'être connu pour obtenir partout la préférence.

(**) M. Taillefer, après avoir dit, dans ce même ouvrage, que *Dumarsais, entre autres, avait déjà beaucoup fait pour la science des Tropes*, ajoute que le *Manuel de M. Fontanier ne laisse plus rien à désirer pour cette partie essentielle de l'enseignement*.

» effets de ce principe si fécond de l'association des » idées. »

Et ce n'est pas seulement pour les collèges que le *Manuel des Tropes* a été jugé utile; il l'a été encore pour les pensionnats de demoiselles; et par qui? par l'autorité assurément la plus compétente, par le Jury d'examen des institutrices de Paris. Mais on sent bien que les pensionnats de demoiselles où ce petit livre peut avoir son usage, sont ceux seulement où l'on donne quelque importance et quelque étendue à l'étude des belles-lettres : des demoiselles peu savantes en grammaire seraient très peu en état de l'entendre et d'en profiter.

Voici la quatrième édition donnée par l'Auteur luimême. Elle est très différente de la première, qui n'était en comparaison qu'une sorte d'essai; mais elle ne diffère guère de la troisième, qu'en ce qu'elle est plus châtiée, plus correcte, plus exacte; elle n'est guère, il faut le dire, qu'une réimpression, comme l'était la troisième, sauf quelques légers changemens, et il en sera de même de toutes celles qui pourront encore suivre. L'ouvrage a reçu toutes les améliorations dont il était susceptible, non pas sans doute en lui-même, mais relativement à la faible capacité de l'Auteur, qui déclare y avoir donné ses derniers soins, et n'avoir plus désormais qu'à le recommander, pour la fidélité de l'exécution, aux imprimeurs chargés de le reproduire.

Cependant, cette édition a sur les précédentes un avantage tout particulier et qui n'est pas à mépriser : c'est de pouvoir être accompagnée d'un volume qui se rattache au *Manuel* comme une sorte de suite ou de complément. Le *Manuel* ne traite que des figures du discours connues sous le nom de *Tropes*, et le volume dont il s'agit traite de toutes les figures, autres que les *Tropes*. Les deux ouvrages n'en formeraient donc, joints ensemble, qu'un seul, un Traité général des figures du discours, dont l'un serait comme la première partie, et l'autre comme la seconde. Dans le premier plan de l'Auteur, ils se trouvaient fondus l'un dans l'autre, et ils n'ont été séparés qu'à cause de l'usage où l'on est depuis long - temps dans les collèges d'affecter les *Tropes* à la classe de Seconde, et les figures non-*Tropes* à la classe de Rhétorique. Mais, tout séparés ou séparables qu'ils sont, on peut toujours, si l'on veut, les réunir en un seul, et c'est ce que ne manqueront pas de faire ceux qui voudront connaître dans son entier et dans son ensemble le système de l'Auteur, incontestablement le plus raisonné et le plus philosophique, comme le plus complet, qui ait encore paru en notre langue, et peut-être en aucune autre.

Les figures non-*Tropes* ne sont pas en Rhétorique, comme les *Tropes* en Seconde, l'objet d'un enseignement spécial et à part : elles n'entrent que comme partie accessoire dans les traités d'éloquence faits pour cette classe. Mais combien ne serait-il pas avantageux pour les jeunes Rhétoriciens de les connaître d'avance, et par conséquent d'en avoir fait succéder immédiatement l'étude à celle des *Tropes*! Cette nouvelle étude coûtera peu à ceux qui voudront l'entreprendre d'eux-mêmes et sans le secours du maître sous lequel ils auront à faire leur cours. Elle leur coûtera moins que celle des *Tropes*, parce qu'elle présente par elle-même beaucoup moins de difficultés, et parce que la première n'aura pas peu servi à leur délier l'esprit, à leur développer l'intelligence, à leur former le jugement. Ils n'auront qu'à suivre la méthode indiquée pour les *Tropes* en tête du *Manuel.* Les moins diligens pourront même se borner à lire plusieurs fois avec attention. Cette lecture, d'ailleurs, ne sera pas seulement instructive pour eux; elle leur sera encore aussi agréable que celle d'un livre frivole, d'abord parce qu'elle exercera leur esprit sans le fatiguer, et puis parce qu'elle leur offrira dans les exemples une suite de petits morceaux pleins de charme, tirés de nos meilleurs écrivains.

PRÉFACE

Le fameux livre de Dumarsais sur les *Tropes* était, depuis près d'un siècle, le seul affecté à l'étude si importante et si nécessaire de ces merveilleux artifices du langage de la parole. Ce livre, regardé dans le temps comme une sorte de chef-d'œuvre, et dont l'ancienne réputation se soutient toujours, m'avait paru toutefois laisser encore beaucoup à désirer sous le rapport de l'exactitude et de la précision; il m'avait surtout paru manquer de cet ordre, de cette méthode si essentielle dans un ouvrage de ce genre. Pour en mettre les défauts et les imperfections à découvert, et les en faire en même temps disparaître autant qu'il dépendrait de moi, j'entrepris de le soumettre à un examen rigoureux et suivi, déguisé sous le titre de *Commentaire raisonné.* Ce *Commentaire* a été publié en 1818, concurremment avec mes *Études de la langue française sur Racine;* et, bien que moins remarqué alors que les *Études* (1), ainsi que j'avais dû m'y attendre, il a pourtant fixé l'attention et obtenu les suffrages du public éclairé. Tous les journaux en ont rendu le compte le plus favorable; j'en citerai deux, entre autres : le *Journal des Débats* (N° du 11 août 1818), et le *Journal des Savans* (Cahier du mois de décembre de la même année).

Le *Journal des Débats,* qui depuis longtemps fait autorité en littérature, a confirmé en général tous mes jugemens sur Dumarsais, et n'a pas hésité à dire que les deux ouvrages devaient être désormais inséparables l'un de l'autre, le nouveau n'étant pas moins nécessaire à l'ancien que l'ancien au nouveau.

(1) C'était assez du nom seul de Racine pour que les *Études* fussent plus remarquées. Mais si elles méritaient réellement tant d'éloges, que je ne puis attribuer qu'à une extrême bienveillance, combien ne pourrais-je pas croire qu'en mérite le *Commentaire des Tropes !* Car, je l'avoue, ce n'est pas ce dernier ouvrage qui m'a le moins coûté, et ce n'est pas non plus celui des deux que j'estimerais le plus mauvais tant sous le rapport littéraire ue sous le rapport philosophique.

Le *Journal des Savans*, dans un article aussi profond qu'étendu, où il m'a fait l'honneur d'entrer avec moi en discussion sur plusieurs points importans, a déclaré positivement que, s'il fallait admettre ce *sens par extension*, intermédiaire entre le *sens propre primitif* et le *sens figuré*, dont je fais contre Dumarsais un principe fondamental, il y avait dans toute ma doctrine une telle cohérence et une telle unité, qu'on ne pouvait se dispenser de l'admettre aussi dans toute son étendue. Or, le recommandable auteur de cet article a fini par reconnaître lui-même ce principe, qui, du reste, je dois le dire, n'avait pas été tout-à-fait inconnu à Dumarsais; que Beauzée, et surtout d'Alembert, avaient déjà mis un peu en avant, l'un dans l'*Encyclopédie méthodique*, et l'autre dans ses *Elémens de philosophie;* qu'admettent, entre autres savans anglais, Dugald Stewart, dans son *Essai sur le beau*, et le docteur Blair, dans son *Cours de Belles-Lettres* (1); que les dernières éditions du Dictionnaire de l'Académie consacrent formellement, article *Extension;* et sur lequel, enfin, il m'a été assuré que se règle pour son travail la Commission chargée de la refonte de ce dictionnaire (2).

Voilà donc, d'après les témoignages les plus imposans, le livre de Dumarsais tout-à-la-fois heureusement complété et rectifié par le *Commentaire*. Le voilà, par conséquent, formant, avec le *Commentaire*, un ouvrage vraiment classique, et qui offre tous les secours nécessaires pour l'étude des Tropes. Mais si, réduit au texte de Dumarsais, il était déjà et trop long et trop diffus pour un livre de classe, que sera-ce maintenant qu'il est à-peu-près doublé par le *Commentataire?* Non, ce ne peut plus être, pour le jeune étudiant, qu'un livre de bureau, qu'un livre à consulter hors de classe, pour ces développemens et ces détails où l'on ne peut guère

(1) Dugald Stewart reconnaît formellement le sens dont il s'agit; mais au lieu de l'appeler *sens par extension*, il l'appelle *sens transitif*, nom qui peut bien ne pas moins convenir.

Le docteur Blair le reconnaît du moins indirectement, puisqu'il exclut du rang des figures l'usage forcé de tout mot et de toute expression quelconque, l'idée de figure ne lui paraissant pas compatible avec celle de nécessité.

(2) Ce ne peut être que d'après ce même principe que M. Ferry de Saint-Constant, dans son estimable ouvrage des *Rudimens de la traduction*, distingue plusieurs sortes de *sens propre*, et fait de la *Catachrèse* comme la mère de tous ces homonymes parfaitement identiques et pour le son et pour l'orthographe.

entrer dans un cours public; il lui en faut pour la classe même, un plus élémentaire et plus court, absolument dégagé de toute discussion, et où il puisse saisir et suivre aisément la liaison des principes; il lui en faut, dis-je, un qu'il puisse porter partout avec lui, avoir partout au besoin, entre ses mains, et qui, enfin, soit en son genre un vrai *Manuel.* Un tel livre, d'ailleurs, mais tout en français dans le texte, est particulièrement nécessaire pour les jeunes personnes à qui l'on veut donner au moins une teinture des Belles-Lettres; et il ne l'est pas moins pour les gens du monde, qui, sans être profonds dans les langues anciennes, veulent cependant connaître la leur propre dans ce qu'elle a de plus fin et de plus délicat : combien peu, en effet, s'en trouverait-il à qui pût bien convenir, ou que même ne rebutât point, dès l'abord, moins encore par son étendue que par tous ces passages latins dont il se trouve hérissé d'un bout à l'autre, le grand ouvrage formé de celui de Dumarsais et du mien (1)!

Le succès non équivoque du *Commentaire* n'a pu que m'encourager à tenter une entreprise où j'ai vu un nouveau service à rendre à l'instruction publique. Peut-être même m'appartenait-il plus qu'à tout autre de la tenter, dès qu'il s'agissait de présenter, non pas la doctrine pure et simple de Dumarsais, mais celle même qui résulte du *Commentaire,* et que je suis, en conséquence, fondé à dire la mienne propre (2). J'ai donc mis la main à l'œuvre, et j'ai fait un *Manuel classique pour l'étude des Tropes.* Ce *Manuel* ne peut être sans doute qu'un traité élémentaire de la science qui en fait l'objet. Il peut donc avoir aussi pour titre : *Elémens de Tropologie.* C'est ce titre même qu'il faut entendre par celui d'*Elémens*

(1) Cependant, comme presque tous ces passages se trouvent traduits en français, il n'est pas absolument nécessaire, pour lire l'ouvrage avec fruit, et même souvent avec intérêt, de savoir le latin. Seulement, ceux qui le savent peuvent moins se dispenser de cette lecture que ceux qui ne le savent pas. Elle aura pour eux cette utilité de plus, qu'elle leur apprendra par tant de méprises des plus habiles maîtres, à n'être pas toujours si tranchans dans les interprétations d'une langue ancienne et morte.

(2) Cette doctrine cependant ne résulte du *Commentaire* qu'en ce sens, que le *Commentaire* en établit la justesse et la vérité, et en offre la substance dans le *Résumé général* qui le termine. Ce dont elle résulte véritablement, c'est de longues et sérieuses méditations, non-seulement sur le système de Dumarsais, mais sur tout ce qui a été encore écrit de marquant en ce genre et en outre sur le sujet considéré en lui-même, et abstraction faite de toute opinion ancienne ou moderne.

de la science du sens des mots, qui vient le second dans le frontispice de l'ouvrage, et à la tête de la première partie (1).

Cependant, il ne m'a pas paru que ce livre élémentaire dût être tout-à-fait un livre de commençant, un livre borné à quelques petites notions sur les Tropes, et réduit à-peu-près à une simple nomenclature accompagnée de quelques explications. Il m'a paru, au contraire, que, destiné à servir de complément à la Grammaire, et d'introduction, soit à la Rhétorique, soit à la Philosophie, il devait offrir, mais dans un cadre assez resserré, une vraie *Théorie* des Tropes, et une théorie même entière et complète; qu'il devait en offrir, dis-je, un système raisonné et philosophique, dont tous les détails fussent assortis et liés entre eux de manière à ne former, par leur ensemble, qu'un même tout; un système, par conséquent, où, loin de ne voir les Tropes qu'un à un, et en quelque sorte isolément les uns des autres, on en vît toute la généalogie, et jusqu'aux rapports les plus généraux, comme jusqu'aux différences les plus particulières et les plus distinctives. Je ne pouvais donc trop m'appliquer à donner à mon plan et à ma doctrine tout ce qu'il était possible d'unité, d'ordre et de cohérence; je ne pouvais trop m'efforcer d'établir la classification la plus exacte. Les savans jugeront si j'ai réussi au gré de mes vœux.

La *Théorie des Tropes* étant le grand, et même, au fond, le seul objet du *Manuel*, il semblerait que le *Manuel* eût dû être borné à cette théorie, et l'avoir pour mesure de son étendue. Sans doute qu'il eût pu, à la rigueur, être borné là en effet. Mais d'une part, la Théorie des Tropes tient à des sciences qui lui servent de fondement

(1) Le terme de *Tropologie* ne répugne pas plus sans doute que celui de *Tropologique*, qui se trouve consacré par le Dictionnaire de l'Académie. Mais comme il est cependant peu usité, j'ai craint qu'il ne fût pas assez bien compris de tout le monde, et j'ai cru devoir le remplacer dans le Frontispice par un équivalent qui en fût une sorte d'explication. Cet équivalent (*Science du sens des mots*), pourra paraître d'abord un peu vague; il pourra paraître dire plus qu'il ne faudrait à la rigueur. Mais, avec un peu de réflexion, on finira par le trouver assez juste. Si la *Science des Tropes* n'est pas toute la *Science du sens des mots*, n'en est-elle pas du moins la presque totalité; et, pour étudier les Tropes, ne faut-il pas nécessairement étudier aussi à-peu-près toutes les autres sortes de sens? Que ceux qui voudraient me condamner, commencent donc par condamner Dumarsais, qui, en donnant à son Traité, pour premier titre, *Des Tropes*, ajoute aussitôt ce second titre explicatif : *Ou des différens sens dans lesquels on peut prendre un même mot dans une même langue.*

et d'appui, et dont elle suppose la connaissance au moins jusqu'à un certain degré; de l'autre, elle peut exiger, dans quelques-unes de ses parties ou dans son ensemble, des éclaircissemens tout particuliers, et qui ne pourraient guère entrer avec elle dans le corps du traité, sans y produire de l'embarras, de la confusion peut-être, et par conséquent un effet précisément contraire à celui qu'on doit en attendre. J'ai donc cru devoir, d'abord, la faire précéder de *Notions préliminaires* où l'on en pût voir jusqu'aux premiers principes; ensuite, la faire suivre d'un *Supplément*, qui, en l'éclairant d'un nouveau jour, n'y laissât rien d'obscur ni d'incertain.

De là, trois parties dans le *Manuel :* une partie principale, et deux parties accessoires; de là, un volume à-peu-près plus gros de moitié qu'il n'eût semblé devoir l'être. Mais qu'est-ce que cet inconvénient, si, comme je le crois, il en résulte une unité réelle? Au reste, on verra par les indications qui sont en tête de chaque partie, combien il s'en faut que, dans aucune, tout soit à apprendre, à retenir par cœur. La principale seule, celle de la *Théorie des Tropes*, est destinée à servir dans les écoles, pour ce qu'on appelle *leçons.* Les deux autres ne sont guère qu'à lire, à consulter, ou à méditer plus ou moins souvent, soit par les maîtres, soit par les élèves, suivant qu'ils voudront se rendre ces sortes de matières plus ou moins familières, plus ou moins propres. Et dans la partie même qu'on peut dire *obligée*, dans la partie principale, combien ne peut-on pas encore retrancher et réduire! On peut, pour les leçons, s'en tenir aux deux premières sections, et si, dans ces deux sections, on ne prend que ce qui est indiqué comme rigoureusement nécessaire, ce sera à peine de vingt ou même de quinze pages en tout, qu'on aura à charger la mémoire.

Il faut aussi le dire à ceux qui pourraient n'en être pas tout-à-fait convaincus : la science des Tropes n'est pas une science de mémoire; et si la mémoire, comme il n'y a point de doute, doit intervenir dans l'étude, ce n'est pourtant pas à elle, mais au jugement, à la raison, qu'y appartient le rôle principal. Il en est de cette science comme de tant d'autres : il faut bien moins la recevoir toute faite que la faire en quelque sorte soi-même; et travailler à la faire est la seule bonne manière de l'étudier; comme c'est la seule bonne manière de l'enseigner que d'apprendre à la faire. Ce n'est qu'autant qu'il sera employé pour un tel enseignement et pour une telle étude, que le *Manuel* pourra avoir toute son utilité. Nous verrons ci-après comment on peut l'y faire servir : c'est dans l'article qui va suivre sous le titre *De l'usage du Manuel;* article dont ne sauraient trop se pénétrer, avant tout, soit les maîtres, soit les élèves, s'ils veulent une méthode qui leur offre des moyens de succès aussi sûrs que prompts.

Quelques personnes regretteront peut-être pour les collèges, que le *Manuel* n'offre pas au moins un *Appendice* en exemples tout latins, et en exercices analytiques sur des exemples de ce genre. Mais elles cesseront de regarder cette sorte d'addition comme très-nécessaire, quand elles auront vu que plusieurs des exemples français ont été tirés mot à mot du latin, et que les analogues de presque tous sont faciles à trouver, non-seulement dans le latin, mais même dans toutes les autres langues. Au surplus, si l'on veut avoir des exemples latins tout trouvés, le *Traité de Dumarsais*, et le *Commentaire* qui y correspond article par article, en offriront plus que suffisamment sur presque tous les tropes. Mais il faut qu'on en soit prévenu : un grand nombre de ceux de Dumarsais sont sujets à contestation; plusieurs même se trouvent d'une application absolument fausse; et, pour ne pas s'exposer à tomber dans d'étranges méprises, il sera bon, indispensable même, de ne point adopter de confiance, et sans s'être préalablement assuré s'ils ne sont point contredits par le *Commentaire*, ceux mêmes qui pourraient paraître les moins douteux.

Du moins personne, probablement, ne s'étonnera que presque tous les exemples soient en vers. Tout le monde sait assez que, pour ces sortes de citations, les poëtes méritent en général la préférence sur les prosateurs. « Les passages des poëtes, dit Laharpe, sont plus présens » à la mémoire, plus généralement connus, et enfin les » beaux vers sont comme des lieux de repos où l'esprit » aime à s'arrêter dans la route aride et épineuse des » préceptes. » Toutefois on ne pouvait pas citer indifféremment tous les poëtes, et l'on a dû naturellement se borner à-peu-près au petit nombre de ceux qui tiennent le premier rang au Parnasse. Mais c'est surtout lorsqu'ils ont pu donner prise à la critique, qu'il a fallu les amener de préférence sur la scène, afin de signaler leurs défauts, et de prémunir contre l'autorité de leur nom, les esprits simples ou peu exercés, qui croiraient pouvoir les prendre en tout pour modèles.

DE L'USAGE DU MANUEL,

SOIT POUR L'ENSEIGNEMENT, SOIT POUR L'ÉTUDE DES TROPES (1)

I. — Si j'avais à enseigner les Tropes dans une classe, d'après le *Manuel*, je commencerais par donner une idée générale de l'Ouvrage, c'est-à-dire, par en faire connaître l'objet, le plan, et les principales divisions. A cette occasion, je dirais un mot sur l'importance et l'utilité de la science : je dirais combien elle est nécessaire, indispensable, pour la connaissance de l'esprit et des artifices du langage; pour l'intelligence de ce que les grands écrivains et les grands poëtes ont de plus fin et de plus délicat dans leur style; enfin, pour une vraie et solide instruction en grammaire, en littérature, en philosophie même. Revenant ensuite au *Manuel*, j'inviterais les élèves à lire avant tout, la Préface, la Table, et les indications placées à la tête de chaque partie, et je les préviendrais que, si tout n'est pas également essentiel ou important à savoir, il n'est rien cependant qui doive être regardé comme inutile, et que puissent tout-à-fait négliger ceux qui aspirent à aller à-peu-près aussi loin que les maîtres eux-mêmes.

II. — Dans la nouvelle séance où il devrait être question des Tropes, car il n'en serait pas question à toutes les séances, ni tous les jours, tous les élèves ayant leur livre à la main, je leur indiquerais en détail, et d'une manière précise, dans chaque partie, les matières que je croirais devoir choisir plus particulièrement pour

(1) C'est pour les classes de seconde que le *Manuel* se trouve indiqué sur la liste des livres classiques, et il en est de même de la petite grammaire générale du savant orientaliste M. de Sacy. Mais il ne doit sans doute venir, soit pour l'enseignement, soit pour l'étude, qu'après cette grammaire, qui même eût été peut-être mieux placée dans les classes de troisième, et qui au reste ne saurait être une meilleure introduction à la science des Tropes. On pourrait, ce me semble, donner à ce dernier livre la première moitié de l'année scolaire, et au *Manuel*, la seconde. Et pourquoi la méthode à suivre pour l'un, ne serait-elle pas suivie aussi pour l'autre?

leçons, ou, comme on voudra, sur lesquelles ils auraient à se préparer plus particulièrement à répondre : et afin qu'ils pussent les reconnaître plus facilement, je les leur ferais marquer en marge par de petits traits de crayon ou de plume. Je ferais, par conséquent, cesser tout ce qu'il y a de vague et d'indéterminé à cet égard, dans les indications générales du livre. Du reste je ne m'asservirais pas tellement à ces indications, que je ne pusse bien me permettre d'en étendre ou d'en restreindre les bornes, selon que me paraîtrait l'exiger l'intérêt de la classe.

Mais faudrait-il laisser épars dans le livre, et isolés les uns des autres, tous les morceaux de mon choix? Quoiqu'il pût, à la rigueur, en être ainsi sans un très-grave inconvénient, surtout d'après les petites marques marginales, il vaudrait encore mieux sans doute que tous les morceaux fussent rapprochés et réunis en un seul tout, parce qu'on les verrait plus distinctement, et qu'on en saisirait mieux l'ensemble. Je prescrirais donc aux élèves d'en faire, chacun, l'extrait sur cahier : un extrait méthodique, suivi, et dans l'ordre même de la Table, qui en offrirait comme le canevas. Je voudrais cet extrait très-court, très-succinct; je le voudrais à-peu-près borné à la substance des deux premières sections de la seconde partie. Tout ce que je pourrais aimer à y voir de plus, ce serait, à côté de la définition de chaque Trope, et en marge, l'étymologie du nom particulier par lequel on le désigne.

Ces cahiers, dont j'aurais soin de surveiller la confection, et que je me ferais, en conséquence, apporter et représenter plus d'une fois en classe, devraient être terminés dans un délai prescrit. Moins de quinze jours pourraient suffire pour les élèves diligens : trois ou quatre semaines suffiraient sûrement de reste pour tous. Et tant s'en faut que le temps donné à ce travail fût un temps perdu! Il ne saurait, au contraire, être plus utilement, plus fructueusement employé. Qui ignore que rien n'aide à apprendre comme d'écrire? que graver sur le papier, c'est déjà graver dans l'esprit? D'ailleurs, ce serait ici bien plus que simplement écrire : ce serait presque refaire, recomposer; et l'esprit y aurait sans doute pour le moins autant de part que la main.

III. — Dans le même temps que les élèves auraient à faire leurs cahiers, ils auraient à lire toute la première partie du livre; ils l'auraient à lire, non sans doute en courant, non tout d'une haleine, mais posément, mais en plusieurs fois, par chapitres ou par paragraphes, et avec assez d'attention pour pouvoir, sinon en rendre un compte exact et précis, du moins prouver qu'elle ne leur est pas restée tout-à-fait étrangère. Je m'assurerais deux ou trois fois par semaine du progrès et du résultat de ces lectures, et je m'en assurerais par des questions adressées, tantôt à l'un, et tantôt à l'autre. Du reste, je serais, comme de raison, moins exigeant pour certains élèves que pour certains autres, c'est-à-dire, moins exigeant pour les faibles que pour les forts, et je ne ferais une obligation rigoureuse pour tous que de ce qui ne me paraîtrait au-dessus de la portée d'aucun (1).

IV. — Tous ces préliminaires une fois terminés, nous passerions aux leçons proprement dites, et l'on sait que c'est aux deux premières sections de la seconde partie à les fournir presque toutes. J'en donnerais deux ou trois par semaine, chacune d'une demi-heure au plus. Il n'y aurait guère de rigueur que l'extrait correspondant du cahier, et je m'attacherais moins à le faire rendre littéralement qu'à le faire rendre d'une manière nette et précise; mais j'exigerais qu'on eût lu, et bien lu, les développemens et les détails les plus importans du livre; j'exigerais que, sans avoir appris par cœur tous les exemples, on sût au moins dire, en les entendant citer, si c'est ou non au Trope dont il s'agirait pour le moment qu'ils ont été rapportés par l'auteur.

V. — Le cours de ces leçons ne devrait guère se prolonger au delà de six semaines ou de deux mois. Il serait suivi de lectures faites comme les précédentes, et qui auraient pour objet le reste du livre.

Mais à quoi serviraient, toutes seules, et ces lectures, et les leçons elles-mêmes? On peut croire que, si l'on n'avait soin d'y joindre des exercices d'analyse tels que ceux du *troisième chapitre* de la *troisième partie*, loin de produire tout leur effet et de porter tout leur fruit, elles resteraient à-peu-près vaines et stériles, ou sortiraient même bientôt de l'esprit sans y laisser de trace. Comme je hâterais donc, autant qu'il dépendrait de moi, le moment de ces exercices! Ils succéderaient immédiatement aux leçons, et iraient de pair avec les nouvelles

(1) Mais comment le *Manuel* pourrait-il, même dans ce qu'il a de plus difficile, n'être pas à la portée à-peu-près de tous les élèves d'une classe de seconde? L'auteur, qui n'est pas sans expérience dans l'enseignement, le croit à la portée même des jeunes personnes qui sont assez fortes sur la grammaire pour faire un petit cours de rhétorique française.

lectures. C'est même par les modèles destinés à en faciliter la pratique, que ces nouvelles lectures pourraient commencer.

Ces exercices auraient lieu de deux manières : de vive voix, et par écrit : de vive voix, d'après les modèles du livre, donnés à titre de *leçons;* par écrit, sur des exemples pris ailleurs, et indiqués ou dictés par moi, à titre de *devoirs*. C'est hors de classe, bien entendu, que se feraient les préparations et tout le travail. Je n'y donnerais guère en classe qu'une demi-heure, et même non pas tous les jours, parce que mon rôle, pour cette partie de l'enseignement comme pour d'autres, me semblerait devoir se borner à diriger les élèves, à leur aplanir les difficultés, à rectifier leurs erreurs, enfin à leur prescrire leur tâche, et à la leur faire remplir avec ponctualité et exactitude.

Pour les exemples à analyser par écrit, je les choisirais sutout entre ceux qui sont en si grand nombre, et dans le Traité de Dumarsais, et dans le Commentaire. J'en choisirais, tantôt de purement latins, et tantôt de purement français, pour des élèves qui connaîtraient les deux langues. Et auxquels de ces exemples donnerais-je la préférence ? A ceux mêmes sur lesquels il y a contestation entre Dumarsais et son Commentateur. On doit assez sentir pourquoi : c'est que rien ne serait plus propre à exercer la sagacité et le jugement des élèves. Tant mieux si, avant leur travail, ils ne voulaient pas voir le pour et le contre! Mais il ne faudrait pas qu'ils négligeassent de le voir après, parce qu'ils ne pourraient, en ce cas, s'assurer s'ils ont bien ou mal fait, et se juger eux-mêmes avant d'être jugés par leur maître (1).

Telle est la méthode que je suivrais pour l'enseignement des Tropes d'après le *Manuel*. Or, il est aisé de voir qu'elle peut être suivie par ceux qui voudraient étudier sans maîtres.

On commence par faire un petit cahier, où l'on renferme en abrégé les notions les plus élémentaires. On

(1) Mais faudra-t-il donc, pour l'étude des Tropes, que chaque élève de la classe où l'on a cette étude à faire, ait, en son particulier, outre le *Manuel*, le double ouvrage dont il s'agit ? S'il pouvait en être ainsi, ce ne serait que le mieux, sans doute : mais quelques exemplaires du double ouvrage peuvent très bien suffire pour tous les élèves de la classe réunis dans un même pensionnat.

Du reste, il faut le dire, le *Manuel* peut bien suffire à ceux qui veulent s'en tenir aux élémens de la science; mais ceux qui veulent l'approfondir plus ou moins pourraient-ils ne pas consulter l'ouvrage où elle est traitée à fond ?

s'applique ensuite à se rendre propres toutes ces notions. Croit-on les posséder à-peu-près, on s'interroge soi-même, l'on tâche de se répondre, et l'on s'assure, soit par son cahier, soit par son livre, si l'on a bien répondu.

Est-on déjà un peu entré dans la science, et commence-t-on à en entendre un peu le langage, on devient plus hardi : on ouvre le livre comme au hasard; on cherche à voir si l'on se reconnaît sans peine, si l'on entend tout, si rien n'embarrasse. C'est même aux exemples qu'on va d'abord, et, avant de voir à quel genre ou à quelle espèce de Trope ils ont été rapportés par l'auteur, on cherche à quel genre ou à quelle espèce ils doivent être rapportés en effet. L'on examine ensuite si l'on est d'accord avec l'auteur, ou si, en cas d'opposition, ce ne serait pas l'auteur lui-même qui aurait tort : car, sans doute, il n'est pas infaillible, et il ne faut pas prendre toutes ses paroles pour des oracles.

Ce que je viens de dire, on peut le faire sans le secours de la plume. Mais, sans ce secours, combien peu encore on avancerait! On s'en sert pour l'analyse, et souvent; c'est-à-dire, que l'on s'exerce souvent à analyser par écrit. Et quels exemples prend-on d'abord? Ceux mêmes qui se trouvent analysés dans le livre. On refait soi-même ces analyses à sa manière, et on les compare ensuite avec celles de l'auteur, pour voir si le résultat du moins est le même. Se les est-on rendues assez familières pour les répéter à l'instant même, de vive voix ou par la pensée, sur les exemples, on y revient encore après quelques jours d'oubli; et, si alors on les refait encore, ou dans la pensée, ou par écrit, avec facilité et justesse, on peut se flatter qu'on a fait des progrès réels dans la science des Tropes, ou même se flatter que, si on ne la possède pas encore tout entière, on est du moins assez près de la posséder (1).

(1) Après ce qu'on vient de lire sur l'*usage du Manuel*, après ce qui en est dit dans la Préface et dans les indications qui sont en tête de chaque partie, comment la *Revue encyclopédique*, qui ne parle de cet ouvrage que sous le rapport même de l'*usage* dont il peut être dans les collèges, a-t-elle pu supposer que tout le volume, d'un bout à l'autre, est donné à apprendre et à retenir par cœur comme un rudiment? Il faut croire que c'est par légèreté, par irréflexion, plutôt que par méchanceté et par envie de nuire; mais quelle foi peut mériter un journal assez téméraire ou assez impudent pour ne rendre compte d'un livre que sur le vu du Titre ou de la Table des matières?

PREMIÈRE PARTIE

NOTIONS PRÉLIMINAIRES

Où l'on voit les premiers fondemens de la Théorie des Tropes.

(A lire seulement ou à consulter par les jeunes étudians, sauf, dans le troisième chapitre, l'article du *sens littéral* et l'article du *sens spirituel*, et, dans le quatrième, la définition et les principales divisions des *figures*, dont il est à propos qu'ils puissent rendre compte.)

Les Tropes sont *certains sens plus ou moins différens du sens primitif, qu'offrent, dans l'expression de la pensée, les mots appliqués à de nouvelles idées.* La connaissance de ces divers sens suppose donc nécessairement celle du rapport de l'expression avec la pensée. Mais comment connaître ce rapport, si l'on n'a pas au moins quelques notions premières, et sur l'expression de la pensée, et sur la pensée elle-même ? Les grammaires ordinaires ne donnent pas ces notions, et Dumarsais les suppose déjà dans ceux à qui il destine ses *Tropes*. Nous allons les offrir ici, en commençant par les élémens mêmes de la pensée et de l'expression : les idées et les mots.

CHAPITRE PREMIER

DES IDÉES ET DES MOTS

La pensée se compose d'idées, et l'expression de la pensée par la parole se compose de mots. Voyons donc d'abord ce que sont les idées en elles-mêmes : nous verrons ensuite ce que sont les mots relativement aux idées, ou, si l'on veut, ce que sont les idées en tant que représentées par les mots.

A. — LES IDÉES

Le mot *Idée* (du grec εἰδω, voir) signifie, relativement aux objets vus par l'esprit, la même chose qu'*image;* et relativement à l'esprit qui voit, la même chose que *vue* ou *perception.*

Mais les objets que voit notre esprit sont, ou des objets physiques et matériels qui affectent nos sens, ou des objets métaphysiques et purement intellectuels tout-à-fait au-dessus de nos sens. L'*idée* est, par rapport aux premiers, *la connaissance qu'on en prend*, parce qu'on n'a guère qu'à les voir pour les connaître : elle est, par rapport aux seconds, *la notion qu'on s'en forme*, parce que, bien qu'ils soient de nature à frapper immédiatement notre âme, ce n'est pourtant pas sans de grands efforts de réflexion qu'on peut en saisir et en déterminer les traits.

Voilà donc l'*idée*, dès le principe, ou la connaissance qu'on prend, ou la notion qu'on se forme d'une chose; et voilà aussi, déjà, deux sortes d'idées distinctes : l'*idée physique* et l'*idée métaphysique*, qui, relativement aux mœurs, s'appelle *idée morale.*

L'idée, soit *physique*, soit *métaphysique*, ne peut être qu'une idée plus ou moins *complexe*, si l'objet en est une substance réelle, et non pas purement abstraite, parce que toute substance de ce genre, quelque simple qu'elle soit en elle-même, est nécessairement plus ou moins composée quant aux qualités qu'on peut distinguer en elle, et quant aux rapports sous lesquels on peut l'envisager. Que ne distinguez-vous pas, par exemple, dans Dieu lui-même, tout pur esprit et tout un et indivisible qu'il est? D'abord, si vous le considérez quant à sa nature, l'éternité, l'immensité, l'indépendance absolue, la toute-puissance, la sagesse, la bonté infinie, la science universelle, enfin toutes les perfections au plus haut degré; puis, si vous le considérez par rapport aux créatures, les titres de créateur, de père, de juge, d'arbitre, de rémunérateur, de vengeur, de sauveur, et tant d'autres encore!

Or, une idée *complexe*, que l'on appelle aussi idée *composée*, comprend nécessairement dans son ensemble plus ou moins d'idées *partielles :* ce sont toutes celles qui ont pour objet les différentes qualités et les différens rapports de la substance qu'elle représente.

Les idées *partielles* sont évidemment *simples* par rapport à l'idée *complexe* dont elles font partie; mais elles peuvent être quelquefois elles-mêmes *complexes* à l'égard d'autres idées plus *simples.* Il n'y a de véritablement *simples* que celles qui se refusent à toute analyse.

Simple ou non, toute idée partielle, en tant qu'unie à son sujet, c'est-à-dire, à l'idée complexe, est une idée *concrète*, ou, si l'on veut, *qualificative*, *modificative*, et enfin *adjective : Le soleil lumineux*, *le feu ardent*, *Dieu juste*, *la vertu aimable. Concret*, du latin *concrescere* [*crescere cum*, croître avec] signifie à-peu-près *ajouté*, *joint*, *uni à*.

Toute idée *concrète* indique, dans l'objet de l'idée complexe, une qualité, une action, ou une passion; elle indique, dis-je, que cet objet est sujet, agent ou patient pour une chose ou pour l'autre; qu'il est, par exemple, *doux*, *léger*, *pesant*, *tranquille;* ou *roulant*, *heurtant*, *poussant*, *conduisant;* ou *roulé*, *heurté*, *poussé*, *conduit*, etc.

Tant qu'une idée se rapporte immédiatement à tel objet particulier et individuel, existant à titre de substance, elle est *individuelle.* Mais il n'est donné qu'à Dieu seul d'embrasser d'une seule vue tous les individus quelconques, et de les voir en même temps tous ensemble et tous un à un. La faiblesse de notre esprit nous oblige à remarquer les traits frappans communs à plusieurs, et à former de tous ces divers traits réunis des idées plus ou moins *générales*, qui sont des idées de *genres* ou d'*espèces*, et peuvent s'appliquer à tous les individus du genre et de l'espèce, sans appartenir exclusivement et en propre à aucun.

Mais comment pouvons-nous former ces idées *générales?* Ce n'est qu'en séparant de tous les individus, par la pensée, ce qu'ils ont de commun entre eux, pour le mettre à part et en faire un tout fictif. Cette sorte de séparation s'appelle *abstraction*, du mot latin *abstrahere* (*trahere ab*, tirer de), et on donne aux idées qui en résultent le nom d'idées *abstraites : Être*, *substance*, *corps*, *esprit*, *animal*, *végétal*, *minéral*, *homme*, *arbre*, *pierre*, etc.

Les idées *concrètes* peuvent, comme les idées *substantives*, c'est-à-dire, comme les idées de substances, subir l'abstraction; et c'est quand on les considère comme hors de l'idée *substantive* à laquelle elles appartiennent. Alors elles cessent aussi d'être *individuelles* pour devenir *générales;* et elles le deviennent même quelquefois jusqu'à être les unes par rapport aux autres des *genres* ou des *espèces*. C'est ainsi, par exemple, que la bonté, la justice, la force, la prudence, sont des *espèces* par rapport à *vertu;* que le blanc, le rouge, le bleu, le jaune, le vert, en sont d'autres par rapport à *couleur;* et que *couleur* et *vertu* sont par conséquent deux *genres*.

Mais, au lieu que l'abstraction est toujours nécessairement *absolue* dans les idées substantives, elle peut assez souvent n'être que *relative* dans les idées concrètes, en sorte qu'elle montre à quels objets ces idées se rapportent dans leur nouvel état : *la rondeur de la terre*, *la blancheur de la neige*, *la verdure de l'herbe*, *la pénétration de l'esprit*, *la bonté du cœur*, *la force du tempérament*.

Les idées, de quelque nature qu'elles soient, *abstraites* ou *concrètes*, *générales* ou *individuelles*, *simples* ou *complexes*, *partielles* ou *totales*, *physiques* ou *métaphysiques*, se lient et s'enchaînent les unes aux autres dans notre esprit, de manière à y former des multitudes d'associations, d'assemblages ou de groupes divers. Or, celles qui, dans ces associations, se montrent comme premières et dominantes, s'appellent idées *principales*, et celles qui ne viennent qu'en sous-ordre ou que comme pour le cortège, s'appellent idées *secondaires* ou *accessoires*.

Parmi les idées *accessoires*, on peut en distinguer qui ne répondent à aucune qualité ni à aucune modification de l'objet de l'idée principale, et qui, par conséquent, ne tombant pas sur cette idée de manière à s'identifier avec elle, ne sont *concrètes* dans aucun cas. Ce sont ces idées si déliées et si subtiles de rapport ou de circonstance qui ne servent qu'à rapprocher, qu'à lier ou qu'à combiner les idées plus fortes, ou qu'à leur imprimer un certain caractère. Nous les ferons connaître avec les mots qui en sont les signes.

B. — LES MOTS

Tout ce que nous avons à examiner ici dans les mots, c'est leur correspondance avec les idées.

Aux idées *substantives*, correspondent :

1°. Les Noms qui, pour les *individuelles*, sont *Propres : Le soleil, la terre, la Seine, le Rhône, les Alpes, Pierre, Jacques, Paul*, etc.; pour les *générales, Communs : Animal, homme, plante, arbre, pierre*, etc.; pour les *abstraites, Abstractifs : La raison, la vérité, la vertu.*

2°. Les Adjectifs, les Verbes, les Prépositions, les Adverbes et les Conjonctions, employés substantivement : *Le beau, le vrai, le juste; Le manger, le boire, le dormir; Le pour, le contre; Le devant, le derrière; Le pourquoi, le comment; Le dedans, le dehors; Les mais, les si, les car, les quand.*

Aux idées *concrètes*, tant générales qu'individuelles, et tant métaphysiques que physiques de qualités soit absolues soit relatives, correspondent les Adjectifs proprement dits : *Blanc, rouge, noir, rude, poli, chaud, froid, grand, petit, égal, semblable, nouveau, ancien, jeune, vieux, premier, second, troisième*, etc.

Aux idées *concrètes* d'action, de passion ou d'état, les Participes actifs et les Participes passifs : *Contenant, retenant, résistant, frappant, rompant; Frappé, rompu, comprimé, retenu, enchaîné*, etc.

Voilà les mots destinés par leur nature à être les signes des idées d'objets : le *nom*, l'*adjectif*, le *participe*.

Mais un nom, quand il est commun à tous les objets d'un même genre, est nécessairement susceptible d'une application plus ou moins générale, ou plus ou moins particulière, et il ne représenterait souvent par lui-même que d'une manière vague et incertaine les objets qu'on aurait en vue. C'est pourquoi on affecte ordinairement ces sortes de noms d'un mot secondaire qui en détermine plus ou moins l'étendue par une idée accessoire de nombre qu'il y ajoute. Ce mot est l'*article.*

Il est assez rare, soit qu'on parle au singulier, soit qu'on parle au pluriel, que l'on se nomme dans le corps du discours; il ne l'est pas moins que l'on y nomme celui ou ceux à qui l'on parle; et quand l'objet ou les objets dont on parle ont été déjà nommés dans une des dernières phrases, on se dispense assez souvent de les nommer de nouveau. Or, certains mots d'un genre particulier qui correspondent à-peu-près aux mêmes idées que les noms, non-seulement suppléent aux noms, alors sous-entendus après eux, mais indiquent même et d'une manière précise, qui parle, à qui l'on parle, et de qui ou de quoi l'on parle. Ces sortes de mots sont les *pronoms*.

Nous voici maintenant aux mots affectés à ces idées délicates que nous n'avons pas voulu séparer de leurs signes, de peur qu'elles ne nous échappassent, et que nous appellerons *idées de rapports*, pour les distinguer des *idées d'objets. Ces* mots sont de quatre espèces différentes : le *verbe*, la *préposition*, l'*adverbe* et la *conjonction* : il en est sans doute de même des idées.

Le *verbe* marque un rapport de co-existence entre une idée *substantive* quelconque et une idée *concrète*, ou, comme on voudra, *adjective;* il marque, dis-je, que cette dernière idée tient à la première et en fait partie; qu'elle partage, pour ainsi dire, son existence : *L'homme est mortel : La vie est courte;* et au moyen d'une négation, il marque tout le contraire, c'est-à-dire, que les deux idées s'excluent réciproquement; qu'elles existent l'une hors de l'autre : *Le monde n'est pas éternel : L'âme humaine n'est pas mortelle.*

Mais par *verbe*, j'entends ici le seul verbe proprement dit, le verbe *être*, appelé *verbe abstrait* ou *verbe substantif;* et non ces verbes improprement dits, les verbes *concrets*, qui sont formés par la combinaison du verbe *être* avec un participe : *J'aime*, *je lis*, *je viens*, pour *Je suis aimant*, *je suis lisant*, *je suis venant*.

Les rapports de situation, de repos, de mouvement, de tendance, d'ordre, d'opposition, et autres semblables, entre deux idées substantives, sont marqués par la *préposition*.

L'*adverbe*, ainsi appelé sans doute parce qu'il va ordinairement à côté d'un *verbe*, indique un degré en plus ou en moins; un trait, une circonstance particulière d'où résulte dans l'idée *concrète* une modification plus ou moins marquée : *Fort long*, *fort court*, *très-utile*, *très-agréable : Plus aimé*, *moins suivi*, *peu connu : Marcher lentement*, *agir prudemment*, *parler toujours*, *courir partout*, etc.

Enfin le rapport si varié de liaison entre deux idées substantives, entre deux idées concrètes, entre deux ou plusieurs combinaisons d'idées, dont les unes sont destinées à développer, à compléter les autres par leur convenance, ou à les faire mieux ressortir et mieux valoir par leur contraste, a pour signe la *conjonction*, qui, comme la *préposition* et l'*adverbe*, prend toutes les formes qu'exige la circonstance.

Il est un mot dont nous n'avons rien dit, mais qui a bien son importance, et qui même pourrait seul quelquefois en faire plus entendre que les plus belles paroles : c'est l'*interjection*. Elle exprime les émotions du cœur, les mouvements passionnés de l'âme, et ces sentimens vifs et profonds dont se trouvent quelquefois empreintes les idées qui font l'objet du discours.

Telles sont les différentes espèces de mots qui correspondent aux différentes espèces d'idées. Six de ces espèces, le *nom*, l'*adjectif*, l'*article*, le *pronom*, le *participe* et le *verbe*, varient plus ou moins dans leurs formes, dans leurs inflexions; et dans celles-ci ou dans celles-là, on distingue des genres, des nombres, des personnes, des temps, des modes. Mais il est aisé de voir que c'est l'idée substantive à l'expression de laquelle elles concourent toutes plus ou moins directement qui les y assujettit, ou par elle-même, ou par les idées accessoires qu'elle entraîne avec elle. Les quatre autres espèces, au contraire, ne varient point parce qu'elles ne tiennent pas immédiatement à l'idée substantive, et qu'elles en sont même entièrement détachées, indépendantes; qu'elles semblent ne tenir guère, au fond, qu'à la vue de l'esprit, n'être, de son côté, que des manières de voir; et qu'enfin les rapports respectifs qu'elles expriment, ne sont eux-mêmes sujets à aucune variation.

Les mots, considérés relativement à leur signification objective, prennent le nom de *termes;* et, comme il n'y a que le nom, l'adjectif et le participe *pur*, ou le participe et le verbe combinés en *verbe concret*, qui puissent avoir cette sorte de signification, ce sont là aussi, probablement, les seules espèces de mots, sauf encore peut-être l'adverbe, auxquelles ce nom puisse convenir. Il ne leur convient pas, d'ailleurs, dans toutes les circonstances, et l'on ne peut pas toujours dire indifféremment *mot* pour *terme*, ou *terme* pour *mot*. C'est ce que Beauzée fait très-bien sentir par cet exemple : « *Leurrer*, dit-il, est un *mot* » de deux syllabes; voilà ce qui concerne le matériel : et

» par rapport à la signification *formelle*, ce *mot* est un » verbe au présent de l'infinitif. Si l'on veut parler de la » signification *objective* dans le sens propre (1), *leurrer* » est un *terme* de fauconnerie; et dans le sens figuré, où » nous l'employons, au lieu de Tromper par de fausses » apparences, c'est un *terme* métaphorique : ce serait » parler sans justesse et confondre les nuances, que de » dire que *leurrer* est un *terme* de deux syllabes, et que » ce *terme* est à l'infinitif : ou bien que *leurrer*, dans le » sens propre, est un *mot* de fauconnerie; ou, dans le » sens figuré, un *mot* métaphorique. »

(1) Mais qu'est-ce que la *signification objective*, qu'est-ce que la *signification formelle* d'un mot?

La *signification formelle* d'un mot est *la manière particulière dont ce mot, en tant que de telle ou telle espèce*, c'est-à-dire en tant que nom, adjectif, verbe, etc., *présente à l'esprit l'objet dont il est le signe*, ou, si l'on veut, l'idée fondamentale qu'il sert à exprimer : cette sorte de signification est la même pour tous les mots de la même espèce, et ne peut appartenir à aucun d'une espèce différente, pas même à ceux qui pourraient avoir en commun avec lui la même idée fondamentale.

La *signification objective* d'un mot est *l'idée même fondamentale que ce mot représente*, et cette signification lui est ordinairement commune avec des mots d'autres espèces, surtout quand ils ont en commun avec lui la même racine génératrice : c'est ainsi, par exemple, que les mots *aimer*, *amitié*, *ami*, *amical*, *amicalement*, expriment tous ce sentiment affectueux qui lie les hommes entre eux par la bienveillance.

CHAPITRE II

DE LA PENSÉE ET DE SON EXPRESSION, OU DE LA PROPOSITION

Nous venons de voir ce que c'est qu'une idée *substantive : Homme, Dieu, Soleil;* et qu'une idée *concrète : Mortel, infini, lumineux.* En comparant ensemble ces deux sortes d'idées, nous voyons s'il y a convenance ou disconvenance, et en d'autres termes, co-existence ou non co-existence entre elles; si la *concrète* existe ou non dans la *substantive,* et en fait ou non partie, en est ou non un élément; si, par conséquent, elle doit en être affirmée ou niée; et nous disons en nous-mêmes, c'est-à-dire, nous pensons : *Le soleil est lumineux; L'homme est mortel; Dieu est infini : Dieu n'est pas mortel; L'homme n'est pas lumineux; Le soleil n'est pas infini.* La réunion de ces deux idées, par l'acte intérieur de notre esprit qui en met l'une dans l'autre ou hors de l'autre, est une *pensée,* et cette pensée est un *jugement.*

Mais il s'en faut qu'une pensée soit toujours bornée à un seul jugement. Elle peut quelquefois en comprendre plusieurs liés entre eux et réunis en un seul tout : *Le soleil, ce premier des astres, qui éclaire tant de mondes divers, et vivifie, anime toute la nature, est par lui-même si lumineux et si éclatant, qu'on ne pourrait le regarder fixement sans un très grand danger pour l'organe de la vue.*

Dès que la pensée est un jugement, l'expression du jugement est l'expression même de la pensée. Or, qu'est-ce que l'expression d'un jugement ? C'est le jugement même exprimé, énoncé par des mots. Et un jugement exprimé, énoncé par des mots, qu'est-il ? C'est un jugement produit hors de notre esprit, et comme *posé en en avant,* comme *posé devant* l'esprit des autres : c'est une *proposition :* (position *pro,* c'est-à-dire devant).

L'idée substantive du jugement est ce qu'on appelle le *sujet* de la proposition; l'idée concrète, ce qu'on appelle l'*attribut;* et le rapport de co-existence, ce qu'on en appelle la *copule*, c'est-à-dire le *lien*. La raison de ces noms est sensible : le sujet est en effet comme *jeté* sous l'attribut, il en est le soutien, le support : *L'attribut* est la chose dite du sujet, *attribuée* au sujet : la *copule* sert à joindre ensemble le *sujet* et *l'attribut*, à montrer que l'un est dit de l'autre. Le *sujet* et *l'attribut* sont, du reste, les deux *termes* de la proposition : le *sujet*, toujours un nom, ou un autre mot employé substantivement; *l'attribut*, toujours un adjectif ou un participe; la *copule*, toujours le verbe *être*, exprimé ou sous-entendu, ou combiné avec un participe, et, en ce cas, verbe concret.

Tous les mots qui entrent dans une proposition, en sont, pris isolément, les *élémens grammaticaux :* le sujet, la copule et l'attribut, exprimés par un seul mot ou par plusieurs, en sont les *élémens logiques. Le soleil est lumineux : le soleil*, sujet, *lumineux*, attribut; *est*, copule. *Le soleil éclaire : le soleil*, sujet encore; *éclaire*, copule et attribut tout ensemble : *éclaire* pour *est éclairant. Le soleil, ce premier des astres, qui éclaire tant de mondes divers, et vivifie, anime toute la nature*, sujet : *est*, copule : *si lumineux et si éclatant qu'on ne pourrait le regarder fixément sans un très-grand danger pour l'organe de la vue*, attribut.

Le sujet et l'attribut, exprimés par plusieurs mots dont les uns expliquent ou complètent les autres, comme dans ce dernier exemple, font que la proposition est *complexe*. Elle est *incomplexe*, quand ils ne sont exprimés chacun que par un seul mot, tel, pour le sujet, qu'un nom seul ou avec l'article, et tel, pour l'attribut, qu'un adjectif ou qu'un verbe concret; comme dans ces deux exemples : *Le soleil est lumineux : Le soleil éclaire.*

Plusieurs sujets, au singulier ou au pluriel, sont-ils mis ensemble pour recevoir en commun un ou plusieurs attributs; ou bien plusieurs attributs se trouvent-ils accumulés sur un seul et même sujet, au singulier ou au pluriel? c'est une proposition *composée; Le lion, le tigre, le léopard, le loup, sont des bêtes sauvages, féroces, carnassières, et le fléau comme l'effroi des autres espèces.* Elle serait *simple*, avec un seul sujet ou avec un seul attribut, quel que fût d'ailleurs le nombre des mots de l'un ou de l'autre. Telles sont les propositions précédemment citées, et même la plus longue de toutes.

Mais il faut remarquer qu'une proposition *composée* pourrait se décomposer en autant de proposition *simples* qu'elle renferme de sujets ou d'attributs divers : *Le lion est une bête sauvage; le lion est une bête féroce; Le lion est une bête carnassière; le lion est le fléau comme l'effroi des autres espèces;* et ainsi du tigre, ainsi du léopard, ainsi du loup.

Souvent dans une proposition, soit *simple*, soit *composée*, se trouvent d'autres propositions secondaires et accessoires qui en dépendent ou qui s'y rattachent plus ou moins directement. Ces propositions s'appellent *subordonnées*, si elles se rapportent au sens général de la proposition principale, et ne tombent pas particulièrement sur le sujet ou sur l'attribut. Dans ce dernier cas, elles seraient ce qu'on appelle *incidentes :* de *cadere in*, tomber sur.

Quelque amour qu'on ait de la justice, on s'expose à être injuste quand on ne juge que d'après les apparences, qui souvent sont trompeuses : il est aisé de voir que dans cet exemple, *On s'expose à être injuste*, est une proposition à laquelle se rapportent, et celle qui la précède, *Quelque amour qu'on ait de la justice*, et celle qui la suit, *Quand on ne juge que d'après les apparences, qui souvent sont trompeuses.* Cette proposition intermédiaire, bien qu'assez courte, est donc la proposition principale; et les deux autres sont des propositions *subordonnées.*

Un roi qui aime son peuple en est toujours aimé : Aimons la vertu, qui seule peut nous rendre heureux. Dans le premier de ces deux exemples, *Qui aime son peuple* retombe sur le sujet *roi*, et dans le second, *Qui seule peut nous rendre heureux* retombe sur la *vertu*, complément de l'attribut *aimant*, renfermé dans *aimons*, équivalent de *soyons aimant.* Ce sont là deux propositions *incidentes.* Mais l'une *Qui est aimé*, est absolument nécessaire pour *déterminer* le sens de la proposition principale, qui sans cela n'en aurait aucun, ou en aurait un tout autre : elle est donc *déterminative;* l'autre, *Qui seule peut nous rendre heureux*, n'est que pour *expliquer* ce mot dominant, *la vertu*, à l'effet de faire ressortir une idée accessoire très-propre à exciter l'amour dont il s'agit, et l'on pourrait la supprimer sans que le sens principal fût détruit, ou sensiblement altéré : elle est donc purement *explicative.*

On ne peut pas confondre la proposition *incidente* avec la proposition *subordonnée.* La proposition *incidente* suit toujours nécessairement le mot qu'elle *explique* ou qu'elle *détermine*, et elle ne saurait être placée ailleurs. La proposition *subordonnée*, au contraire, comme tenant au sens général de la proposition principale, est tantôt dans le corps même de cette proposition, tantôt avant, tantôt après, selon que l'élégance, l'harmonie ou enfin la clarté l'exigent. Rappelons-nous la proposition que nous avons donnée pour exemple : ne pourrait-on pas très-bien dire : *Quand on ne juge que d'après les apparences, qui souvent sont trompeuses, on s'expose à être injuste, quelque amour qu'on ait de la justice*, ou bien *on s'expose, quelque amour qu'on ait de la justice, à être injuste sans le vouloir?*

Nous ne pouvons pas considérer ici la proposition sous tous les points de vue grammaticaux ou logiques. Mais cependant il est à propos de la considérer un instant quant à ce qu'on appelle la *quantité* : la *quantité* est l'étendue du sujet, étendue qui peut être plus ou moins grande.

Le sujet est-il pris selon toute son étendue, et affecté du signe d'universalité, *tous*, *nul*, ou *aucun?* c'est une proposition *universelle;* et elle l'est ou *métaphysiquement* ou *moralement* : *métaphysiquement*, si l'universalité est parfaite et sans exception : *Tout homme est né pour mourir : Nul n'échappe à la mort; moralement*, si l'universalité peut recevoir quelques exceptions : *Tous les jeunes gens sont prodigues : Tous les vieillards sont avares.*

Le sujet n'est-il pris que selon une partie de son étendue, et n'est-il, en conséquence, affecté que du signe de *particularité*, *Quelques*, *certains*, *des*, ou autres équivalens? c'est une proposition *particulière* : *Des hommes ont osé voyager dans les airs : Il y en a qui croient les planètes habitées.*

Le sujet présente-t-il à l'esprit quelque chose de distinct et de déterminé, ou bien ne présente-t-il que quelque chose de vague et d'indéterminé? Dans le premier cas, la proposition est *singulière* : *Descartes fait autant d'honneur à la France, que Newton à l'Angleterre : Ces deux philosophes vivront toujours dans la mémoire des hommes.* Dans le second cas, elle est *indéfinie;* mais par cela même, ou *métaphysiquement*, ou *moralement universelle* quant au sens, suivant que l'attribut convient nécessairement au sujet, ou ne lui convient qu'accidentellement : *L'homme est né pour mourir : Les vieillards sont avares.*

Du reste, il ne faut pas confondre la *proposition* avec la *phrase*, ni avec la *période*, qui n'est qu'une *phrase* d'un genre particulier. Toute *phrase* est nécessairement une *proposition.* Mais la *proposition* n'est une *phrase* que lorsque, sous une certaine construction, elle présente un sens complet et fini. Elle tient moins d'ailleurs que la *phrase* à la forme grammaticale, à la construction; et la construction peut varier, qu'elle ne varie point elle-même, comme la *phrase*. *A Dieu je me confie*, ou *Je me confie à Dieu*, c'est toujours la même *proposition;* mais ce sont deux *phrases* différentes, comme il y en aurait six dans ces six formes différentes d'une même *proposition*, si elles étaient toutes autorisées en français comme elles le sont en latin : *Dieu est juste; Dieu juste est; juste Dieu est; juste est Dieu; est Dieu juste; est juste Dieu.*

CHAPITRE III

DES DIFFÉRENS SENS DONT LA PROPOSITION EST SUSCEPTIBLE, SOIT DANS SES ÉLÉMENS, SOIT DANS SON ENSEMBLE (1)

Avant de parler des différens sens dont la Proposition est susceptible, il est sans doute à propos de savoir ce que c'est en général que *sens*. Le *sens* est, relativement à un mot, ce que ce mot nous fait entendre, penser, *sentir* par sa *signification;* et sa *signification* est ce qu'il signifie, c'est-à-dire, ce dont il est signe, dont il fait signe.

On voit donc que *sens* et *signification* ne sont pas parfaitement synonymes. La *signification* se dit du mot considéré en lui-même, considéré comme signe, et le *sens* se dit du mot considéré quant à son effet dans l'esprit, considéré en tant qu'entendu comme il doit l'être. De plus, le mot de *signification* est moins étendu que le mot de *sens;* il ne se dit jamais que d'un mot seul, tandis que le mot de *sens* se dit aussi de toute une phrase, quelquefois même de tout un discours. Ainsi, si l'on peut prendre ces deux mots indifféremment l'un pour l'autre, ce n'est sans doute que lorsqu'on n'a en vue que cette idée générale qui leur est commune.

Maintenant, passons à la Proposition. On peut la considérer quant à son objet; on peut la considérer, et quant à la lettre, et quant à l'esprit de l'expression. Or, en la considérant sous ces trois grands rapports, on aura à distinguer trois principaux genres de *sens :* le *sens objectif*, le *sens littéral*, et le *sens spirituel* ou *intellectuel*.

(1) Ce chapitre a pour objet, comme la troisième partie du Traité de Dumarsais, ce qu'on appelle les *Tropes des philosophes ;* mais il ne doit pas dispenser de voir cette troisième partie, ainsi que les observations du *Commentaire* qui s'y rapportent. Il n'y a certainement rien, dans tout le traité, de plus propre à former le jugement. L'article sur les abstractions pourrait seul tenir lieu de tant de volumes sur la théorie des idées, et dans tout le reste on aurait une logique presque entière. Ceci ne s'adresse toutefois qu'à ceux qui veulent faire une étude particulière de la science du langage.

A. — SENS OBJECTIF

Le *sens objectif* de la Proposition est celui qu'elle a relativement à l'objet sur lequel elle roule. Il peut être de bien des espèces.

1° *Substantif* ou *adjectif*. *Substantif*, quand un mot qui n'est pas un nom se trouve employé substantivement : *Le vrai seul est aimable : Rire du malheur d'autrui est une chose indigne. Adjectif*, quand, au contraire, un nom se trouve employé adjectivement : *Le singe est toujours singe : Un père est toujours père : C'est un Caton, un Aristide.*

2° *Actif* ou *passif*, mais jamais *neutre*, quoi qu'en dise Dumarsais. *Actif*, quand le sujet de la proposition est présenté comme principe d'une action quelconque, et comme la produisant ou en lui-même, ou hors de lui-même : *L'aimant attire le fer : L'esprit anime le corps : Cet homme se perd, se ruine. Passif*, quand le sujet est présenté comme le terme, comme l'objet, comme le *patient* d'une action qui n'est pas la sienne : *La mer est agitée par les vents : Ce meuble se gâte : Cette lame se rouille.* Jamais *neutre*, parce que tout sujet auquel se rapporte une action en est nécessairement ou le principe ou le terme.

3° *Collectif* et *général*, ou *distributif* et *particulier*. *Collectif* seulement, si l'attribut d'une proposition universelle ne s'entend pas ou ne doit pas s'entendre de tous les individus d'une espèce ou d'une collection quelconque sans exception : *Tout homme est menteur : Les jeunes gens sont fort étourdis. Collectif* et *distributif* tout ensemble, s'il peut ou s'il doit s'entendre de tous les individus de l'espèce ou de la collection prise un à un, comme de tous en général : *L'homme est un animal raisonnable : Tous les hommes sont mortels.*

4° *Déterminé*, *défini*, ou *indéterminé*, *indéfini*. *Déterminé*, s'il marque précisément et expressément un tel individu ou de tels individus particuliers : *César vainquit Pompée : Tous les hommes sont sujets à se tromper : Ce magistrat fait le bien par amour du bien même. Indéterminé*, s'il ne marque rien de précis, rien que de vague et de général : *Des personnes dignes de foi assurent le fait : On m'a dit de vous des choses assez étranges.*

5° *Absolu* ou *relatif*. *Absolu*, suivant Dumarsais, quand il exprime une chose considérée en elle-même sans aucun rapport à une autre : *Le soleil est lumineux. Relatif* ou *respectif*, dans le cas contraire : *Le soleil est plus grand que la terre.*

Mais, suivant Beauzée, qui paraît plus exact, *Absolu*, quand un mot *relatif* de lui-même, tel que les mots *aimer* et *père*, est employé sans complément, sans régime : *Si je n'aime, je ne suis rien : Un fils m'est né, me voilà père. Relatif*, quand le mot *relatif* est suivi d'un complément et se trouve appliqué d'une manière particulière : *Nous devons aimer Dieu par-dessus toutes choses, et le prochain comme nous-mêmes : Je sais ce que je dois à mon père*, c'est-à-dire, *au père à moi.*

6º *Composé* ou *divisé. Composé*, si tous les termes d'une proposition sont pris selon la liaison qu'ils ont ensemble : *Ce qui se meut ne peut pas être en repos;* c'est-à-dire, tant que le mouvement dure. *Divisé*, si les termes sont pris séparément : *Les aveugles voient : Les sourds entendent;* c'est-à-dire, ceux qui étaient aveugles, ceux qui étaient sourds, et non pas les aveugles en tant qu'aveugles, ni les sourds en tant que sourds.

7º Enfin, *abstrait* ou *concret. Abstrait*, lorsque l'attribut d'une proposition est présenté d'une manière *abstraite*, soit par abstraction absolue, soit par abstraction relative : *La jeunesse a de la présomption : La témérité d'un soldat est souvent fort louable. Concret*, lorsque l'attribut est joint intimement au sujet comme simple manière d'être : *La jeunesse est présomptueuse : Un soldat téméraire est souvent fort louable comme tel.*

B. — SENS LITTÉRAL

Le *sens littéral* est celui qui tient aux mots pris à la lettre, aux mots entendus selon leur acception dans l'usage ordinaire : c'est, par conséquent, celui qui se présente immédiatement à l'esprit de ceux qui entendent la langue.

Le *sens littéral* qui ne tient qu'à un seul mot, est ou *primitif*, *naturel* et *propre*, ou *dérivé*, s'il faut le dire, et *tropologique*. Ce dernier est dû aux *Tropes*, dont on distingue plusieurs genres et plusieurs espèces.

Mais les *Tropes* ont lieu, ou par nécessité et par *extension*, pour suppléer aux mots qui manquent à la langue pour certaines idées, ou par choix et par *figure*, pour présenter les idées sous des images plus vives et plus frappantes que leurs signes propres. De là deux différentes sortes de *sens tropologique* : le *sens tropologique extensif*, et le *sens tropologique figuré*. Le premier, comme on voit, tient le milieu entre le *sens primitif* et le sens *figuré*, et ne peut guère être regardé que comme une nouvelle sorte de *sens propre*.

Mais c'est assez là-dessus pour le moment : nous y reviendrons au commencement de la *Seconde Partie*, et ce sera le préambule de la *Première Section*. Nous n'attendrons pourtant pas jusque-là pour montrer que, par *sens extensif*, il ne faut pas entendre la même chose que par *sens étendu*.

Le *sens extensif* est un nouveau sens auquel le mot a été étendu, en devenant le signe propre d'une nouvelle idée; comme lorsque *feuille*, par exemple, a été employé par analogie à désigner le papier, l'or, l'étain ou le cuivre, aplatis et coupés en forme mince et légère. Le *sens étendu* est celui qui s'entend d'un plus grand nombre d'êtres ou de choses que le mot n'en désigne, sinon ordinairement, du moins assez souvent dans un sens plus *restreint*. Ainsi *animal* dans son *sens* le plus *étendu*, s'entend de l'homme comme de la bête, et homme s'entend de la femme et de l'enfant, comme de tout individu mâle de l'espèce humaine parvenu à l'âge de virilité. Le *sens étendu* est, comme on vient de le voir, opposé au *sens restreint*, et le *sens extensif* peut quelquefois n'être qu'un *sens restreint*, comme en voici des exemples : *Cap*, du latin *caput* a signifié primitivement en français la même chose qu'en latin, c'est-à-dire, la tête d'un homme ou d'un animal, et ce n'est que par *extension* qu'il a signifié ensuite une pointe de terre ou de rocher élevée et avancée dans la mer en forme de *tête*. Eh bien! qu'est-il arrivé? Ce dernier sens a tellement prévalu qu'il a fait disparaître presque entièrement le premier (1). Il en est de même du mot *tête*, dérivé du latin *testa*, écaille. Ce mot n'a visiblement pris que par extension cette signification de *tête*, et il s'y trouve *restreint* en français, où il ne paraît même pas qu'il ait jamais eu la première.

C. — SENS SPIRITUEL

Le *sens spirituel*, *sens détourné* ou *figuré* d'un assemblage de mots, est celui que le *sens littéral* fait naître dans

(1) Le premier sens n'est plus usité que dans ces phrases : *De pied en cap; Armé de pied en cap; Parler cap à cap.*

l'esprit par les circonstances du discours, par le ton de la voix, ou par la liaison des idées exprimées avec celles qui ne le sont pas. Il s'appelle *spirituel*, parce qu'il est tout de l'esprit, s'il faut le dire, et que c'est l'esprit qui le forme ou le trouve à l'aide du *sens littéral*. Il n'existe pas pour celui qui prend tout à la lettre, pour celui qui ne sait pas que *la lettre tue*, et que *l'esprit vivifie*.

Mais nous devons toutefois en prévenir : par *spirituel*, nous entendons ici à-peu-près la même chose que par *intellectuel*, et non, comme le fait Dumarsais, ou comme on le fait communément, la même chose que par *mystique*.

Le *sens spirituel* peut être excité, produit par *fiction*, par *réflexion*, ou par *opposition*. On pourrait donc, ce me semble, le distinguer en *sens fictif*, en *sens réflectif*, et en *sens oppositif*. Ces trois sortes différentes de sens ont lieu par des formes d'expression qui sont de véritables figures, comme d'un usage tout-à-fait libre. On appelle ces figures des *Tropes;* mais ce ne sont pas des *Tropes* proprement dits : d'abord, parce qu'elles consistent en plusieurs mots; et puis, parce que les mots n'y sont pas nécessairement détournés de leur signification primitive. Au reste, nous reviendrons là-dessus, comme sur le *sens tropologique*, dans la *Seconde Partie*.

D. — QUALITÉS OU CARACTÈRES DU SENS, TANT LITTÉRAL QUE SPIRITUEL

Le sens, tant *littéral* que *spirituel*, est susceptible de diverses qualités ou de divers caractères, sous le rapport desquels on le trouve : *moral*, *grammatical*, ou *logique; ondamental*, *spécifique*, ou *accidentel : principal* ou *accessoire; affirmatif* ou *négatif; naturel*, *clair*, *précis*, ou *forcé*, *obscur*, *amphibologique*, etc.

Or, 1° par *sens moral*, on entend celui qui naît de l'interprétation morale d'une histoire, d'une fable ou d'une fiction quelconque : par *sens grammatical*, celui que présente par elle-même une phrase ou une période, d'après les lois de la grammaire et selon l'usage de la langue : par *sens logique*, celui qu'elle doit présenter relativement à l'objet dont il s'agit; en sorte que le *sens logique* et le *sens grammatical* peuvent quelquefois n'être pas tout-à-fait d'accord entre eux.

2° Le *sens fondamental* est celui qui résulte de l'idée

fondamentale attachée à la signification de chaque mot, et qui peut être commune à plusieurs mots d'une même espèce, tels que les synonymes *amitié*, *amour*, *tendresse*, ou à tous les mots d'une même famille, tels que, *aimer*, *aimant*, *ami*, *amitié*, *amour*, *aimable*, *amabilité*, etc. Le *sens spécifique* est celui qui résulte de l'idée fondamentale exprimée par telle ou telle espèce de mot, *nom*, *adjectif*, *participe*, *verbe*, etc. Le *sens accidentel*, celui qui résulte de divers accidens des mots, tels que les cas, les genres, les personnes, les nombres, les temps, les modes.

3° Le *sens principal* est, dans une proposition complexe ou composée, celui qui tient à la proposition principale ou fondamentale : et le *sens accessoire*, celui qui tient à la proposition en sous-ordre, quelle qu'elle soit, incidente ou subordonnée. Un même *sens principal* peut s'accroître de plusieurs *sens accessoires*, lesquels ne sont que des sens partiels, et c'est de la réunion de tous ces divers sens en un seul que résulte un *sens général* et *total*.

4° Le *sens affirmatif* est celui d'une proposition affirmative : *Cet homme a fait du bien, même à ses ennemis;* et le *sens négatif*, celui d'une proposition négative : *Cet homme n'a jamais fait de mal à personne, pas même à ses ennemis*.

5° Le *sens naturel* est celui qui se présente d'abord et comme de soi-même à l'esprit : le *sens forcé* est l'opposé du *sens naturel*, et on donne un *sens forcé* à une proposition, quand on la détourne de son *sens naturel* et véritable.

Mais quand le *sens* est *clair*, *net*, *précis*, il faut avoir l'esprit bien mal fait et bien tourné de travers pour le dénaturer. C'est pourtant ce qui n'est que trop ordinaire.

De l'*obscurité* du sens, résulte souvent ce qu'on appelle *amphibologie*, ou *sens amphibologique*. Le *sens amphibologique* est un double sens, tantôt *louche*, et tantôt *équivoque : louche*, lorsqu'il est causé par une construction *louche*, par une construction qui semble regarder d'un côté, tandis qu'elle regarde de l'autre; *équivoque*, lorsque la relation de certains mots à d'autres mots n'est pas déterminée d'une manière certaine et précise.

Lysias promit à son père de n'abandonner jamais ses *amis :* de quels amis s'agit-il là, des amis de Lysias, ou de ceux de son père ? C'est ce qu'on ne peut savoir d'après cette construction : le *sens* est donc *équivoque*.

Les impressions qu'il prit depuis, qu'il tâcha de communiquer aux siens, etc. *Depuis*, semble se rapporter à *qu'il tâcha*, comme s'il y avait *depuis le temps qu'il tâcha;* mais c'est pourtant à ce qui précède la phrase qu'il se rapporte, et il s'y trouve employé absolument, c'est-à-dire, sans régime : le *sens* est donc *louche*. On aurait évité ce défaut en mettant la conjonction *et* avant *qu'il tâcha*, parce que le *que* élidé par *il* est pour *lesquelles*.

CHAPITRE IV

DES FIGURES DU DISCOURS EN GÉNÉRAL

En distinguant les *Tropes* du *sens littéral*, et les *Tropes* du *sens spirituel*, nous avons annoncé que les premiers pouvaient être des *figures*, ou ne pas en être, et que les derniers en étaient toujours nécessairement. Il est donc à propos, avant de traiter plus particulièrement des Tropes, de dire un mot des *figures du discours* en général.

A. — DÉFINITION DES FIGURES DU DISCOURS

Le mot *figure* n'a dû d'abord se dire, à ce qu'il paraît, que des corps, ou même que de l'homme et des animaux considérés physiquement et quant aux limites de leur étendue. Et, dans cette première acception, que signifie-t-il ? Les contours, les traits, la forme extérieure d'un homme, d'un animal, ou d'un objet palpable quelconque.

Le discours, qui ne s'adresse qu'à l'intelligence de l'âme, n'est pas, même considéré quant aux mots qui le transmettent à l'âme par les sens, un corps proprement dit. Il n'a donc pas de *figure*, à proprement parler. Mais il a pourtant, dans ses différentes manières de signifier et d'exprimer, quelque chose d'analogue aux différences de forme et de traits qui se trouvent dans les vrais corps. C'est sans doute d'après cette analogie qu'on a dit par *métaphore*, Les *figures du discours*. Mais cette *métaphore* ne saurait être regardée comme une vraie *figure*, parce que nous n'avons pas dans la langue d'autre mot pour la même idée.

Qu'est-ce que les *figures du discours ?* De tant de définitions différentes qui en ont été données jusqu'ici, il n'en est pas une seule qui satisfasse pleinement, ni qui ait obtenu l'assentiment général C'est assez dire qu'il n'y en a pas encore une bonne. L'Académie française, toutefois, en donne, dans son Dictionnaire, deux particulières dont la réunion en formerait peut-être une générale passable, sinon parfaite.

L'Académie distingue les figures en *figures de mots*, qu'elle rapporte à la *Grammaire*, et en *figures* de *pensées*, qu'elle rapporte à la *Rhétorique*. Les premières sont, suivant elle : *Un emploi* ou *un arrangement de mots qui donne de la force ou de la grâce au discours;* les secondes sont : *Un certain tour de pensées qui fait une beauté, un ornement dans le discours.*

De ces deux définitions fondues l'une dans l'autre, résulte, ce me semble, assez naturellement celle-ci : *Les figures du discours sont les traits, les formes ou les tours plus ou moins remarquables et d'un effet plus ou moins heureux, par lesquels le discours, dans l'expression des idées, des pensées ou des sentimens, s'éloigne plus ou moins de ce qui en eût été l'expression simple et commune.*

Les *idées*, nous l'avons vu, sont les élémens de la *pensée*, et correspondent aux mots pris isolément; la *pensée* correspond à la proposition, à la phrase ou à la période. Quant au *sentiment*, c'est cette affection, ce mouvement de l'âme qui accompagne quelquefois l'*idée* ou la *pensée*, et qui, à un certain degré de vivacité ou de violence, prend le nom de *passion*.

Mais dans quel sens doit se prendre ici le mot *discours* ? Dans le même sens à-peu-près que quand on dit, *Les parties du discours*, et les parties soit logiques, soit grammaticales. Il doit se prendre pour une pensée rendue sensible par la parole, et dont l'expression s'étend à une proposition, à une phrase ou à une période entière, mais ne va guère au delà. C'est du moins dans ce sens que nous le prenons.

Il résulte de notre définition, comme des deux de l'Académie, que les façons de parler ou de s'exprimer qui constituent les figures, ne doivent pas être, pour celui qui les emploie, d'un usage tellement forcé qu'il n'eût pas pu parler ou s'exprimer autrement; que les figures, par conséquent, quelque communes qu'elles soient et quelque familières que les ait rendues l'habitude, ne peuvent mériter et conserver leur titre de *figures*, qu'autant qu'elles sont d'un usage libre, et qu'elles ne sont pas en quelque sorte imposées par la langue. Et comment pourraient se concilier avec un usage forcé, ce choix, cette combinaison de mots, ou ce tour de pensées qui leur donne l'existence ?

Comment pourraient se concilier, avec un tel usage, cette force, cette grâce, cette beauté qui les distinguent, cet heureux effet qui les suit, enfin cette supposition, qu'elles tiennent la place de façons de parler ou de s'exprimer qui le leur cèdent à tous égards ?

B. — DIVISION DES FIGURES DU DISCOURS

Combien n'y a-t-il pas, non-seulement de genres, mais même d'espèces de figures ! Contentons-nous d'en indiquer les principales divisions ou classes.

Nous avons vu que l'Académie distingue des *figures de grammaire* et des *figures de rhétorique*, ou des *figures de mots* et des *figures de pensées*. Cette distinction ne nous vient pas d'elle, mais des plus anciens grammairiens ou des plus anciens rhéteurs. Elle est fondée sur ce que les figures tiennent, les unes uniquement ou plus particulièrement à l'expression, les autres uniquement ou plus particulièrement à la pensée.

Mais, si elle est vraie et juste en elle-même, elle n'est pas, il s'en faut, sans inconvénient dans l'application et quand on en vient aux détails. Comme il est souvent difficile de reconnaître si telle figure en particulier tient en effet plus à la *pensée*, ou plus à l'*expression*, il en est résulté que le sort d'un grand nombre de figures a été toujours incertain, et que les grammairiens et les rhéteurs n'ont jamais pu s'accorder entre eux à leur égard.

On eût sans doute évité bien des méprises et bien des contestations, si, au lieu de se borner aux deux classes de *figures de mots* et de *figures de pensées*, on en eût distingué une intermédiaire, la classe des *figures mixtes*. Tant de figures, en effet, semblent ne pas *moins* tenir à la pensée qu'à l'expression, ou à l'expression qu'à la pensée !

Mais on n'a pas songé à cette distinction, et nous ne prétendrons pas l'établir ici. Nous voulons même, pour le moment, nous en tenir à la distinction ordinaire, et depuis si longtemps en usage, des *figures de mots* et des *figures de pensées*. Mais nous réduirons cette dernière classe aux figures absolument indépendantes de l'expression, et qui, bien que manifestées et connues par l'expression, comme c'est indispensable, ont pourtant toute leur existence dans le tour et la combinaison de l'esprit. Nous étendrons, au contraire, la première classe jusqu'à ces figures qui, bien que produites par l'artifice de l'esprit, n'en doivent pas moins en grande partie leur effet et leur agrément aux mots et à la manière dont ils expriment. Enfin nous, l'étendrons jusqu'à ces figures auxquelles nous avons dit que pourrait convenir la dénomination de *figures mixtes*.

Tous les *Tropes-figures* sont nécessairement des *figures de mots;* mais il s'en faut que *toutes les figures de mots* soient des *Tropes*. Combien donc peut-il y avoir de différentes sortes de *figures de mots ?* C'est ce que nous allons voir.

C. — DIVISION DES FIGURES DES MOTS

Dans les *figures de mots*, entendues ainsi que nous venons de le dire, ou les mots sont pris dans un *sens propre* quelconque, c'est-à-dire, dans une de leurs significations habituelles et ordinaires, primitives ou non; ou ils sont pris dans un *sens détourné*, autre qu'un *sens propre*, c'est-à-dire, dans une signification qu'on leur prête pour le moment, et qui n'est que de pur emprunt. Dans le premier cas, ce sont les *figures de mots* proprement dites; dans le second, ce sont les *figures* connues sous le nom de *Tropes*, nom qui, cependant, comme nous l'avons déjà observé, et comme nous aurons tant de fois occasion de l'observer encore, peut ne pas toujours désigner de véritables figures.

Les *figures de mots* dans le *sens propre* consistent, ou dans une altération quelconque du matériel primitif des mots : *figures de diction;* ou dans la manière dont les mots sont combinés et disposés entre eux dans la phrase : *figures de construction;* ou dans le choix des mots et dans leur manière plus ou moins vive et plus ou moins intéressante de rendre une idée : *figures d'élocution;* ou enfin dans un caractère frappant et peu ordinaire de beauté, de force, ou de grâce, de l'expression totale d'une pensée : *figures de style*.

Les *figures de mots* dans un *sens détourné* différent du *sens propre*, rentrent comme *Tropes* dans l'objet principal de ce petit ouvrage. Nous ne nous y arrêterons pas ici plus long-temps, parce qu'il va en être traité assez particulièrement dans la *Seconde Partie*.

Sans doute que c'est aussi assez pour le moment, sur les autres *figures de mots;* nous y reviendrons dans la *Troi-*

sième Partie, pour montrer, par quelques exemples, combien elles diffèrent des *Tropes*. Nous pourrons en faire autant pour les *figures de pensées*.

D. — UTILITÉ DE LA CONNAISSANCE DES FIGURES

On nous demandera s'il est utile d'étudier, de connaître les figures ? Oui, répondrons-nous, rien de plus utile, et même de plus nécessaire, pour ceux qui veulent pénétrer le génie du langage, approfondir les secrets du style, et pouvoir saisir en tout le vrai rapport de l'expression avec l'idée ou avec la pensée. Les figures ne font pas assurément tout le mérite, tout le prix du discours : dans plus d'un cas même elles seraient déplacées, et l'expression simple, ordinaire, leur est préférable. Mais elles sont d'un usage si familier, si fréquent dans le langage même qu'on pourrait croire le moins figuré ! si souvent c'est à elles seules que tient toute la noblesse, toute la grâce, ou toute la force de l'expression ! et d'une autre part, quel mauvais effet, quelle horrible discordance, quelle étrange ou ridicule bigarrure ne produisent-elles pas dans le discours, lorsqu'elles sont employées sans discernement et sans choix ! Ne pas chercher à les connaître, ce serait donc renoncer en quelque sorte à connaître l'art de penser et d'écrire dans ce qu'il a de plus fin et de plus délicat : ce serait à-peu-près renoncer à connaître les lois, les principes du goût.

Il est vrai que les figures ne sont pas, comme leurs noms, une invention des rhéteurs ou des grammairiens; qu'elles nous viennent de la Nature même, comme la parole, et que c'est elle-même qui les enseigne à tous les hommes, au rustre comme au savant, à l'enfant comme à l'homme fait. Il est vrai que ceux mêmes qui n'en soupçonnent pas l'existence, et qui seraient bien en peine d'en distinguer une seule, savent les trouver au besoin, et les employer quelquefois aussi à propos que ceux qui en ont le plus approfondi la théorie, que ceux qui sauraient le mieux en raisonner; mais il ne s'ensuit pas néanmoins que l'étude en soit inutile. Le rustre fait tous les jours, comme ce monsieur Jourdain de la comédie, de la prose sans le savoir; il sait, dans les affaires communes, dans celles surtout qui regardent sa personne ou ses intérêts, se conduire avec une justesse d'idées et une rectitude de jugement qui étonnent le philosophe; il sait, quand il est animé par quelque passion violente, s'exprimer avec une force et une éloquence dont n'approcheraient pas toujours les plus grands orateurs. Faut-il en conclure que la Grammaire, la Logique et la Rhétorique sont inutiles, et que c'est perdre son temps que de les apprendre ? Dans tous les arts quelconques, ou mécaniques ou libéraux, la pratique a précédé la théorie, c'est-à-dire, le système raisonné de la méthode et des règles. Mais la théorie est venue ensuite éclairer, diriger, perfectionner la pratique, et les arts dès lors, sortant de l'enfance et de la barbarie, sont parvenus à un degré plus ou moins éminent de splendeur et de gloire.

Et pourquoi tant d'ouvrages intéressans pour le sujet, pour le fond des choses, et qui d'ailleurs annoncent du talent, de l'imagination ou même du génie, sont-ils cependant illisibles, insupportables pour tout homme de sens et de goût ? La cause, suivant Laharpe, c'est une prétention, une recherche continuelle ; c'est l'ambition des figures, et leur accumulation sans choix (1), la manie des métaphores, et leur hardiesse bizarre, sans justesse et sans vérité ; c'est l'habitude de croire qu'*il faut être outré pour être fort*, *exagéré pour être grand*, *recherché pour être naïf*. Or, ces défauts, ces travers, si communs de nos jours, et qui le furent dans tous les temps, qui le furent même dans les beaux jours de notre littérature, quoi de plus propre à les détruire, ou du moins à en prévenir le danger, que la connaissance des figures, que des notions justes et vraies sur leur nature, sur leur usage, sur leur abus ?

Mais supposons que, par ce goût seul d'*instinct* que peut donner la lecture des bons modèles ou une heureuse organisation, on puisse ne jamais se laisser égarer ou séduire par de faux exemples, et se tenir toujours soi-même dans les bornes d'un sage et légitime usage : qui pourra, sans une certaine connaissance théorique et raisonnée des figures, parfaitement comprendre tous les passages d'un auteur un peu figuré, de ces auteurs dont l'imagination riante et facile, se jouant en quelque sorte avec elle-même et se complaisant dans une continuelle magie, nous présente presque toutes les idées sous des couleurs et des formes d'emprunt ? Et si l'on sait bien au juste ou à-peu-près ce que l'auteur a voulu dire, et

(1) On aura occasion de voir que les figures dont on abuse le plus, et dont l'abus est le plus dangereux, sont précisément celles que l'on appelle du nom de *Tropes*.

THÉORIE DES TROPES

(A étudier très-particulièrement, et surtout les deux premières sections; mais cependant à apprendre, seulement pour les observations les plus générales, pour la distinction des genres et des espèces, pour la définition de chaque espèce principale, et un ou deux exemples : ce qui, en tout, ne peut guère faire que de quinze à vingt pages.)

Dans le chapitre des *Notions préliminaires*, qui a pour objet les divers sens dont la Proposition est susceptible, nous avons vu qu'il y a dans les mots un *sens primitif* et un *sens tropologique*, et que le *sens tropologique* est, ou *figuré*, ou purement *extensif*, selon que la nouvelle signification à laquelle il est dû, a été donnée au mot librement et comme par jeu, ou qu'elle en est devenue une signification forcée, habituelle, et à-peu-près aussi *propre* que la signification primitive. Nous y avons vu aussi que les propositions peuvent, comme les mots, offrir une sorte de *sens tropologique*, et que c'est toutes les fois que, par l'ensemble de l'expression, elles font entendre à l'esprit tout autre chose que ce qu'elles semblent dire, prises à la lettre. Par conséquent, on peut distinguer deux grandes classes de Tropes : Les *Tropes en un seul mot*, ou *proprement dits;* et les *Tropes en plusieurs mots*, ou *improprement dits.*

Nous allons traiter des Tropes tant de l'une que de l'autre classe. Ce sera d'abord dans deux *sections* différentes, où d'après leur nature et leurs caractères, soit communs soit particuliers, nous les distinguerons en genres et en espèces. Ce sera ensuite dans une troisième *section*, où, les réunissant tous sous un même point de vue, nous les considérerons relativement à leur emploi dans le discours.

Ce Traité, que nous voulons borner aux élémens de la science, sera sans doute assez succinct, et même à-peu-près réduit, pour chaque *section*, à ce qu'il peut y avoir de plus substantiel. Mais il n'en offrira pas moins un système entier et complet des Tropes, et un système raisonné, suivi, enfin tel que l'annonce le titre de *Théorie* sous lequel nous croyons pouvoir le présenter.

ce qu'il faut entendre, saura-t-on toujours bien sentir, bien juger s'il l'a dit convenablement, s'il l'a dit de manière à satisfaire la raison et le goût, et à ne pas mériter qu'on applique à son style ces vers de Molière :

> Ce style figuré dont on fait vanité
> Sort du bon naturel et de la vérité :
> Ce n'est que jeu de mots, qu'affectation pure,
> Et ce n'est point ainsi que parle la nature.

Nous verrons dans la *Troisième Partie* de cet ouvrage, qu'il est bon de connaître jusqu'aux noms mêmes des figures, jusqu'à ces noms réputés si barbares, et l'objet des plaisanteries des esprits vains et superficiels, oui, jusqu'à ces noms que, suivant Boileau, Pradon, l'ignorant Pradon, prenait pour des termes de Chimie.

SECONDE PARTIE

THÉORIE DES TROPES

(A étudier très-particulièrement, et surtout les deux premières sections; mais cependant à apprendre, seulement pour les observations les plus générales, pour la distinction des genres et des espèces, pour la définition de chaque espèce principale, et un ou deux exemples : ce qui, en tout, ne peut guère faire que de quinze à vingt pages.)

Dans le chapitre des *Notions préliminaires*, qui a pour objet les divers sens dont la Proposition est susceptible, nous avons vu qu'il y a dans les mots un *sens primitif* et un *sens tropologique*, et que le *sens tropologique* est, ou *figuré*, ou purement *extensif*, selon que la nouvelle signification à laquelle il est dû, a été donnée au mot librement et comme par jeu, ou qu'elle en est devenue une signification forcée, habituelle, et à-peu-près aussi *propre* que la signification primitive. Nous y avons vu aussi que les propositions peuvent, comme les mots, offrir une sorte de *sens tropologique*, et que c'est toutes les fois que, par l'ensemble de l'expression, elles font entendre à l'esprit tout autre chose que ce qu'elles semblent dire, prises à la lettre. Par conséquent, on peut distinguer deux grandes classes de Tropes : Les *Tropes en un seul mot*, ou *proprement dits;* et les *Tropes en plusieurs mots*, ou *improprement dits.*

Nous allons traiter des Tropes tant de l'une que de l'autre classe. Ce sera d'abord dans deux *sections* différentes, où d'après leur nature et leurs caractères, soit communs soit particuliers, nous les distinguerons en genres et en espèces. Ce sera ensuite dans une troisième *section*, où, les réunissant tous sous un même point de vue, nous les considérerons relativement à leur emploi dans le discours.

Ce Traité, que nous voulons borner aux élémens de la science, sera sans doute assez succinct, et même à-peu-près réduit, pour chaque *section*, à ce qu'il peut y avoir de plus substantiel. Mais il n'en offrira pas moins un système entier et complet des Tropes, et un système raisonné, suivi, enfin tel que l'annonce le titre de *Théorie* sous lequel nous croyons pouvoir le présenter.

SECTION PREMIÈRE

DES TROPES EN UN SEUL MOT, OU PROPREMENT DITS (1)

Ou les *Tropes* en un seul mot offrent un *sens figuré*, ou ils n'offrent qu'un *sens purement extensif*. Dans le premier cas, ce sont de véritables figures, et ces figures peuvent sans doute s'appeler *figures de signification*, puisque c'est par une nouvelle signification du mot qu'elles ont lieu, et que c'est à cette nouvelle signification qu'elles tiennent. Dans le second cas, on peut les appeler *catachrèses*, mot qui exprime si bien et leur nature et leur usage, puisqu'il signifie *abus*, et que l'*extension* du sens est une sorte d'*abus*.

Mais, *figures* ou *catachrèses*, de combien de manières différentes les Tropes en un seul mot ont-ils lieu? Ils ont lieu par un rapport entre la première idée attachée au mot, et l'idée nouvelle qu'on y attache, et ils ont lieu d'autant de manières différentes que le rapport lui-même peut varier, ou qu'il peut y avoir de différens rapports entre les idées. Or, ces rapports se réduisent aux trois suivans : Rapport de *corrélation*, ou, si l'on aime mieux, de *correspondance;* rapport de *connexion*, et rapport de *ressemblance*.

Par conséquent, trois genres principaux de Tropes en un seul mot : les Tropes par *correspondance;* les Tropes par *connexion*, et les Tropes par *ressemblance*. Nous verrons que, dans chacun de ces trois genres, peuvent se trouver ce que nous appellerons des *Tropes mixtes*.

(1) Il faut, avant tout, se rappeler ici ce qui est dit du *sens littéral* dans le second paragraphe du troisième chapitre des *Notions préliminaires*. La connaissance de ce paragraphe est supposée par ce qui va suivre.

CHAPITRE PREMIER

DES TROPES PAR CORRESPONDANCE, CONNUS SOUS LE NOM DE « MÉTONYMIES »

LES Tropes par *correspondance* consistent *dans la désignation d'un objet par le nom d'un autre objet qui fait comme lui un tout absolument à part, mais qui lui doit ou à qui il doit lui-même plus ou moins, ou pour son existence, ou pour sa manière d'être.* On les appelle *métonymies*, c'est-à-dire, changemens de noms, ou noms pour d'autres noms.

On peut distinguer les *métonymies : — De la Cause pour l'Effet; — De l'Instrument pour la Cause active ou morale; — De l'Effet pour la Cause; — Du Contenant pour le Contenu; — Du Lieu de la Chose pour la Chose même; — Du Signe pour la Chose signifiée; — Du Physique pour le Moral; — Du Maître ou Patron de la Chose pour la Chose même;* — Enfin, *de la Chose pour le Maître ou pour le Patron.*

I. MÉTONYMIE DE LA CAUSE

Elle est :

1°. De la *Cause suprême* et *divine :* comme quand les Anciens disent, *Jupiter*, pour l'air; *Bacchus*, pour le vin; *Mars*, pour la guerre; et comme quand nous disons d'après eux, *Neptune*, pour la mer :

> Leur flotte impérieuse, asservissant *Neptune*,
> Des bouts de l'univers appelle la fortune.
>
> VOLTAIRE, *Henr.*

2°. De la *Cause active*, *intelligente* et *morale :* comme quand on dit, un *Homère*, un *Virgile*, un *Racine*, un *La Fontaine*, pour les ouvrages de ces auteurs :

> Là, près d'un *Guarini*, *Térence* tombe à terre;
> Là *Xénophon*, dans l'air, heurte contre un *La Serre*.
>
> BOILEAU, *Lutrin.*

3°. De la *Cause instrumentale* et *passive* : comme quand on dit d'un peintre, en parlant de sa manière de colorier, qu'*Il a le pinceau hardi*, *le pinceau délicat*, *suave*, ou *le pinceau dur et sec;* et d'un auteur, en parlant de sa manière d'écrire, qu'*Il a une plume brillante*, *une plume éloquente*, *hardie*, etc.

4°. De la *Cause objective*, *archétype*, ou *occasionnelle* : comme quand on donne une statue, une image, pour l'objet qu'elle représente : l'*Apollon du Belvéder*, le *Jupiter de Phidias*, une *Diane de marbre*.

Jamais le ciel ne fut aux humains plus facile
Que quand *Jupiter* même était de simple bois :
Depuis qu'on l'a fait d'or, il est sourd à nos voix.

La Fontaine.

Phèdre, *Mérope*, *Zaïre*, pour les tragédies dont Phèdre, Mérope et Zaïre sont les héroïnes; le *Jonas*, le *David*, le *Moïse*, pour les poëmes dont Jonas, David et Moïse sont les héros :

Le *Jonas*, inconnu, sèche dans la poussière;
Le *David*, imprimé, n'a point vu la lumière;
Le *Moïse* commence à moisir par les bords.

Boileau.

5°. De la *Cause physique* et *naturelle* : comme quand les Anciens disent, les *soleils*, pour Les chaleurs, effets du soleil; les *lunes*, pour Les mois marqués par la lune; et comme quand nous disons nous-mêmes, par suite du préjugé de l'influence de la lune et des astres : *Avoir des lunes*, pour, Avoir des caprices : *On ne peut aller contre son étoile*, pour, On ne peut aller contre sa destinée : comme aussi quand nous disons, *Bon œil*, *bonne oreille*, *bon nez*, pour, Bonne vue, bonne ouïe, bon odorat : l'organe d'un sens en est sans doute la *cause physique*.

6°. De la *Cause abstraite* et *métaphysique* : comme quand on dit, Les *bontés*, les *injustices*, les *tendresses*, les *amitiés*, les *volontés*, les *imaginations*, les *folies*, etc., pour Les actes, les traits qui partent de la bonté, de l'injustice, de la tendresse, de l'amitié, etc.

Mais il faut observer que ces dernières sortes de *métonymies*, et même la plupart des autres, ne peuvent guère être considérées que comme des *catachrèses*, parce qu'elles sont d'un usage à-peu-près forcé. Telles sont particulièrement, ce me semble, toutes celles de ces noms propres précédés d'un article, ou donnés pour titres d'ouvrages.

II. MÉTONYMIE DE L'INSTRUMENT

Le pinceau est l'instrument du peintre; la plume, l'instrument de l'écrivain : de là, Un *savant pinceau :* pour Un peintre dont le pinceau enfante des chefs-d'œuvre; Une *excellente plume*, pour Un auteur habile dans l'art d'écrire, surtout en prose.

C'est une bonne, une fine lame, dit-on familièrement d'un homme qui sait bien manier l'épée. On le dit aussi proverbialement et populairement d'une femme rusée qui sait bien manier la langue. Mais, dans ce dernier cas, il y a, outre la *métonymie*, une *métaphore*, puisque cette *lame*, instrument de la femme, c'est sa langue même.

On appelle *violon*, *fifre*, *clarinette*, *serpent*, etc., celui qui joue de tel ou tel de ces instrumens. Mais c'est faute d'un autre nom, et parce qu'on n'a pas jugé à propos de dire, par exemple, un *violonneur*, un *fifreur*, etc. : c'est donc par une *métonymie forcée*, et par conséquent, par *catachrèse*.

III. MÉTONYMIE DE L'EFFET

Virgile donne le nom de *Sort* à l'oracle qui fait le sort : il appelle Hélène le *crime*, l'*infamie*, pour marquer qu'elle s'est identifiée avec le crime, avec l'infamie, son ouvrage.

Presque tous les auteurs latins désignent souvent les *yeux* par le nom de *lumière;* et pourquoi ? Parce que les yeux nous transmettant la lumière, ils sont censés la produire.

Horace appelle le fils de Laërte la *ruine*, la *perte* des Troyens, pour dire qu'il causera cette perte, cette ruine.

Il n'y a que le dernier de ces exemples qui convienne à la langue française comme à la langue latine. Il est même assez hardi dans ce vers de la Henriade :

Il fait tracer leur *perte* autour de leurs murailles.

Leur perte, pour La cause de leur perte; et la cause de leur perte, ce sont les travaux que l'on exécute autour des murailles pour les forcer.

Autres exemples du même genre :

O mon fils ! ô ma *joie* ! ô l'*honneur* de mes jours !

RACINE.

Vois ce roi triomphant, ce foudre de la guerre,
L'*exemple*, la *terreur* et l'*amour* de la terre.

VOLTAIRE, *Henr.*

Je l'ai vu cette nuit, ce malheureux Sévère,
La *vengeance* à la main, l'œil ardent de colère.

CORNEILLE.

On ne porte pas à la *main* la *vengeance* elle-même, qui est un être purement abstrait ; mais on y porte l'arme quelconque qui sert à la vengeance, et la main elle-même en est le premier instrument.

IV. MÉTONYMIE DU CONTENANT

Le *vase*, la *coupe*, le *calice*, pour La liqueur contenue dans le vase, dans la coupe, dans le calice ; la *Terre*, l'*Europe*, l'*Asie*, l'*Afrique*, la *France*, l'*Espagne*, l'*Italie*, et telle ou telle ville, tel ou tel lieu, pour Ses habitans ; le *Ciel*, pour Dieu ou pour les dieux, et en général pour les puissances du ciel ; l'*Enfer*, pour Les puissances de l'enfer, pour les mânes, pour les ombres, pour les démons, pour les esprits infernaux, etc. :

Pleure, *Jérusalem*, pleure, *cité* perfide...
Le *Vatican* superbe en fut épouvanté...
J'entends à haute voix tout mon *camp* qui m'appelle...
Six frères, quel espoir d'une illustre *maison !*...

N'est-ce pas encore une *métonymie* du *contenant*, que de prendre la *table* pour les mets et les liqueurs dont elle peut être garnie ?

Quelquefois c'est à ce qui contient, à ce qui entoure, garnit ou supporte, que l'on donne le nom de ce qui est contenu, entouré, garni ou supporté ; et c'est ainsi qu'on appelle *flambeaux*, certains supports de flambeaux : *Flambeau d'argent*, *flambeau de vermeil*. C'est ainsi que l'on dit, *Un feu*, pour Une garniture de feu : *Un feu garni d'argent*, *acheter un feu*. Mais ces sortes de *métonymies* peuvent n'être que des *catachrèses*, et les deux dernières au moins ne sont pas autre chose.

V. MÉTONYMIE DU LIEU

C'est quand on donne à une chose le nom du lieu d'où elle vient ou auquel elle est propre : Un *madras*, une *perse*, un *cachemire*, pour Un mouchoir, un voile, une étoffe, une toile, un tissu de Madras, de Perse, de Cachemire : Un *elbeuf*, un *sedan*, un *louviers*, pour Un drap d'Elbeuf, de Sedan, de Louviers : Le *bourgogne*, le *bordeaux*, le *malaga*, pour Des vins de ces provinces ou de ces villes.

Ce vieux Crésus, en sablant du *Champagne*,
Gémit des maux que souffre la campagne.

VOLTAIRE.

Le *Lycée*, le *Portique*, l'*Académie*, pour Les écoles anciennement tenues dans les lieux de ces noms, ou pour Des écoles établies depuis comme sur le modèle de celles-là; mais ce ne sont que des *catachrèses*.

Cependant ce seraient sans doute de véritables figures que les mots *Lycée* et *Portique*, employés comme ils le sont dans une ode de J.-B. Rousseau, si, ainsi que le prétend Dumarsais, ils signifiaient la doctrine de ces écoles, et non ces écoles mêmes :

C'est là que ce Romain, dont l'éloquente voix
D'un joug presque certain sauva sa république,
Fortifiait son cœur dans l'étude des lois
Et du *Lycée* et du *Portique*.

Mais, pour avoir cette signification, il faudrait qu'ils fussent, ainsi que le mot *lois*, le complément d'*étude*, et non le complément du mot *lois* lui-même; il faudrait, dis-je, que le poëte eût voulu dire l'*étude du Lycée* et l'*étude du Portique*, aussi-bien que l'*étude des lois*, et qu'il n'eût pas voulu dire, comme il l'a évidemment fait, l'*étude des lois du Lycée et des lois du Portique*. C'est précisément *lois* qui est là pour principes, pour doctrine.

Voici, par exemple, dans un vers de la *Henriade*, la figure que Dumarsais a cru voir dans les vers de Rousseau :

Je ne décide point entre *Genève* et *Rome* (1).

Genève pour le Calvinisme, et *Rome* pour le Catholicisme, dont elle est le centre.

(1) C'est Henri IV qui parle ainsi dans la *Henriade*, lorsqu'il est encore flottant, indécis, entre les deux religions. Il n'eût point sans doute tenu ce langage, lorsque revenu de ses erreurs, il eut quitté *Genève* pour *Rome*, c'est-à-dire, lorsque, de *calviniste*, il se fut fait *catholique* par la célèbre conversion qui le rendit à la foi de ses pères.

VI. MÉTONYMIE DU SIGNE

Le *trône*, le *sceptre*, la *couronne*, pour La dignité ou la puissance royale; l'*autel*, l'*encensoir*, pour La puissance ou la dignité sacerdotale; la *pourpre*, pour Les grandeurs; les *faisceaux*, pour Le consulat; la *tiare*, pour La papauté; la *robe*, pour La magistrature; la *bure*, pour La pauvreté; la *houlette*, pour La condition de berger; l'*épée*, la *cuirasse*, le *casque*, pour La profession des armes; le *froc*, pour L'état religieux, de moine; le *voile*, pour L'état de religieuse; la *haire*, pour Une vie retirée et pénitente; le *joug*, les *chaînes*, les *fers*, pour La servitude et l'esclavage; le *cothurne*, pour La tragédie; le *brodequin*, pour La comédie; les *lis*, pour La France; l'*aigle*, pour L'Autriche; la *croix*, pour Le Christianisme; le *croissant*, pour Le Mahométisme; le *laurier*, pour La gloire; l'*olivier*, pour La paix, etc.

Appelez-vous régner, partager ma *couronne?*...
Aujourd'hui dans un *casque*, et demain dans un *froc*...
Descendu des grandeurs, il a pris la *houlette*...
Il prit, quitta, reprit la *cuirasse* et la *haire*...
Dans la *robe*, on vantait son illustre maison...

Voulez-vous que j'en croie votre *jeune barbe?* c'est-à-dire, votre jeunesse, dont un poil naissant et follet est la marque.

Tu ne te repais point d'*encens* à si bas prix,

dit Boileau au marquis de Seignelay, et là, *encens* est pour louange, pour flatterie.

Tous ces divers exemples paraissent être autant de vraies figures; mais il n'est pas sûr qu'on ne pût en trouver qui ne fussent que des *catachrèses*.

VII. MÉTONYMIE DU PHYSIQUE

Elle consiste à désigner les affections, les sentimens, les habitudes, et en général, les qualités *morales*, par le nom des parties physiques du corps auxquelles nous avons coutume de les rapporter, et qui en sont réputées le principe ou le siège.

Cœur, pour courage, pour sentimens nobles et élevés, pour affection, pour amour :

Rodrigue, as-tu du *cœur?*...
Ordonne; que veux-tu? Tout mon *cœur* est à toi.

Cervelle, pour esprit, pour jugement, pour opinion, pour caprice ou pour fantaisie :

Un rat, hôte d'un champ, rat de peu de *cervelle*...
Croit gouverner le monde au gré de sa *cervelle*.

Entrailles, pour sensibilité, pour tendresse :

Et vous, qui leur devez des *entrailles* de père.

Oreilles, pour pitié, pour compassion, ou pour confiance :

Ventre affamé n'a point d'*oreilles*...
Ne possédez-vous pas son *oreille* et son cœur?

Et si l'on disait de quelqu'un qu'*il a de la tête*, qu'*il a bonne tête*, *la tête forte*, *la tête excellente*, dans quel sens serait le mot *tête?* Dans le sens d'esprit, de jugement, de raison, etc.

VIII. MÉTONYMIE DU MAÎTRE OU DU PATRON

C'est la désignation d'une chose par le nom de celui qui en a la possession ou l'usage, ou qui est réputé l'avoir sous ses auspices.

Dans Virgile, *Eucalégon*, pour La maison d'Eucalégon en proie aux flammes; *Capys*, *Antée*, *Gyas*, pour Les vaisseaux de Gyas, de Capys et d'Antée; *Lares*, *Pénates*, pour foyers, pour maisons ou pour toits.

Et nous-mêmes, n'employons-nous pas quelquefois les mots *Lares* et *Pénates* dans le même sens?

Un rat, hôte d'un champ, rat de peu de cervelle,
Des *lares* paternels un jour se trouva soûl.

LA FONTAINE.

Leurs dieux, leur chien, leur arc, leurs *pénates* roulans,
Tout voyage avec eux sur ces sables brûlans.

DELILLE.

Mais dans ces cas-là, la *métonymie* est accompagnée d'une autre figure qui se rapporte à ce que nous appellerons *mythologisme*.

Saint-Roch, *Saint-Eustache*, *Saint-Sulpice*, sont à Paris des églises consacrées sous l'invocation de ces saints.

Saint Omer, *saint Denis*, *saint Germain*, *saint Flour*, ont donné leur nom à des villes qui sont sous leurs auspices.

Au reste, observons que tous ces exemples, à l'exception de deux seuls, ceux de La Fontaine et de Delille, ne sont pour nous que des *catachrèses*.

Observons de plus que cette espèce de *métonymie* pourrait, à la rigueur, se rapporter à quelqu'une des variétés de la *métonymie* de la cause.

IX. MÉTONYMIE DE LA CHOSE

C'est la désignation d'une personne ou d'un être animé par le nom d'une chose qui lui est propre.

Dans Virgile : La *troisième palme*, pour Celui qui a remporté la troisième palme. En français : *Deux cents chevaux*, pour Deux cents cavaliers; *Chapeaux* pour Hommes, et sans doute *Coiffes*, pour Femmes; *Perruque*, pour Homme à perruque, etc.

Les noms de *bonnets* et de *chapeaux* sont pour des noms de partis dans ces vers de Voltaire au roi de Suède, Gustave III :

Tu viens de ressaisir les droits du diadème.
Et quels sont en effet ses véritables droits?
De faire des heureux en protégeant les lois;
De rendre à son pays cette gloire passée
Que la discorde obscure a long-temps éclipsée;
De ne plus distinguer ni *bonnets* ni *chapeaux*,
Dans un trouble éternel infortunés rivaux.

Mais quand Delille dit en français, comme Virgile a dit en latin :

Le *char* n'écoute plus ni la voix ni le frein,

est-ce par une *métonymie de la chose* que le *char* est pris pour Les chevaux du char, pour L'attelage; ou bien serait-ce par une *synecdoque du tout*, comme le porte une note du *Résumé général* du *Commentaire* sur les *Tropes* de Dumarsais? Il ne semble pas que ce soit en effet par une *synecdoque du tout*, puisque les chevaux, même attelés au char, ne font, sans doute, en aucune manière partie du char, et que le char subsiste en entier, indépendamment et séparément des chevaux. C'est donc nécessairement par une *métonymie de la chose;* et, comme cette *métonymie*, loin de tenir au fond de la langue, est une création aussi nouvelle que hardie du poëte, on peut sans balancer la compter pour une figure.

CHAPITRE II

DES TROPES PAR CONNEXION, ORDINAIREMENT APPELÉS « SYNECDOQUES »

Les Tropes par *connexion* consistent *dans la désignation d'un objet par le nom d'un autre objet avec lequel il forme un ensemble, un tout, ou physique ou métaphysique, l'existence ou l'idée de l'un se trouvant comprise dans l'existence ou dans l'idée de l'autre.* C'est là aussi ce que signifie, bien expliqué et bien entendu, leur nom commun de *synecdoque*, qui revient à celui de *compréhension.*

Il est évident que ces sortes de *Tropes* doivent nécessairement faire entendre plus ou moins que les mots ne signifient dans le sens primitif : plus, si c'est le plus petit objet qu'on énonce pour le plus grand; et moins, si c'est le plus grand qu'on énonce pour le plus petit. Aussi définit-on la *synecdoque, Un Trope par lequel on dit le plus pour le moins, ou le moins pour le plus.* Mais c'est la définir par son effet plutôt que par sa nature.

Nous allons distinguer huit espèces principales de *synecdoques : les Synecdoques : — De la Partie; — Du Tout; — De la Matière; — Du Nombre; — Du genre; — De l'espèce; —* La *Synecdoque d'Abstraction; —* Et enfin la *Synecdoque d'individu,* connue sous le nom particulier d'*Antonomase.*

I. SYNECDOQUE DE LA PARTIE

Elle consiste à prendre une partie du tout pour le tout lui-même, qui frappe tellement l'esprit par cette partie, qu'on semble n'y voir pour l'instant qu'elle seule.

Or, on peut prendre la partie pour le tout :

1°. Dans les êtres animés et vivans : le cœur, l'âme, l'esprit, le corps de l'homme, pour tout l'homme; la main, la langue, la bouche, la tête, la mâchoire, le ventre, etc., pour tout l'individu.

Hélas! que n'eût point fait cette *âme* vertueuse?
La France sous son règne eût été trop heureuse...
VOLTAIRE.

Laissez parler, Seigneur, des *bouches* si timides...
Depuis plus de six mois, éloigné de mon père,
J'ignore le destin d'une *tête* si chère.
RACINE.

C'est une mâchoire, une lourde mâchoire, dit-on familièrement de quelqu'un, pour signifier qu'il a l'esprit pesant, et qu'il s'exprime lourdement et sans grâce. On dit aussi dans le même sens, *C'est une ganache, une lourde ganache*, et alors il y a *synecdoque* et *métaphore* tout ensemble : *synecdoque*, puisque c'est la partie pour le tout; *métaphore*, puisque *ganache*, au propre, signifie la mâchoire inférieure du cheval.

2°. Dans les êtres purement physiques. Rien, par exemple, de plus commun dans les auteurs anciens, que le *toit* ou même le *seuil* pour la maison; que la *poupe* pour le vaisseau; et La Fontaine lui-même a dit en français :

Cependant l'humble *toit* devient temple, et ses murs
Changent leur frêle enduit aux marbres les plus durs.

Saint-Ange a dit aussi dans sa traduction des Métamorphoses :

La *poupe* en pleine mer s'éloigne de la rive.

Mais *voiles*, au pluriel, se dit bien plus souvent en français que *poupe*, pour vaisseau; *Une flotte de cinquante voiles : Il parut cent voiles à l'embouchure de la rivière*. Il est vrai que cette *synecdoque* ne paraît plus être qu'une *catachrèse :* qui sait même si elle ne fut pas d'abord imaginée dans l'unique vue de distinguer un *vaisseau à voiles* d'un simple *vaisseau à rames?* Cependant on ne peut que voir une figure dans le mot *voiles*, quand Voltaire dit, dans une de ses épîtres, en parlant de l'abondance :

Comme à Londre, à Bordeaux, de cent *voiles* suivie.

C'est encore une véritable figure sans doute, que le mot *épi* pour *blé*, dans ce vers :

Où croissaient des chardons, là naissent des *épis*.

3°. Dans un ensemble d'objets physiques : comme quand on désigne tout un pays, tout un empire, par le nom de quelque grande ville ou de quelque grand fleuve :

> *Londres* fut de tout temps l'émule de *Paris*...
> La *Seine* a des Bourbons, le *Tibre* a des Césars...

Mais quand c'est le nom d'une ville, la figure est ordinairement double, et il y a tout-à-la-fois *synecdoque* et *métonymie : synecdoque*, la ville pour le pays; *métonymie*, la ville pour ses habitans.

Il en est à-peu-près de même, quand c'est le nom d'un fleuve, et qu'on attribue au fleuve qui représente le pays, ce qui ne peut convenir qu'aux habitans :

> Fouler aux pieds l'orgueil et du *Tage* et du *Tibre*.

Horace a dit : *Tirer au sort la royauté du vin*, et, par la *royauté du vin*, nous entendons la royauté du festin : c'est que le vin fait ordinairement partie d'un festin, et que cette partie n'en est pas censée la moins essentielle.

4°. Dans une collection d'êtres vivans et animés : comme quand on attribue à un seul membre de la collection, ce qui, à la rigueur, ne peut s'entendre que de tous, et, par exemple, à un général, ce qui ne peut s'entendre que de son armée : comme aussi, quand, dans l'Écriture, on désigne tout le peuple Juif, ou quelqu'une de ses tribus, par le nom de ceux qui en furent les premiers chefs :

> Songer qu'en cet enfant tout *Israël* réside...
> *Benjamin* est sans force, et *Juda* sans vertu...

Voltaire a dit quelque part :

> Il regarde de loin, sans dire son avis,
> Trois Etats polonais, doucement envahis;
> *Saint Ignace*, dans Rome, écrasé par *saint Pierre*.

Et par *saint Ignace*, il a sans doute entendu toute la société des Jésuites, dont saint Ignace avait été le fondateur. Par *saint Pierre*, il a entendu le Pape, successeur de saint Pierre, et c'est aussi une *synecdoque*, mais de l'espèce qu'on appelle *antonomase*.

5°. Dans un tout abstrait ou métaphysique : le *printemps*, l'*été*, l'*hiver*, enfin une seule saison, pour l'an tout entier, ou pour tout un âge composé d'ans : *Il compte quinze printemps*, c'est-à-dire, *quinze ans : Il est dans son printemps*, *dans sa jeune saison*, c'est-à-dire, dans son jeune âge.

6°. Enfin, dans les êtres spirituels : Dieu n'a point de parties, sans doute, mais il a des attributs que nous considérons par abstraction comme distingués entre eux, et nous le représentons quelquefois sous le nom de ces attributs, comme quand nous disons : *La providence veille sur toutes les créatures : La justice divine voit tout.*

Il en est de même de notre âme. Nous attribuons quelquefois à telle ou à telle de ses facultés, ce qui ne peut, à la rigueur, s'entendre que d'elle-même considérée sous le rapport de cette faculté.

II. SYNECDOQUE DU TOUT

Cette sorte de *synecdoque*, qui consiste, tout au contraire de la précédente, à prendre le tout pour la partie, paraît assez rare, même en latin. On la verra cependant dans quelques exemples que nous citerons pour la *synecdoque de la matière*, et tels que celui où le nom de *castor* sert à désigner un chapeau de poil de castor. Il est vrai que les grammairiens et les rhéteurs citent, surtout pour le latin, beaucoup d'autres exemples; mais ces exemples, bien expliqués, ne prouvent guère que leur méprise : je n'oserais dire leur ignorance.

III. SYNECDOQUE DE LA MATIÈRE

C'est celle par laquelle on désigne une chose par le nom de la matière dont elle est faite.

Le *sang*, pour la personne qui en est issue, formée :

Oui, vous êtes le *sang* d'Atrée et de Thyeste.

Le *fer* ou l'*acier*, pour différentes armes, ou pour différens instrumens :

Tous, le *fer* dans les mains, jurent de le venger...
L'*acier* coupe le bois que déchiraient les coins.

Fer, au pluriel, pour Chaînes de fer :

Je crois voir deux forçats, l'un sur l'autre acharnés,
Se battre avec les *fers* dont ils sont enchaînés.

Quelquefois seulement, pour marquer la servitude, l'esclavage, dont les chaînes sont le signe :

Tu dors, Brutus, tu dors, et Rome est dans les *fers*...
Aux élémens captifs l'homme a donné des *fers*...

et alors, *synecdoque*, *métonymie*, et même *métaphore* tout ensemble.

L'*airain*, pour clairon, pour trompette, pour cloche, pour casque, pour cuirasse, pour canon, etc.

> Mais l'*airain* menaçant frémit de toutes parts...
> La peur, l'*airain* sonnant, dans les temples sacrés,
> Font entrer à grands flots les peuples égarés.

L'*or*, pour vase d'or; *fougère*, pour verre de fougère (1); *ivoire* et *buis*, pour peigne de buis ou d'ivoire :

> Verse un verre de vin qui rit dans la *fougère*...
> L'*ivoire*, trop hâté, deux fois rompt sur sa tête...
> Pour dormir sur la pourpre, ou pour boire dans l'*or*...

En latin *pin*, pour vaisseau; *roseau*, pour flûte, pour flèche; *tortue*, pour lyre ou pour luth, parce que probablement l'écaille de tortue servait à faire ces sortes d'instrumens. Mais ce qui n'est pas moins hardi sans doute, c'est *éléphant*, pour ivoire ou pour ouvrage d'ivoire; c'est *taureau*, pour cuir de taureau, ou pour des courroies faites de ce cuir, ou même pour des cestes, des gantelets faits de ces courroies; c'est *pourpre*, d'abord pour sang de pourpre, puis pour la teinture ou la couleur de ce sang, et puis enfin pour des étoffes ou des habits de cette couleur.

Et dans tous ces exemples, excepté dans les deux premiers, vous verrez une *synecdoque du tout pour la partie*, avant la *synecdoque de la matière*. Du reste, toutes ces *synecdoques* sont plutôt des *catachrèses*, à ce qu'il paraît, que de véritables figures. Ajoutons-y-en une qui a pris naissance de nos jours : *mérinos*, pour étoffe ou pour vêtement de laine de *mérinos*, comme *castor*, pour chapeau de poil de castor.

IV. SYNECDOQUE DU NOMBRE

Elle consiste à prendre le singulier pour le pluriel ou le pluriel pour le singulier.

1°. Le singulier pour le pluriel : L'*homme*, pour Les hommes; le *Français*, pour Les Français; le *Belge*, pour Les Belges; le *berger*, pour Les bergers; le *riche*, pour Les riches; le *pauvre*, pour Les pauvres; etc.

(1) La cendre de la fougère sert à faire du verre.

Triomphateur heureux du *Belge* et de l'*Ibère*...
Du *berger* et du *roi* la poussière est la même...
Le *marchand*, l'*ouvrier*, le *prêtre* et le *soldat*,
Sont tous également les membres de l'Etat.

2°. Le pluriel pour le singulier; quand, par une sorte d'emphase, on considère une seule personne, un seul objet, comme en faisant plusieurs à certains égards :

Il fut loin d'imiter la grandeur des *Colberts* :
Il négligeait les arts, il aimait peu les vers...
Sais-tu ce qu'il coûta de périls et de peines
Aux *Condés*, aux *Sullys*, aux *Colberts*, aux *Turennes*,
Pour avoir une place au haut du mont sacré?

VOLTAIRE.

Il est évident que tous ces noms au pluriel ne désignent ici qu'une seule personne, et que ce n'est pas du tout comme si on les employait par *antonomase*.

V. SYNECDOQUE DU GENRE

C'est le nom du genre pour celui de l'espèce : on sait que l'espèce est subordonnée au genre, est comprise dans l'*extension* du genre, et que le genre est une sorte de tout abstrait ou métaphysique dont l'espèce n'est qu'une partie.

L'*animal* est un genre qui a sous lui comme espèces, le *chien*, le *cheval*, le *bœuf*, le *cerf*, le *lion*, etc.; et Delille en parlant du cheval attaqué de la peste, dit :

L'*animal* frénétique, à son heure dernière,
Tournait contre lui-même une dent meurtrière.

Toutes les différentes espèces d'animaux à quatre pieds forment un genre appelé *quadrupède*, et c'est par ce nom que La Fontaine désigne le lion :

Le *quadrupède* écume, et son œil étincelle.

C'est ainsi que, dans le même poëte, on trouve l'*insecte*, pour le moucheron, espèce d'insecte; le *poisson* pour le carpillon, espèce de poisson; l'*oiseau* pour le héron, espèce d'oiseau; l'*arbre* pour le chêne, espèce d'arbre; l'*arbuste* pour le roseau, espèce d'arbuste; etc.

L'*arbre* tient bon, le roseau plie...
Votre compassion, lui répondit l'*arbuste*...

VI. SYNECDOQUE DE L'ESPÈCE

C'est le nom de l'espèce pour celui du genre : comme quand Virgile, en parlant du fameux cheval de Troie, le dit tantôt de *sapin*, tantôt d'*érable*, tantôt de *chêne*, pour dire Un cheval d'un bois quelconque.

Boileau, dans sa satire sur l'homme, dit les *ours* et les *panthères*, pour les bêtes en général :

Et vit-on comme lui les *ours* et les *panthères*
S'effrayer sottement de leurs propres chimères ?
Plus de douze attroupés craindre le nombre impair,
Ou croire qu'un corbeau les menace dans l'air ?

Et ce qui prouve qu'il n'entend pas parler seulement des *ours* et des *panthères*, c'est qu'il ajoute aussitôt :

Jamais l'homme, dis-moi, vit-il la *bête* folle,
Sacrifier à l'homme, adorer son idole,
Lui venir, comme au dieu des saisons et des vents,
Demander à genoux la pluie et le beau temps.

Segrais a dit La saison des *roses*, pour La saison des fleurs :

O les charmans discours ! ô les divines choses
Que me disait Philis en la saison des *roses;*

Saint-Ange, les *pins*, pour tous les arbres qui entrent dans la construction des vaisseaux :

Et la mer vit les *pins* avec orgueil flottans,
Insulter la tempête et braver les autans.

Voltaire, le *pain*, pour toute sorte de nourriture :

Je l'ai vu refuser, poliment inhumain,
Une place à Racine, à Crébillon du *pain*.

VII. SYNECDOQUE D'ABSTRACTION

Elle consiste à prendre l'*abstrait* pour le *concret*, ou, si l'on veut, à prendre une qualité considérée abstractivement et comme hors du sujet, pour le sujet considéré comme ayant cette qualité. On peut la distinguer en *synecdoque d'abstraction relative*, et en *synecdoque d'abstraction absolue*. La première a rapport à tel ou tel sujet désigné, et présente la qualité comme en dépendant pour son existence; la seconde n'a rapport à aucun sujet particulier, et présente la qualité comme existant par elle seule, indépendamment de tous les divers sujets auxquels elle est commune.

1°. *Synecdoque d'abstraction relative.*

Boileau dit du prélat de son *Lutrin* :

D'une longue soutane il endosse la *moire.*

Ce qu'on peut réellement *endosser*, c'est la *moire*, devenue soutane; c'est la soutane même, et non la *moire* comme *moire*, la *moire* comme étoffe de telle ou telle qualité. Le poëte a donc fait une *synecdoque d'abstraction*, et une *synecdoque d'abstraction relative*, en faisant endosser la *moire d'une soutane*, plutôt qu'une *soutane de moire*. Mais combien cette *synecdoque* ne rend-elle pas l'expression poétique! Ce qu'il s'agissait d'étaler aux yeux, ce n'était pas la soutane précisément, mais cette étoffe riche, précieuse, brillante de la soutane. Or, c'est ce que la *synecdoque*, ici véritable figure, fait admirablement bien : mettez, *Il endosse une longue soutane de moire*, et vous verrez la différence.

C'est la même sorte de *synecdoque* quand on dit : *L'ivoire de ses dents*, pour Ses dents d'ivoire; les *roses de son teint*, pour Son teint de roses; l'*albâtre de son cou*, pour Son cou d'albâtre. Il y a même plus de hardiesse dans tous ces exemples que dans celui de Boileau, parce que la *synecdoque* y est fondée sur une *métaphore*. Des cheveux ne sont pas réellement d'*or*, ni des dents d'*ivoire*, ni un cou humain d'*albâtre*, ni, enfin, un teint de *roses*, comme une soutane est de *moire;* mais seulement des cheveux peuvent par leur couleur et leur éclat, ressembler à de l'or, des dents à de l'ivoire, un cou humain à de l'albâtre, un teint à des roses.

Au reste, tous ces exemples sont dans l'ordre physique. En voici, dans l'ordre métaphysique ou moral, et qui ne sont ni moins hardis ni moins beaux.

Dans La Fontaine, *Sa préciosité*, pour La *précieuse :*

Sa *préciosité* changea lors de langage.

Dans Racine, la *fureur* d'une personne, et l'*enfance* d'une autre, pour la personne même en fureur ou dans l'enfance :

Celle dont la *fureur* poursuivit votre *enfance.*

Sa victoire, pour Lui vainqueur, ou pour Lui dans sa victoire :

Laisse aux pleurs d'une épouse attendrir *sa victoire.*

2°. *Synecdoque d'abstraction absolue.*

Partout la *jeunesse* pour Les jeunes gens; la *vieillesse* pour Les vieillards; la *magistrature*, pour Les magistrats; la *noblesse*, pour Les nobles; le *sexe*, pour Les personnes du sexe, pour Les femmes; la *calomnie*, pour Les calomniateurs, etc. :

Le fer ne connaîtra ni le *sexe* ni l'*âge*.
L'*attelage* suait, soufflait, était rendu...
Que la *Ligue* l'invoque, et que Rome le loue...
Vingt *siècles* descendus dans l'éternelle nuit...
D'illustres *amitiés* consolent mes douleurs...

D'*illustres amitiés*, pour d'illustres amis; vingt *siècles* pour les hommes de vingt siècles; l'*attelage* pour les chevaux attelés, l'*âge*, pour l'enfance et pour la vieillesse; la *ligue*, pour les ligueurs.

VIII. SYNECDOQUE D'INDIVIDU, OU ANTONOMASE

Elle consiste, tantôt à désigner un individu, ou par le nom commun de l'espèce, ou par le nom d'un autre individu de la même espèce que lui; tantôt à désigner une espèce par le nom d'un individu, ou par le nom d'une autre espèce, par rapport à laquelle elle est à-peu-près ce qu'est un individu par rapport à un autre individu.

D'où il suit que, par cette sorte de *synecdoque*, on peut prendre :

1°. Un nom commun pour un nom propre :

Dans Virgile : le *Troyen*, le *Dardanien*, pour Enée; le *vieillard*, pour Entelle; le *devin*, pour Hélénus, pour Protée. Dans tous les historiens, le *Carthaginois* pour Annibal; le *Roi*, pour Alexandre, pour Darius, etc.

Dans les *Géorgiques*, traduction de Delille; le *Dieu*, pour Jupiter :

L'univers ébranlé s'épouvante... Le *Dieu*
D'un bras étincelant dardant un trait de feu...

Dans la *Henriade*, le *sage*, pour Mornai :

Le *sage*, en l'abordant, garde un morne silence.

Dans *Mérope*, le *tyran*, pour Polyphonte, et le *héros*, pour Egisthe :

Le *tyran* se relève et blesse le *héros*.

2°. Un nom propre pour un nom commun :

Un *Midas*, pour Un mauvais juge en matière de goût; un *Cotin*, un *Pradon*, pour Un méchant écrivain; un *Virgile*, un *Homère*, pour Un grand poëte; un *Démosthène*, un *Bossuet*, pour Un grand orateur; un *Euclide*, un *Newton*, pour Un grand géomètre; une *Pénélope*, une *Lucrèce*, pour Une femme chaste et vertueuse; une *Tisiphone*, une *Mégère*, pour Une femme violente et furieuse, etc.

Un *Auguste* aisément peut faire des *Virgiles*...
Aux siècles des *Midas* on ne voit point d'*Orphées*...
Vous devenez donc un *Ulysse*,
D'un *Achille* que vous étiez?...
Peut-être qu'un *Virgile*, un *Cicéron* sauvage,
Est chantre de paroisse, ou juge de village.

3°. Un nom propre pour un autre nom propre; comme lorsqu'en présentant un individu sous le nom d'un autre individu, on le confond ou on l'identifie tellement avec celui-ci, que pour l'en distinguer ensuite, il faut être bien au fait de toutes les circonstances.

Boileau, dans son épître à son jardinier, présente Louis XIV sous le nom d'*Alexandre* :

Que penserais-tu donc si l'on t'allait apprendre
Que ce grand chroniqueur des gestes d'*Alexandre*,
Aujourd'hui méditant un projet tout nouveau,
S'agite, se démène, et s'use le cerveau,
Pour te faire, à toi-même, en rimes insensées,
Un bizarre portrait de ses folles pensées?

Voltaire fait revivre *Socrate* dans le roi de Prusse, lorsque, dans une de ses épîtres à ce roi, il dit par apostrophe au philosophe Volf :

Martyr de la raison, que l'Envie en fureur
Chassa de son pays par les mains de l'Erreur,
Reviens; il n'est plus rien qu'un philosophe craigne :
Socrate est sur le trône, et la Vérité règne.

Voici *Midas* lui-même que le même poëte ressuscite dans la personne d'un délateur :

En vain sur son crédit un délateur s'appuie :
Je découvre en riant la tête de *Midas*.

Et remarquez bien qu'il y a ici *de Midas*, et non *du Midas;* remarquez que, dans les deux exemples qui précèdent, le nom propre se trouve de même employé sans article. C'est là ce qui fait l'*identification*.

4°. Un nom commun, tant pour le nom propre de l'individu, que pour le nom commun de l'espèce à laquelle il appartient véritablement; et cela, pour exprimer avec plus de sens et d'énergie ce que n'exprimerait que bien imparfaitement le nom commun qu'on néglige, et ce qui souvent même ne pourrait être exprimé que par le concours de plusieurs noms ou adjectifs joints ensemble.

C'est ainsi qu'on appelle *Juif*, celui qui prête à usure ou qui vend exorbitamment cher; *Arabe*, celui qui exige avec une extrême dureté ce qui lui est dû; *Turc*, un homme rude, inexorable, et sans aucune pitié; *Ostrogoth*, celui qui ignore les usages, les coutumes, les bienséances, comme ferait un Barbare venu d'un pays fort éloigné.

Boileau, dans sa satire sur Paris, parle de *Grecs*, d'*Argiens* et de *Troyens*, dont les uns, à Paris même, pillent les autres à la faveur d'un incendie :

> Car le feu dont la flamme en ondes se déploie
> Fait de notre quartier une seconde Troie,
> Où maint *Grec* affamé, maint avide *Argien*,
> Au travers des charbons vient piller le *Troyen*.

Autres exemples. On appelle *Épicurien*, un voluptueux, un homme qui ne songe qu'au plaisir; *Stoïcien*, un homme ferme, sévère et inébranlable dans ses mœurs et dans ses principes; *Ermite*, un homme qui vit fort retiré, et qui fuit la société du monde.

Une femme est-elle emportée, furieuse? c'est une *Bacchante*, une *Ménade :* d'un courage mâle et guerrier? c'est une *Amazone :* méchante, criarde et acariâtre? c'est une *Harpie :* jeune, belle et bien faite? c'est une *Nymphe*, une *Déesse*.

On peut remarquer que l'*Antonomase* offre, le plus souvent, une *métaphore;* qu'elle est assez souvent *allusive*, et même quelquefois *mythologique*. Du reste, il ne paraît pas qu'un seul des exemples que nous avons cités doive être rangé parmi les *Catachrèses*.

CHAPITRE III

DES TROPES PAR RESSEMBLANCE, C'EST-A-DIRE, DES MÉTAPHORES

LES Tropes par ressemblance consistent *à présenter une idée sous le signe d'une autre idée plus frappante ou plus connue, qui, d'ailleurs, ne tient à la première par aucun autre lien que celui d'une certaine conformité ou analogie.* Ils se réduisent, pour le genre, à un seul, à la *Métaphore*, dont le nom si connu, et plus connu peut-être que la chose même, a perdu, comme l'observe Laharpe, toute sa gravité scolastique.

On ne distingue pas ordinairement la *Métaphore* en espèces, comme la *Métonymie* et la *Synecdoque;* mais il ne faut pourtant pas croire qu'elle n'ait qu'une seule forme, qu'un seul aspect, et qu'elle soit la même dans tous les cas. Elle est au contraire très-variée, et elle s'étend bien plus loin sans doute que la *Métonymie* et que la *Synecdoque*, car, non-seulement le nom, mais encore l'adjectif, le participe, le verbe, et enfin toutes les espèces de mots sont de son domaine.

Toutes les espèces de mots peuvent donc s'employer ou s'emploient en effet *métaphoriquement*, sinon à titre de *figure*, du moins à titre de *catachrèse*. Les espèces susceptibles d'être employées *métaphoriquement* à titre de *figure*, sont le nom, l'adjectif, le participe, le verbe, et peut être aussi l'adverbe, quoique assez rarement.

1°. Le NOM : comme quand on fait d'un homme féroce, un *tigre;* d'un guerrier intrépide, un *lion;* d'une personne fort douce, un *agneau*, d'une personne sans vivacité et sans action, une *statue;* d'un homme bourru et sauvage, un *ours;* d'un grand écrivain, un *cygne;* d'un génie supérieur, un *aigle;*

> Le *Cygne* de Cambrai, l'*Aigle* brillant de Meaux,

c'est-à-dire, Fénelon, archevêque de Cambrai, et Bossuet, évêque de Meaux.

Et il est aisé de voir pourquoi ce ne sont pas là des *antonomases;* c'est que le transport du nom a lieu hors de l'espèce, a lieu d'une espèce à une autre espèce. Il n'est pas moins aisé de voir la raison de ces *métaphores :* c'est qu'il n'est rien de plus féroce qu'un tigre, de plus intrépide qu'un lion, de plus doux qu'un agneau, etc.; il suffit d'ailleurs que tel soit, d'après l'opinion reçue, le caractère de ces animaux.

2°. L'ADJECTIF : comme quand on dit d'une chose ce qui ne se dit ordinairement que d'une personne, ou que d'une autre chose : vie *orageuse;* souci *rongeur;* remords *dévorant;* oreille *superbe;* bras *furieux;* papier *coupable;* sang *hérétique*, etc.

> Le remords *dévorant* s'éleva dans son cœur...
> Qui du sang *hérétique* arrose les autels.

La raison de toutes ces *métaphores* est aussi assez sensible. La vie d'un homme violemment agité, et qui passe par de cruelles épreuves, ne ressemble-t-elle pas à un temps d'orage? n'est-elle pas *orageuse?* C'est dans l'âme, et non dans l'*oreille* que réside l'orgueil : mais l'orgueilleux, le *superbe* n'écoute pas volontiers des vérités peu flatteuses, et ce n'est pas sans ménagement, ni sans adresse qu'on peut les lui faire entendre. Il est donc assez naturel de supposer son *oreille* elle-même *superbe.*

3°. Le PARTICIPE : *Glacé* de crainte, *pétrifié* d'étonnement; *brûlé* de désirs; *enflammé* de colère; *fondant* en larmes; *affamé* d'honneurs; *rassasié* de gloire, etc.

> Ne crois pas qu'*enivré* des erreurs de mes sens...
> Ton courage *affamé* de péril et de gloire...
> Et de David *éteint* rallumer le flambeau.

La *crainte*, en paralysant les membres, en arrêtant le mouvement, ne semble-t-elle pas produire dans le sang le même effet que la *glace* dans l'eau? L'étonnement n'ôte-t-il pas quelquefois à l'homme l'usage de ses facultés, et ne le rend-il pas froid, immobile comme la pierre?

4°. Le VERBE : Sa tête *fermente;* il *fume* de rage; le vin lui a *lié* la langue; *sonder* les cœurs; *manier* les esprits; *nager* dans le sang; *voler* aux combats; *moissonner* des lauriers; *éclipser* ses rivaux :

> Qu'un vallon moissonné *dorme* un an sans culture...
> *Gourmander* sans relâche un terrain paresseux...

Et Cérès, à côté de ses plus riches dons,
Voit *triompher* l'ivraie et *régner* les chardons.

Une tête, ou, si l'on veut, une imagination qui, comme on dit, se monte, s'exalte, s'échauffe, ne ressemble-t-elle pas un peu à un liquide en *fermentation*, bien que sans doute il n'y ait en elle ni décomposition ni dilatation réelle? Le vin, en offusquant la raison, et en rendant la parole pénible, embarrassée, ne fait-il pas comme s'il *liait* et enchaînait la langue?

5°. L'ADVERBE : parler, répondre *séchement*, pour Parler, répondre d'une manière froide et peu agréable; Se tromper *lourdement*, pour, Se tromper d'une manière grossière; *Il m'a reçu froidement*, pour, Il m'a reçu d'une manière sérieuse et réservée; Il parle, il écrit *obscurément*, pour, Il parle, il écrit d'une manière peu intelligible;

Ce que l'on conçoit bien s'énonce *clairement*.

Ou si tous ces exemples, et surtout les trois premiers, ne sont pas de vraies figures, il ne faut pas en chercher parmi les adverbes.

Mais considérons la *Métaphore*, et quant aux objets qui peuvent la fournir, et quant aux objets auxquels on peut l'appliquer : combien de nouvelles espèces ne va-t-elle pas nous offrir à distinguer sous ce double rapport? En effet, on peut l'appliquer à tous les objets quelconques de la pensée, physiques, naturels, abstraits, moraux, ou métaphysiques; et on peut la tirer de tout ce qui nous environne, de tout ce que le ciel, la terre, la nature en général et les arts de l'homme étalent à nos yeux : on peut, qui plus est, la tirer des êtres purement fictifs, imaginaires, des êtres même purement intellectuels ou moraux. Mais nous réduirons toutes ces espèces aux cinq que voici :

1°. La *Métaphore* d'une chose animée à une chose animée; c'est-à-dire, le transport à une chose animée de ce qui est le propre d'une autre chose animée : Cet homme est un *renard*, un fin *renard*, un vieux *renard* : Cet acteur *mugit*, pour vouloir trop forcer sa voix : Je ne sais ce qu'il *rumine* dans sa tête : Un *rossignol* d'Arcadie, pour dire ironiquement Un âne; Un chat, l'*Alexandre* des rats, l'*Attila* des rats.....

Sofal est le *phénix* des esprits relevés...
Singe de la vertu, cache mieux ton visage...

Ces *tigres*, à ces mots, tombent à ses genoux...
Je ne puis voir un fat, qu'aussitôt je n'*aboie*...
Tu n'as point d'aile, et tu veux *voler! Rampe*...

2°. La *Métaphore* d'une chose inanimée, mais physique, à une chose inanimée, souvent purement morale ou abstraite : Le *cristal* des eaux; les *perles* de la rosée; l'*émail* des prairies; le *printemps* de la vie; la *fleur* de l'âge; les *roses* de la pudeur; le *vaisseau* de l'État; le *timon* des affaires.....

Dans les villes, partout, *théâtres* de leur rage...
Et déjà mon vers coule à *flots* précipités...
L'*aiguillon* de la faim presse en vous la nature...
Je ne sens plus le *poids* ni les *glaces* de l'âge...
Le crime d'une mère est un pesant *fardeau*...
A qui *dévorerait* ce règne d'un moment.

3°. La *Métaphore* d'une chose inanimée à une chose animée : Les Scipions, ces *foudres* de guerre : Ce ministre est la *colonne* de l'État : Cet homme est une *peste* publique : Il est le *fléau* de la société.

Tous les cœurs sont cachés, tout homme est un *abîme*...
D'Aumale est du parti le *bouclier* terrible...
Tel *brille* au second rang, qui s'*éclipse* au premier...
Le peuple saint en foule *inondait* les portiques...
Il *moisonne* en courant leurs troupes criminelles.

4°. La *Métaphore* physique d'une chose animée à une chose inanimée, ou, si l'on veut, la *Métaphore* par laquelle on dit, au physique, d'une chose inanimée, ce qui ne se dit proprement que d'une chose animée : Son crime est son premier *bourreau :* Il est en *proie* à la tristesse, aux remords : L'incendie a tout *dévoré* en un instant : Mettre un *frein* à sa colère : Lâcher la *bride* à ses passions.....

Il *foulait* à ses pieds les passions humaines...
Celui qui met un *frein* à la fureur des flots...
Oh! combien de vertus que la tombe *dévore!*...
De ce sable étancher la *soif* démesurée...
Emonder les rameaux de la sève *affamés*.

5°. La *Métaphore* morale d'une chose animée à une chose inanimée; c'est-à-dire, la *Métaphore* par laquelle on dit, au moral, d'une chose inanimée, ce qui ne se dit proprement que d'une chose animée, intelligente et libre : Le temps est un grand *consolateur :* L'expérience est la *maîtresse* des arts : C'est la jalousie, l'envie qui l'*inspire :* Il n'*écoute* que sa colère : Ne *consulter* que son devoir, que sa conscience : Résister aux *suggestions* de l'orgueil et de l'ambition.....

Et quel *besoin* son *bras* a-t-il de nos secours ?...
L'ormeau voit ses enfants s'élever sous son ombre...
Le *hêtre avec plaisir s'allie* au châtaignier...
Le *flot* qui l'apporta *recule épouvanté...*
Et l'*Araxe indigné* sous un pont qui l'outrage...
Qu'à la *fureur* du *glaive* on le livre avec elle...
La *louange* agréable est l'*âme* des beaux vers.

Cependant on pourrait, à la rigueur, pour plus de simplicité, au lieu de ces cinq espèces de *Métaphores*, n'en distinguer que deux, la *Métaphore physique* et la *Métaphore morale;* la *Métaphore physique*, c'est-à-dire, celle où deux objets physiques, animés ou inanimés, sont comparés entre eux; la *Métaphore morale*, c'est-à-dire, celle où quelque chose d'abstrait, de métaphysique, quelque chose de l'ordre moral se trouve comparé avec quelque chose de physique, et qui affecte les sens, soit que le *transport* ait lieu du second au premier, ou du premier au second. Il est aisé de reconnaître des exemples de l'une et de l'autre espèce, parmi tous ceux que nous avons cités, tant pour les cinq premières espèces, que pour les cinq dernières dont nous avons tracé le tableau. Ces exemples sont assez nombreux, et presque tous offrent de véritables figures.

Au reste, on peut assez facilement se méprendre quant à l'espèce de la *Métaphore*. Mais l'essentiel est de ne pas se méprendre quant au genre, et de savoir distinguer une *métaphore* d'une *synecdoque* ou d'une *métonymie*. L'essentiel encore est de savoir apprécier une *métaphore*, c'est-à-dire, de savoir juger si une métaphore est bonne ou mauvaise, de bon ou de mauvais goût : car, s'il n'y a pas de figure qui soit plus belle, plus riante, ni qui répande plus de charme dans le discours, quand elle réunit toutes les conditions nécessaires, il n'y en a pas non plus dont on puisse plus abuser, ou dont l'abus produise un plus mauvais effet.

Or, quelles sont les conditions nécessaires de la *Métaphore ?* Il faut qu'elle soit *vraie* et *juste*, *lumineuse*, *noble*, *naturelle*, et enfin *cohérente*. Elle sera *vraie* et *juste*, si la ressemblance qui en est le fondement est juste, réelle, et non équivoque ou supposée. Elle sera *lumineuse*, si, tirée d'objets connus, et aisés à saisir, elle frappe à l'instant l'esprit par la justesse et la vérité des rapports. Elle sera *noble*, si elle n'est point tirée d'objets bas, dégoûtans, ou si, en étant tirée dans la vue d'avilir et de dégrader, elle se montre avec dignité et au-dessus de son origine. Elle sera *naturelle*, si elle ne porte point sur une ressemblance trop éloignée, sur une ressemblance au delà de la portée ordinaire de la pensée; si, dans sa plus grande hardiesse, elle ne sent point l'affectation, la recherche, et paraît s'être présentée comme d'elle-même à la passion, ou lui être échappée dans le besoin de s'exhaler au-dehors. Enfin, elle sera *cohérente*, si elle est parfaitement d'accord avec elle-même; si les termes en sont bien assortis, bien liés entre eux, et ne semblent pas s'exclure mutuellement.

Toutes ces conditions, au reste, ne regardent que les *métaphores d'invention* que l'on emploie par figure, et qui n'ont pas encore reçu la sanction de l'usage; car, pour celles qui tiennent au fond de la langue, soit qu'elles se présentent comme figures ou comme *catachrèses*, elles ont, s'il faut le dire, un cours forcé, et il n'est plus permis d'y voir des défauts.

CHAPITRE IV

DES TROPES MIXTES, OU DES SYLLEPSES

Les Tropes mixtes, qu'on appelle *Syllepses*, consistent à *prendre un même mot tout-à-la-fois dans deux sens différens, l'un primitif ou censé tel, mais toujours du moins* propre; *et l'autre* figuré *ou censé tel, s'il ne l'est pas toujours en effet;* ce qui a lieu par *métonymie*, par *synecdoque*, ou par *métaphore*.

I. SYLLEPSE DE MÉTONYMIE

Rome n'est plus dans *Rome*, elle est toute où je suis.

Cette *Rome*, qui n'est plus dans *Rome*, ce n'est pas la Rome ville, la Rome assemblage de divers édifices, mais c'est la Rome peuple, c'est la Rome république, si on peut le dire; ce sont les habitans, les citoyens de Rome, ce sont les Romains; *sens figuré* et *métonymie* du contenant. Cette *Rome* où la première n'est plus, c'est la ville même de Rome, considérée en tant que ville, et en tant que telle ville, plutôt que telle autre : *sens propre*.

Ce serait la même sorte de *syllepse*, si l'on disait : *On ne peut vaincre Carthage que dans Carthage même;* il faudrait entendre : *On ne peut vaincre les Carthaginois que dans Carthage, que dans leur ville.*

Mais voici, dans quatre vers de la *Henriade* qui ne forment qu'une même phrase, le mot *Rome* employé trois fois dans des sens d'autant plus dignes de remarque, qu'ils sont tous différens l'un de l'autre.

Rome enfin se découvre à ses regards cruels,
Rome, jadis son temple et l'effroi des mortels,
Rome, dont le destin, dans la paix, dans la guerre,
Est d'être en tous les temps maîtresse de la terre.

Rome, dans le premier vers, pour la ville seule;

Rome, dans le second, pour la ville et pour les habitans; *Rome*, dans le troisième, pour les habitans seuls, ou pour le peuple romain.

II. SYLLEPSE DE SYNECDOQUE

Le singe est toujours singe, et le loup toujours loup.

Celà veut dire que rien ne peut changer le naturel, les mœurs du singe et du loup, et que ces animaux seront toujours les mêmes à cet égard. Le singe et le loup sont donc là, d'abord, pour ces animaux mêmes, et dans toute la compréhension des idées que l'un et l'autre mot exprime (1) : *sens propre;* et ensuite ils sont pour quelque chose seulement de ces animaux, pour leurs mœurs, pour leur naturel : *sens figuré*, et *synecdoque* du tout pour la partie,

Et Corydon, depuis, est pour moi Corydon :

Quel est le sens de ce vers traduit de Virgile ? Celui-ci, je crois : *Corydon, depuis ce jour, est, à mes yeux, véritablement digne de la réputation dont il jouit. Corydon* est donc d'abord pris *au propre* pour l'individu *Corydon*, pour le berger appelé de ce nom; et ensuite, il est pris *au figuré*, pour ce même berger en tant qu'il a su ennoblir son nom et le rendre célèbre dans l'art du chant : *Synecdoque* du tout comme la précédente.

Si *Corydon* était pris, la seconde fois, pour un berger digne de ce nom illustré par d'autres, alors ce serait une sorte d'*antonomase*.

Mais que penser de ces exemples : *Plus Néron que Néron lui-même; Plus Mars que le Mars de la Thrace ?* Là, les deux mots *Néron* et *Mars* sont pris aussi, chacun, en deux sens différens, l'un *propre*, et l'autre *figuré*, au moins relativement au premier. *Plus Néron*, c'est-à-dire, plus cruel : *sens figuré; Que Néron lui-même*, c'est-à-dire, que Néron en tant que Néron : *sens propre. Plus Mars*, c'est-à-dire, plus martial, plus terrible : *sens figuré; Que le Mars de la Thrace*, c'est-à-dire, que Mars en tant que Mars et que dieu de la guerre : *sens propre*.

(1) Le mot *compréhension* se dit d'une idée complexe et d'un nom appellatif ou général : d'une idée *complexe*, pour exprimer la totalité des idées partielles dont elle se compose : et d'un *nom appellatif*, pour exprimer la totalité des idées renfermées sous ce nom.

D'après cela, il est aisé d'expliquer le vers où Racine fait dire à Phèdre par Œnone :

> Un père en punissant, madame, est toujours père.

Un *père*, c'est-à-dire, celui qui a la qualité, le titre de père : *sens propre. Est toujours père*, c'est-à-dire, a toujours, même dans ses rigueurs, les sentimens, le cœur d'un père, est toujours bon et tendre comme un père : *sens figuré*, et à-peu-près même sorte de *synecdoque* que ci-dessus.

III. SYLLEPSE DE MÉTAPHORE

Racine fait dire à Pyrrhus, dans *Andromaque :*

> Je souffre tous les *maux* que *j'ai faits* devant Troie.
> Vaincu, chargé de fers, de regrets consumé,
> Brûlé de plus de *feux* que je n'en allumai.

Ce n'est là, il faut en convenir, qu'une exagération ridicule, et, comme le dit Laharpe, qu'un froid abus d'esprit; car, comme l'observe ce fameux critique, quel rapport peut-il y avoir entre les maux que l'amour fait souffrir à Pyrrhus, et les maux que Pyrrhus a faits devant Troie ? Quel rapport entre les feux de l'amour et l'embrasement d'une ville ? Mais, que le plus grand de nos poëtes ait, dans ce passage, manqué ou non à la raison et au goût, il n'en est pas moins vrai que *maux* et *feux* y sont l'un et l'autre pris tout-à-la-fois et *au propre* et *métaphoriquement : maux*, au *propre*, pour les maux faits devant Troie; et *métaphoriquement*, pour les maux soufferts par Pyrrhus : *feux*, *métaphoriquement*, pour les *feux* dont Pyrrhus est brûlé, et au *propre*, pour les feux qu'il alluma lui-même dans Troie pour l'incendie de cette ville.

Il est à remarquer que, dans cet exemple, les mots pris en deux sens différens sont censés répétés, ou pour un sens ou pour l'autre, quoique cette répétition ne soit pas très-apparente, *Je souffre tous les maux que j'ai faits devant Troie*, c'est-à-dire, lesquels maux j'ai faits; ce qui revient, à *autant j'ai fait de maux devant Troie, autant je souffre de maux. Brûlé de plus de feux que je n'en allumai*, c'est-à-dire, que je n'allumai de feux.

Et une autre remarque à faire, c'est que cette *syllepse* est fondée sur une comparaison expresse, sur une comparaison en deux termes. En voici d'autres du même genre.

Hippolyte, protestant de son innocence à Thésée, lui dit :

Le jour n'est pas plus pur que le fond de mon cœur ;

et ce vers est loué par ceux mêmes qui censurent le plus les premiers. On ne regardera pas comme moins beau celui que l'amour paternel arrache à Agamemnon, au moment où il exhorte Iphigénie à subir sa cruelle destinée :

Du coup qui vous attend vous mourrez moins que moi.

Mort physique, celle d'Iphigénie, et *mort morale*, celle d'Agamemnon ; comme dans le vers précédent, *pureté physique*, celle du jour, et *pureté morale*, celle du cœur d'Hippolyte.

Didon, dans une violente sortie contre Enée, lui dit en latin, dans Virgile, que le *Caucase l'engendra au sein de ses rochers*, et cette pensée a été ainsi rendue en français par une *syllepse* comparative :

Et le Caucase affreux, t'engendrant en courroux,
Te fit l'*âme* et le *cœur* plus *durs* que des *cailloux*.

Mais toutes les *syllepses de Métaphore* sont-elles donc fondées sur la comparaison ? Nous allons voir que non.

Boileau dit de l'auteur du *Moïse sauvé*, Saint-Amand :

Et *poursuivant* Moïse au travers des déserts,
Court *avec Pharaon se noyer* dans les mers.

Or, ce n'est sûrement pas de la même manière que Pharaon et Saint-Amand *poursuivent* Moïse et *courent se noyer*. Saint-Amand ne *poursuit* et ne se *noie*, comme on le voit très-bien, que dans les vers de Boileau.

Racine fait dire à Hippolyte :

C'est peu qu'*avec son lait* une fière Amazone
M'ait fait *sucer* encor cet *orgueil* qui t'étonne.

Mais comment peut-on *sucer* l'orgueil, si ce n'est par pure métaphore ?

Ce n'est aussi que par pure métaphore, sans doute, qu'un nom peut être *enseveli*. Ainsi c'est par une *syllepse* du même genre qu'Hippolyte, se plaignant que Thésée veuille éteindre la famille d'Aricie, et interdire l'hymen à cette princesse pour l'empêcher de donner des neveux à ses frères, dit, en parlant de ces derniers :

Il veut *avec leur sœur ensevelir* leur *nom*.

SECTION SECONDE

DES TROPES EN PLUSIEURS MOTS, OU IMPROPREMENT DITS (1)

Les Tropes en plusieurs mots sont ceux d'où naissent les trois sortes de *sens spirituel* que nous avons distinguées : le *sens fictif*, le *sens réflexif* et le *sens oppositif :* d'où il suit qu'ils ont lieu par *fiction*, par *réflexion*, ou par *opposition.* Ils n'offrent pas, comme les Tropes en un seul mot, une simple idée, mais une pensée, et ils la présentent avec plus ou moins de déguisement ou de détour. Ils consistent, par conséquent, dans toute une proposition, explicite ou implicite, principale, incidente, ou subordonnée, et tiennent à la manière particulière dont cette Proposition *exprime*, d'après telle ou telle combinaison des mots.

Ces sortes de Tropes n'étant jamais employés par nécessité, ni comme ce qu'on appelle des *phrases faites*, mais toujours, au contraire, par choix, par artifice, et et pour le plus grand effet du discours, il s'ensuit qu'ils ne peuvent jamais être que des *figures*, quelque familiers d'ailleurs qu'aient pu nous les rendre l'usage et l'habitude. Or, comment appeler les figures de cette classe ? Il me semble qu'on est assez fondé à les appeler *figures d'expression*, puisqu'en effet, elles tiennent à la manière particulière dont la Proposition *exprime*. Mais qu'entendons-nous ici par *expression ?* Nous entendons toute combinaison de termes et de tours par laquelle on rend une combinaison quelconque d'idées.

(1) Cette seconde section se rattache, comme la première, au troisième chapitre des *Notions préliminaires.* Il faut se rappeler ou revoir le paragraphe du *Sens spirituel*, qui est le troisième.

CHAPITRE PREMIER

DES TROPES, FIGURES D'EXPRESSION PAR FICTION

Souvent, frappé dans son imagination, ou se jouant avec ses propres idées, notre esprit, pour rendre une pensée plus sensible ou plus riante, la produit sous des couleurs, sous des traits qu'elle n'a pas naturellement, ou lui prête les traits, les couleurs d'une autre pensée : de là les *figures d'expression* par *image*, ou, ce qui sera mieux, par *fiction*.

Tout le monde en reconnaîtra sans peine deux, dont les noms se trouvent dans toutes les rhétoriques : la *Personnification* et l'*Allégorie*. Mais on finira sans doute par en reconnaître aussi trois autres qui, bien que n'ayant pas été encore particulièrement remarquées, n'en sont pas moins anciennes dans le langage que les premières. Nous les présenterons sous les noms de *Subjectification*, d'*Allégorisme* et de *Mythologisme*.

PERSONNIFICATION

La *Personnification* consiste à faire d'un *être inanimé, insensible, ou d'un être abstrait et purement idéal, une espèce d'être réel et physique, doué de sentiment et de vie, enfin ce qu'on appelle une* personne; *et cela, par simple façon de parler, ou par une fiction toute* verbale, *s'il faut le dire.* Elle a lieu par *métonymie*, par *synecdoque*, ou par *métaphore*.

1° Par *métonymie;*

Argos vous tend les bras, et Sparte vous appelle,

dit Hippolyte à Aricie dans *Phèdre*. Or, comment *Argos* peut-elle *tendre les bras ?* Comment *Sparte* peut-elle *appeler ?* En ce qu'elles sont l'une et l'autre prises pour leurs habitans, pour leurs citoyens. *Argos*, c'est-à-dire les citoyens, le peuple d'Argos; *Sparte*, c'est-à-dire, les citoyens, le peuple de Sparte.

Mais d'où résulte la *Personnification* dans les deux exemples ? Elle résulte de l'ensemble des mots de chaque proposition; et c'est dans les deux noms d'*Argos* et de *Sparte*, détournés pour un moment de leur signification ordinaire, que consiste la *métonymie*.

L'espèce de *métonymie* qui fournit le plus de *personnifications*, est probablement celle du *contenant*, ou celle du *physique* pour le moral; mais les autres espèces peuvent en fournir aussi : par exemple, celle du *signe;* comme dans ces vers de l'ode de Rousseau au comte de Lannoi :

> Que l'ordre de la nature
> Soumet la *pourpre* et la *bure*
> Aux mêmes sujets de pleurs.

La *pourpre* et la *bure*, c'est-à-dire, le riche et le pauvre, dont l'un est sous la *pourpre*, et l'autre sous la *bure*.

2° Par *synecdoque :*

> Puisse bientôt la *Ligue* expirer sous vos coups!...
> La *vieillesse* chagrine incessamment amasse...
> Vengea l'humble *vertu* de la *richesse* altière.

La *Ligue*, pour les ligueurs, la *vieillesse*, pour les vieillards; l'*humble vertu*, pour l'homme humble et vertueux; la *richesse altière*, pour le riche altier.

Toutes les *synecdoques* de ces *personnifications* sont des *synecdoques d'abstraction*, et d'*abstraction absolue*. Il en est de même de celle que Voltaire personnifie dans ces deux vers de son *Orphelin de la Chine*, relatifs à l'invasion de Pékin par les Tartares :

> Les vainqueurs ont parlé. L'*esclavage* en silence
> *Obéit* à leur voix dans cette ville immense.

Mais combien la *personnification* n'est-elle pas ici plus remarquable ! *L'esclavage en silence :* que ne dit pas cette expression aussi poétique que neuve ! « Mettez à la place » *Les esclaves en silence*, dit Laharpe, et tout l'effet est » détruit. D'où vient cette différence ? Ce n'est pas seu- » lement de ce que *Les esclaves en silence* n'aurait rien » qui fût au-dessus de la prose, mais c'est que le poëte, en » personnifiant l'esclavage, agrandit le tableau, et par » une expression vaste, vous montre toute une ville, une

» ville immense, habitée par l'esclavage seul, et par l'es-
» clavage en silence. »

Voici deux vers de Racine, dans *Phèdre*, dont le premier offre une *personnification* par *synecdoque d'abstraction*, et le second une personnification par *synecdoque de la matière* :

On sait que sur le trône une *brigue insolente*
Veut placer Aricie et le *sang* de Pallante.

Une brigue insolente, pour Des insolens qui briguent, et le *sang* de Pallante, pour la Fille, la postérité de Pallante, pour La Princesse issue, formée de son sang.

3° Par *métaphore;* et par *métaphore du moral au physique*, comme par *métaphore du physique au moral.*

D'abord, par *métaphore du moral au physique* :

Quel est ce *glaive* enfin qui *marche* devant eux?...
Le *Louvre* est *étonné* de sa pompe étrangère...
La *mer*, tranquille alors, *à regret* l'a porté...
Aussi bien j'aperçois ces *melons* qui *t'attendent*,
Et ces *fleurs* qui, là bas, *entre elles se demandent*
S'il est fête au village, et pour quel Saint nouveau
On les laisse aujourd'hui si long-temps manquer d'eau.

En second lieu, par *métaphore du physique au moral* :

Sur *les ailes du Temps* la *Tristesse s'envole*...
Le *Chagrin monte en croupe*, et *galope* avec lui...
La *Mort* vient de saisir le vieillard catarrheux...
Les *Plaisirs*, près de moi, vous *chercheront en foule*...
La *force* et la *vertu* leur *montrent* le chemin.

C'est-à-dire, La tristesse s'en va, se dissipe avec le temps : Il monte (à cheval) avec son chagrin, et ne l'oublie point en galopant : Le vieillard catarrheux vient de mourir : Vous goûterez auprès de moi toutes sortes de plaisirs : Ils sont dans leur marche animés par la force et par la vertu.

Mais, il faut le bien savoir, les seules *personnifications* vraiment *figures d'expression*, ce sont ces *personnifications* courtes, rapides, qui ne se font qu'en passant, sur lesquelles on n'appuie pas, et qui ne sont visiblement qu'une expression un peu plus recherchée, substituée à l'expression ordinaire.

Quant à ces *personnifications* si étendues et si marquées, par lesquelles on crée, on décrit, ou l'on caractérise un être allégorique et moral, avec une sorte d'intention de faire croire que cet être existe réellement; telles, par exemple, que le *Sommeil*, la *Famine* et l'*Envie*, dans Ovide; que les *Prières*, dans l'Iliade; que la *Chicane*, le *Rhin*, la *Piété*, la *Mollesse* et son cortège, dans Boileau; que la *Politique*, la *Discorde*, *le Fanatisme*, l'*Amour*, et même les *Vices*, dans la Henriade : il faut, je crois, les rapporter à l'*Allégorie*, non pas dans le sens particulier et restreint auquel nous allons la réduire ici, mais dans son sens le plus étendu; il faut, dis-je, les ranger dans la classe des fictions ou inventions poétiques; et, si l'on veut absolument en faire des *figures*, c'est parmi les *figures de pensées* qu'il faut leur donner rang.

ALLÉGORIE

L'*Allégorie*, figure d'expression, et telle que nous l'entendons ici, loin de faire le fond et l'objet d'un ouvrage, comme l'*allégorie* si connue et si souvent citée de madame Deshoulières, ne s'y trouve qu'en passant et que comme partie accessoire, ne s'y trouve que pour servir à l'expression de telle ou telle pensée, et n'y occupe que peu d'espace. Elle consiste *dans une proposition à double sens, à sens littéral et à sens spirituel tout ensemble, par laquelle on présente une pensée sous l'image d'une autre pensée, propre à la rendre plus sensible et plus frappante que si elle était présentée directement et sans aucune espèce de voile;* et cette définition montre assez qu'il ne faut pas la confondre avec la *Métaphore continuée*, avec l'*Allégorisme*, qui n'offre jamais qu'un seul vrai sens, le sens figuré. C'est dans le *Commentaire des Tropes* qu'on pourrait voir jusqu'où va la différence entre les deux figures.

Il n'y a guère qu'un seul point où l'*Allégorie* se rapproche bien de la *Métaphore :* c'est qu'elle demande à-peu-près les mêmes qualités que celles-ci, et pour première qualité, d'être transparente. Aussi Laharpe trouve-t-il que Lemierre l'a très-bien définie par ce vers de son poëme de la *Peinture :*

L'Allégorie habite un palais diaphane.

Mais Laharpe ne se trompe-t-il pas en donnant ce même vers pour un exemple d'*Allégorie ?* Ce n'en est, ce me semble, qu'un d'*Allégorisme*. En effet, y a-t-il là deux objets distincts et divers, l'un offert par le sens littéral, et l'autre par le sens figuré ? Pour moi, je n'y en vois qu'un seul, l'*Allégorie* personnifiée; et je n'y vois qu'un seul vrai sens, le sens métaphorique, *Habite un palais diaphane.*

C'est une véritable *Allégorie*, par exemple, que ces vers de l'*Art poétique*, par lesquels Boileau veut faire entendre qu'un style doux, fleuri et soigné, est préférable à un style impétueux, inégal et sans règle :

J'aime mieux un ruisseau qui, sur la molle arène,
Dans un pré plein de fleurs lentement se promène,
Qu'un torrent débordé qui, d'un cours orageux,
Roule plein de gravier sur un terrain fangeux.

On peut en dire autant de ce tour à-peu-près semblable par lequel le cardinal de Bernis exprime si bien que le sage qui vit inconnu et sans ambition, est préférable à un homme qui doit son élévation à de lâches intrigues :

J'aime mieux un tilleul que la simple nature
Élève sur les bords d'une onde toujours pure,
Qu'un arbuste servile, un lierre tortueux,
Qui surmonte, en rampant, les chênes fastueux.

Voltaire veut prouver que le bonheur est attaché au travail, et que la Nature nous le fait acheter par la peine :

Il n'est point ici-bas de moisson sans culture.

Veut-il prouver qu'il faut régler les passions, et non les anéantir ? Un *coursier*, un *torrent*, les *vents*, le *soleil*, deviennent le sujet d'autant d'*allégories*, aussi justes qu'ingénieuses, sous lesquelles il présente successivement sa pensée :

Je ne conclus donc pas, orateur dangereux,
Qu'il faut lâcher la bride aux passions humaines.
De ce coursier fougueux je veux tenir les rênes;
Je veux que ce torrent, par un heureux secours,
Sans inonder mes champs, les abreuve en son cours.
Vents, épurez les airs, et soufflez sans tempêtes :
Soleil, sans nous brûler, marche, et luis sur nos têtes.

ALLÉGORISME

Il convient de faire venir l'*Allégorisme* immédiatement après l'*Allégorie*. Ceux qui ne voudront pas en faire une figure particulière, ne pourront du moins s'empêcher d'en faire une espèce d'*Allégorie* assez différente de celle que nous venons d'observer.

L'*Allégorisme*, imitation de l'*Allégorie*, consiste dans une *Métaphore prolongée et continue, qui, lors même qu'elle s'étend à toute la proposition, ne donne lieu qu'à un seul et unique sens, comme n'y ayant qu'un seul et unique objet d'offert à l'esprit.*

César, justifiant ses projets ambitieux, représente Rome comme un colosse ébranlé qui a besoin d'un bras qui le soutienne et en arrête la chute :

Ce colosse effrayant dont le monde est foulé,
En pressant l'univers est lui-même ébranlé,
Il penche vers sa chute, et contre la tempête,
Il demande mon bras pour soutenir sa tête.

De même, Marmontel, figurant son esprit par un arbrisseau, peint ainsi les avantages qu'il a retirés du commerce de Voltaire et de Vauvenargues, présentés sous l'image de deux fleuves :

Tendre arbrisseau, planté sur la rive féconde
Où ces fleuves mêlaient les trésors de leur onde,
Mon esprit pénétré de leurs sucs nourrissans,
Sentit développer ses rejetons naissans.

Or, que ce soient là des *allégorismes* plutôt que des *allégories*, point de doute. Dans les deux exemples, il n'y a que le seul sens figuré, que le sens *métaphorique;* on n'y voit qu'un seul et même objet sous un nom d'emprunt, sous une image étrangère : on n'y voit, dans ce *colosse effrayant*, que le colosse de Rome, que Rome-colosse, enfin, que Rome elle-même : dans ce *tendre arbrisseau*, que l'esprit même de Marmontel; dans ces *fleuves féconds*, que Voltaire et Vauvenargues eux-mêmes.

Toutes ces observations s'appliquent à ces vers où Mithridate, dans Racine, représente avec tant de vérité et de noblesse la puissance romaine comme un torrent dévastateur, dont tous les peuples ont intérêt de prévenir le ravage :

Ils savent que sur eux, prêt à se déborder,
Ce torrent, s'il m'entraîne, ira tout inonder,
Et vous les verrez tous, prévenant son ravage,
Guider dans l'Italie, ou suivre mon passage.

Quel doux et charmant *allégorisme* que celui par lequel Esther, dans Racine, représente les filles de Sion comme de *jeunes fleurs transplantées sous un ciel étranger!*

Cependant mon amour pour cette nation
A rempli ce palais des filles de Sion,

Jeunes et tendres fleurs par le sort agitées,
Sous un ciel étranger comme moi transplantées.

On s'est mépris dans le *Commentaire des Tropes*, en donnant pour une vraie *allégorie* ce beau passage de la *Henriade*, où Valois, se réveillant de son ivresse, ouvre un moment les yeux, et les referme bientôt, ébloui d'un jour importun. Il ne faut y voir qu'un *allégorisme*, attendu qu'il n'y a qu'un seul objet, Valois, et d'un bout à l'autre, qu'un seul vrai sens, le sens métaphorique; mais cet *allégorisme*, soutenu pendant dix vers sans la moindre apparence d'effort et à-peu-près sans défaut de justesse (1), n'en forme pas moins un tableau achevé, un tableau plein de vérité et d'éclat, et tout-à-fait admirable.

Voici dans un même exemple des *allégorismes* et des *allégories :* J.-B. Rousseau dans son ode à d'Ussé :

Fais tête au malheur qui t'opprime;
Qu'une espérance légitime
Te munisse contre le sort.
L'air siffle, une horrible tempête
Aujourd'hui gronde sur ta tête :
Demain tu seras dans le port.

Toujours la mer n'est pas en butte
Aux ravages des aquilons;
Toujours les torrens par leur chute
Ne désolent pas les vallons...

Espère donc avec courage :
Si le pilote craint l'orage
Quand Neptune enchaîne les flots;
L'espoir du calme le rassure,
Quand les vents et la nuit obscure
Glacent le cœur des matelots.

Deux *allégorismes :* l'un, *L'air siffle, une horrible tempête aujourd'hui gronde sur ta tête;* c'est-à-dire, Aujourd'hui la fortune t'est contraire, ton bonheur est troublé : l'autre, *Demain tu seras dans le port;* c'est-à-dire, Demain tu seras sorti de cette épreuve, le repos te sera rendu.

Après ces *allégorismes*, d'abord deux *allégories : Toujours la mer n'est pas en butte aux ravages des Aquilons*, et *Toujours les torrens par leur chute ne désolent pas les vallons :* elles ont toutes deux pour objet de rendre plus sensible cette pensée, que *Les revers, les disgrâces ne sont pas de tous les jours, ne sont que passagers.*

(1) Oui, *à-peu-près sans défaut de justesse,* car peut-être y en a-t-il un à vouloir faire *distinguer* par les *yeux des foudres qui grondent :* ne serait-ce pas plutôt aux oreilles à les *distinguer?*

Une troisième allégorie est dans les cinq derniers vers, et le sens en est assez clair : *Si dans la prospérité, dans la joie, l'on a à craindre les revers, il faut dans les revers espérer une meilleure fortune.*

SUBJECTIFICATION

Ce mot est nouveau, comme celui d'*Allégorisme;* mais si la figure à laquelle on l'applique est réelle, quel nom peut mieux lui convenir, et pouvait être plus heureusement inventé ?

La *Subjectification* consiste *à dire d'une chose physique ou abstraite pai laquelle un sujet agit ou s'annonce, et qui en est l'organe, l'instrument, ou enfin un attribut quelconque, ce qui, à la rigueur, ne peut se dire et s'entendre que du sujet lui-même, considéré par rapport à cette chose.* Comme elle est assez souvent *personnificative,* il semblerait qu'alors au moins elle mériterait le nom de *Personnification;* mais ce qui doit la faire toujours distinguer de la *Personnification* proprement dite, c'est que toujours, à côté de la chose personnifiée elle montre une autre personne comme la seule et la véritable. Elle est *physique* ou *abstraite,* suivant la nature de la chose *subjectifiée,* c'est-à-dire, de la chose transformée en *sujet,* mise à la place du *sujet.*

1° SUBJECTIFICATION PHYSIQUE :

Quand *vos bras combattront* pour son temple attaqué,
Par *nos larmes* du moins *il peut être invoqué...*
Mes homicides *mains, promptes à me venger,*
Dans le sang innocent *brûlent de se plonger...*
Vos yeux ont su dompter ce terrible courroux...
Méchant, c'est bien à vous d'oser ainsi nommer
Celui que *votre bouche enseigne* à blasphémer!...

RACINE.

Ma plume aurait regret d'en épargner aucun...
Et dont *le crayon sûr* d'abord *aille chercher*
L'endroit que l'on sent faible, et qu'on se veut cacher...
Ces neveux affamés dont l'*importun visage*
De mon bien à mes yeux *fait* déjà *le partage.*

BOILEAU.

Il est aisé de voir que ces expressions ne peuvent se prendre à la lettre; que des *bras* ne *combattent* ni seuls, ni d'eux-mêmes; que des *larmes n'invoquent* point; que des *mains* ne sauraient être *promptes à venger*, ni *brûler de se plonger dans le sang*, etc.; et qu'il faut entendre :

« Quand vous combattrez de vos bras pour son temple,
» nous pourrons du moins l'invoquer par nos larmes. »

« Prompte à me venger, je brûle de plonger mes mains
» homicides dans le sang innocent. »

Les autres exemples ne sont pas plus difficiles à ramener à l'expression simple, et on les y ramène même sans avoir besoin de réfléchir.

2° SUBJECTIFICATION ABSTRAITE

Le *silence* de Phèdre *épargne* le coupable...
Quoi? ta *rage*, à mes yeux, *perd toute retenue !*...
Si ta *haine m'envie* un supplice si doux.

RACINE.

A vos soins généreux mon *amitié les livre*...
Sa tranquille *fureur marche* les yeux baissés...
D'un air fier et content sa cruauté tranquille
Contemple les effets de la guerre civile.

VOLTAIRE.

C'est-à-dire, *Phèdre par son silence*, ou *Phèdre silencieuse*, *Phèdre*, *en se taisant*, *épargne le coupable*. — *Quoi ! dans ta rage*, *tu perds à mes yeux toute retenue!* — *Si dans ta haine tu m'envies un supplice si doux*, etc., etc.

Il est à remarquer que, dans tous ces divers exemples, la seconde espèce de *Subjectification*, la *Subjectification abstraite*, a pour premier élément une abstraction relative, et par conséquent une sorte de *synecdoque*. Mais, dans l'exemple qui suit, n'est-elle pas fondée sur une *métonymie ?*

En vain pour te louer, ma *Muse* toujours prête,
Vingt fois de la Hollande a tenté la conquête.

Dans cet exemple, *Muse* est en effet par *métonymie*, pour *génie poétique*. Mais cette *métonymie* offre à-peu-près la même abstraction que le mot *génie*, et l'article, ou, si l'on aime mieux, le pronom possessif *ma*, en fait une abstraction relative. C'est donc encore ici une *synecdoque d'abstraction* qui fait le fondement de la *Subjectification*. Il n'en serait pas de même, sans doute, si, par *ma muse*, on voulait entendre une de ces divinités imaginaires sous les auspices desquelles les poëtes se placent, et par lesquelles ils se supposent inspirés. Il n'y aurait alors plus de *subjectification;* car la *muse* et le poëte seraient deux êtres tout différens, et indépendans l'un de l'autre.

MYTHOLOGISME

Le *Mythologisme est une expression fictive, empruntée de la Mythologie pour tenir lieu de l'expression simple et commune.*

La Fontaine veut dire, *Quand le soleil sera au delà de l'équateur, et que par conséquent les jours froids et courts seront venus :* il dit :

Quand Phébus régnera sur une autre hémisphère.

Il veut dire : *Dès que le soleil allait reparaître*, ou, ce qui revient au même, *Dès que la nuit allait faire place au jour :*

Dès que Thétis chassait Phébus aux crins dorés;

et encore :

Dès que l'Aurore, dis-je, en son char remontait.

Or, qui ne sait pas que, d'après la Mythologie, Thétis est la déesse des mers? que Phébus, autrement Apollon, est le dieu du jour, le soleil? que le soleil, quand il se couche, va se reposer au sein des mers, auprès de Thétis? et que, quand il se lève, il est comme chassé par Thétis pour rendre le jour au monde?

Boileau, dans sa première satire, ne fait pas dire au Misanthrope Damon, qu'il a encore long-temps à vivre, mais bien :

Et qu'il reste à la Parque encor de quoi filer.

Ici, dans le même poëte, ce sont des *auteurs froids et mélancoliques*,

Qui, dans leur sombre humeur croiraient se faire affront,
Si les grâces jamais leur déridaient le front.

Et cela, pour signifier que ces auteurs semblent ne rien tant craindre que de mettre quelque agrément dans leurs livres. Tout agrément vient des Grâces, suivant la Mythologie.

Là, c'est Homère qui, pour plaire, semble avoir dérobé la ceinture de Vénus :

On dirait que, pour plaire, instruit par la nature,
Homère ait à Venise dérobé sa ceinture.

Et cela, pour signifier qu'Homère semble avoir reçu de la nature même le don de plaire jusqu'à l'enchantement. Avoir la ceinture de Vénus, c'est, la Mythologie en fait foi, avoir tous les charmes.

Vous trouverez des *mythologismes* jusque dans la *Henriade*. Pourrait-on exprimer d'une manière plus gracieuse et plus riante, que *Le soleil, ramenant le jour, allait reparaître sur l'horizon ?*

L'Aurore cependant au visage vermeil,
Ouvrait dans l'Orient le palais du soleil.

Dans le même poëme, ce n'est pas simplement Coligni plongé dans un profond sommeil, mais c'est Coligni à qui le Sommeil verse ses pavots :

Coligni languissait dans les bras du repos,
Et le Sommeil trompeur lui versait ses pavots.

Au reste, le *mythologisme*, tel que nous l'entendons ici, consiste en une proposition, ou du moins en plusieurs mots, et il ne faut pas le confondre avec le *mythologisme* en un seul mot, avec cette sorte de *mythologisme*, dis-je, qui n'est qu'une *métonymie*, qu'une *synecdoque*, ou qu'une *métaphore mythologique*, comme, par exemple, celui de ce vers de Boileau, où Neptune est pris par *métonymie*, pour la Méditerranée et pour l'Océan :

Et nos vaisseaux domptant l'un et l'autre Neptune :

ou comme celui de ces vers de la *Henriade*, où le poëte dit : *Les honneurs de Thémis et de Mars*, pour Les honneurs civils et les honneurs militaires : *Thémis* pour la justice, dont elle était la déesse chez les Anciens ; et *Mars*, pour la guerre, dont il était le dieu.

Il remarque surtout ces conseillers sinistres,
Qui, des mœurs et des lois avares corrupteurs,
De *Thémis* et de *Mars* ont vendu les honneurs.

CHAPITRE II

DES TROPES, FIGURES D'EXPRESSION PAR RÉFLEXION

Nous ne pouvons pas toujours employer les voiles et les images dans le discours, et il est d'ailleurs bien des cas où ils ne conviennent point. A quels moyens aurons-nous donc recours ? Pour charmer encore l'esprit des autres en l'exerçant, nous ne présenterons la pensée qu'avec un certain détour, qu'avec un air de mystère; nous la dirons moins que nous ne la ferons concevoir ou deviner, par le rapport des idées énoncées avec celles qui ne le sont pas, et sur lesquelles les premières vont en quelque sorte se *réfléchir*, sur lesquelles du moins elles appellent la *réflexion*, en même temps qu'elles les réveillent dans la mémoire : alors, par conséquent, *des figures d'expression par réflexion.*

Nous en distinguerons sept : l'*Hyperbole*, l'*Allusion*, la *Métalepse*, la *Lilote*, l'*Association*, la *Réticence*, et le *Paradoxisme.* Les deux dernières n'ont pas été reconnues par Dumarsais comme *Tropes :* l'*Association* l'a été, mais en partie seulement, sous le nom de *Communication dans les paroles*.

HYPERBOLE

L'Hyperbole augmente ou diminue les choses avec excès, et les présente bien au-dessus ou bien au-dessous de ce qu'elles sont, dans la vue, non de tromper, mais d'amener à la vérité même, et de fixer, par ce qu'elle dit d'incroyable, ce qu'il faut réellement croire. Les mots, considérés en eux-mêmes et dans tous les rapports grammaticaux, y peuvent conserver leur signification propre et littérale, et s'ils ne doivent pas être pris à la lettre, ce n'est que dans l'expression totale qui résulte de leur ensemble. Il y a même plus, l'*Hyperbole*, pour être une beauté d'expression et pour plaire, doit porter le caractère de la bonne foi et de la franchise, et ne paraître, de la part de celui qui parle, que le langage même de la persuation. Ce n'est pas tout, il faut que celui qui écoute puisse partager jusqu'à un certain point l'illusion, et ait besoin peut-être d'un peu de réflexion pour n'être pas dupe, c'est-à-dire, pour réduire les mots à leur juste valeur. Tout cela suppose que l'*Hyperbole*, en passant la croyance, ne doit pas passer la mesure ; qu'elle ne doit pas heurter la vraisemblance, en heurtant la vérité.

Jusqu'où la passion ou l'imagination n'égare-t-elle pas les hommes ! Combien donc l'*Hyperbole* ne doit-elle pas être commune, puisque cet égarement n'est propre qu'à la produire ! Aussi revient-elle à tout moment dans la conversation, et même sans qu'on s'en aperçoive. Remarquons d'ailleurs qu'elle se trouve dans la plupart des comparaisons et des métaphores ; *Plus blanc que la neige; plus noir qu'un corbeau; plus léger qu'une plume : C'est un monstre, un tigre : C'est la bonté, c'est la douceur même : C'est un phénix, un vrai phénomène*, etc., etc.

Virgile veut qu'il soit plus difficile de compter les différentes sortes de vins que les flots de la mer agitée, et que les sables emportés par les vents ; et voici en conséquence, ce que lui fait dire Delille :

On compterait plutôt sur les mers courroucées,
Les vagues vers les bords par l'aquilon poussées :
On compterait plutôt dans les brûlans déserts,
Les sables que les vents emportent dans les airs.

Quand l'auteur des *Géorgiques* s'est permis cette *hyperbole*, il sortait probablement d'un grand festin donné par Auguste. Il est assez douteux qu'on l'eût passée à Lucain ou à Juvénal ; mais, de sa part, elle a paru excellente.

J.-B. Rousseau, dans la seconde partie de son Epode, fait dire au juste, en parlant du bonheur dont il jouira dans le ciel, quand il verra Dieu face à face :

L'éternité pour moi ne sera qu'un instant :

l'*hyperbole* est hardie sans doute : mais elle n'excède pourtant pas la mesure, elle ne fait que répondre à l'idée qu'on peut se faire d'un bonheur qui n'amène point la satiété, ne laisse aucun vide, et paraît toujours nouveau quoique toujours le même.

Quelle force et quel pouvoir Boileau ne donne-t-il pas au nom de Condé, dans son épître sur le passage du Rhin !

Condé, dont le nom seul fait tomber les murailles,
Force les escadrons, et gagne les batailles.

Une belle *hyperbole*, c'est celle qui termine le second chant de la *Henriade* et le tableau de la Saint-Barthélemi :

Et des fleuves français les eaux ensanglantées
Ne portaient que des morts aux mers épouvantées.

« On sent, dit Laharpe, qu'il y a dans ces vers quelque » chose au delà de la vérité; mais ici la vérité elle-même » est si terrible qu'on n'aperçoit pas ce que le poëte y » ajoute. »

On peut en dire autant de ces deux autres vers du même poëme, relatifs à la bataille d'Ivry :

Les flots couverts de morts interrompent leur course,
Et le fleuve sanglant remonte vers sa source.

ALLUSION

L'*Allusion*, qu'il ne faut pas confondre avec l'*Allégorie*, quoiqu'on distingue des *allégories allusives*, consiste *à faire sentir le rapport d'une chose qu'on dit avec une autre qu'on ne dit pas, et dont ce rapport même réveille l'idée.*

L'*Allusion* s'appelle *historique*, quand elle a trait à l'Histoire, et *mythologique*, quand elle a trait à la Fable. Ne peut-on pas l'appeler *morale*, si elle se rapporte aux mœurs, aux usages, aux opinions; et *verbale*, si elle ne consiste qu'en un jeu de mots ?

1° ALLUSION HISTORIQUE :

Diogène le cynique portait une lanterne en plein jour, et, quand on lui demandait pourquoi, il répondait qu'*il cherchait un homme :* c'est ce que rappelle Boileau dans sa Satire XI, lorsqu'après avoir exposé que tous les hommes en général, marchands, financiers, gens de guerre, courtisans, magistrats, prétendent que l'intérêt ne peut rien chez eux, et que *l'honneur seul fait leur loi*, il dit :

Cependant lorsqu'aux yeux *leur portant la lanterne*,
J'examine *au grand jour* l'esprit qui les gouverne,
Je n'aperçois partout que folle ambition,
Faiblesse, iniquité, fourbe, corruption,
Que ridicule orgueil de soi-même idolâtre...

C'est par une *allusion* de ce genre qu'Achille, dans dans *Iphigénie*, reproche si amèrement au fier Agamemnon sa honte et celle de Ménélas :

Jamais vaisseaux partis des rives du Scamandre
Aux champs Thessaliens osèrent-ils descendre?

Et jamais dans Larisse un lâche ravisseur
Me vint-il enlever ou ma femme ou ma sœur?

2° ALLUSION MYTHOLOGIQUE :

Boileau fait penser aux miracles de la lyre d'Orphée et d'Amphion, quand il dit à Louis XIV :

A ces mots, quelquefois prenant la lyre en main,
Au récit que pour toi je suis près d'entreprendre,
Je crois voir les *rochers accourir pour m'entendre.*

Par ce vers de son *Art poétique* sur Homère,

Tout ce qu'il a touché se convertit en or,

il rappelle tout ce que la Fable raconte de Midas.

Les serpens étouffés par Hercule au berceau ne se retracent-ils pas à notre souvenir, quand nous lisons dans l'Ode de Rousseau sur la naissance du duc de Bretagne :

Les premiers instans de sa vie
De la discorde et de l'envie
Verront éteindre le flambeau :
Il renversera leurs trophées,
Ét leurs couleuvres étouffées
Seront les jeux de son berceau.

3° ALLUSION MORALE :

Les Anciens allumaient un grand nombre de flambeaux pour la cérémonie du mariage, et le héros de la *Henriade*, Henri IV, fait *allusion* à cet usage en parlant de son mariage avec Marguerite de Médicis; il fait aussi *allusion* aux flambeaux que nous allumons pour les cérémonies funèbres :

Enfin, pour mieux cacher cet horrible mystère,
Il me donna sa sœur, il m'appela son frère.
O nom qui m'as trompé! vains sermens! nœud fatal,
Hymen, qui de nos maux fus le premier signal,
Tes flambeaux que du ciel alluma la colère,
Eclairaient à mes yeux le trépas de ma mère.

Rousseau, dans son épître aux Muses, dit à ces déesses du Parnasse :

Tenez, voilà vos pinceaux, vos crayons;
Reprenez tout, j'abandonne sans peine
Votre Hélicon, vos bois, votre Hippocrène,
Vos vains lauriers d'épine enveloppés,
Et que la foudre a si souvent frappés;

et dans ce dernier vers, il fait *allusion* à l'opinion des Anciens, qui croyaient que les lauriers étaient toujours respectés de la foudre. C'est la même *allusion* dans ce vers du *Cid* de Corneille :

Tout couvert de lauriers, craignez encore la foudre.

4° ALLUSION VERBALE :

Citons avec Marmontel l'exemple suivant :

« Un grand seigneur, qui avait été le favori de son
» prince, commençait à ne plus être si fort en crédit.
» Comme il descendait un jour de chez le roi, il trouva
» sur les degrés son nouveau concurrent qui montait :
» il lui demanda si, chez le roi, il y avait quelque chose
» de nouveau : *Rien du tout*, répondit-il, *sinon que je des-*
» *cends, et que vous montez.* Le sens propre de *descendre*
» et de *monter* marquait la situation physique des deux
» acteurs. Le sens figuré désignait leur situation morale à
» à l'égard du prince. »

Marmontel voit une *allusion verbale* dans ces vers si charmans et si délicats de Voltaire à Destouches, auteur de la comédie du *Glorieux :*

Auteur solide, ingénieux,
Qui du théâtre êtes le maître,
Vous qui fîtes le *Glorieux*,
Il ne tiendrait qu'à vous de l'être.

Mais, à moins que tous les jeux de mots ne soient des *allusions*, je ne vois pas qu'il y en ait là d'aucune sorte. Le poëte n'a-t-il pas dit très-expressément tout ce qu'il voulait dire ? A-t-il rien laissé à deviner ? *Vous qui fîtes le glorieux :* c'est bien sûrement, le *glorieux*, comédie, le *glorieux* mis en scène. *Il ne tiendrait qu'à vous de l'être* (d'être glorieux) : Vous seriez en droit de l'être, voilà ce qu'on entend d'abord, sans la moindre équivoque, et je ne vois pas ce qu'il y aurait encore à entendre.

MÉTALEPSE

La *Métalepse*, qu'on a si mal-à-propos confondue avec la *Métonymie*, et qui n'est jamais un nom seul, mais toujours une proposition, consiste *à substituer l'expression indirecte à l'expression directe*, c'est-à-dire, à faire entendre une chose par une autre, qui la précède, la suit ou l'accompagne, en est un adjoint, une circonstance quelconque, ou enfin s'y rattache ou s'y rapporte de manière à la rappeler aussitôt à l'esprit.

Phèdre brûle pour Hippolyte d'un amour incestueux qu'elle ne peut plus cacher. Mais comment avouer cet amour à celui qui en est l'objet, puisqu'elle n'ose se l'avouer à elle-même ? Elle emploie ce détour ingénieux, où Hippolyte peut se reconnaître sous le nom de Thésée :

Oui, prince, je languis, je brûle pour Thésée,
Je l'aime, non point tel que l'ont vu les enfers,
Volage adorateur de mille objets divers,
Qui va du Dieu des morts déshonorer la couche,
Mais fidèle, mais fier, et même un peu farouche,
Charmant, jeune, traînant tous les cœurs après soi,
Tel qu'on dépeint nos dieux, ou tel que je vous voi.

Ce que Phèdre n'ose dire ouvertement à Hippolyte, elle n'avait pas osé, non plus, le dire à Œnone, sa confidente. Mais vaincue par les vives intances de celle-ci, elle avait enfin laissé échapper ainsi le fatal secret :

Dieux ! que ne suis-je assise à l'ombre des forêts !
Quand pourrai-je, au travers d'une noble poussière,
Suivre de l'œil un char fuyant dans la carrière !

Œnone n'ignorait pas, et pour bien comprendre, il faut savoir comme elle, qu'Hippolyte faisait sa principale occupation de la chasse, et qu'il excellait à conduire un char rapide. Un écrivain fameux du dernier siècle a porté l'admiration pour ces vers jusqu'à dire : « Le poëte n'a pu » se promettre ce morceau avant de l'avoir trouvé; et je » m'estime plus d'en sentir le mérite que de quelque » chose que je puisse écrire de ma vie. »

On peut rapporter à la *Métalepse* le tour par lequel un poëte, un écrivain, est représenté ou se représente comme produisant lui-même ce qu'il ne fait, au fond, que raconter ou décrire.

Enfin, j'arrive à toi, terre à jamais féconde,
Jadis de tes rochers j'aurais fait jaillir l'onde ;
J'aurais semé de fleurs le bord de tes ruisseaux,
Déployé tes gazons, tressé tes arbrisseaux,
De l'or de tes moissons revêtu les campagnes,
Suspendu les chevreaux aux buissons des montagnes,
De leurs fruits savoureux enrichi les vergers...

C'est ainsi que Delille commence le quatrième chant de son poëme des *Trois Règnes de la nature*, et il veut dire qu'il aurait pu autrefois chanter l'eau jaillissant des rochers, le bord des ruisseaux semé de fleurs, les gazons déployés en tapis, les arbrisseaux s'entrelaçant en murs et en voûtes, les campagnes revêtues de moissons dorées, les chevreaux suspendus aux buissons des montagnes, et les vergers enrichis de fruits savoureux.

Il faut aussi sans doute rapporter à la *Métalepse*, à moins qu'on n'en veuille faire une figure particulière, ce tour non moins hardi que les précédens, par lequel, dans la chaleur de l'enthousiasme ou du sentiment, on abandonne tout-à-coup le rôle de narrateur pour celui de maître ou d'arbitre souverain, en sorte que, au lieu de raconter simplement une chose qui se fait ou qui est faite, on commande, on ordonne qu'elle se fasse : comme quand Voltaire dit, dans son poëme de Fontenoi :

Maison du roi, marchez, assurez la victoire...
Venez, vaillante élite, honneur de nos armées;
Partez, flèches de feu, grenades enflammées :
Phalanges de Louis, écrasez sous vos coups,
Ces combattans si fiers, et si dignes de vous.

Et dans cette épître sublime sur la philosophie de Newton :

Comètes, que l'on craint à l'égal du tonnerre,
Cessez d'épouvanter les peuples de la terre :
Dans une ellipse immense achevez votre cours,
Remontez, descendez près de l'astre des jours :
Lancez vos feux, volez, et revenant sans cesse,
Des mondes épuisés ranimez la faiblesse...
Terre, change de forme, et que la pesanteur,
En abaissant le pole, élève l'équateur.
Pole immobile aux yeux, si lent dans votre course,
Fuyez le char glacé des sept astres de l'Ourse :
Embrassez dans le cours de vos longs mouvemens
Deux cents siècles entiers par delà six mille ans.

ASSOCIATION

L'*Association*, que Dumarsais, ainsi que nous l'avons vu, appelle *Communication dans les paroles*, pour la distinguer de la *Communication* figure de pensée, consiste *à se rendre commun ce qu'on ne dit que pour d'autres;* ou *à rendre commun à d'autres ce qu'on ne dit que pour soi-même;* ou enfin *à se rendre commun à plusieurs ce qu'on ne dit que pour quelques-uns ou que pour un seul :* dans le premier cas, pour déguiser des reproches, des remontrances, ou des avis, et montrer qu'on ne fait qu'un avec ceux à qui, ou pour qui l'on parle; dans le second, pour donner à ce qu'on dit plus d'importance et de poids, et en faire comme l'expression d'un sentiment ou d'un vœu commun, ou pour s'encourager, s'enhardir ou se consoler, en se donnant des compagnons d'entreprise, de honte ou d'infortune; dans le troisième, pour louer ou pour blâmer ceux à qui l'on s'adresse, et leur faire partager ou l'honneur ou la honte de la chose qui fait l'objet du discours.

On peut donc distinguer jusqu'à trois espèces différentes d'*Association*.

PREMIÈRE ESPÈCE : celle par laquelle on se rend commun et l'on semble s'appliquer aussi à soi-même ce qu'on ne dit réellement que pour d'autres.

Horace, en déplorant, dans son Ode à la fortune, les crimes et les malheurs de son temps, n'entend point sans doute se donner pour un des auteurs ou pour un des complices. Cependant il parle comme s'il l'était en effet, comme s'il en partageait l'odieux, puisqu'il dit : *Génération barbare! quels forfaits ont fait reculer notre audace? quelles horreurs avons-nous laissées à commettre* (1)?

Agamemnon voudrait, pour sauver Iphigénie, détourner les Grecs de leur expédition contre Troie; et, pour y réussir, il représente en particulier à Achille le sort funeste que les dieux lui réservent dans les champs troyens. Achille, après avoir assuré que ce n'est pas lui qui s'arrêtera à de telles menaces, cherche à dissiper les vaines terreurs d'Agamemnon, et à lui inspirer un courage égal au sien. Mais, pour ne point choquer ce roi des rois, si orgueilleux et si faible, que fait-il? il prend sa part de l'héroïque leçon qu'il lui donne :

Ah! ne *nous forgeons* point ces indignes obstacles :
Le Ciel parle, il suffit : ce sont là *nos oracles*.
Les Dieux sont de *nos jours* les maîtres souverains;
Mais, Seigneur, *notre gloire* est dans *nos propres mains*.
Pourquoi *nous tourmenter* de leurs ordres suprêmes?
Ne *songeons* qu'à *nous rendre immortels* comme eux-mêmes,
Et, laissant faire au sort, *courons* où la valeur
Nous promet un destin aussi grand que le leur.

(1) *...Quid nos dura refugimus*
Ætas? Quid intactum nefasti
Liquimus?...

Boileau, pour accabler impunément Cotin, et lui ôter jusqu'au prétexte de se plaindre, se rabaisse au niveau du pauvre malheureux, et se décrie en quelque sorte avec lui :

Mais, pour Cotin et moi qui *rimons* au hasard,
Que l'amour de blâmer fit *poëtes* par art,
Quoiqu'un tas de grimauds vante *notre* éloquence,
Le plus sûr est pour *nous* de garder le silence.

Un exemple non moins beau que les précédens, si même il ne l'est pas plus, comme en effet plus hardi, c'est celui que nous fournit Louis Racine dans son poëme de la Religion : le poëte parle de l'aveugle et impatiente curiosité des anciens peuples qui cherchaient les secrets de l'avenir dans les entrailles des victimes et dans le vol des oiseaux :

Des maux que *nous craignons* pourquoi *nous* assurer?
L'incertitude au moins *nous* permet d'espérer.
N'importe : les destins que le ciel *nous* prépare,
A *notre* impatience il faut qu'il les déclare,
Et s'ils ne *sont* écrits dans le cœur d'un taureau,
Nous irons les chercher dans le vol d'un oiseau.

C'est *on*, et non pas *nous* qu'il faudrait à la rigueur mais combien *nous* ne vaut-il pas mieux! L'erreur était si générale que nous pouvons la regarder comme la *nôtre;* et n'était-ce pas d'ailleurs l'erreur de *nos pères?*

Cependant, il faut l'observer, l'*Association* ne fait pas seule la beauté de cet exemple : avec cette figure il s'y en trouve une autre bien remarquable par son énergie : *Il faut qu'il les déclare*, pour Nous exigeons, nous prétendons qu'il les déclare : *Nous irons les chercher*, pour Nous allons les chercher. Cette seconde figure est, on le voit assez, une *métalepse.*

Deuxième espèce : celle par laquelle on rend commun à d'autres ce qu'on ne dit, au fond, que pour soi-même.

Dans le troisième livre de l'*Enéide*, Andromaque, interrogée par Enée si elle est encore à Hector, ou si elle est à Pyrrhus, honteuse de la fatalité qui l'a deux fois rendue infidèle malgré elle au plus chéri des époux, baisse les yeux et la voix, et commence à répondre par cette exclamation sublime : « Heureuse la fille de Priam, » égorgée sur le tombeau d'Achille à l'aspect des murs » de sa patrie! Elle n'a point subi la loi d'un sort inju-

» rieux, et n'est point entrée captive dans le lit d'un » vainqueur, son maître. » Ensuite, sans oser encore parler d'elle seule, elle déplore ainsi, comme partagée par d'autres, sa triste destinée : « Pour *nous*, après » l'embrasement de Troie, *traînées* de rivage en rivage, » et *condamnées* à devenir *mères* dans la servitude, *nous* » *avons* eu à souffrir la fierté et les dédains d'un jeune » présomptueux, digne fils d'Achille (1). »

Dolabella voudrait engager César à différer l'époque de son couronnement, et cherche à lui faire craindre mille présages funestes, à lui faire même craindre la mort. L'intrépide, l'inébranlable César lui dit dans sa réponse :

Les dieux, du haut du ciel, ont compté *nos années* :
Suivons, sans reculer, *nos hautes destinées* :

Et l'épithète de *hautes*, jointe à *destinées*, prouve assez qu'il ne parle point dans un sens général, et que ce qu'il dit ne doit s'entendre, à la rigueur, que de lui seul.

TROISIÈME ESPÈCE : celle par laquelle on rend commun à plusieurs ce qu'on ne dit que pour quelques-uns ou que pour un seul.

Le paysan du Danube, dans son âpre et éloquente harangue, reproche aux Romains et au Sénat assemblés, des excès et des crimes qui ne doivent s'entendre que de ces iniques préteurs contre qui il demande justice :

Car sachez que les immortels
Ont les regards sur nous. *Grâces à vos exemples*,
Ils n'ont devant les yeux que des objets d'horreur,
De mépris d'eux et de leurs temples,
D'avarice qui va jusques à la fureur.
Rien ne suffit aux gens qui nous viennent de Rome.

Mais, au lieu de la seconde personne du pluriel, c'est quelquefois la troisième du singulier, employée d'une manière générale et indéterminée; comme quand Orgon, dans le *Tartufe*, s'adresse à son fils, d'une voix terrible, et le chasse de chez lui en le menaçant :

Sus, que de ma maison *on sorte* de ce pas,
Et que d'y revenir *on n'ait* jamais l'audace.

Qu'on sorte et *qu'on n'ait*, pour *sors* et *n'aie*.

(1) *Nos patriâ incensâ, diversa per æquora vectæ*
Stirpis Achilleæ fastus juvenemque superbum
Servitio enixæ, tulimus...

LITOTE

La *Litote*, qu'on appelle autrement *Diminution*, et qui n'est guère, au fond, qu'une espèce particulière de *Métalepse, au lieu d'affirmer positivement une chose, nie absolument la chose contraire, ou la* diminue *plus ou moins, dans la vue même de donner plus d'énergie et de poids à l'affirmation positive qu'elle déguise.* C'est, comme le dit Laharpe, l'art de paraître affaiblir par l'expression, une pensée qu'on veut laisser dans toute sa force. On dit moins qu'on ne pense; mais on sait bien qu'on ne sera pas pris à la lettre; et qu'on fera entendre plus qu'on ne dit. C'est par modestie, par égard, ou même par artifice, qu'on emploie cette figure.

Ce n'est pas un lâche, un poltron, dit-on familièrement, pour, C'est un homme de cœur, un homme courageux : *Il n'est pas peu insolent*, pour, Il est d'une grande insolence : *Il n'a pas une mauvaise idée de lui-même*, pour, Il a de lui-même une très-bonne idée.

Ce n'était pas un sot, non, non, et croyez-m'en,
Que le chien de Jean de Nivelle,

dit Lafontaine dans la moralité de sa fable du *Faucon* et du *Chapon*, et l'on voit assez que *Ce n'était pas un sot* est pour, Il avait beaucoup de jugement, beaucoup de prudence.

De même, que l'on vous dise : *Vous êtes bien peu patient, bien peu sage : Vous avez bien peu d'égard pour vos amis : Vous connaissez bien peu les hommes;* vous entendrez tout de suite : Vous manquez tout-à-fait de sagesse, de patience; ou Vous êtes tout l'opposé d'un homme sage, d'un homme patient : Vous n'avez aucun égard pour vos amis : Vous ne connaissez pas du tout les hommes.

Ce sont là autant de *Litotes*, et les dernières prouvent assez que cette figure peut être sans négation; cependant la négation s'y trouve le plus souvent.

Quel bel exemple dans le dernier de ces vers, où Iphigénie, en se montrant résignée à la volonté de son père, témoigne assez qu'elle eût attendu une autre récompense de son zèle et de son amour filial, que de se voir condamnée à mourir.

Si pourtant ce respect, si cette obéissance,
Paraît digne à vos yeux d'une autre récompense;
Si d'une mère en pleurs vous plaignez les ennuis,

J'ose dire, Seigneur, qu'en l'état où je suis,
Peut-être assez d'honneurs environnaient ma vie,
Pour ne pas souhaiter qu'elle me fût ravie.

« *Ne pas souhaiter!* l'expression est bien faible, dit » Laharpe; mais comme cette retenue même, après ces » protestations d'obéissance, en laisse entendre au cœur » d'un père plus qu'elle n'en dit! »

Lorsque Chimène, toute en larmes, dit à Rodrigue :

... Va, je ne te hais point,

pense-t-on qu'elle se contente de *ne pas le haïr;* et Rodrigue doit-il être moins satisfait que si elle eût dit : *Va, sois sûr que je t'aime?*

Si *ne pas haïr* peut quelquefois signifier autant ou même plus qu'*aimer*, il peut aussi quelquefois signifier autant et même plus que *pardonner*, comme Alcmène, dans *Amphitryon*, le dit très-bien à Jupiter, qu'elle prend pour son mari, et qui, en se jetant à ses pieds, la conjure de le *punir* ou de l'*absoudre* :

Hélas! ce que je puis résoudre
Paraît bien plus que je ne veux.
Pour vouloir soutenir le courroux qu'on me donne,
Mon cœur a trop su me trahir :
Dire qu'*on ne saurait haïr*,
N'est-ce pas dire qu'on pardonne?

Mais, *je ne saurais haïr*, pour, *je pardonne*, est peut-être une *métalepse*, plutôt qu'une vraie *litote*. Pourquoi, parce que *pardonner* n'est pas, comme *aimer*, le contraire de *haïr*.

C'est du moins une vraie *litote* qu'offre, dans les *Plaideurs*, la réponse, en apparence si simple et si naturelle, mais cependant si fine et si profonde, d'Isabelle à Léandre, au sujet d'un billet déchiré :

LÉANDRE

Vous ne l'avez donc pas déchiré par dépit,
Ou par mépris de ceux qui vous l'avaient écrit?

ISABELLE

Monsieur, je n'ai pour eux ni mépris ni colère.

Léandre, auteur du billet, pouvait-il plus attendre de la bouche de celle qu'il aime?

Mais il faut observer néanmoins que c'est au ton et aux circonstances du discours qu'est due particulièrement cette force et cette énergie de sens qui fait la *Litote* : la forme grammaticale et le tour de phrase seul n'offriraient qu'une expression ordinaire, et qu'il faudrait prendre à la lettre.

RÉTICENCE

La *Réticence* consiste *à s'interrompre et à s'arrêter tout-à-coup dans le cours d'une phrase, pour faire entendre par le peu qu'on a dit, et avec le secours des circonstances, ce qu'on affecte de supprimer, et même souvent beaucoup au delà.* Combien cette figure, employée à-propos, l'emporte sur tout ce que la parole pourrait avoir de plus éloquent! En faisant naître les pensées en foule dans l'esprit, elle affecte le cœur d'une manière vive et profonde.

La *Réticence* peut avoir lieu par divers motifs. C'est, par exemple, l'amour de l'humanité et une vertueuse, une sainte indignation qui l'inspirent à Delille, lorsque, dans son poëme de *l'Imagination* (chant VIII), retraçant l'histoire des sacrifices humains, il voit chez certains peuples des mères mêmes immoler leurs enfans à des dieux barbares :

Nature, tu n'as donc plus d'abri sur la terre?
Le fanatisme affreux te fait partout la guerre.
Ah! sans doute abhorrant ce culte criminel,
Tu te réfugias dans le cœur maternel.
Non, de ces dieux cruels la fureur l'en exile,
Et la Nature a fui de son dernier asile.
Des mères aux autels de ces dieux redoutés,
Leurs enfans dans les bras... Cruelles, arrêtez!
Avez-vous oublié, saintement inhumaines,
Vos amours, vos sermens, vos plaisirs et vos peines?
Quel démon inhumain proscrit ces jeunes fleurs?
Ah! voyez leur sourire, et regardez leurs pleurs,
Et cessez d'immoler à d'horribles chimères,
Ces nœuds sacrés d'hymen et le doux nom de mères.

Quelquefois c'est par une modération, au moins affectée, qu'on s'arrête, comme le fait par deux fois Oreste dans un même passage d'*Andromaque*. Hermione vient de lui avouer qu'elle aime Pyrrhus : sur le point d'éclater, il concentre toutes ses fureurs en lui-même et les dissimule, afin de mieux cacher son projet d'enlèvement :

Ah! que vous saviez bien, cruelle... Mais, Madame,
Chacun peut, à son choix, disposer de son âme.
La vôtre était à vous. J'espérais... Mais enfin
Vous l'avez pu donner sans me faire un larcin.

Quelquefois c'est par respect, par décence, ou par combinaison, comme dans ce bel exemple où Aricie, dans *Phèdre*, voulant faire connaître l'innocence d'Hippolyte, et n'osant toutefois violer le secret que ce prince a exigé d'elle, ni mettre au jour la turpitude de Phèdre, amène au moins Thésée à soupçonner qu'Hippolyte est victime de la calomnie :

Prenez garde, Seigneur, vos invincibles mains
Ont de monstres sans nombre affranchi les humains;
Mais tout n'est pas détruit, et vous en laissez vivre
Un... Votre fils, Seigneur, me défend de poursuivre.
Instruite du respect qu'il veut vous conserver,
Je l'affligerais trop si j'osais achever.
J'imite sa pudeur, et fuis votre présence.
Pour n'être pas forcée à rompre le silence.

Voici un exemple un peu moins sérieux, que nous fournit Molière. Orgon voudrait faire partager à son frère Cléanthe, sa sotte admiration pour Tartufe, et son éloquence se trouve tout-à-coup en défaut au milieu de son panégyrique :

Mon frère, vous seriez charmé de le connaître,
Et vos ravissemens ne prendraient point de fin.
C'est un homme... qui... Ah!... un homme... un homme enfin!...

Gilbert vantant ironiquement le bon cœur, l'humanité de ces Iris si sensibles auxquelles un *papillon souffrant fait verser des larmes*, et qui iraient les premières *acheter le plaisir de voir tomber la tête* d'un illustre personnage *traîné en spectacle à l'échafaud :*

Parlerai-je d'Iris? chacun la prône et l'aime.
C'est un cœur, mais un cœur... c'est l'humanité même.

Nous ne citerons point de ces *réticences* inspirées par la malignité et la haine. Il s'en présente tant de ce genre, et même dans le discours ordinaire, même dans la simple conversation. « La malignité et la haine, dit Laharpe, » ont bien connu tout ce que pouvait cette figure par » le chemin qu'elle fait faire à l'imagination. Aussi » n'ont-elles point d'armes plus affilées, ni de traits plus » empoisonnés..... Rien n'est si aisé et si commun que » de calomnier à demi-mot, et rien n'est si difficile que

» de repousser cette espèce de calomnie; car comment » répondre à ce qui n'a pas été énoncé? »

PARADOXISME

Le *Paradoxisme*, qui revient à ce qu'on appelle communément *Alliance de mots*, est *un artifice de langage par lequel des idées et des mots, ordinairement opposés et contradictoires entre eux, se trouvent rapprochés et combinés de manière que, tout en semblant se combattre et s'exclure réciproquement, ils frappent l'intelligence par le plus étonnant accord, et produisent le sens le plus vrai, comme le plus profond et le plus énergique.*

Le *Paradoxisme* semble, au premier abord, appartenir exclusivement à la classe des *figures de style;* mais, pour peu qu'on veuille bien y faire attention, on verra qu'il ne pourrait, sans absurdité, être pris à la lettre, et que, quelque facile que puisse en être l'interprétation pour quiconque a quelque usage de la langue, ce n'est pourtant pas sans un peu de réflexion que l'on peut bien saisir et fixer ce qu'il donne réellement à entendre.

Et monté sur le faîte, il aspire à descendre :

Voilà ce que dit Auguste d'un ambitieux tel que lui, parvenu aussi loin que puisse aller un mortel en fait de pouvoir, d'honneurs, de fortune et de gloire; et il le dit dans cette fameuse scène de *Cinna*, où, dégoûté de l'empire du monde, il délibère s'il n'y renoncera pas pour rentrer dans le sein de la vie privée. Ce vers est un des plus beaux de Corneille; et Racine, suivant Voltaire, se plaisait à le faire admirer à ses enfans. Or, qu'est-ce qui en fait la beauté? qu'est-ce qui le rend si admirable? Ce n'est pas seulement cette métaphore soutenue qui le met tout en image, ni cette antithèse si vraie et si naturelle entre les deux hémistiches, mais encore cette force, cette énergie et cette vérité d'expression de l'apparente contradiction des termes *aspirer* et *descendre. Aspirer*, au moral, c'est porter ses vœux, ses désirs vers une chose dont la jouissance promet plus ou moins d'agrément. Or, cette chose se présentant presque toujours comme en haut, au-dessus, enfin dans une position telle qu'il faille nécessairement *monter* pour y atteindre, ou qu'y atteindre ce soit en quelque sorte *monter*, il semble qu'on ne peut pas dire, sans une sorte de contre-sens, *aspirer à descendre;* mais entendez comme il faut entendre, et vous verrez que c'est ici parler très-juste. En effet, qui est ce qui, dans le vers, *aspire à descendre?* C'est l'ambitieux parvenu au faîte, et *monté sur le faîte*, auquel il avait voulu s'élever. Cet ambitieux ne voit plus rien au-dessus de lui de ce qui l'avait d'abord tenté, ni plus rien de semblable qui puisse le tenter encore. Mais, à sa première ambition et à ses premiers désirs, succèdent une ambition et des désirs tout nouveaux, et même contraires; ou plutôt son ambition, ses désirs restent encore les mêmes quant au fond, et c'est un objet tout nouveau, et même tout opposé, qui a pris la place du premier. Ce qui le tente maintenant, ce qui l'attire, le rappelle, c'est ce qu'il avait d'abord dédaigné, ce qu'il avait comme foulé aux pieds, ce qu'il avait laissé comme au-dessous de son élévation à ce *faîte* où il ne peut plus tenir. Or, pour le retrouver, pour le reprendre, ne faut-il pas nécessairement qu'il *descende* de toute la hauteur vraie ou prétendue qui l'en éloigne? ne faut-il pas, par conséquent, qu'au lieu d'*aspirer à monter*, comme auparavant, il n'*aspire* plus qu'à *descendre?*

Boileau dit d'un noble altier et pauvre qui, pour sortir de l'indigence, recherche humblement l'alliance d'un riche bourgeois, qu'il

Rétablit son honneur à force d'infamie.

L'*honneur* et l'*infamie* sont certainement très-contraires entre eux : comment donc rétablir l'un par l'excès de l'autre? Faites bien attention aux circonstances, et déterminez bien le sens des deux mots, vous verrez que c'est très-possible. Que fait d'abord ce noble si fier et si hautain? Il recherche humblement une alliance que, dans son orgueil, il regarde comme indigne de lui, et que le préjugé appelle du nom presque flétrissant de *mésalliance*. Que fait-il ensuite par cette alliance, en la contractant? Il trafique en quelque sorte de son nom, qu'il met dans la balance avec un peu d'or; il vend pour ce peu d'or, la gloire de ses aïeux, et ses aïeux eux-mêmes, comme le dit le poëte. Or, c'est là sûrement, de sa part, une lâcheté, une bassesse indigne, une *infamie*. Cette *infamie* cependant *rétablit son honneur :* vous allez le voir. Cette *infamie*, n'est-ce pas, lui procure de l'aisance, de la fortune? Or, la fortune ne le met-elle pas aussitôt à même de *faire honneur* à sa naissance; à même d'exister *avec honneur*, à même de paraître *avec honneur* dans le monde? Ne lui vaut-elle pas du crédit, de la considération, de l'*honneur?* L'*honneur* n'est pas ici, comme on le voit, le véritable *honneur*, *l'honneur* du mérite et de la vertu, mais quelque chose qui, ayant rapport à l'*honneur*, a été appelé de ce nom. L'*infamie* n'est pas, non plus, la véritable *infamie*, l'*infamie* du vice et du crime, mais quelque chose qui tient de l'*infamie*, et en est même une à certains égards, dans la circonstance.

Racine fait dire à Athalie, en parlant de sa mère Jézabel, qu'elle lui est apparue *pompeusement parée*, et le visage tout brillant de cet *éclat emprunté* dont elle avait soin de le peindre,

> Pour *réparer* des ans *l'irréparable* outrage.

Réparer, pour *Tâcher de réparer*, ou pour *réparer en apparence :* voilà ce qu'on entend tout de suite, et ce qui fait que *réparer* et *irréparable*, non-seulement ne jurent point ensemble, mais s'accordent même à merveille.

> *Dans* une longue *enfance* ils l'auraient fait *vieillir*,

dit, dans le même poëte, Burrhus à Agrippine, en parlant de l'éducation qu'eussent donnée à Néron des esclaves et des flatteurs; et cela pour dire, Ils l'auraient laissé éternellement dans cet état de faiblesse, d'ignorance, d'incapacité ou de nullité de l'enfance, en sorte que, déjà un homme par l'âge et par la taille, il n'eût été encore qu'un enfant par l'esprit et par le caractère.

Ce même Burrhus demande à Agrippine si, en lui confiant le soin de former Néron, elle avait pu entendre qu'il n'en fît pas un prince digne de commander à Rome et au monde :

> Ah! si *dans l'ignorance* il le fallait *instruire.*

« *Instruire dans l'ignorance* est ici, dit Laharpe, par-
» faitement juste. Pourquoi? C'est qu'en effet, lorsqu'on
» n'élève un prince que pour régner sous son nom, on
» lui apprend surtout à ignorer tout ce qu'il doit savoir,
» à négliger tout ce qu'il doit faire : on lui donne véri-
» tablement des *leçons d'ignorance.* Mais pour s'exprimer
» ainsi, il faut saisir les idées dans tous leurs rapports
» et dans toute leur étendue. »

Laharpe observe à ce sujet, et avec raison, que la beauté de ces expressions qui semblent s'éloigner l'une de l'autre, consiste dans la justesse des idées qui les rapprochent; que, sans cette justesse, ce ne serait qu'un pur galimatias, qu'un bizarre et monstrueux accouplement de mots discordans et vides de sens, ou à contre-sens. Il eût pu en citer un exemple dans des vers fameux inspirés contre lui par le démon de la satire à un jeune émule de Juvénal qui eut quelque célébrité. Gilbert, dans son *Apologie*, représente Laharpe comme un poëte :

Qui, sifflé pour ses vers, pour sa prose sifflé,
Tout meurtri des faux pas de sa muse tragique,
Tomba de chute en chute au trône académique.

Tomba de chute en chute, très-bien, assurément; mais comment cela se lie-t-il et peut-il se lier à ce qui suit, *au trône académique?* Qu'on suive, dans toute leur étendue et dans tous leurs rapports, les idées du premier hémistiche et celles du second, trouvera-t-on qu'elles se rapprochent par quelque point? Trouvera-t-on à suppléer entre elles quelque chose de sous-entendu qui les rattache l'une à l'autre, en effaçant ce qu'elles ont de contraire et d'incompatible? L'idée de *tomber* est celle d'un mouvement par lequel on est entraîné, emporté de haut en bas, et l'idée de *trône*, quel que soit au fond le trône, académique ou tout autre, est celle d'un siège plus ou moins élevé. Comment donc pouvoir jamais *tomber dans un trône*, à moins de *tomber de bas en haut*, ou à moins de faire du *trône* une sorte de *fosse* ou d'*abîme?* Or, l'un n'est-il pas aussi absurde que l'autre, et de quelque manière qu'on veuille interpréter, entendre, voit-on qu'à cette absurdité succède quelque ombre de vérité, de raison?

Revenons aux bons exemples, et ajoutons encore ceux-ci aux premiers, mais sans explication :

Boileau :

Souvent trop d'*abondance appauvrit* la matière...
Se faire *consoler* du sujet de sa *joie*...
Et jusqu'à, *je vous hais*, tout s'y dit *tendrement*...
Le *ris* sur son visage est en *mauvaise humeur*...
Le pénible *fardeau* de n'*avoir rien à faire*...
Soi-même se *noyant* pour *sortir du naufrage*...
Celle qui toujours *parle*, et *ne dit jamais rien*...
Il a *sans rien savoir*, la *science en partage*...
Et loin dans le *passé* regarde *l'avenir*...

Racine :

Possède *justement* son *injuste* opulence...
Chatouillaient de mon cœur l'*orgueilleuse faiblesse*...
Et Dieu trouvé *fidèle en toutes ses menaces*...
Remplissez l'univers sans sortir du Bosphore...
Mourrai-je tant de fois *sans sortir de la vie*?

Voltaire, *Henriade :*

L'*insensible* Valois *ressentit* cet outrage...
Et sa *cruauté* même était une *faiblesse*...
Et par *timidité* me *déclara la guerre*...
Et s'en fit croire indigne afin d'y parvenir...

La Fontaine, dans sa fable du philosophe scythe :

Ils font *cesser de vivre* avant que l'on *soit mort*...

Thomas, dans son Épître au peuple, parle de ces jeunes voluptueux qu'on voit

Étaler à *trente ans* leur précoce *vieillesse*.

Et Gilbert, dans sa fameuse satire du dix-huitième siècle :

Ils se traînent à peine en leur *vieille jeunesse*.

Le père du *Glorieux*, dans la comédie de ce nom, dit à son fils, qui se jette à ses pieds, en le priant de ne pas se découvrir :

J'entends : la *Vanité* me déclare à *genoux*
Qu'un père malheureux n'est pas digne de vous.

« *La Vanité à genoux*, dit Laharpe, semble offrir deux » choses contradictoires. Ce vers est admirable et du » petit nombre de ceux qui prouvent que la comédie » peut quelquefois s'élever au sublime. »

CHAPITRE III

DES TROPES, FIGURES D'EXPRESSION PAR OPPOSITION

Jusqu'où notre esprit ne porte-t-il pas l'artifice du discours! Il va jusqu'à énoncer à-peu-près tout le contraire de ce qu'il pense; ou il fait comme s'il ne disait pas ce qu'il ne saurait en effet mieux dire; ou il affecte de vouloir, de conseiller, ou même de prescrire ce qui, souvent, est le plus loin de sa pensée; bien sûr, dans tous ces cas, par la manière dont il s'y prend, qu'on se fera un plaisir de l'interprétation, et que l'interprétation sera conforme à ses vues. Nouveau genre de *figures d'expression* : les *figures d'expression par opposition.*

On reconnaîtra incontestablement comme figures d'expression par opposition, la *Prétérition*, l'*Ironie*, l'*Epitrope* ou *Permission*, et ce que l'Encyclopédie méthodique appelle *Astéisme.* J'y en ajouterai une autre, que je me permettrai d'appeler *Contrefision*, faute d'avoir pu trouver un nom plus heureux.

L'*Ironie* est la seule des cinq que Dumarsais ait fait entrer dans ses *Tropes.*

PRÉTÉRITION

La *Prétérition*, autrement dite *Prétermission*, *consiste à feindre de ne pas vouloir dire ce que néanmoins on dit très-clairement, et souvent même avec force.*

On trouve cité partout ce beau passage du discours où Henri IV, dans la *Henriade*, retrace à Élisabeth l'horrible journée de la St-Barthélemi :

Je ne vous peindrai point le tumulte et les cris,
Le sang de tous côtés ruisselant dans Paris;
Le fils assassiné sur le corps de son père,
Le frère avec la sœur, la fille avec la mère;
Les époux expirans sous leurs toits embrasés;
Les enfans au berceau sur la pierre écrasés.

Alzire, dans la tragédie de ce nom, vient de donner malgré elle à Gusman sa main promise à Zamore. Obligée de s'expliquer avec celui-ci sur son infidélité involontaire, elle semble négliger le soin de se défendre, et même s'accuser, se condamner elle-même, tandis qu'au contraire elle dit pour sa justification tout ce qu'elle pouvait dire de plus fort et de plus plausible :

Je pourrais t'alléguer, pour affaiblir mon crime,
De mon père sur moi le pouvoir légitime,
L'erreur où nous étions, mes regrets, mes combats,
Les pleurs que j'ai trois ans donnés à ton trépas ;
Que des chrétiens vainqueurs esclave infortunée,
La douleur de ta perte à leur Dieu m'a donnée ;
Que je t'aimai toujours ; que mon cœur éperdu
A détesté tes dieux qui t'ont mal défendu.
Mais je ne cherche point, je ne veux point d'excuse :
Il n'en est point pour moi lorsque l'amour m'accuse.
Tu vis, il me suffit : je t'ai manqué de foi :
Tranche des jours affreux qui ne sont plus pour toi...

Mais ici la *prétérition* ne s'étend pas jusqu'au dernier vers, comme dans l'exemple précédent : elle finit avec le dixième. Le onzième n'offre point de figure, et le dernier en offre une qu'on pourra reconnaître quand on aura vu l'article de l'*Épitrope*.

Personne encore, que je sache, n'avait remarqué que la *Prétérition* se présente quelquefois sous la forme interrogative, et que même, sous cette forme, elle a une énergie toute particulière. Cependant rien de plus vrai, comme on peut le voir par cet exemple, où Boileau, dans sa dixième Satire, traçant le portrait d'une femme avare comme il en fut peu, demande s'il décrira le ridicule et sale accoutrement de son héroïne, et en fait par cela même, non pas une description, mais une peinture achevée :

Décrirai-je ses bas en trente endroits percés ;
Ses souliers grimaçans vingt fois rapetassés ;
Ses coiffes, d'où pendait, au bout d'une ficelle,
Un vieux masque pelé, presque aussi hideux qu'elle ?
Peindrai-je son jupon bigarré de latin,
Qu'ensemble composaient trois thèses de satin ;
Présent qu'en un procès sur certain privilège,
Firent à son mari les régens d'un collège,
Et qui, sur cette jupe, à maint rieur encor
Derrière elle faisait lire, *Argumentabor* ?

Le même poëte nous offre, dans la même Satire, une *prétérition* qui occupe six vers et demi, et qui consiste dans deux longues propositions conditionnelles, subordonnées à une très-courte proposition principale sous forme interrogative :

> Dans le sexe j'ai peint la piété caustique :
> Et que serait-ce donc si, censeur plus tragique,
> J'allais t'y faire voir l'athéisme établi,
> Et non moins que l'honneur le Ciel mis en oubli ?
> Si j'allais t'y montrer plus d'une Capanée,
> Pour souveraine loi mettant la destinée,
> Du tonnerre dans l'air bravant les vains carreaux,
> Et nous parlant de Dieu du ton de Desbarreaux ?

Que l'on lise dans l'auteur le morceau qui suit immédiatement, et l'on verra qu'à cette première *prétérition*, en succèdent nombre d'autres : d'abord, une dans le vers qui sert de passage à de nouvelles propositions interrogatives ; et puis, une dans chacune de ces propositions, où le poëte, en demandant s'il a déjà fait tel ou tel portrait, le fait en effet et très-frappant et très-énergique :

> Mais, sans aller chercher une femme infernale,
> T'ai-je encor peint, dis-moi, la fantasque inégale,
> Qui m'aimant le matin, souvent me hait le soir ?
> T'ai-je peint la maligne, aux yeux faux, au cœur noir ?
> T'ai-je encore exprimé, etc., etc.

Ne peut-on pas reconnaître une sorte de *prétérition* dans les sept derniers vers de ce passage où Boileau, en disant au marquis de Seignelay comment on pourrait le louer, le loue en effet d'une manière si adroite et si délicate ? *Épître* IX :

> La louange agréable est l'âme des beaux vers.
> Mais je tiens, comme toi, qu'il faut qu'elle soit vraie,
> Et que son tour adroit n'ait rien qui nous effraie.
> Alors, comme j'ai dit, tu la sais écouter,
> Et sans crainte à tes yeux on pourrait t'exalter.
> Mais, sans t'aller chercher des vertus dans les nues,
> Il faudrait peindre en toi des vérités connues :
> Décrire ton esprit ami de la raison ;
> Ton ardeur pour ton roi puisée en ta maison ;
> A servir ses desseins ta vigilance heureuse ;
> Ta probité sincère, utile, officieuse.

IRONIE

L'*Ironie consiste à dire par une raillerie, ou plaisante, ou sérieuse, le contraire de ce qu'on pense, ou de ce qu'on veut faire penser.* Elle semblerait appartenir plus particulièrement à la gaieté; mais la colère et le mépris l'emploient aussi quelquefois, même avec avantage; par conséquent, elle peut entrer dans le style noble et dans les sujets les plus graves.

EXEMPLES dans le genre enjoué :

J.-B. Rousseau, dans son Épître à Racine le fils, raille finement les prétendus esprits forts, c'est-à-dire, ceux qui par une folle présomption veulent se mettre au-dessus des opinions et des maximes reçues, surtout en matière de religion :

Tous ces objets de la crédulité,
Dont s'infatue un mystique entêté,
Pouvaient jadis abuser des Cyriles,
Des Augustins, des Léons, des Basiles :
Mais quant à vous, grands hommes, grands esprits,
C'est par un noble et généreux mépris
Qu'il vous convient d'extirper ces chimères,
Épouvantail d'enfans et de grand'mères.

L'*Ironie* commence au premier vers, et ne finit qu'avec le dernier, en sorte qu'il n'y en a pas un seul qui doive être pris à la lettre. Le *mystique* est celui qui raffine sur les matières de dévotion, sur la spiritualité. *S'infatuer*, c'est se prévenir tellement en faveur de quelqu'un ou de quelque chose qui le mérite peu, qu'on ne puisse pas en être désabusé. Les *Cyriles*, les *Augustins*, les *Léons*, les *Basiles*, sont, comme on sait, des docteurs, des pères de l'Église.

Tout le monde connaît le fameux passage où Boileau, pour mieux se moquer de certains écrivains de son temps, feint de les louer :

Puisque vous le voulez, je vais changer de style.
Je le déclare donc : *Quinault est un Virgile ;*
Pradon comme un soleil en nos ans a paru ;
Pelletier écrit mieux qu'Ablancourt ni Patru ;
Cotin à ses sermons traînant toute la terre,
Fend des flots d'auditeurs pour aller à la chaire :
Sofal est le phénix des esprits relevés...

Mais un exemple un peu moins connu, et non moins piquant, sans être satirique, c'est celui où Lisette, dans l'*Ingrat* de Destouches, dit à un père étonné que sa fille aime sans son aveu :

Ainsi donc il fallait, pour aimer tendrement,
Qu'elle prît soin, Monsieur, d'avoir votre agrément,

Et vous dît : « Mon papa, Cléon me trouve aimable;
» Je m'aperçois aussi qu'il est très-estimable;
» Qu'il est jeune, bien fait; qu'il a l'œil tendre et doux;
» Je voudrais bien l'aimer : me le permettez-vous? »
Oh! le beau compliment d'une fille à son père!

L'*Ironie* est dans le tour que prend Lisette pour amener le discours plaisant qu'elle prête à sa maîtresse; elle est aussi dans cette espèce d'admiration qu'elle fait éclater pour ce discours.

Dans l'*Étourdi* de Molière, Lélie, héros de la pièce, s'est vanté à Mascarille, son valet, d'avoir, quand il le veut, l'*imaginative aussi bonne que personne qui vive;* et après une de ces impardonnables étourderies par lesquelles il fait toujours manquer le succès de tout ce que le rusé Mascarille tente pour lui, celui-ci termine ses reproches par ce trait de la plus vive *ironie :*

Grand et sublime effort d'une imaginative,
Qui ne le cède point à personne qui vive!

EXEMPLES dans le genre sérieux :

Hermione, dans *Andromaque*, pour rendre plus sanglans les reproches qu'elle adresse à Pyrrhus, feint de les tourner en éloges :

Et, sans chercher ailleurs des titres empruntés,
Ne vous suffit-il pas de ceux que vous portez?
Du vieux père d'Hector la valeur abattue
Aux pieds de sa famille expirante à sa vue,
Tandis que dans son sein votre bras enfoncé
Cherche un reste de sang que l'âge avait glacé;
Dans des ruisseaux de sang Troie ardente plongée;
De votre propre main Polixène égorgée
Aux yeux de tous les Grecs indignés contre vous:
Que peut-on opposer à ces généreux coups?

Quelle *ironie* plus amère que celle de Didon contre Énée, dans le fameux monologue où elle exhale toute sa fureur contre ce prince qui l'abandonne!

Voilà donc cette foi, cette vertu sévère,
Ce fils qui se courba noblement sous son père,
Cet appui des Troyens, ce sauveur de ses dieux.

A cette *ironie*, s'en rapporte une qu'inspirent à Orosmane, dans *Zaïre*, sa jalousie et ses soupçons contre Nérestan :

C'est là ce Nérestan, ce héros plein d'honneur,
Ce chrétien si vanté, qui remplissait Solyme
De ce faste imposant de sa vertu sublime!

Mais il y a plus que de l'amertume, il y a, s'il faut le dire, tout le raffinement de la cruauté et de la vengeance dans celle qui va suivre. Atalide vient d'avouer à Roxane son amour pour Bajazet, et elle lui a déclaré en même temps qu'elle allait la délivrer d'une rivale, en se donnant la mort. Roxane, qui a résolu la mort de Bajazet, lui répond avec une douceur perfide :

Je ne mérite pas un si grand sacrifice;
Je me connais, Madame, et je me fais justice.
Loin de vous séparer, je prétends aujourd'hui
Par des nœuds éternels vous unir avec lui;
Vous jouirez bientôt de son aimable vue.
Levez-vous...

ÉPITROPE

L'*Épitrope* ou *Permission, dans la vue même de nous détourner d'un excès, ou de nous en inspirer soit l'horreur, soit le repentir, semble nous inviter à nous y livrer sans réserve, ou à y mettre le comble, et à ne plus garder de mesure.*

C'est par cette sorte d'artifice qu'Alexandre, dans Quinte-Curce, livre X, cherche à retenir ses soldats, qui veulent se retirer :

« Vous avez envie de me fuir : les chemins vous sont » ouverts : partez, fuyez : je ne retiens personne. Que » je ne vous voie plus, ingrats! Je vous suivrai avec les » Perses, pour que vous ne soyez point insultés. Quel » plaisir auront vos pères et vos enfans de vous voir » de retour sans votre roi! Avec quelle joie ils iront » embrasser des déserteurs, des transfuges! »

Mais l'*Épitrope* cependant ne s'étend pas à tout cet exemple, ou du moins elle n'y domine pas jusqu'au bout : c'est, au contraire, une *ironie*, et une *ironie* très-marquée, qui y domine dans les deux dernières phrases.

Aristée, se plaignant à Cyrène, sa mère, de la perte de ses abeilles, lui dit dans son cruel désespoir de ne plus l'épargner en rien, et de mettre le comble à son malheur. Voici comment Delille le fait parler d'après Virgile : l'*Épitrope* est dans les quatre derniers vers :

Hélas! parmi les dieux j'espérais des autels,
Et je languis sans gloire au milieu des mortels!
Ce prix de tant de soins qui charmait ma misère,

Mes essaims ne sont plus; et vous êtes ma mère!
Achevez : de vos mains ravagez ces coteaux,
Embrasez mes moissons, immolez mes troupeaux;
Dans mes jeunes forêts allez porter la flamme,
Puisque l'honneur d'un fils ne touche point votre âme.

Quelle *épitrope* énergique et terrible, que celle par laquelle le Thyeste, dans Crébillon, ayant reconnu le sang de son fils dans la coupe qui lui a été présentée par Atrée, apostrophe ainsi ce frère barbare!

Monstre, que les enfers ont vomi sur la terre,
Assouvis la fureur dont ton cœur est épris :
Joins un malheureux père à son malheureux fils;
A ses mânes sanglans donne cette victime,
Et ne t'arrête point au milieu de ton crime.
Barbare, peux-tu bien m'épargner en des lieux
D'où tu viens de chasser et le jour et les dieux!

On trouve l'*épitrope* jointe à l'*ironie* dans ces vers où Agrippine reproche amèrement à Néron l'horrible parricide qu'il vient de commettre par les mains de Narcisse : elle est particulièrement dans le mot *poursuis*, employé deux fois : mais elle est aussi dans le reste du dernier vers, après *poursuis* :

... *Poursuis*, Néron; avec de tels ministres,
Par des faits glorieux tu vas te signaler;
Poursuis, tu n'as pas fait ce pas pour reculer.

L'*Épitrope*, prise à la lettre, pourrait quelquefois, comme l'observe Beauzée, passer pour une bassesse indigne, ou pour une absurdité. Il est donc assez ordinaire d'en assurer le véritable effet par une espèce de correction ou de rectification qui ramène à son vrai but ce que le zèle ou l'indignation semblait avoir suggéré d'excessif. C'est, par exemple, ce qu'a fait Desbarreaux dans son fameux sonnet, *Grand Dieu! tes jugemens*, etc. :

Contente ton désir puisqu'il t'est glorieux;
Offense-toi des pleurs qui coulent de mes yeux;
Tonne, frappe, il est temps, rends-moi guerre pour guerre :

J'adore en périssant la raison qui t'aigrit.
Mais dessus quel endroit tombera ton tonnerre,
Qui ne soit tout couvert du sang de Jésus-Christ?

L'*épitrope* pure est dans les quatre premiers vers : les deux derniers en sont la correction, ou, comme on dit en rhétorique, l'*épanorthose*, mot grec qui a la même signification.

ASTÉISME

L'*Astéisme est un badinage délicat et ingénieux par lequel on loue ou l'on flatte avec l'apparence même du blâme ou du reproche.*

Beauzée en cite pour exemple, dans l'*Encyclopédie Méthodique*, ce discours du *Lutrin* où la Mollesse personnifiée fait de Louis XIV, tout en se plaignant de lui, un éloge si magnifique. Mais la Mollesse n'est-elle pas censée parler sérieusement, et penser en effet tout ce qu'elle dit? Elle loue donc sans le vouloir; elle loue sans intention de louer; par conséquent, point d'*Astéisme* de son côté. S'il y en a un, il est tout du côté du poëte, et il consiste dans l'idée qu'a eue le poëte de faire louer son héros par une bouche ennemie, ainsi que dans l'adresse avec laquelle il a suggéré cet éloge.

Un autre exemple cité par Beauzée paraîtra un peu plus juste : c'est cet extrait d'une lettre où Voiture fait au prince Eugène des reproches si flatteurs et si agréables :

« Vous en faites trop, Monseigneur, pour pouvoir » le souffrir en silence. Si vous saviez de quelle sorte » le monde est déchaîné contre vous dans Paris, je suis » assuré que vous auriez honte. A dire la vérité, je ne » sais à quoi vous avez pensé d'avoir, à votre âge, choqué » deux ou trois capitaines que vous deviez respecter, » quand ce n'aurait été que pour leur ancienneté; pris » seize pièces de canon qui appartenaient au prince qui » est oncle du roi et frère de la reine, avec qui vous » n'aviez jamais eu aucun différend; et mis en désordre » les plus belles troupes espagnoles, qui vous avaient » laissé passer avec tant de bonté! Si vous continuez, » vous vous rendrez insupportable à toute l'Europe, à » l'Empereur même, et au roi d'Espagne, qui dorénavant » ne pourront plus vous souffrir. »

Qu'un écrivain du premier ordre vienne d'ajouter à sa gloire par un ouvrage digne de la postérité, de quels éloges pourra-t-il être plus flatté que de ceux-ci : « Quoi! » encore un nouveau chef-d'œuvre! N'était-ce pas assez » de ceux que vous avez déjà publiés? Vous voulez » donc désespérer tout-à-fait vos rivaux? Vous ne voulez

» pas leur laisser un laurier à cueillir? C'est bien cruel » de votre part! »

Boileau a, dans ses épîtres à Louis XIV, plusieurs vers que l'on peut rapporter à l'*Astéisme;* entre autres les suivans :

Grand roi, cesse de vaincre, ou je cesse d'écrire...
Encor si ta valeur, à tout vaincre obstinée,
Nous laissait pour le moins respirer une année!...
Mais à peine Denain et Limbourg sont forcés,
Qu'il faut chanter Bouchain et Condé terrassés...
Que si quelquefois las de forcer des murailles,
Le soin de tes sujets te rappelle à Versailles,
Tu viens m'embarrasser de mille autres vertus...
Ah! crois-moi, c'en est trop; nous autres satiriques,
Propres à relever les sottises du temps,
Nous sommes un peu nés pour être mécontens...
Oh! que, si je vivais sous les règnes sinistres
De ces rois nés valets de leurs propres ministres,
Et qui jamais en main ne prenant le timon,
Aux exploits de leur temps ne prêtaient que leur nom;
Que, sans les fatiguer d'une louange vaine,
Aisément les bons mots couleraient de ma veine!
Mais toujours sous ton règne il faut se récrier;
Toujours, les yeux au ciel, il faut remercier...

On reconnaîtra la même figure dans ces vers charmans où Voltaire, pour remercier madame Hébert de deux excellens remèdes qu'elle lui a envoyés, l'un contre l'hémorragie, et l'autre contre une fluxion sur les yeux, lui dit avec tant d'esprit et de grâce, qu'il ne lui doit ni remercîment ni reconnaissance, attendu qu'elle en fait autant pour tous les infortunés, et qu'elle met son plaisir à le faire :

Je perdais tout mon sang, vous l'avez conservé;
Mes yeux étaient éteints, et je vous dois la vue.
Si vous m'avez deux fois sauvé,
Grâce ne vous soit point rendue :
Vous en faites autant pour la foule inconnue
De cent mortels infortunés;
Vos soins sont votre récompense.
Doit-on de la reconnaissance
Pour les plaisirs que vous prenez?

Tous ces exemples, au reste, prouvent que l'*Astéisme* ne peut jamais être qu'une sorte de jeu, de badinage, et que, par conséquent, il ne saurait convenir au style grave et sérieux.

CONTREFISION

La *Contrefision, en feignant d'appeler le désir, l'espoir, la confiance, sur une chose, ne tend à rien moins qu'à en détourner tout désir, tout espoir ou toute confiance;* et c'est pourquoi le nom de *contrefision* paraît mieux lui convenir que celui de *confision*, qui lui a été donné dans le *Résumé général* du *Commentaire*. En effet, ce n'est ni le sentiment de la confiance, ni l'action de se confier, mais précisément tout le contraire de ce sentiment et de cette action, qui est le but réel de cette figure.

Mélibée, dans la première églogue de Virgile, réduit à s'exiler de l'héritage de ses pères, à laisser en proie à un soldat barbare cette cabane rustique et ces champs délicieux qui faisaient son bonheur, s'écrie d'abord : « Voilà donc où la discorde a conduit nos malheureux » citoyens! Voilà ceux pour qui nous avons ensemencé » nos terres! » Et puis il s'adresse à lui-même cette apostrophe touchante : « Après cela, Mélibée, occupe-toi » encore à enter des poiriers, à planter des ceps avec » symétrie (1)! » N'est-ce pas comme s'il avait dit : *Tu te garderas bien, Mélibée, d'enter encore des poiriers, de planter encore des ceps avec symétrie.*

Juvénal, dans sa douzième Satire, représente Catulle, au milieu d'une tempête affreuse, réduit à jeter dans la mer tout ce qu'il a de plus précieux, réduit même à faire couper le mât de son vaisseau, pour conserver le reste, et c'est ainsi qu'il nous avertit d'être plus prudens : « Livrez-vous encore à la merci des vents » sur un frêle navire; ne mettez entre la mort et vous » que quatre doigts de distance, ou sept, si la planche » est épaisse (2). »

Comme cette figure se présente à propos, et comme elle se fait remarquer au bout de cette longue tirade par laquelle Horace, dans la seconde épître du second livre, veut prouver l'impossibilité de composer des vers à Rome, parmi tant d'affaires et d'embarras! « Mais » les rues sont libres; rien n'empêche de rêver, chemin » faisant. — Fort bien. C'est un entrepreneur qui passe » en grande diligence avec ses manœuvres et ses mulets.

(1) *Insere nunc, Melibœe, pyros, pone ordine vites.*

(2) *I nunc, et ventis animam committe, dolato*
Confisus ligno, digitis à morte remotus
Quatuor aut septem, si sit latissima tœda.

» C'est une machine qui élève en l'air, tantôt une pierre, » et tantôt une poutre énorme. Ce sont de lugubres » convois qui s'embarrassent dans une file de lourdes » charrettes. Ici, c'est un chien enragé que l'on poursuit; » là, un troupeau de porcs immondes qui se jettent à » travers la foule : *Et puis, allez au milieu de cette bagarre* » *vous occuper de vers et d'harmonie!* (1) »

Boileau, dans sa Satire de l'homme, montre à son Docteur combien peu de cas on fait de la science et des savans, dans le monde; lui fait voir que la seule science en honneur est celle qui a pour objet de s'enrichir, que le *guidon des finances* est regardé comme le seul livre nécessaire, et aussitôt il lui adresse cette invitation apparente dont il sait bien que le Docteur ne manquera pas de prendre le contre-pied :

Après cela, Docteur, va pâlir sur la Bible,
Va marquer les écueils de cette mer terrible;
Perce la sainte horreur de ce livre divin;
Confonds dans un ouvrage et Luther et Calvin;
Débrouille des vieux temps les querelles célèbres;
Éclaircis des Rabbins les savantes ténèbres,
Afin qu'en ta vieillesse un livre en maroquin
Aille offrir ton travail à quelque heureux faquin
Qui, pour digne loyer de la Bible éclaircie,
Te paie en l'acceptant d'un *Je vous remercie.*

Voltaire, dans une de ses épîtres, fait de la destinée du poëte dramatique, une peinture peu propre à la faire envier. Comment donc prendre le conseil par lequel il termine cette peinture? Personne, assurément. n'en sera dupe :

Pour l'achever, quelque compilateur,
Froid gazetier, jaloux d'un froid auteur,
Vient l'entamer de sa main meurtrière.
A l'aboyeur il reste abandonné,
Comme un esclave aux bêtes condamné,
Voilà son sort. *Et puis cherchez à plaire!*

La Fontaine veut prouver par son propre exemple, combien peu il faut compter sur la foi d'un poëte qui a promis ou juré de renoncer au genre de poésie qui a pour lui le plus de charme :

O combien l'homme est inconstant, divers,
Faible, léger, tenant mal sa parole!
J'avais juré, même en assez beaux vers,

(1) *I nunc, et versus tecum meditare canoros.*

De renoncer à tout conte frivole.
Et quand juré? c'est ce qui me confond;
Depuis deux jours j'ai fait cette promesse.
Puis fiez-vous à rimeur qui répond
D'un seul moment!

Tels sont les différens *Tropes*, ou *en un seul mot*, ou *en plusieurs mots*, que nous avons cru devoir distinguer, ou comme genres, ou comme espèce.

Parmi les *Tropes* en *plusieurs mots*, on peut en remarquer six : l'*Épitrope* ou *Permission*, la *Personnification*, la *Prétérition* ou *Prétermission*, la *Réticence*, l'*Astéisme*, et le *Paradoxisme*, qui étaient bien regardés anciennement comme des *figures*, mais non comme des *tropes*. En en faisant des *tropes*, nous leur avons laissé leur titre de *figures*, et c'est comme *figures d'expression* qu'ils ont rang dans notre système tropologique.

A ces *tropes*, *figures d'expression*, nous en avons ajouté quatre autres, qui, auparavant, ne comptaient ni pour *tropes*, ni pour *figures*, et n'avaient même pas plus de nom dans la langue de la science du langage, que dans la langue vulgaire : ce sont la *Subjectification*, l'*Allégorisme*, le *Mythologisme*, et la *Contrefision*. En tout donc dix *tropes*, *figures d'expression*, auxquels nous avons comme donné l'existence; et nous pourrions y en ajouter un de plus, l'*Association*, dont Dumarsais a, sous le nom de *communication dans les paroles*, indiqué à peine une espèce sur trois bien distinctes et bien réelles.

Mais, d'un autre côté, l'*Euphémisme*, l'*Hypallage*, l'*Hypotypose*, la *Périphrase*, l'*Antiphrase*, et l'*Onomatopée*, qui sont, dans Dumarsais, le sujet d'autant d'articles, ne se trouvent pas même nommés dans notre système. L'*Antiphrase* et l'*Onomatopée* ont dû en être exclus, d'après Dumarsais lui-même, qui ne les reconnaît pas pour *tropes;* et, comme il est démontré jusqu'à l'évidence dans le *Commentaire*, que l'*Hypallage*, l'*Hypotypose* et la *Périphrase* n'en sont pas non plus; que l'*Euphémisme* n'est ni un *trope*, ni une *figure* à part, mais tantôt tel ou tel *trope*, et tantôt telle ou telle *figure* quelconque, il était naturel de leur faire subir la même exclusion. C'est dans le *Commentaire* même qu'il faut voir les raisons et les preuves sur lesquelles cette exclusion est fondée (1).

(1) Au reste, si l'on veut, sans recourir au *Commentaire*, se faire une idée de ces prétendus *Tropes*, on n'aura qu'à voir le dernier paragraphe du quatrième chapitre de la troisième partie du *Manuel*.

SECTION TROISIÈME

DES TROPES, TANT EN UN SEUL MOT QU'EN PLUSIEURS MOTS, CONSIDÉRÉS RELATIVEMENT A LEUR EMPLOI DANS LE DISCOURS

En considérant les Tropes relativement à leur emploi dans le discours, on a, ce me semble, à examiner pourquoi cet emploi a lieu; ce qu'il en résulte dans le discours; comment et à quelles conditions il est bon, légitime; comment il peut être mauvais, abusif : en d'autres termes, on a à examiner quelle est l'origine des Tropes; quels en sont les effets; quel en est le bon usage; quel en est l'abus. C'est cet examen qui va faire l'objet de cette *Section :* elle se partage naturellement en quatre chapitres.

CHAPITRE PREMIER

DE L'ORIGINE DES TROPES

Boileau et Dumarsais ont dit, et l'on a mille fois répété d'après eux, au sujet des Tropes, qu'*il s'en fait plus aux halles en un jour de marché, qu'il n'y en a dans toute l'Enéide*, ou *qu'il ne s'en fait à l'Académie dans plusieurs séances consécutives*. On a aussi remarqué que les langues les plus pauvres sont les plus *figurées*, c'est-à-dire, les plus *tropologiques;* que les peuples les moins civilisés, et surtout les sauvages, ne s'expriment que par Tropes : et on peut remarquer tous les jours que les enfans, en commençant à parler, font servir le peu de mots qu'ils savent déjà, à exprimer les nouvelles idées qui leur viennent, et dont ils ignorent les signes propres et particuliers. Les Tropes appartiennent donc autant, et même plus en quelque sorte, à ceux qui connaissent le moins la langue et savent le moins ce que c'est que *Tropes* ou que *figures*, qu'à ceux qui sont, à l'un et à l'autre égard, les plus instruits ou les plus exercés; et on les sait par usage, comme la langue maternelle, sans qu'on puisse dire quand et comment on les a appris. Or, n'est-ce pas là une preuve évidente que les Tropes font une partie essentielle du langage de la parole; que, comme le langage de la parole, ils nous ont été donnés par la nature pour servir à l'expression de nos pensées et de nos sentimens; et que, par conséquent, ils ont la même origine que ce langage et que les langues en général?

Dès que les Tropes ont la même origine que les langues, ils ne peuvent donc, quant à leurs procédés, s'entend, et quant à leurs genres et à leurs espèces, que remonter, comme les langues, jusqu'à l'enfance du genre humain, et on ne saurait dire à quelle époque ils ont commencé. Mais peut-être n'est-il pas impossible de découvrir à quelles causes particulières ils sont dus. Il me semble qu'on peut en distinguer de deux sortes : celles qui, dès le principe, les ont fait introduire dans le langage, et en ont fait trouver les divers genres et les diverses espèces, ou qui tous les jours encore nous portent, soit à nous servir de ceux qui ont déjà cours dans la langue, soit à en inventer nous-mêmes de nouveaux sur le modèle des anciens : ce sont les *Causes occasionnelles;* et celles qui sont censées les produire ou les avoir produits, celles dont ils semblent le plus dépendre pour leur formation ou pour leur usage : ce sont les *Causes génératrices.*

I. CAUSES OCCASIONNELLES DES TROPES

Pourquoi les enfans, les sauvages, les ignorans ont-ils comme nous l'avons dit, leur langage presque tout en Tropes qui nous étonnent ? Ce n'est sans doute que parce que, bornés à un très-petit nombre de mots, ils se trouvent à tout moment forcés de les faire servir à la place de ceux qui leur manquent encore. On voit donc ce qui a dû d'abord donner lieu aux Tropes : c'est la pauvreté de la langue, le défaut de mots propres, et le besoin, la nécessité de suppléer à cette pauvreté et à ce défaut. Cette nécessité a dû, sans contredit, diminuer toujours un peu dans un sens, à mesure que la langue s'est étendue, enrichie. Mais elle n'a pu cependant que rester toujours assez grande, parce que la masse des idées a, de son côté, reçu de nouveaux accroissemens; et il est certain qu'elle le restera encore toujours plus ou moins, tant que le nombre des mots n'égalera pas celui des idées, tant que, à chaque idée particulière et distincte, ne répondra pas un mot particulier et distinct. Or, est-il à présumer que cela arrive jamais, d'après la multitude et la variété infinie de nos perceptions et de nos idées tant dans l'ordre moral que dans l'ordre physique, et surtout dès que cette multitude ou variété augmente toujours par le progrès même des langues, ou par de nouvelles combinaisons des mots ? Et au reste, est-il à désirer que cette juste et rigoureuse proportion entre les idées et les mots s'établisse ? Quelle mémoire suffirait à apprendre tant de mots, et à les retenir, à les reproduire ? ou, pour mieux dire, quelle mémoire n'en serait pas accablée, étouffée ? tandis que, dans l'ordre actuel des choses, la mémoire la plus commune peut sans peine, avec un nombre de mots assez borné, fournir de quoi exprimer un nombre infini d'idées.

Maintenant, quelle est la première *cause occasionnelle* des Tropes? C'est la nécessité; la nécessité, dis-je, où l'on a toujours été, par la pauvreté de la langue, d'appliquer à divers objets et à diverses idées les mots qui, dans le premier instant, n'avaient été affectés qu'à un seul objet ou qu'à une seule idée, et de les employer, par conséquent, à divers usages. Par suite de cette nécessité, combien de mots, et de ceux qui n'expriment que de simples rapports, comme de ceux qui expriment des idées *objectives*, c'est-à-dire, des idées de substances, de qualités ou de modifications, se trouvent avoir dans toutes les langues une infinité de significations différentes, successivement ajoutées à leur signification primitive, et qui, devenues à la longue familières, habituelles, ou même fixes, invariables, ont fini par perdre tout-à-fait leur caractère d'emprunt, et par être regardées à-peu-près comme autant de significations propres!

C'est ainsi, par exemple, que, dans l'ordre des choses physiques, les mots inventés pour un sens sont devenus communs à un autre sens, et que nous disons : *Un son éclatant*, comme, *Une couleur éclatante : Un son doux, une senteur douce, une peau douce, une lumière douce*, comme, *Un goût doux* ou *une saveur douce : Un goût piquant, une parole piquante, une odeur piquante*, comme, *Une pointe, une épine piquante : L'harmonie des couleurs, l'harmonie des élémens, l'harmonie des parties*, comme, *L'harmonie des sons*, etc.

C'est ainsi que, dans l'ordre des choses morales ou intellectuelles, nous désignons les opérations de l'esprit et les affections de l'âme, et notre âme, notre esprit eux-mêmes, par des mots empruntés des objets sensibles, ou des qualités, des actions par lesquelles ils frappent nos sens; que nous disons, en conséquence : *Une imagination féconde, une imagination brillante*, comme, *Une terre féconde, une lumière brillante : Un jugement solide, un jugement sain*, comme, *Un corps sain, un corps solide : Un esprit ouvert, un esprit bouché, un esprit léger, un esprit pesant*, comme, *Un vase ouvert, un vase bouché, un outil léger, un outil pesant*, etc.; que nous disons, en considérant certaines qualités morales, comme certaines qualités matérielles : *La clarté, la netteté d'une idée ou d'une pensée : La profondeur, la délicatesse d'un sentiment : La violence, l'impétuosité d'une passion : La chaleur de l'enthousiasme, l'ardeur du zèle, la dureté du cœur, la fermeté du caractère, l'assurance du courage*, etc.

Mais la nécessité n'est pas, assurément, la seule cause qui ait fait inventer les Tropes : elle n'a même guère fait inventer que ces sortes de Tropes appelés *catachrèses*, que ces *métonymies*, ces *synecdoques*, ou ces *métaphores forcées*, dont les objets n'ont jamais été présentés que sous des signes d'emprunt, et ne pourraient l'être sous des signes tout à eux, qu'autant que l'on voudrait, chose difficile et probablement impraticable, créer à cet effet un langage absolument nouveau et jusqu'ici ignoré. Les Tropes de choix et de goût, les *Tropes-figures*, ont une toute autre *cause occasionnelle :* c'est le plaisir, l'agrément qu'une sorte d'instinct, d'abord, nous y a fait pressentir, et puis l'expérience, trouver.

Un objet n'agit presque jamais seul sur nous, et sans d'autres objets, ou analogues, ou différens, ou contraires, qui tiennent plus ou moins avec lui, ont avec lui tel ou tel rapport, le suivent, le précèdent, ou enfin l'accompagnent de manière ou d'autre et à un titre quelconque : par conséquent, l'idée qu'il fait naître n'est jamais isolée, indépendante de toute autre idée, mais, au contraire, elle traîne presque toujours à sa suite d'autres idées plus ou moins secondaires, ou, si l'on veut, *accessoires*. Or, il n'est pas rare que ces idées *accessoires* frappent bien plus fortement l'imagination et lui soient bien plus présentes que l'idée *principale;* ou comme par elles-mêmes plus riantes, plus agréables; ou comme plus familières à notre esprit, et plus relatives à nos goûts, à nos habitudes; ou enfin comme réveillant en nous des souvenirs plus vifs, plus profonds, ou plus intéressans. Qu'arrive-t-il donc alors, souvent? Que nous nous arrêtons à quelqu'une de ces idées *accessoires*, et que, dans l'expression de la pensée, nous en substituons le signe au signe ordinaire et commun de l'idée *principale*, qui, pour n'être ainsi présentée que d'une manière indirecte, ne l'est pourtant pas toujours avec moins de bonheur ni avec moins d'effet, comme nous avons déjà pu le remarquer tant de fois, et comme nous pourrons le remarquer tant de fois encore.

Ainsi, par exemple, l'intrépidité d'Alexandre nous faisant penser à celle d'un lion; la férocité de Néron, à celle d'un tigre; la bonté de Henri IV, à celle de Titus; la stupidité de tel juge, à celle de Midas; l'âge de la jeunesse, au printemps; et l'âge de la vieillesse, à l'hiver, nous appellerons : Alexandre, *un lion;* Néron, *un tigre;* Henri IV, *un Titus;* un mauvais juge, *un Midas;* et nous dirons : *Le printemps*, ou *l'hiver* de la vie, la *fleur de la jeunesse, la fleur de l'âge, les glaces de la vieillesse.*

Ainsi, comme c'est l'âme qui ordonne, et le bras qui exécute, nous dirons de celui qui dirige un parti par ses conseils et par ses intrigues, qu'*Il en est l'âme*, et de celui qui le défend par son courage et par ses armes, qu'*Il en est le bras :* et, comme c'est dans la tête que réside le jugement, et dans le cœur, le courage, nous dirons qu'*Un tel a de la tête*, ou qu'*Il a du cœur*, pour dire qu'*Il a du jugement*, ou qu'*Il a du courage.*

Ainsi, frappés de l'ascendant que nous voyons prendre à certaines passions sur certains hommes, à qui elles ôtent toute sagesse, toute prudence, nous érigerons ces passions en personnages réels, en véritables tyrans, et nous dirons : *Cet homme n'obéit qu'à la voix de son Ambition, de son Intérêt : La Passion lui a mis un bandeau sur les yeux*, et *lui ferme l'oreille à tout sage conseil : La Haine, la Vengeance marchent toujours avec cet homme, un poignard à la main.*

II. CAUSES GÉNÉRATRICES DES TROPES

Telles sont les *Causes occasionnelles* des Tropes : leur *nécessité* et leur *agrément*. La première, comme nous l'avons vu, tient à la pauvreté de la langue, et la seconde, à l'effet même des Tropes : elles nous sont donc toutes deux étrangères, elles sont toutes deux hors de nous. Passons aux *Causes génératrices :* elles ne peuvent sans doute tenir qu'à notre organisation, qu'à nos facultés, et être, par conséquent, qu'en nous-mêmes.

Oui, c'est à nos facultés, et à nos facultés morales ou intellectuelles, que tiennent les *Causes génératrices* des Tropes : ou, en d'autres termes, ce sont ces facultés elles-mêmes qui sont ces causes. Mais le sont-elles toutes, et toutes également ? Ce n'est pas à croire. Celle qui me paraît ici la première et la dominante, c'est l'*imagination;* ensuite vient ce qu'on appelle *esprit;* et enfin la *passion*, sous le nom de laquelle il faut comprendre la *sensibilité morale* ou le *sentiment*, qui en est le principe ou le premier degré.

1° L'*imagination.* Pleine des images qu'elle a reçues des sens, et de celles qu'elle se forme elle-même, elle n'est occupée que de les reproduire au-dehors par tous les moyens possibles, et tous ses efforts tendent sans cesse à donner un corps, des couleurs, de la vie, de l'action, à ce qui même par sa nature semble le moins s'y prêter. C'est donc à elle surtout que tous les Tropes de signification, et plusieurs des Tropes d'expression doivent leur existence. Vous la reconnaîtrez aussitôt dans la plupart des *métonymies*, des *synecdoques*, des *métaphores*, des *allégorismes*, des *allégories*, des *personnifications*, des *hyperboles*, et en général dans tous les Tropes qui offrent à l'esprit quelque image ou quelque peinture.

2° L'*Esprit*. Il se plaît à se jouer avec les idées et avec les mots; à exciter l'étonnement, la surprise, par des combinaisons nouvelles, inattendues; à dire une chose pour faire penser à une autre, souvent contraire, ou toute différente; et pour y parvenir, il met en jeu, s'il le faut, l'*imagination*, qu'il trouve toujours prête à le seconder. Il est donc pour beaucoup dans un grand nombre de Tropes d'expression; il y paraît même quelquefois à-peu-près seul, et c'est surtout dans l'*Allusion*, dans la *Litote*, dans la *Métalepse*, dans la *Prétérition*, dans l'*Association*, dans l'*Astéisme*. En voici des exemples pour deux ou trois de ces figures.

Boileau, Satire X :

Et, si durant un jour notre premier aïeul;
Plus riche d'une côte, avait vécu tout seul,
Je doute, en sa demeure alors si fortunée,
S'il n'eût point prié Dieu d'abréger la journée.

Le second vers veut dire : *Avait vécu sans la compagne qui lui fut donnée pour charmer sa solitude*, et c'est une *métalepse;* mais il rappelle en même temps que, pour la formation de cette compagne, notre premier aïeul avait été privé de l'une de ses côtes, et c'est une *allusion*. Or, cette *allusion*, cette *métalepse* offrent-elles quelque image? Portent-elles quelque empreinte d'émotion, ou même de sensibilité? Elles ne peuvent donc appartenir qu'à l'*esprit*.

Il en est sans doute de même de l'*ironie* si fine et si adroite par laquelle Dorine, dans le *Tartufe*, cherche à faire surmonter à Marianne, cette timidité respectueuse qui l'empêche de refuser ouvertement l'indigne époux que lui destine son père :

Non, il faut qu'une fille obéisse à son père,
Voulût-il lui donner un singe pour époux.
Votre sort est fort beau : de quoi vous plaignez-vous?

3° La *Passion.* Les sensations, les idées, les pensées, ne nous laissent jamais dans une indifférence absolue à leur égard; il est rare, au contraire, qu'elles ne nous affectent pas plus ou moins; assez souvent même elles nous affectent jusqu'à nous agiter et à nous troubler, jusqu'à exciter la *passion.* La *passion* alors imprime tellement au langage son caractère, et en conséquence, sa force, son énergie, qu'elle semble l'inspirer, le dicter. Ainsi, elle concourt plus ou moins à la génération des Tropes, et elle y a même souvent une part très-marquée, comme nous allons le voir par quelques exemples.

Vous vous rappelez la véhémente apostrophe qu'adresse, dans la *Henriade*, aux soldats qui entrent chez elle, cette mère égarée qui vient d'immoler son fils à sa faim :

Oui, c'est mon propre fils; oui, monstres inhumains,
C'est vous qui dans son sang avez trempé mes mains.
Que la mère et le fils vous servent de pâture :
Craignez-vous plus que moi d'outrager la nature?
Quelle horreur, à mes yeux, semble vous glacer tous!
Tigres, de tels festins sont préparés pour vous.

N'est-ce pas le désespoir, la fureur, la rage même qui parlent? On ne peut donc, s'il y a là des Tropes, que les leur attribuer, au moins en très-grande partie. Or, nous y en remarquerons plus d'un : 1° Trois *métaphores, Monstres, pâture,* et *tigres :* et comme *pâture,* qui ne se dit point au propre de la nourriture de l'homme, se trouve bien assorti à *monstres* et à *tigres!* 2° Une *métalepse :*

C'est vous qui dans son sang avez trempé mes mains,

pour : *C'est vous et ceux que vous servez qui, en causant tous les maux auxquels nous sommes en proie, m'avez réduite à tremper les mains dans son sang.* 3° Une *épitrope,* qui consiste particulièrement dans le troisième vers, et à laquelle donnent tout son effet les trois derniers, en faisant monter à son comble cette même horreur qu'ils semblent vouloir faire vaincre.

On reconnaîtra aussi la *passion,* sans doute, dans cette terrible *épitrope* de Clytemnestre à Agamemnon, dans la fameuse quatrième scène du quatrième acte d'*Iphigénie :*

Aussi barbare époux qu'impitoyable père,
Venez, si vous l'osez, la ravir à sa mère.

On la reconnaîtra dans cette *ironie* si amère par laquelle Oreste, dans l'excès de sa douleur et de son désespoir, feint de bénir la cruelle destinée qui l'accable :

Grâce aux dieux, mon malheur passe mon espérance.
Oui, je te loue, ô Ciel ! de ta persévérance...

Mais la *passion* pourtant, à quelque degré de violence qu'elle se montre, n'est pas *cause génératrice*, de la même manière que l'*imagination* et que l'*esprit :* elle ne l'est même qu'en ce sens, qu'elle met l'*imagination* ou l'*esprit* en activité, et les force à produire selon ses vues. Elle est donc bien moins véritablement *cause génératrice* que *cause motrice*.

III. DISTINCTION A FAIRE ENTRE LES TROPES, RELATIVEMENT A LEUR ORIGINE

D'après ce que nous venons de dire sur l'origine et sur les causes des Tropes, il y a nécessairement, dans chaque langue, un grand nombre de Tropes qui remontent jusqu'à la première origine de la langue, puisqu'il y en a un grand nombre sans lesquels la langue n'eût pu naître; il y en a aussi beaucoup d'autres sans doute qui, liés, ou comme causes, ou comme moyens, ou comme effets, au progrès et au développement de la langue, ou au progrès et au développement des sciences et des arts, n'ont pu que précéder, accompagner ou suivre de plus ou moins près ce progrès et ce développement. Mais, quoi qu'il en soit du plus ou moins d'ancienneté de tels ou tels Tropes, et quelle qu'ait pu être l'occasion ou l'époque de leur création, il n'en est pas moins vrai que les uns, actuellement, et même la plupart, comme généralement reçus, et ne portant aucun caractère de nouveauté, tiennent au fond même de la langue, tandis que les autres, en petit nombre, n'y tiennent pas du tout, ou comme encore trop nouveaux, ou comme n'ayant guère pour eux que l'autorité de l'écrivain qui les a mis au jour. Or, n'est-ce pas là entre eux une différence assez essentielle pour que nous en fassions le sujet et le fondement d'une distinction? Appelons les premiers, *Tropes d'usage* ou *Tropes de la langue*, et les seconds, *Tropes d'invention*, ou *Tropes de l'écrivain.* C'est ainsi que les appelle l'abbé de Radonvilliers dans son excellent *Traité de la manière d'apprendre les langues.*

Voici, d'après l'abbé de Radonvilliers lui-même, un exemple remarquable de ces deux sortes de Tropes, dans ces vers si fameux de Corneille, dans *Othon* :

Je les voyais tous trois s'empresser sous un maître
Qui *chargé d'un long âge* a peu de temps à l'être,
Et tous trois à l'envi s'empresser ardemment
A qui *dévorerait ce règne* d'un moment.

Ici deux Tropes bien marqués, et tous les deux sans doute vraies figures : la métaphore, *chargé d'âge*, et la métaphore, *dévorer un règne*. Or, *chargé d'âge* est évidemment de la langue, comme *chargé d'années*, et comme les expressions si usitées, *enflammé de désir*, *bouillant de colère*, *glacé de crainte*, *consumé de chagrin*, *enivré de joie*, *plongé dans la débauche*, etc. Mais qui est-ce qui, avant Corneille, avait dit, *dévorer un règne?* Personne, à ce qu'il paraît. Ce Trope est donc de l'invention particulière du poëte, et il a été inventé pour cette circonstance particulière. C'est donc véritablement un *Trope de l'écrivain*. Et observons en passant, combien il est énergique! Quel mot, quelle image, pourrait mieux exprimer que ce *dévorerait*, l'indignation contre les trois favoris? Ne croit-on pas les voir tous les trois attachés sur leur proie comme des loups affamés?

Faut-il encore quelques exemples? Boileau nous fournira les suivans, entre mille autres :

Satire V : *Feuilleter les siècles*, pour, *Feuilleter les annales, l'histoire des siècles :*

Feuilletez à loisir tous les *siècles* passés.

Satire VI : *Fouler le parfum des plantes*, pour, *Fouler les plantes qui exhalent des parfums :*

Et *foulant* le *parfum* de ses plantes fleuries,
Aller entretenir ses douces rêveries.

Satire X : *Bâtir un édifice de cheveux*, pour, *Disposer et élever les cheveux sur la tête en forme d'édifice :*

C'est pour eux qu'elle étale et l'or et le brocard,
Que chez toi se prodigue et le rouge et le fard,
Et qu'une main savante, avec tant d'artifice,
Bâtit de ses cheveux le galant édifice.

Épître IV : *La cendre poëtique d'Ilion*, pour, *La cendre d'Ilion qu'ont tant célébrée les poëtes* ou *qui a inspiré tant d'écrits poétiques :*

Quel plaisir de te suivre aux rives du Scamandre;
D'y trouver d'Ilion *la poétique cendre!*

Épître VIII : *Affamé de péril et de gloire*, pour, *Avide de péril et de gloire au point d'en être comme affamé :*

Ton courage, *affamé de périls et de gloire,*
Court d'exploits en exploits, de victoire en victoire.

Épître IX : *Diffamer le papier*, pour, *Le déshonorer, l'avilir :*

Le Parnasse surtout, fécond en imposteurs,
Diffama le papier par ses propos menteurs.

CHAPITRE II

DES EFFETS DES TROPES

De toutes les formes du discours que l'on désigne par le nom de *figures*, les Tropes sont certainement celles dont le mérite et l'importance peuvent être le moins contestés. C'est peu de suppléer à la disette des mots, en multipliant, en variant à l'infini l'application et la valeur de ceux qui existent; c'est peu de fournir ainsi, et de fournir plus qu'abondamment, à tous les besoins tant de la pensée elle-même que de la communication de la pensée : les Tropes revêtent d'une forme sensible et font comme voir à l'œil, comme toucher au doigt, les idées les plus déliées et les plus abstraites; ils prêtent aux idées physiques une forme étrangère qui les déguise sans les cacher, et les fait paraître avec bien plus d'avantage qu'elles ne paraîtraient sous leur forme ordinaire, ou enfin, à la faveur, et comme à l'ombre de certaines idées qu'ils mettent en jeu, ils en font passer ou venir adroitement d'autres qui risqueraient à se montrer directement ou à découvert; et il en résulte qu'*ils donnent au langage*, outre cette richesse et cette abondance si merveilleuse, *plus de noblesse et plus de dignité*, *plus de concision et plus d'énergie*, *plus de clarté et plus de force*, et enfin *plus d'intérêt et plus d'agrément.*

Oui, tels sont en général les heureux effets des Tropes, quand ils sont employés à propos et avec goût. Tous ces divers effets ont déjà pu être fréquemment remarqués dans les deux *Sections* précédentes; mais, pour les rendre plus sensibles, nous allons les présenter ici d'une manière plus particulière. On doit assez voir qu'il n'est question que des *Tropes-figures.*

1° *Les Tropes donnent au langage plus de noblesse et plus de dignité.*

Si Louis Racine eût dit, dans son poëme de *la Religion*, que *Les successeurs du Christ avaient sans armée et sans guerre soumis la terre à leur autorité spirituelle*, il ne se fût point exprimé sans noblesse ; mais eût-il donné une aussi haute idée de cette autorité, et en eût-il autant relevé la force, la puissance, la majesté et l'éclat, qu'en la désignant par le nom du pompeux ornement de tête qui en est le signe, et qu'en disant de ce signe même ce qui ne doit et ne peut s'entendre que de la chose seule ? Il a donc eu recours à la *Métonymie*, et parlant vraiment en poëte, il a dit que d'*augustes vieillards*.

Successeurs d'un apôtre, et vainqueurs des Césars,
Souverains sans armée, et conquérans sans guerre,
A leur triple couronne ont asservi la terre...

Quelle n'est donc pas cette autorité dont le signe seul commande en quelque sorte à l'univers !

Valois ne prenait aucun soin de son royaume, serait du style le plus commun. *Valois abandonnait au hasard les affaires de son empire*, aurait assez de noblesse, mais ne parlerait qu'à l'esprit seul, et n'offrirait rien à l'imagination. Eh bien ! voulez-vous donner à cette pensée une expression tout-à-la-fois magnifique et pittoresque, une expression qui en fasse une image vivante, et la mette comme en spectacle devant vos yeux ? faites de l'État un char attelé, donnez à ce char Valois pour conducteur, mettez-lui les rênes entre les mains, et dites comme Voltaire au commencement de la *Henriade* :

Valois régnait encore, et *ses mains incertaines*
De l'Etat ébranlé laissaient flotter les rênes.

Vous aurez dit de Valois conduisant un char purement allégorique, à-peu-près ce que dit Racine d'Hippolyte conduisant un char réel, mais votre expression sera bien plus belle encore que celle de Racine, puisqu'au mérite de l'élégance et de l'harmonie poétique, elle joindra le mérite bien supérieur d'une *métaphore soutenue* qui la tourne en image, et en fait un superbe *allégorisme*.

Tel s'illustre au second rang, qui se déshonore au premier : voilà une pensée assurément très-vraie en elle-même, mais qui, exprimée d'une manière vulgaire, n'a rien qui frappe l'esprit, le réveille, le saisisse, et s'en empare au point de le captiver. Vous n'aurez guère plus d'effet à attendre de cette autre expression, cependant plus noble, et même un peu oratoire : *Tel paraît avec gloire au second rang, qui ne paraît qu'avec honte au premier*. Non-seulement elle est languissante et froide, mais comme la première, elle n'a rien de pittoresque, et ne met rien devant l'esprit qui puisse fixer son regard. Appelez la *métaphore* à votre secours, demandez-lui une image pour chacun des deux aspects contraires sous lesquels vous avez à présenter le même homme, et dites comme Voltaire au sujet de Valois :

Tel *brille* au second rang, qui *s'éclipse* au premier.

Quel effet admirable ne font pas ces deux termes *métaphoriques*, *brille* et *s'éclipse*, opposés l'un à l'autre! par le premier, c'est un astre dans tout son éclat qui frappe vos yeux; par le second, c'est ce même astre qui disparaît à votre vue dans d'épaisses ténèbres. Voilà dès lors un vers plein de sens et de vérité qui se grave dans votre esprit, et y demeure à jamais comme l'un de nos plus beaux proverbes, comme le modèle des maximes.

Que Boileau eût dit : *Celui qui croit, en fuyant à cheval, échapper à son chagrin, l'emporte avec lui dans sa course;* il ne se fût exprimé que comme on le ferait dans le langage commun, et la pensée ne paraîtrait qu'assez commune elle-même. Mais, comme Horace, il a eu recours à la magie de la *personnification;* il a donné une âme et un corps au *chagrin*, et, le mettant en croupe derrière sa victime, il le fait courir avec elle, dans ce vers rapide, si digne d'un poëte :

Le chagrin monte en croupe et galope avec lui.

J.-B. Rousseau eût pu, sans s'avilir, dire à la muse lyrique : *Donne l'essor à ma pensée, à mon génie;* mais quel prix la *métonymie*, la *synecdoque*, la *métaphore* et l'*allusion*, ne donnent-elles pas à l'expression que semble lui avoir suggérée la muse qu'il invoque!

Et délivre ma Minerve
Des prisons de mon cerveau.

D'abord, *allusion* à la naissance de *Minerve*, que la Mythologie fait éclore du cerveau de Jupiter; puis, *ma Minerve*, pour, Mon génie placé sous l'influence de Minerve : *métonymie;* puis encore, *ma Minerve*, pris comme le serait *mon génie*, par *synecdoque* d'abstraction relative; et enfin, *les prisons de mon cerveau*, pour, L'étroit réduit de mon cerveau semblable à une prison : *métaphore*.

Tous les exemples précédens sont dans le genre noble : en voici un dans le genre familier. Ce serait sans doute s'exprimer d'une manière bien commune et bien populaire, que de dire : *Princes, valets, moines, ministres, capitaines, sont attachés l'un à l'autre tels que des veaux que l'on porte dans un char aux marchés voisins :* le mot *veaux*, si dégradé dans l'usage, gâterait tout, et on ne gagnerait rien à lui substituer la *pronomination* (1) : *Les fils de la vache.* Mais que l'on dise avec Voltaire :

Princes, moines, valets, ministres, capitaines,
Tels que *les fils d'Io*, l'un à l'autre attachés,
Sont portés dans un char aux plus voisins marchés :

Comme ce qui était d'abord si vil se trouve tout-à-coup changé en or ! La *pronomination* a commencé le prodige; mais que devenait-il cependant sans l'*antonomase mythologique* du nom propre *Io* pour le nom commun de *vache ?* On sait qu'*Io*, fille du fleuve Inachus, avait été changée en vache par Jupiter.

2° *Les tropes donnent plus de concision et plus d'énergie au langage.*

Voltaire veut exprimer avec quelle promptitude Henri IV, dans l'assaut livré à la ville de Paris, s'élance et monte à la tête des siens; il veut frapper ses lecteurs de cette promptitude autant qu'il en est frappé lui-même, et communiquer à leur âme toute l'impression de la sienne; il dit donc :

Henri *vole* à leur tête, et monte le premier.

Mais pense-t-il que la *métaphore hyperbolique* du mot *voler* sera prise à la lettre pour, *Fendre l'air comme un oiseau ?* Il sait très-bien, au contraire, qu'elle ne sera prise que pour, marcher, courir ou monter aussi vite qu'un oiseau fend l'air, c'est-à-dire, aussi vite que le puisse le guerrier le plus brave et le plus intrépide.

Que d'expression dans ces vers de Boileau sur Juvénal !

Soit que poussant à bout la luxure latine,
Aux porte-faix de Rome il vende Messaline.

Juvénal, assurément, ne *pousse* pas lui-même *à bout la luxure latine*, qu'il voue à l'infamie, et il ne *vend* pas lui-même *Messaline aux porte-faix de Rome*, puisqu'un tel commerce lui fait horreur; mais il peint si bien cette *luxure poussée à bout*, et cette *Messaline* se *vendant aux porte-faix*, qu'il semble *pousser* l'une et *vendre* l'autre.

(1) Par *Pronomination*, on entend cette sorte de *périphrase* qui tient la place du nom. C'est une figure d'*élocution*, et comme elle se trouve ici jointe à l'*Antonomase*, il faut compter deux figures au lieu d'une seule.

Voilà ce qu'a voulu dire Boileau, et ce qu'il ne pouvait mieux dire que par ces deux *métalepses* hardies.

Ce même Boileau, dans sa quatrième Satire, veut peindre un marquis possédé de la fureur du jeu, et qui, un cornet à la main, attend son destin des dés qu'il agite. Dira-t-il qu'*Il voit sortir de son cornet la cause de son gain ou la cause de sa perte?* ce serait bien long et bien lâche. Dira-t-il qu'*Il en voit sortir son gain ou sa perte?* ce serait plus vif et plus précis; mais l'on n'y verrait pas ce qui se passe au fond de son âme, l'impression de joie ou de tristesse que lui fait le gain ou la perte. Dira-t-il donc qu'*Il en voit sortir sa joie ou son chagrin?* Ce serait bien plus fort et bien plus énergique; mais le degré du sentiment ne serait pourtant pas exprimé; et il resterait à savoir si la joie est bien vive ou le chagrin bien profond. Eh bien! le poëte va ne vous laisser aucun doute à cet égard; il va vous montrer la joie et le chagrin portés à l'extrême, et l'expression que lui fourniront deux tropes fondus en un seul, ne laissera rien à désirer pour la force et pour l'énergie. Que fait-il donc? il change par *métaphore* la *joie* en *vie*, le *chagrin* en *mort;* il les met, par une *métonymie de l'effet*, à la place des dés ou des points heureux ou malheureux qui les *causent*, et c'est la *vie* même ou la *mort* qui sort du cornet et frappe les yeux du joueur : le joueur s'y fût-on attendu?

Voit sa *vie* ou sa *mort* sortir de son cornet.

Andromaque, voulant détourner Hector d'aller au combat, lui représente (*Iliade*, liv. VI) qu'elle n'a plus ni père, ni mère, ni frères; que la mort les lui a tous ravis; puis elle ajoute : *Mais si tu me restes, mon cher Hector, père, mère, frères, je retrouve tout en toi.* C'est-à-dire, *si tu me restes, je ne sens plus les pertes que j'ai faites; elles sont toutes réparées; et tu me tiens lieu de mon père, de ma mère, de mes frères, de tout ce que j'ai perdu, tant mon cœur est plein de toi! tant je mets en toi seul mon bonheur, ma vie, mon existence!* Or, combien n'est pas expressive, énergique, cette *hyperbole* si tendre et si touchante, où l'on voit aussi une *métalepse!*

3° *Les Tropes donnent au langage plus de clarté et plus de force.*

Quand La Fontaine dit que *Rien ne trouble la fin* du sage, c'est-à-dire, la fin de sa vie, ses derniers momens, il fait assez entendre que cette fin est tout-à-la-fois douce et tranquille; mais quand il ajoute aussitôt par *métaphore : C'est le soir d'un beau jour*, quelle vive lumière, quel éclat ne répand-il pas sur cette pensée, en même temps qu'il en fait une image charmante! Le rapport entre la fin d'une vie et le soir d'un jour nous frappe d'autant plus, que nous sommes accoutumés à voir la vie comparée à un jour, et à entendre dire : Le *matin*, le *midi*, le *soir* de la vie, comme Le *matin*, le *midi*, le *soir* d'un jour. On se représente donc la fin de la vie du sage comme le soir d'un jour pur, calme, sans nuage, et le sage lui-même sortant du monde aussi serein et aussi riant que l'astre du jour au moment où il nous envoie ses derniers rayons.

Boileau voit très-bien pourquoi la Satire est si dangereuse pour son auteur, et lui fait tant d'ennemis : c'est que chacun se reconnaît dans les portraits qu'elle trace, et s'en fait en secret l'application, si pénible pour l'amour-propre. Mais cette raison si abstraite, quelle impression fera-t-elle sur les esprits, s'il l'offre toute nue et telle qu'elle est en elle-même? Il emploie donc un *allégorisme* aussi juste qu'ingénieux, et il représente la Satire comme un *miroir* où chacun s'imagine se voir au naturel :

Un discours trop sincère aisément nous outrage :
Chacun dans *ce miroir* pense *voir son visage.*

Ailleurs, le même poëte, faisant parler un docteur avec lequel il se suppose en dispute, transforme la *raison en flambeau*, en *pilote fidèle* de l'homme (1), afin de montrer qu'elle est faite pour éclairer et guider l'homme sur cette *mer du monde si féconde en naufrages :*

L'homme, venez au fait, n'a-t-il pas la raison?
N'est-ce pas *son Flambeau, son Pilote fidèle?*

Et puis, reprenant en son propre nom, il ne dit pas simplement : *Et que lui sert le secours de cette raison, si, n'obéissant qu'à ses passions, il va s'exposer en aveugle à tous les dangers;* mais, à l'argument *allégorique* du docteur, il en

(1) Il est pourtant bon d'observer que ces deux *Métaphores, Flambeau* et *Pilote* devraient, aussi rapprochées qu'elles le sont l'une de l'autre, avoir entre elles quelque sorte de synonymie. On a quelque peine à voir tout de suite transformé en *Pilote* ce qui vient d'être donné pour un *Flambeau. Guide, Conducteur* ou *Mentor,* iraient très-bien avec *Pilote,* tout comme *fanal, astre, étoile,* avec *Flambeau.* Mais il vaut mieux en général n'employer qu'une seule métaphore, que d'en employer deux ou plusieurs de suite.

oppose un du même genre si fort et si victorieux, qu'on peut le dire sans réplique :

Oui, mais de quoi lui sert que sa voix le rappelle,
Si sur la foi des vents, tout prêt à s'embarquer,
Il ne voit point d'écueil qu'il ne l'aille choquer ?

Et qui savait mieux que Boileau quel secours la vérité et la raison elles-mêmes peuvent tirer des *Tropes?* On dirait que dans les vers suivans, il a eu précisément en vue d'établir la proposition que nous venons de prouver :

De toute fiction l'adroite fausseté
Ne tend qu'à faire aux yeux briller la vérité.

4° Enfin *les Tropes donnent au langage plus d'intérêt et plus d'agrément*, c'est-à-dire, le rendent plus propre à toucher, à émouvoir, à pénétrer le cœur, et à réveiller, à flatter, à réjouir l'esprit.

Ces effets sont évidemment liés aux précédens ; ils en sont le résultat, la suite nécessaire, et on pourrait les prouver par les mêmes exemples, s'ils avaient besoin de preuve, ou s'ils n'étaient pas de nature à pouvoir être mieux sentis encore que prouvés, et s'ils ne se faisaient pas d'autant mieux sentir que les autres sont plus marqués et plus frappans.

Et quand donc le langage pourrait-il plaire, intéresser, s'il ne le pouvait surtout lorsqu'il est le plus noble, le plus élégant, le plus énergique, le plus expressif, le plus pittoresque ? s'il ne le pouvait lorsqu'il doit le mieux le pouvoir, lorsqu'il doit le pouvoir le plus sûrement, le plus complètement ? Pourquoi le langage de la poésie, lorsqu'il est tel qu'il doit être, a-t-il quelque chose d'enchanteur, de magique ? N'est-ce pas, en grande partie, parce que les Tropes en constituent le fond, ou du moins y dominent et en sont comme l'âme et la vie ? Pourquoi tel poëte, Racine, par exemple, est-il un poëte si supérieur, un poëte divin ? N'est-ce pas surtout parce qu'il est si *figuré*, et que tout en lui est, pour ainsi dire, en images, toutes les fois que c'est là ce qui convient au sujet et au genre ? Boileau n'entend pas moins parler des figures dont il s'agit ici, que de la Fable proprement dite, quand il dit que la fiction *met tout en usage pour nous enchanter;* que par elle

Tout prend un corps, une âme, un esprit, un visage ;

que par elle

Le poëte s'égaie en mille inventions,
Orne, élève, embellit, agrandit toutes choses,
Et trouve sous sa main des fleurs toujours écloses.

Voilà donc les principaux effets des Tropes dans le langage. Combien ne sont-ils pas grands, merveilleux, admirables! Il est aisé de voir pourquoi ou comment ils ont lieu : c'est que les Tropes font plus encore que transmettre les idées et les pensées, et qu'ils les peignent plus ou moins vivement, qu'ils les habillent de couleurs plus ou moins riches : c'est que, comme autant de miroirs, ils réfléchissent les objets sous différentes faces, et les montrent sous le jour le plus avantageux : c'est qu'ils servent de parure à ceux-ci, et donnent à ceux-là du relief ou une nouvelle grâce : c'est qu'ils font passer comme sous nos yeux une suite d'images, de tableaux, où nous aimons à reconnaître la nature, et où même elle se montre avec des charmes nouveaux.

Les autres figures sont à-peu-près bornées à une seule idée, ou à une seule pensée, et celles-ci, dans leur plus grande simplicité, n'en présentent jamais moins de deux à-la-fois, ou du moins jamais une seule qu'il faille prendre à la lettre pour ce qu'elle paraît, et que, par conséquent, il ne faille réduire à ce qu'elle doit être réellement. De là pour l'esprit des espèces de mystères, d'énigmes, de problèmes, qui, faciles, et très-faciles même, à pénétrer, à deviner, ou à résoudre, le tiennent cependant en éveil, exercent son activité, lui font parcourir, rassembler, rapprocher une foule d'idées, et lui fournissent l'occasion d'un exercice sans travail et sans peine, qui, non-seulement lui plaît, mais l'enchante, fait ses délices.

C'est ainsi que les Tropes sont une source intarissable de jouissances exquises, en même temps qu'un trésor inépuisable de richesses et de ressources.

CHAPITRE III

DE L'USAGE DES TROPES

Nous venons de voir quels heureux effets sont propres à produire dans le discours les Tropes-figures. Mais tant s'en faut cependant qu'ils fassent seuls la beauté du discours, ou même qu'ils y soient toujours une beauté! Nous allons voir qu'ils ne conviennent pas également à tous les sujets; qu'ils conviennent moins en général à la prose qu'à la poésie, et moins à certains genres de poésie qu'à certains autres; qu'enfin dans les sujets, dans les genres qui les comportent le mieux, l'usage en est subordonné à certaines règles prescrites par la raison et le goût. Or, ne peut-on pas en conclure d'avance, que, dans certains cas, ils peuvent être un défaut?

A. — LES TROPES NE CONVIENNENT PAS ÉGALEMENT A TOUS LES SUJETS

Il y a des sujets simples de leur nature, et qui demandent un style plus ou moins simple. Or, cette simplicité du style n'exclut-elle pas nécessairement tout ce qui pourrait donner de l'éclat, de la pompe? Comment pourrait-elle subsister, surtout avec ces Tropes si pittoresques d'une imagination riche et brillante, ou avec ces Tropes si hardis, si énergiques d'une imagination exaltée ou d'une passion violente?

Et ce que demandent les sujets simples, souvent aussi le demandent les sujets les plus élevés. C'est souvent par les expressions les plus simples que le style y est le plus noble, comme le plus vrai et le plus naturel : c'est par ces expressions mêmes que quelquefois il y devient sublime. Qu'est-ce, par exemple, qui fait la sublimité si admirable de ce passage de la Genèse : Et Dieu dit : *Que la lumière se fasse, et la lumière se fit?* N'est-ce pas l'extrême simplicité des mots? Comme, en effet, ces mots, si peu ambitieux, font bien concevoir et l'efficacité de la parole toute-puissante de Dieu, et la rapidité avec laquelle la lumière produite par cette parole, se répandit à l'instant même dans l'immensité de l'espace! L'imagination, aussi vivement frappée qu'elle puisse l'être, se reporte au moment même de la création, et, du sein du chaos et des ténèbres, elle voit éclore la grande merveille qui doit embrasser, animer toutes les autres merveilles de la nature physique.

Quoi de plus naturel, au reste, que la simplicité, quand il s'agit d'un objet tout-à-fait au-dessus de l'ordre commun? Quels sont les mots, quelles sont les figures qui pourraient le rendre dans toute sa grandeur, dans toute sa majesté? Les efforts que l'on ferait pour en tracer une image fidèle, absolument impuissans, inutiles, auraient-ils d'autre effet que de le rapetisser, et peut-être même que de le dénaturer? Ce n'est pas dans l'expression du langage qu'un tel objet veut être vu, contemplé, mais en lui-même; et tout ce que peut, tout ce que doit faire l'expression, c'est de l'indiquer aux yeux de l'esprit. Alors l'attention s'y attache, l'imagination s'en empare avec ardeur, s'y porte toute entière, et s'applique à l'observer sous les rapports qui la frappent ou l'intéressent le plus.

Enfin, quelles qu'en puissent être la raison et la cause, toujours est-il vrai que les ouvrages qui roulent sur les plus grands objets sont en général les plus simples; et que cette simplicité, non seulement leur paraît convenable, mais est même souvent un des mérites qui les distinguent le plus, et les font le plus admirer. Et n'est-ce pas par là que l'Écriture est si auguste, si imposante, si persuasive? N'est-ce pas par là qu'elle parle au cœur, en même temps qu'elle éclaire, entraîne, ou confond la raison? Aussi Racine, le plus figuré de nos poëtes, a-t-il écrit sur ce grand modèle les morceaux les plus sublimes d'*Esther* et d'*Athalie*. Il y offre très-peu ou presque point de ces tropes que nous regardons comme contraires à la simplicité, quoiqu'ils ne le soient pas toujours à la vérité et au naturel. Entre autres exemples, en voici un d'*Esther*, assez marquant, et que tout le monde connaît :

Que peuvent contre Dieu tous les rois de la terre?
En vain ils s'uniraient pour lui faire la guerre :
Pour dissiper leur ligue, il n'a qu'à se montrer;
Il parle, et dans la poudre il les fait tous rentrer.
Au seul son de sa voix, la mer fuit, le ciel tremble :

Il voit comme un néant tout l'univers ensemble :
Et les faibles mortels, vains jouets du trépas,
Sont tous devant ses yeux comme s'ils n'étaient pas.

Il n'y a guère que le cinquième vers qui soit un peu hardi; encore cette hardiesse ne va-t-elle pas tout-à-fait jusqu'à la *personnification* : car des choses inanimées peuvent *fuir* et *trembler*, sinon dans un sens moral, du moins dans un sens physique.

Les quatre vers ci-après d'*Athalie* passent pour sublimes, et ils le sont en effet, comme le dit Boileau, *par la grandeur de la pensée, par la noblesse du sentiment, la magnificence des paroles, et l'harmonie de l'expression.* Cependant il n'y a que le premier qui offre une figure de langage : *Mettre un frein à la fureur des flots* :

Celui qui met un frein à la fureur des flots,
Sait aussi des méchans arrêter les complots.
Soumis avec respect à sa volonté sainte,
Je crains Dieu, cher Abner, et n'ai point d'autre crainte.

Nous pourrions citer de la *Henriade* plusieurs morceaux non moins remarquables que ceux-là sous le même rapport, et non moins sublimes. Nous nous bornerons à deux; le premier est *le système de notre monde* d'après Copernic et Newton; Chant VII :

Dans le centre éclatant de ces orbes immenses,
Qui n'ont pu nous cacher leur marche et leurs distances,
Luit cet astre du jour par Dieu même allumé,
Qui tourne autour de soi sur son axe enflammé.
De lui partent sans fin des torrens de lumière;
Il donne, en se montrant, la vie à la matière,
Et dispense les jours, les saisons et les ans
A des mondes divers autour de lui flottans.
Ces astres asservis à la loi qui les presse,
S'attirent dans leur course, et s'évitent sans cesse,
Et servant l'un à l'autre et de règle et d'appui,
Se prêtent les clartés qu'ils reçoivent de lui.
Au delà de leur course, et loin dans cet espace
Où la matière nage, et que Dieu seul embrasse,
Sont des soleils sans nombre et des mondes sans fin :
Dans cet abîme immense il leur ouvre un chemin.
Par delà tous ces cieux le Dieu des cieux réside.

Le second morceau est le tableau de la Cour céleste; Chant X :

Au milieu des clartés d'un feu pur et durable,
Dieu mit avant les temps son trône inébranlable.

Le ciel est sous ses pieds; de mille astres divers
Le cours toujours réglé l'annonce à l'univers.
La Puissance, l'Amour, avec l'Intelligence,
Unis et divisés, composent son essence.
Ses saints, dans les douceurs d'une éternelle paix,
D'un torrent de plaisirs enivrés à jamais,
Pénétrés de sa gloire, et remplis de lui-même,
Adorent à l'envi sa majesté suprême.
Devant lui sont ces dieux, ces brûlans Séraphins
A qui de l'univers il commet les destins.
Il parle, et de la terre ils vont changer la face;
Des puissances du siècle ils retranchent la race;
Tandis que les humains, vils jouets de l'erreur,
Des conseils éternels accusent la hauteur.
Ce sont eux dont la main, frappant Rome asservie;
Aux fiers enfans du Nord a livré l'Italie,
L'Espagne aux Africains, Solyme aux Ottomans;
Tout empire est tombé, tout peuple eut ses tyrans.
Mais cette impénétrable et juste Providence
Ne laisse pas toujours prospérer l'insolence :
Quelquefois sa bonté, favorable aux humains,
Met le sceptre des rois dans d'innocentes mains (1).

Mais ce n'est pas seulement pour les idées les plus sublimes, que souvent on néglige les tropes : on les néglige aussi pour ces affections pénibles qui accablent l'âme et l'étouffent comme sous leur poids. Tandis que les passions violentes, telles que l'amour, la colère, l'orgueil, s'expriment en termes altiers et pompeux, l'abattement, la douleur, le chagrin, n'emploient ordinairement qu'un langage simple et sans ornement; et c'est ce que Boileau nous dit par ces deux vers de son *Art poétique* :

La colère est superbe, et veut des mots altiers :
L'abattement s'explique en des termes moins fiers.

Il ne paraît pas, en effet, qu'une grande multitude d'idées se présente à un homme plongé dans la consternation, et dont l'imagination, voilée par de sombres images, n'a ni activité ni énergie. Or, si les idées sont en petit nombre et peu variées, et si, de plus, elles sont ordinaires, faciles à saisir, si elles sont toutes en sentiment, pour ainsi dire, est-il bien naturel qu'on

(1) Ce sont apparemment ces admirables morceaux et autres semblables, qui ont fait dire à l'un des plus grands écrivains de nos jours, à l'illustre auteur du *Génie du Christianisme*, que les grandes beautés de *la Henriade* étaient dues à la Religion. Pourquoi faut-il qu'auprès de ces beautés se trouvent çà et là dans le poëme quelques vers qui en sont si peu dignes!

cherche à les revêtir d'images étrangères, à les présenter sous des formes d'emprunt, sous des mots *figurés?* On peut, dans ces cas-là, sans doute, employer des *figures?* mais lesquelles? ces figures de construction, d'élocution, ou de style, qui semblent partir du cœur et en être le cri; mais non pas ces figures riches et magnifiques qui, par une sorte de magie et d'enchantement, transforment le langage ordinaire en langage tout nouveau et tout différent de lui-même.

C'est ce qu'a très-bien senti, entre autres, Racine, ce grand maître, qu'il faut toujours citer le premier en matière de style et de goût. Voyez ce rôle, modèle éternel du pathétique le plus doux et le plus pénétrant, le rôle inimitable d'Andromaque. Il respire, dès le début, comme l'observe Laharpe, une simplicité attendrissante qui ne se dément pas un moment. On y trouve, par exemple, des *ellipses*, des *répétitions*, des *exclamations*, des *apostrophes*, mais bien peu de ces figures dont nous parlons ici; tandis que, dans le rôle si passionné d'Hermione, elles sont en général aussi hardies que multipliées. Pour faire juger que c'est le cœur seul qui a fait tous les vers, il suffira de ces deux couplets de la première scène entre la veuve d'Hector et Pyrrhus :

Je passais jusqu'aux lieux où l'on garde mon fils.
Puisqu'une fois le jour vous souffrez que je voie
Le seul bien qui me reste et d'Hector et de Troie,
J'allais, Seigneur, pleurer un moment avec lui.
Je ne l'ai point encore embrassé d'aujourd'hui...
Un enfant malheureux qui ne sait pas encor
Qu'Andromaque est sa mère, et qu'il est fils d'Hector...

Seigneur, tant de grandeurs ne nous touchent plus guère :
Je les lui promettais tant qu'à vécu son père.
Non, vous n'espérez plus de nous revoir encor,
Sacrés murs, que n'a pu conserver mon Hector!
A de moindres faveurs des malheureux prétendent.
Seigneur, c'est un exil que mes pleurs vous demandent.
Souffrez que, loin des Grecs, et même loin de vous,
J'aille cacher mon fils, et pleurer mon époux.
Votre amour contre nous allume trop de haine :
Retournez, retournez à la fille d'Hélène.

Dans tous ces dix-sept vers, quatre Tropes seulement; 1° une sorte de *Métalepse : Je les lui promettais*, pour, *Je les espérais pour lui;* 2° une sorte de *Personnification* dans cette apostrophe touchante aux murs de Troie : *Non, vous n'espérez plus*, etc.; ou peut-être, au lieu de cette *personnification*, une autre sorte de *Métalepse* : *Non, vous n'espérez plus*, pour, *Non, nous n'espérons plus de vous revoir encore;* 3° une *Subjectification : Mes pleurs vous demandent*, pour, *Je vous demande par mes pleurs;* 4° enfin, une *Métaphore : Allumer de la haine;* et aucun de ces Tropes, remarquez-le-bien, n'offre ce qui s'appelle une image.

B. — LES TROPES CONVIENNENT MOINS EN GÉNÉRAL A LA PROSE QU'A LA POÉSIE, ET MOINS A CERTAINS GENRES DE POÉSIE QU'A CERTAINS AUTRES

Les Tropes peuvent sans doute convenir à la prose : ils peuvent lui convenir, puisque, comme nous l'avons déjà observé, ils ne nous sont pas moins donnés par la nature que le langage; puisque nous n'avons pas besoin d'étude pour les apprendre, et qu'ils se glissent à notre insu jusque dans la conversation la plus familière; puisque, dis-je, ceux qui en ignorent le plus les noms ou la théorie, en font usage comme ceux qui sauraient le mieux en raisonner, et que c'est sans doute en prose qu'ils s'expriment, comme c'est en prose que l'on converse. Et les orateurs ne les appellent-ils pas assez souvent au secours de leur art? Les historiens, les romanciers surtout, et les philosophes eux-mêmes, n'ont-ils pas recours à leur heureux prestige? Ne les font-ils pas servir d'ornement, les uns à leurs récits, les autres à leurs leçons? Que d'exemples nous en pourrions citer, et parmi les Anciens et parmi les Modernes! Mais il n'en est pas moins vrai que la prose, lors même que, par son élégance ou par sa noblesse, elle s'éloigne le plus du langage commun, en est toujours par sa nature et par sa forme plus rapprochée que la poésie. Elle doit donc en général être moins ornée que celle-ci, et, par conséquent, moins abonder en Tropes.

De plus, les Tropes sont, comme la poésie, enfans de la fiction; ils doivent donc par cela même mieux convenir à la poésie qu'à la prose, qui n'a pas la même origine.

Enfin, la prose a pour objet, dans l'histoire, dans la philosophie, dans la morale, la vérité réelle, qui est fixe et invariable; et dans l'éloquence, l'apparence de la vérité, qui, étant moins déterminée, ouvre une plus vaste carrière et laisse une plus grande liberté aux facultés de l'esprit. Mais la poésie n'a pour objet que la vraisemblance, qui est bien moins déterminée encore que l'apparence de la vérité, et elle cherche moins à convaincre, à persuader, à instruire, qu'à plaire. Elle doit donc beaucoup plus s'occuper d'exciter la sensibilité, de frapper l'imagination, et, par conséquent, elle doit beaucoup plus s'attacher à *figurer*, à *colorier* son langage, à le mettre en images, en tableaux, à en faire une sorte de peinture animée et parlante.

Les Tropes conviennent donc moins, en général, à la prose qu'à la poésie. Il nous reste à montrer qu'ils conviennent moins à certains genres de poésie qu'à certains autres.

Certains genres de poésie s'éloignent beaucoup moins que certains autres du langage commun, soit par le ton et le caractère de leur style, soit par la nature de leur objet. Dans les uns, les passions dominent beaucoup moins que dans les autres, y exaltent, y enflamment beaucoup moins l'imagination, et y déploient, concurremment avec elle, beaucoup moins d'activité et d'énergie. Les Tropes, par conséquent, doivent se montrer et moins rarement et avec plus de hardiesse dans ceux-ci que dans ceux-là. Quand l'âme est transportée par l'enthousiasme, agitée par l'indignation, la jalousie, la colère, la vengeance, n'a-t-elle pas, ainsi que nous l'avons observé, et plus d'idées, et les idées plus vives, plus pressées, que lorsqu'elle est en proie au chagrin et à la douleur ? Il est donc naturel que son langage, dans le premier cas, soit plus figuré que dans le second.

Ainsi, les Tropes conviennent moins sans doute à la tendre et plaintive Élégie, qu'à la Satire maligne ou piquante; moins à la Comédie, dont le ton n'est que celui d'une noble et élégante conversation, qu'à la Tragédie, dont le ton est si souvent sublime ou passionné; moins à la Tragédie, dont les personnages doivent, par la vérité et le naturel de leur langage, faire oublier le poëte, qu'à l'Épopée, où le poëte doit non seulement parler en poëte, mais parler comme d'inspiration : enfin, moins à l'Épopée, dont la longueur et la régularité supposent une inspiration calme et sans transport, qu'à l'Ode, qui doit être toute d'enthousiasme, et se distinguer par l'impétuosité, le délire, par les transports extatiques ou prophétiques.

Et puis, comme tous les sujets, dans chaque genre de poésie, ne sont pas les mêmes sans doute, mais qu'il peut y en avoir une plus ou moins grande variété, et que tel sujet les admet plus ou moins volontiers que tel autre, il s'ensuit que, dans chaque genre de poésie, les Tropes conviennent ou mieux ou moins bien, suivant la nature du sujet.

C. — L'USAGE DES TROPES DANS LES SUJETS ET DANS LES GENRES QUI LES COMPORTENT LE MIEUX, EST SUBORDONNÉ A CERTAINES RÈGLES IMPÉRIEUSEMENT PRESCRITES PAR LA RAISON ET LE GOÛT

Dès que les Tropes, et il ne s'agit toujours, il ne peut même s'agir que des *Tropes-figures*, ne conviennent pas également à tous les genres d'écrire, ni à tous les sujets dans les divers genres, il est évident qu'on ne peut pas les employer au hasard ni indifféremment. Mais, si on ne peut pas les employer au hasard ni indifféremment, l'usage doit donc en être nécessairement réglé et par la raison et par le goût. Quelles sont ces règles que la raison et le goût prescrivent si impérieusement pour l'usage des Tropes? Il ne peut sans doute être question que des plus générales. Or, elles nous semblent se réduire à un petit nombre, et peut-être ne vont-elles pas au delà de trois.

PREMIÈRE RÈGLE

La première règle, sans contredit, *c'est que les Tropes naissent naturellement du sujet*. Il faut, par conséquent, qu'ils viennent comme d'inspiration, et qu'ils soient tellement fondus dans la pensée ou dans le sentiment, qu'on n'aperçoive ni l'intention ni le travail de l'esprit, lors même que c'est ce qu'on appelle *esprit* dans un autre sens qui en est la cause génératrice. S'ils portent l'empreinte de la réflexion, et s'ils sont placés à dessein comme des ornemens, ils deviennent par cela même froids ou insipides, et font un effet tout contraire à celui qu'on avait en vue. D'ailleurs, songer à *faire des Tropes*, quand les Tropes ne se font pas en quelque sorte tout seuls, et les aller chercher loin, les forcer à venir, quand ils ne se présentent pas comme d'eux-mêmes, c'est un sûr moyen pour qu'ils soient en dépit du bon sens, pour qu'ils n'aient ni vérité, ni naturel, ni grâce.

Les facultés qui ont le plus de part à la production des Tropes ou à leur reproduction, sont un don de la nature; et, si on peut les régler, les perfectionner, les étendre, on ne peut pas plus les créer ou les suppléer par l'art qu'on ne peut se changer ou se refaire soi-même. Qu'un Pradon s'évertue tant qu'il voudra, qu'il tente les efforts les plus inouïs, il ne sera jamais un Racine. C'est ce dernier qui était né pour les figures de langage, comme pour toutes les beautés, pour tous les mérites du style. Il les emploie si naturellement, il les fond tellement dans sa phrase, qu'elles s'y cachent en quelque sorte, et qu'il faut souvent de la réflexion pour les y apercevoir, lors même qu'elles sont le plus hardies.

SECONDE RÈGLE

La seconde règle, et règle non moins importante que la première, *c'est que les Tropes naturellement fournis par le sujet, et naturellement produits par les facultés qui en sont réputées les causes génératrices; que les Tropes*, dis-je, *aussi naturels à tous égards qu'il se peut, réunissent, chacun, toutes les conditions qui leur sont respectivement nécessaires pour leur beauté et leur perfection.* Ainsi, par exemple, sont-ce des *métaphores*, des *allégories* ou des *allégorismes?* il faut que les rapports qui leur servent de fondement soient vrais, justes, naturels, faciles à saisir, agréables à observer; que les termes, nobles ou gracieux, en soient si parfaitement assortis qu'ils n'offrent entre eux ni disparate ni discordance. Sont-ce des *hyperboles*, des *personnifications?* que l'exagération ou la fiction n'y soient pas poussées jusqu'à l'invraisemblance ou jusqu'au ridicule, et qu'elles portent avec elles ce caractère de sincérité, de bonne foi ou de persuasion, qui peut seul leur servir d'excuse. Il faut, si ce sont des *ironies*, des *épitropes*, des *métalepses*, qu'elles joignent la clarté à la finesse, la vérité à la force, et que leur sens apparent ne puisse jamais, dans l'esprit de quiconque entend la langue et connaît les circonstances, être pris un seul instant pour leur sens unique et véritable.

Observons toutefois que, s'il s'agit de ces Tropes généralement usités et qui tiennent au fonds de la langue, on peut être absolument sans scrupule sur leur mérite intrinsèque. La langue, qui les a adoptés, les garantit suffisamment, ainsi que le dit l'abbé de Radonvilliers; et quand même le rapport des idées ne serait pas très-vrai en lui-même, il n'en est pas moins au-dessus de toute critique, par cela seul qu'il se trouve reçu dans l'usage ordinaire. Il n'y a que les Tropes nouveaux et encore peu accrédités, où il puisse être rigoureusement exigé que le rapport entre les idées ne présente rien de faux ou qui semble l'être : le nom seul de leur inventeur ou de leur patron, quelque recommandable qu'on le suppose, ne suffit pas pour les garantir.

TROISIÈME RÈGLE

La troisième règle enfin, *c'est de ne pas prodiguer les Tropes avec excès, lors même qu'ils pourraient être parfaits en eux-mêmes, mais de ne les employer qu'avec sobriété et réserve.* Les Tropes sont l'ornement du style, et ils n'en sont pas le fond ni l'essence; ils sont une partie de l'art de l'écrivain, et non pas cet art tout entier. Entassés les uns sur les autres, ils annonceraient un écrivain superficiel et léger, moins occupé de la justesse et de la solidité des pensées, que d'un vain éclat ou d'une vaine pompe dans les paroles; mais surtout ils donneraient au style un air forcé, contraint ou affecté, un air tel qu'on n'y reconnaîtrait plus le langage de la vérité et de la nature.

« Rien n'est plus déraisonnable, dit Laharpe dans » son Cours de Littérature (T. IV, première édition), » que de vouloir que tous les sentimens, toutes les idées » aient une expression marquée. Le plus grand nombre » ne demande que de la pureté et de l'élégance. Pourquoi » une figure brillante, énergique, hardie (et c'est d'un » *Trope-figure* qu'il s'agit), produit-elle de l'effet? C'est » qu'elle tranche, pour ainsi dire, avec le reste. Mais, » si vous voulez être trop souvent hardi, vous ne paraîtrez » plus qu'étrange et recherché; si vous voulez être trop » souvent fort, vous serez tendu et pénible; si vous » voulez être trop souvent élevé, vous serez exagéré et » emphatique. Il faut en tout des nuances et des ombres. » Une femme qui des pieds à la tête serait couverte » de diamans, aurait-elle bien bonne grâce? Je dis de » diamans : que serait-ce si sa parure était composée de » pierres fausses et mal assorties, d'oripeau terne et » de clinquant déjà passé? (1) »

(1) *L'oripeau* est une lame de cuivre très-mince, polie et brillante, qui de loin a l'éclat de l'or : le *clinquant* est une petite lame d'or ou d'argent qu'on met dans les broderies, les dentelles, etc.; on appelle aussi de ce dernier nom des lames ou feuilles de cuivre qui brillent beaucoup.

D'UNE RÈGLE DE VOLTAIRE

Voltaire établit comme une des premières règles concernant tous les Tropes qui tiennent de la Métaphore, qu'ils doivent toujours offrir une image sensible, et une image même qui puisse être figurée à l'œil par la main d'un peintre. C'est à quoi il revient à tout moment dans ses Commentaires sur Corneille; et le docteur Blair, dans sa rhétorique si justement estimée, est d'accord avec lui sur ce point. Mais Voltaire et le docteur Blair ne se trompent-ils pas; ou, si leur principe est vrai à certains égards, n'en poussent-ils pas un peu trop loin les conséquences? Voici ce que dit un fameux critique du dernier siècle, Clément de Dijon : « La » Métaphore a été principalement consacrée aux choses » intellectuelles que l'on veut rendre sensibles par des » images frappantes. Ainsi, quand on dit : *Mon âme* » *s'ouvre à la joie, mon cœur s'épanouït aux rayons de* » *la grâce;* l'âme et le cœur sont représentés comme » une fleur qui s'ouvre ou s'épanouït aux rayons du » soleil. Or, quoiqu'on puisse peindre cette fleur, on » ne peut pas peindre de même un cœur et une âme. »

Je ne puis, je l'avoue, qu'être ici de l'avis de Clément. Tout en reconnaissant que bien des métaphores pourraient être peintes, je pense qu'un grand nombre d'autres, même très-justes et très-vraies assurément, se déroberaient éternellement au pinceau et à l'art du peintre le plus habile. Comment et en quoi, par exemple, s'y prêteraient celles-ci, dont les huit dernières sont de Voltaire lui-même?

La *louange* agréable est *l'âme des beaux vers*...
Et déjà mon *vers coule à flots* précipités...
Je ne sens plus le *poids* ni les *glaces* de *l'âge*...
Chaque *mot* eut dès lors deux *visages* divers...
Ton *courage affamé* de *péril* et de *gloire*...
Que de *moissons* de *gloire* en courant amassées...
A qui *dévorerait* ce *règne* d'un moment...
Dévorait en secret, dans le fond de son cœur,
De ce grand nom de roi *le dangereux honneur*...
Oh! combien de *vertus* que la *tombe dévore!*...
La *paix* a dans son cœur *étouffé* son *courroux*...
Des plus vastes *desseins* les sombres *profondeurs*...
Tous les cœurs sont cachés : chaque *homme* est un *abîme*...
Le *mérite* modeste est souvent *obscurci*...
Je plains l'*homme accablé* du *poids de son loisir*...
L'*aiguillon* de la *faim presse* en nous la *nature*...

On pourrait, je crois, défier hardiment le premier peintre du monde de figurer sur la toile une *âme*, et l'*âme* des *beaux* vers; d'y figurer les *flots d'un vers*, les *visages d'un mot*, le *poids* et les *glaces* de l'*âge*, un *règne dévoré* par trois ambitieux, l'*honneur d'un nom dévoré dans un cœur par une orgueilleuse espérance*, des *vertus dévorées par la tombe*, un *courage affamé* de *gloire* ou de *péril*, l'*aiguillon* de la *faim pressant en nous la nature*, etc.

Ce sont là, en général, des *métaphores simples*, c'est-à-dire, en un seul mot. En voici qui, formant des *allégorismes*, offrent une image plus étendue : cèderont-elles plus facilement à l'art du peintre?

Boileau :

Oui, la *justice* en nous est la vertu qui brille :
Il faut de ses couleurs qu'ici-bas tout s'habille...
Tu souffres la *louange* adroite et délicate,
Dont la trop forte odeur n'ébranle point les sens.

Racine :

Faut-il qu'à vos yeux seuls *un nuage odieux*
Dérobe sa vertu qui brille à tous les yeux!...
Que votre *vie*, ailleurs et longue et fortunée,
Devant Troie, *en sa fleur, doit être moissonnée...*

Voltaire :

C'est un *poids* bien *pesant* qu'un *nom* trop tôt fameux :
Valois ne *soutint* pas ce *fardeau* dangereux...
Jamais l'*air de la cour*, et son *souffle infecté*
N'altéra de son cœur l'austère *pureté...*

Ici, bien certainement, le peintre ne se trouvera pas moins en défaut que la première fois; et il aura beau faire, il ne parviendra jamais à tracer, ni les *couleurs de la justice, dont il faut que tout s'habille ici-bas;* ni ce *nuage odieux qui dérobe aux* seuls *yeux* de Thésée l'*éclatante vertu* d'Hippolyte; ni cette *vie qui doit être moissonnée dans sa fleur;* ni *ce fardeau d'un nom fameux que Valois ne put soutenir;* ni cet *air* et ce *souffle infecté de la cour qui n'altéra jamais la pureté du cœur* de Potier. Quant à cette *odeur de la louange* ménagée de manière *à ne pas ébranler les sens*, elle ne laisse pas à son pinceau le plus petit trait à saisir, et il en serait de même de tout allégorisme et de toute métaphore du domaine de l'ouïe ou du goût.

Mais je ne m'en tiens pas à contester que toute métaphore *doive être une image qu'on puisse peindre :* je conteste même que toute métaphore *doive être* nécessairement *une image*, c'est-à-dire, quelque chose de propre à frapper la vue. N'y a-t-il, en effet, que les mots consacrés aux idées de la vue qui puissent être employés métaphoriquement ? N'y a-t-il que le sens de la vue qui ait, s'il faut le dire, ses métaphores ? Il me semble que tous les autres sens, et même l'ouïe, même l'odorat, même le goût, ont aussi les leurs. *Être en bonne odeur, en odeur de sainteté : Cet ouvrage n'a ni goût ni saveur; il est fade, insipide : Que d'aigreur et que d'amertume dans ces paroles ! L'harmonie de l'univers, du corps humain : La discordance des esprits, des caractères :* ne sont-ce pas là autant de métaphores ? Or, elles ne se rapportent certainement pas à la vue, ni au toucher, celui de nos sens, qui, après la vue, a le plus de part aux images.

QUESTION CONCERNANT L'USACE DES TROPES DE L'ÉCRIVAIN

Les règles générales de l'usage des Tropes se réduisent donc véritablement à trois. Il nous reste à résoudre une question toute particulière, qui n'est peut-être pas oiseuse ni même sans importance. Nous avons vu que les Tropes, relativement à leur origine, se distinguent en *Tropes de la langue* et en *Tropes de l'Écrivain.* Sans doute que les premiers appartiennent à tout le monde, comme la langue elle-même, et que tout le monde, par conséquent peut en user à son gré comme d'un bien propre, sauf à savoir les employer à propos; mais en est-il de même des *Tropes de l'Écrivain ?* Voilà la question annoncée.

Commençons par distinguer, la solution viendra comme d'elle-même. Ou les *Tropes de l'Écrivain*, généralement accueillis et adoptés, sont déjà entrés dans l'usage commun, ou ils n'y sont pas encore entrés, bien même que généralement goûtés et applaudis. Or, dans le premier cas, ils se confondent évidemment avec les *Tropes de la langue :* on a donc à leur égard le même droit qu'à l'égard de ceux-ci, et l'on peut s'en servir avec la même liberté et au même titre. Dans le second cas, ils restent toujours une sorte de propriété particulière, la propriété particulière de leur auteur : on ne peut donc pas s'en servir comme de son bien propre, ou comme d'un bien commun à tous, mais seulement, sans doute, à titre d'emprunt et par manière de citation.

Nous avons, pour ce dernier cas, un exemple célèbre, la métaphore, *Dévorer un règne*, créée par le génie de Corneille. Cette métaphore, ainsi que l'observe l'abbé de Radonvilliers, est vraiment admirable là où elle se trouve, et on l'y admirera toujours; mais elle perdrait de son prix à être transportée ailleurs, et on ne pourrait, sans se rendre coupable de plagiat, l'y transporter autrement qu'au titre et de la manière que nous venons d'indiquer.

CHAPITRE IV

DE L'ABUS DES TROPES

S'il n'est pas de figures d'un plus heureux effet que les Tropes, figures de signification ou figures d'expression, quand ils sont employés à propos et avec goût, il n'en est pas non plus dont le mauvais emploi, dont l'abus soit plus dangereux. La signification et l'expression sont sans contredit ce qu'il y a de plus important et de plus essentiel dans le discours, puisque c'est là l'esprit même du discours, dont les paroles ne sont que le corps. Quels ne doivent donc pas être les inconvéniens, les dangers d'un abus qui tombe sur la signification ou sur l'expression? Et peut-il y en avoir de plus graves, de plus funestes? Que cet abus existe, et voilà infailliblement le style, recherché, précieux, incohérent, inintelligible, absurde, ridiculement outré, emphatique, et n'offrant partout qu'un horrible amas de sottises, d'extravagances.

Entre les Tropes-figures, il en est dont on peut très-facilement abuser, et dont on n'abuse en effet que trop souvent. Tels sont particulièrement la *Métaphore*, la *Syllepse*, la *Personnification*, l'*Allégorisme*, l'*Hyperbole*. Citons quelques exemples.

MÉTAPHORE

Il est une *Métaphore* depuis long-temps condamnée pour le défaut de naturel et de justesse : c'est celle du mot *ondes* dans cet exemple du poëte Théophile : *Je baignerai mes mains dans les ondes de tes cheveux*. Mais si tout le monde a senti ce défaut, en effet assez sensible, personne, que je sache, et pas même Dumarsais, n'a dit en quoi il consistait. Ce n'est que pour tâcher de suppléer à ce silence, que je reviens sur un exemple si connu.

Onde signifie dans son sens le plus restreint, ce mouvement par lequel l'eau forme à sa surface ces espèces de rides fugitives et instantanées qui s'effacent les unes les autres ; et, dans un sens plus étendu, il se prend pour l'eau même. Les cheveux légèrement agités ont quelque chose d'analogue à ce mouvement d'*ondulation* appelé *onde*. On peut donc désigner *métaphoriquement* cette ressemblance par le même nom, et dire, *Des cheveux en ondes*, ou *Des ondes de cheveux*. Mais qu'est-ce que les cheveux peuvent offrir d'analogue à l'*onde* prise dans le sens d'*eau ?* Or, ce n'est que dans l'*onde* prise dans ce dernier sens que l'on peut *tremper ses mains*. On ne peut donc pas les *tremper* dans des *ondes de cheveux*, qui ne sont pas de l'*eau*, ou quelque chose de liquide.

Quoi de plus absurde que *les cendres d'un orgueil*, et que ces *cendres poussant des fumées dans l'air ?* que l'*épaule d'un climat*, et que ce *climat prêtant* l'*épaule au monde ?* qu'un *faix* qui *foudroie l'univers ?* qu'un *supplice caché sous un hymen ?* qu'un *précipice creusé par un trône ?* qu'*un bras prêté à un cœur ?* C'est cependant ce qu'a dit le grand Corneille. *Mort de Pompée* :

> Il croit que ce *climat*, en dépit de la guerre,
> Pourra *prêter l'épaule au monde chancelant.*

Même pièce :

> Soutiendrez-vous un *faix* sous qui Rome succombe,
> Sous qui tout l'*univers se trouve foudroyé ?*

Même pièce encore :

> Ou de son vain *orgueil les cendres allumées,*
> *Poussent déjà dans l'air de nouvelles fumées ?*

Rodogune :

> L'*hymen* semble à mes yeux *cacher quelque supplice,*
> *Le trône* sous mes pas *creuser un précipice.*

Même pièce :

> A ce *cœur* qu'il vous laisse osez *prêter un bras.*

Et combien d'autres exemples dignes de ceux-là il pourrait nous fournir, même dans ses plus beaux chefs-d'œuvre ! Le sublime et l'absurde se touchent, et il n'est que trop souvent arrivé à ce grand poëte de prendre l'un pour l'autre, parce que, bien que sans doute il ne manquât point de goût, et qu'il ait même singulièrement contribué à former celui de son siècle, il en avait pourtant beaucoup moins que de génie.

Que La Fontaine fasse parler les animaux, qu'il anime les plantes, et leur prête le sentiment; rien de mieux : les animaux ont bien entre eux une sorte de langage, et les plantes ont par leur organisation bien des rapports avec les animaux. Mais qu'il donne des idées, des passions et du mouvement à un cierge, à une matière dépourvue de tout principe de vie et d'activité; qu'il inspire à ce cierge la folle prétention d'acquérir par le feu la dureté de la brique; qu'il le fasse, en conséquence, l'émule du philosophe qui, dit-on, se jeta dans les gouffres de l'Etna pour se rendre immortel, et qu'enfin il le transforme en *nouvel Empédocle* qui se précipite dans un brasier, c'est ce qu'on ne pourra jamais lui passer, même dans une fable, parce que dans une fable, comme dans tout autre genre d'écrit, il faut avant tout du bon sens et de la raison.

Qu'on dise, *Un papier coupable*, *un fer parricide*, *un poignard catholique*, *un lit adultère;* cela se conçoit et s'explique : le papier sert au crime et le perpétue; le fer sert au parricide, le poignard à la vengeance prétendue catholique, et ils sont même l'un et l'autre le fatal instrument de l'exécution; le lit ne sert pas moins à l'adultère, dont il est l'infâme théâtre. Mais en quoi un *lit* peut-il servir à l'*effronterie* d'une femme, et en quoi peut-il participer en quelque sorte de cette *effronterie*, qui bien certainement ne tient qu'à la femme seule, et n'est que l'*impudence de son front sans honte?* On ne peut donc approuver Boileau d'avoir dit dans sa Satire X :

> T'accommodes-tu mieux de ces douces Ménades,
> Qui, dans leurs vains chagrins, sans mal toujours malades,
> Se font des mois entiers, sur un *lit effronté*,
> Traiter d'une visible et parfaite santé?

MÉTONYMIE

Dans la tragédie de *Mithridate* par Racine, il est dit que ce célèbre roi de Pont

> Fondait sur trente États son *trône* florissant,
> Dont le *débris* est même un *empire* puissant.

Trône n'est là sans doute que par *métonymie*, pour autorité souveraine, pour règne. Ce n'est donc qu'un trône purement *fictif*. Mais un *trône fictif* ne doit-il pas être analogue à un *trône réel* et physique; et ce qui répugne à l'idée de celui-ci, ne répugne-t-il pas également à l'idée de celui-là ? Or, concevrait-on un *trône réel* et physique *fondé sur trente États* divers, s'il fallait qu'il portât sur tous ces États à-la-fois, comme sur autant d'appuis ? Non assurément, mais il suffit qu'il porte sur un seul, n'importe lequel, et que tous les autres soient supposés joints à celui-là, pour ne former avec lui qu'un seul et même empire. Ainsi le premier vers n'offre point de défaut de justesse. Voyons le second.

Quel est ce *débris* qui fait à lui seul un *empire puissant ?* On ne peut s'y méprendre : c'est le *débris* de ce *trône fictif* fondé sur trente États. Mais un *trône fictif* n'est pas censé avoir plus d'étendue, occuper plus d'espace qu'un *trône réel.* Or, supposez le trône réel le plus énorme possible, il ne sera jamais qu'un point dans le plus petit même des États. Comment donc *le débris* seul de ce trône pourrait-il être *un empire puissant ?* D'ailleurs, *le débris d'un trône,* ou même un *trône* tout entier peut-il être converti en un *empire,* quand même, par *empire,* on voudrait ne pas entendre un plus ou moins vaste pays soumis à la même domination ?

Du moins, un *trône fictif* peut, comme un *trône réel,* être fondé sur un *État;* mais peut-il être fondé sur des *divisions ?* et peut-il y être plus *affermi* que *fondé ?* L'idée de *division* est une idée toute abstraite, toute morale, et l'idée d'un *trône,* même *fictif,* a nécessairement quelque chose de physique : elle est à-peu-près aussi physique en un sens que l'idée même d'un *trône réel.* Ces idées se repoussent donc mutuellement, et l'on ne peut pas les allier ensemble avec justesse. Ainsi c'est mal à propos que Voltaire a dit dans *Zaïre :*

Sur leurs *divisions* mon *trône* est *affermi.*

Le quatrième chant de la *Henriade* offre un morceau que l'on voudrait savoir loin d'un poëme, le plus beau monument de notre poésie en son genre, comme le plus beau qui ait été consacré à la gloire des Bourbons : c'est ce tableau, si amèrement satirique de la cour de Rome, au temps des Alexandre VI et des Jules II. Mais aucun de ceux mêmes qui ont le plus blâmé ce morceau sous le rapport des convenances, n'a soupçonné qu'il pût prêter à la censure sous le rapport littéraire. Cependant on va voir s'il n'y prête pas en effet.

Rome, depuis ce temps, puissante et profanée;
Aux conseils des méchans se vit abandonnée.

Quatre vers après :

Et *Rome*, qu'opprimait leur empire odieux;
Sous ces nouveaux tyrans regretta ses faux dieux.

Et enfin trois vers plus bas :

Rome devint l'arbitre et non l'effroi des rois.

Voilà *Rome* employé trois fois par *Métonymie*. Mais est-ce toujours dans le même sens *métonymique?* Cette *Rome puissante* et *profanée*, *abandonnée aux conseils des méchans*, c'est visiblement l'église catholique et apostolique, le saint empire ecclésiastique, dont *Rome* est le chef-lieu. Cette *Rome* qui, sous l'oppression d'un *odieux empire*, *regretta ses faux dieux*, ne peut être que le peuple romain, considéré sous le rapport civil et politique. Et cette *Rome*, *devenue l'arbitre des rois*, qu'est-elle, si ce n'est la cour romaine, le gouvernement papal, ou en général les papes, comme chefs de l'église, et souverains de *Rome?* Ce sont donc là trois sens *métonymiques* tous différens; ou, si le premier et le dernier semblent avoir entre eux quelque rapport, ne sont-ils pas mis par celui du milieu à une aussi grande distance l'un de l'autre que s'ils étaient contraires? Or, que dire de ce passage successif et si subit d'un sens du même mot à un autre sens? N'en résulte-t-il pas nécessairement quelque disparate? Et de cette disparate, ne pourrait-il pas naître quelque confusion dans l'esprit du lecteur? (*Commentaire classique de la Henriade.*)

SYLLEPSE

Racine dans la *Thébaïde* :

Pour *couronner ma tête* et *ma flamme* en un jour,
Il arme en ma faveur et la haine et l'amour.

Couronner une tête, c'est y mettre une couronne dessus, *et couronner une flamme* (une flamme amoureuse, un amour), c'est en combler le vœu par la possession de ce qui en fait l'objet. Dans le premier cas, c'est le *sens propre*, et dans le second, c'est le *sens figuré*, fondé sur ce que celui qui est au comble de ses vœux, semble aussi heureux, aussi satisfait que s'il eût obtenu une couronne. Or, quelque analogie que l'on suppose entre ces deux sens, il y a cependant entre eux une trop grande différence pour qu'on aime à les voir ainsi présentés tous les deux à-la-fois. Cette association n'est ni moins bizarre, ni moins choquante que celle d'une *tête* avec une *flamme*. Veut-on que *couronner* n'ait ici qu'une seule signification ? cette signification sera nécessairement celle que détermine le mot qui le suit le plus immédiatement, et par conséquent, sa signification propre, naturelle et ordinaire, celle de *Mettre une couronne dessus*, puisque le mot qui le suit le plus immédiatement, est le mot *tête*. Alors, comme le mot *flamme* se trouve joint au mot *tête* par la copulative *et*, il faut reconnaître que l'objet en est présenté comme quelque chose, non-seulement d'aussi physique qu'une *tête*, mais d'aussi capable *d'être couronné*, et *couronné* de la même manière. Or, quoi de plus absurde ? (*Études de la langue française sur Racine.*)

PERSONNIFICATION

Boileau, dans son épître à ses vers :

Mais aujourd'hui qu'enfin la vieillesse venue,
Sous mes faux cheveux blonds déjà toute chenue,
A jeté sur ma tête, avec ses doigts pesans,
Onze lustres complets, surchargés de trois ans.

Que ces vers aient été admirés et cités comme exemple de périphrase poétique, ils n'en étaient pas indignes. Mais examinons-les sous un autre rapport, y verrons-nous une *personnification* judicieuse et bien entendue ? Cette *vieillesse* toute *chenue*, c'est-à-dire, toute blanche, sous les *faux cheveux blonds* de l'auteur, n'est sans doute que la vieillesse même de l'auteur, que la qualité de *vieux*, considérée abstractivement en lui : elle est dans ses vrais cheveux, cachés *sous* de *faux cheveux blonds;* par conséquent, elle se trouve toute identifiée avec sa personne, et elle l'est même à tel point qu'on ne saurait la concevoir sans lui, sous le voile imposteur qui la couvre. Comment donc se fait-il que cette même *vieillesse* ait tout-à-coup des *doigts pesans* qui *jettent* des *lustres* d'années ? Peut-elle avoir ces *doigts* sans une main, cette main sans un bras, ce bras sans un corps, sans une tête ? Peut-elle les avoir sans être une personne, et peut-elle *jeter* ces *lustres sur la tête* de l'auteur, sans être distinguée et séparée de la tête, sans avoir une existence à part, une existence propre et indépendante ? Voilà donc les deux derniers vers en opposition avec les deux premiers : voilà par conséquent, l'auteur en opposition avec lui-même; et c'est le poëte de la raison, c'est Boileau lui-même qui peut se trouver ainsi en défaut! Jeunes gens, qui ne doutez de rien, jugez d'après cela s'il est facile d'écrire!

Oui, puisque je retrouve un ami si fidèle;
Ma fortune va prendre une face nouvelle ;
Et déjà *son courroux semble s'être adouci,*
Depuis qu'elle a pris soin de nous rejoindre ici.

C'est ainsi qu'Oreste parle à Pylade dans Racine. Mais ces vers si doux et si tendres, n'offrent-ils rien de répréhensible? Cette fortune personnifiée dans les deux derniers vers par ce *courroux* et ce *soin* qu'on lui prête, qu'est-elle dans le second? Une chose seulement (les affaires d'Oreste) : car ce sont les choses, et non les personnes, qui peuvent changer de face et *prendre une face nouvelle.* La personnification n'est donc ni entière ni soutenue, et elle implique contradiction. Mais elle a bien encore un autre défaut. Comment la fortune particulière d'Oreste peut-elle avoir eu du *courroux* contre lui? Cela ne pourrait se dire, ce me semble, que de la Fortune en général, que de cette déesse inconstante et capricieuse, qui élève aujourd'hui ceux qu'elle abaissa hier, ou qui, comme Horace le dit en latin, *change souvent en funérailles la pompe des triomphes.* La fortune d'un particulier, heureuse ou malheureuse, ne peut, si on la personnifie, qu'être l'amie de ce particulier, parce qu'elle est censée ne faire qu'un avec lui, et qu'elle ne peut être que l'amie d'elle-même.

Voltaire dit dans la *Henriade*, chant IX :

C'est là, c'est au milieu de cette *cour affreuse,*
Des plaisirs des humains, compagne malheureuse,
Que l'Amour a choisi son séjour éternel.

Quelle est cette *cour affreuse, compagne malheureuse des plaisirs des humains?* C'est tout ce qui compose la *cour*, le cortège du dieu enfant : les plaintes, les dégoûts, la peur, l'imprudence, la jalousie, la haine, et en général tous ces êtres allégoriques que le poëte vient de créer dans les vers qui précèdent. On ne peut donc voir dans cette *cour*, qu'une sorte de personne générale et collective, telle que celle que présentent les mots *ville* et *province*, lorsqu'ils sont pris pour tous les habitans d'une province ou d'une ville. Par conséquent, on ne peut y voir qu'une *personnification*, et cette *personnification* est encore déterminée par le mot *compagne*, qui ne peut se dire que des personnes, ou que des choses personnifiées. Mais les *plaisirs des humains* sont-ils eux-mêmes personnifiés ? peuvent-ils même l'être ? voilà donc une personnification jointe à une abstraction, au lieu de l'être à une autre personnification. Voilà, par conséquent, une image tronquée, imparfaite, et qui même manque de vérité.

C'est à-peu-près le même défaut dans ces autres vers du même chant de ce poëme :

Les plaisirs, qui souvent ont des termes si courts,
Partageaient ses momens et remplissaient ses jours.
L'Amour, *au milieu d'eux,* découvre avec colère,
A côté de Mornai, la Sagesse sévère...

Dans les deux premiers vers, *les plaisirs* ne sont pris qu'abstractivement pour Jouissances ou affections agréables de l'âme et des sens; et dans le troisième, ainsi que plus loin, ces mêmes *plaisirs* sont véritablement personnifiés et donnés pour des êtres allégoriques. On sent assez combien tout cela jure et répugne, combien il y a peu de rapport et de cohérence entre les idées. (*Commentaire classique de la Henriade.*)

ALLÉGORISME

Racine dans *Alexandre :*

Et l'amour, dans leurs cœurs, interrompu, troublé,
Sous le faix des lauriers est bientôt accablé.

L'Amour véritablement personnifié qu'on représenterait *accablé sous des lauriers*, pourrait n'être pas une image fausse : mais n'y a-t-il pas de l'absurdité à représenter ainsi un *amour interrompu, troublé dans des cœurs ?* Un *amour interrompu, troublé dans des cœurs*, peut-il être autre chose qu'un amour abstrait et moral, que la passion même de l'amour ? Or, comment des *lauriers* peuvent-ils peser sur un tel amour ? Ces deux vers sont évidemment en opposition l'un avec l'autre; le second établit une personnification repoussée d'avance par le premier, et il en résulte qu'il n'offre qu'un faux *allégorisme.* (*Études de la Langue française sur Racine.*)

C'est surtout dans le plus parfait de nos poëtes, dans celui qui est le plus digne de servir de modèle, qu'il est utile de remarquer ces sortes de fautes. On lit dans *Athalie :*

Quelque monstre naissant dans le temple s'élève :
Reine, n'attendez pas que le nuage crève.

Le premier de ces deux vers présente un *Allégorisme*, et le second en présente un autre; mais ces deux *allégorismes*, dont le second fait suite au premier, sont-ils bien en rapport l'un avec l'autre, et résulte-t-il de leur ensemble une image bien cohérente, bien soutenue? En quoi un *nuage qui crève* peut-il se lier à un *monstre qui s'élève?* Dès qu'un *monstre naît*, *s'élève*, est-ce nécessairement, ou même ordinairement dans un *nuage*, et ce *nuage* doit-il *crever* quand le monstre est dans toute sa force? Voilà pourtant ce qu'il faudrait pour la justesse. Si, comme l'observe l'Académie, il y avait dans le premier vers, *Un orage s'élève*, ou dans le second, *Ne laissez pas croître ce monstre*, la raison et la logique n'auraient rien à reprendre.

Voltaire ne blâme les trois vers suivans de Corneille dans *Polyeucte*, qu'en ce qu'ils disent tous les trois la même chose, et qu'en ce que les *métaphores* y sont accumulées sur une même idée, tandis qu'une seule eût suffi de reste :

Sa faveur me couronne entrant dans la carrière :
Du premier coup de vent, il me conduit au port,
Et sortant du baptême, il m'envoie à la mort.

« C'est, dit-il, une *carrière;* c'est un *port;* c'est la *mort*...
» Que dirait-on d'un homme qui, en revenant dans sa
» patrie, dirait : *Je rentre dans mon nid; j'arrive au port*
» *à pleines voiles; je reviens à bride abattue?* C'est une
» règle de la vraie éloquence, qu'une seule métaphore
» convient à la pensée. »

Mais cette accumulation de *métaphores*, ou plutôt d'*allégorismes*, car ce sont plus que de simples *métaphores*, n'est pas le seul défaut de ces vers, ni même peut-être le plus grand. C'en est un assez marqué, ce me semble, que ce passage si brusque d'un *allégorisme* à un autre tout différent : d'*Une carrière où l'on est couronné dès l'entrée*, à *Un port où l'on arrive lorsqu'à peine on vient de mettre à la voile*. L'imagination ne se prête pas volontiers à voir le même objet en course, presque à-la-fois et au même instant, et sur terre et sur mer.

Un troisième défaut est dans l'ordre des trois vers. La pensée du dernier, qui, quoi que semble croire Voltaire, n'offre de *métaphore* d'aucune espèce, est la pensée même que les *allégorismes* des deux premiers sont destinés à faire ressortir, en la mettant en image. Cette pensée devait donc être exprimée la première, ou il fallait ne pas l'exprimer du tout directement, et ne la présenter que sous un voile allégorique.

Du reste, il n'y a pas à reprendre dans les deux *allégorismes* en question le même genre de défaut que dans les deux de l'*Athalie* de Racine : tout-à-fait indépendans l'un de l'autre, et offrant chacun une image entière et complète, ils n'ont pas besoin d'être liés entre eux par un rapport de convenance et d'identité qui n'en fasse qu'un même tout.

HYPERBOLES

Quelques poëtes, soit entre les Anciens, soit entre les Modernes, se sont particulièrement signalés par l'abus de l'*Hyperbole*.

Entre les Anciens, Lucain et Juvénal sont à cet égard au premier rang. Boileau a dit du dernier :

Juvénal, élevé dans les cris de l'école,
Poussa jusqu'à l'excès sa mordante hyperbole.

Mais Virgile lui-même, le judicieux, le sage Virgile, est-il tout-à-fait sans reproche ? Ne pourrait-on pas trouver un peu d'exagération dans son Épisode, d'ailleurs si beau, des prodiges arrivés à la mort de César ? N'en pourrait-on pas trouver aussi un peu dans son magnifique *Horoscope de Marcellus*, et dans divers endroits de son immortelle *Énéide ?* Qu'est-ce que Lucain et Juvénal peuvent avoir dit de plus outré, que ce qu'il dit lui-même de la légèreté de Camille dans des vers ainsi traduits par Delille :

Moins prompts sont les éclairs, et les vents moins agiles.
Elle eût des jeunes blés rasant les verts tapis,
Sans plier leur sommet, couru sur les épis ;
Ou d'un pas suspendu sur les vagues profondes,
De la mer, en glissant, eût effleuré les ondes ;
Et d'un pied plus léger que l'aile des oiseaux,
Sans mouiller sa chaussure, eût volé sur les eaux.

Le grand défaut de cette *hyperbole* est moins encore dans l'exagération même, que dans cette complaisance marquée du poëte à la prolonger sans fin et à la reproduire sous toutes les formes. Bornée à un seul vers, et surtout au premier, elle n'aurait rien de répréhensible, elle ne sortirait même pas de l'usage commun. Pourquoi le plaisir de faire quelques vers légers et rapides a-t-il fait totalement sacrifier la vérité et la vraisemblance ?

Entre les Modernes, Brébeuf est surtout cité pour l'exagération hyperbolique. Traducteur de Lucain, il a souvent enchéri sur les *hyperboles* de son modèle : il a donné lieu à Boileau de dire :

Mais n'allez pas non plus, sur les pas de Brébeuf,
Même en une Pharsale entasser sur les rives
De morts et de mourans cent montagnes plaintives.

Cent montagnes plaintives de morts et de mourans! S'il y avait seulement, *des montagnes de morts et de mourans*, il n'y aurait dans ce vers rien de plus extraordinaire ni de plus répréhensible que dans celui-ci du *Nicomède* de Corneille :

Des montagnes de morts, des rivières de sang.

Mais ce qui en fait l'exagération ridicule, ce sont les mots *cent* et *plaintives* joints à *montagnes*. Et qu'est-ce encore que ce vers en comparaison de celui qui y fait suite dans l'original :

D'un sang impétueux cent vagues fugitives ?

A-t-il jamais été rien dit de plus contraire à la vraisemblance, et qui choque plus le sens commun ? Autant vaut-il entendre les deux voyageurs de La Fontaine, dont l'un dit avoir vu *Un chou plus grand qu'une maison*, et l'autre, *Un pot aussi grand qu'une église*.

Mais La Fontaine, qui par la bouche du second des deux voyageurs, se moque si bien du premier, à quoi pensait-il de dire lui-même assez sérieusement au duc de Bourgogne :

Prince, *l'unique objet* du soin des Immortels !

N'est-ce pas supposer que les Immortels n'avaient point d'autre affaire au monde que de s'occuper de ce prince, et qu'ils oubliaient pour lui l'univers entier ? Pourquoi, en ce cas, n'était-il pas plus encore qu'un prince ? pourquoi n'était-il pas tout ce qu'il était au pouvoir des Immmortels de le faire ?

Corneille fait dire à Chimène dans le *Cid* :

Ce sang, qui tout sorti fume encor de courroux;
De se voir répandu pour d'autres que pour vous.

Voltaire n'a vu dans ces vers qu'une *hyperbole*. Ils constituent une vraie *personnification*, puisqu'on y prête au sang, de la passion, un *courroux*. Mais cette *personnification* est en effet *hyperbolique*, comme le sont la plupart des métaphores et des allégorismes. Or, quelle *hyperbole* plus outrée et plus absurde, en quelque sens que l'on prenne *fumer* ? Si c'est au physique, alors à quoi bon le *courroux?* Il est dans la nature qu'un sang qui vient d'être versé, et qui est encore tout chaud, exhale cette vapeur qu'on appelle *fumée*. Si c'est au moral, comme quand on dit, *Cet homme fume de colère*, y a-t-il de la raison à représenter ainsi un *sang*, et surtout un *sang* versé, un *sang* qui ne fait déjà plus partie du corps de la personne ? Ce n'est ni à de tels vers, ni à de telles figures, qu'on peut reconnaître le grand Corneille.

Mais, dira-t-on, Boileau ne mérite-t-il pas à-peu-près le même reproche pour les deux vers de son *Passage du Rhin* :

> Condé, dont le seul nom fait trembler les murailles,
> Force les escadrons, et gagne les batailles ?

Non, répondrons-nous hardiment : loin même que cette *hyperbole* soit en rien répréhensible, elle est au contraire fort belle, parce qu'elle forme une expression de la plus grande énergie, et que cependant elle ne dit rien qui ne puisse se concevoir et s'expliquer. La *terreur d'un nom* est presque du langage commun, ou n'a du moins rien qui étonne ; et quelle ne doit pas être la *terreur* du *nom* du grand Condé ! quels effets n'en peut-on pas attendre ! D'ailleurs, quelle n'est pas l'illusion attachée à un tel nom ! Ne réveille-t-il pas toutes les idées de force, de puissance, de gloire ? ne rappelle-t-il pas tous les triomphes ? n'annonce-t-il pas la victoire ? Et en même temps qu'il nous fait voir le héros au champ d'honneur, ne nous fait-il pas voir tout ce terrible appareil des combats soumis à sa volonté ; cette vaillante armée qu'il dirige à son gré ; ces intrépides guerriers que sa présence enflamme, et qui, sûrs de vaincre et de triompher avec lui, sont déjà d'avance vainqueurs et triomphans ?

DU PASSAGE TROP BRUSQUE D'UN TROPE A UN AUTRE, OU DU DÉFAUT DE RAPPORT ENTRE DES TROPES DIVERS

Les Tropes pourraient être en eux-mêmes irréprochables, ou même fort beaux, que leur beauté s'affaiblit quelquefois, ou même disparaît tout-à-fait, quand on vient à les considérer les uns par rapport aux autres. C'est ce qui arrive toujours, lorsque, sans analogie marquée entre eux, et se repoussant à-peu-près mutuellement, ils tombent presque à-la-fois sur le même objet, pour le transformer ou modifier, chacun à leur manière. En effet, leur accumulation alors n'est ni sans confusion ni sans bizarrerie, et l'esprit, en passant brusquement de l'un à l'autre, se trouve tout-à-coup déçu, déconcerté, parce qu'il ne sait plus se reconnaître ni à quoi s'en tenir.

Le défaut dont il s'agit a déjà pu être remarqué plus d'une fois dans ce qui précède : rappelons-nous les deux *Métaphores* par lesquelles Boileau fait de la raison, dans un même vers, un *Flambeau* et un *Pilote* fidèle; les *Métonymies* de la *Henriade*, où Rome est tour-à-tour, dans des vers assez rapprochés, l'empire catholique romain, le peuple de Rome, et le gouvernement papal; les deux *Allégorismes* où Corneille figure par la *couronne à l'entrée dans la carrière*, et par l'*arrivée au port dès le départ*, le martyre après la conversion à la foi chrétienne; enfin les deux *Allégorismes* de Racine, où le jeune Joas est représenté comme un *monstre naissant élevé dans le temple*, et comme *un nuage qui porte dans ses flancs la foudre et la tempête*. Mais ce défaut est si grave, si choquant, que, pour le mieux faire connaître, et, par conséquent, le faire éviter avec plus de soin, nous croyons devoir le signaler d'une manière encore plus directe et plus particulière. C'est surtout dans les *Métaphores*, ou, pour mieux dire, entre les *Métaphores*, qu'il peut se trouver, et c'est là surtout que nous allons le chercher ici.

Boileau, dans son Discours au Roi :

Mais plutôt, sans ce *nom* dont la vive *lumière*,
Donne un lustre éclatant à leur veine grossière,
Ils verraient leurs écrits, honte de l'univers,
Pourrir dans la poussière à la merci des vers.
A l'*ombre* de ton *nom* ils trouvent leur asyle...

Il est prouvé, dans le *Commentaire des Tropes*, que la *lumière* d'un nom est une métaphore inadmissible, quoiqu'on dise très bien l'*éclat* d'un nom. Mais, supposé que l'un pût se dire aussi-bien que l'autre, convenait-il, après avoir prêté de la *lumière* au nom du Roi, et une *lumière* aussi *vive*, de lui prêter aussitôt de l'*ombre?* N'est-ce pas là une inconséquence, une contradiction manifeste ? Il est de toute évidence que la première métaphore est détruite par la seconde.

J.-B. Rousseau dit à Homère, dans son Ode sur les divinités poétiques :

Oui, c'est toi, *peintre* inestimable,
Trompette d'Achille et d'Hector.

Dès que la poésie est une sorte de peinture, le poëte peut bien être dit un *peintre;* il peut bien pour la poésie épique, être dit une *trompette*, dès que la trompette est l'instrument de la muse de l'Épopée. Les deux métaphores, *peintre et trompette*, sont donc, chacune, irrépréhensibles en elles-mêmes. Mais devaient-elles être ainsi rapprochées l'une de l'autre dans une même phrase? Qu'y a-t-il de commun entre un *peintre* et une *trompette*, et peut-on se faire à voir tout-à-coup transformé en *trompette*, le poëte qui vient à peine d'être transformé en *peintre?* Si du moins les deux métaphores étaient assez éloignées l'une de l'autre pour que la première fût oubliée quand la seconde arrive!

Le même poëte dit dans son Épître à Racine, en s'adressant aux esprits forts :

Votre raison, qui n'a jamais *flotté*
Que dans le trouble et dans l'obscurité,
Et qui, *rampant* à peine sur la terre,
Veut s'élever au-dessus du tonnerre,
Au moindre écueil qu'elle trouve ici-bas,
Bronche, trébuche et *tombe* à chaque pas;
Et vous voulez, fiers de cette *étincelle*,
Chicaner Dieu sur ce qu'il lui révèle!

Voilà donc la raison qui est une *étincelle*, et cette *étincelle*, vous l'avez vue *flotter*, *ramper*, *broncher*, *trébucher* et *tomber!* Or, quel rapport, quelle liaison y a-t-il entre toutes ces métaphores? Écoutons Condillac : « Quand on considère la raison comme une *étincelle*, » dit-il, peut-on dire qu'elle *flotte?* Et, si elle *flotte*, peut-» on dire qu'elle *rampe?* Enfin, si elle *rampe*, *bronche*-» t-elle, *trébuche*-t-elle, *tombe*-t-elle *au moindre écueil?* Ce » n'est là qu'une confusion de figures. »

Il est vrai que, dans les vers du poëte, la raison *flotte* avant d'être une *étincelle;* mais, après avoir *flotté*, doit-elle *ramper?* doit-elle, en *rampant*, *broncher*, *trébucher*, *tomber?* Enfin, doit-elle, après tout cela, être une *étincelle*, et une *étincelle* à qui Dieu fait des *révélations?*

Henriade, chant III :

D'Aumale est du parti le *bouclier* terrible;
Il a jusqu'aujourd'hui le titre d'invincible.

Mayenne, qui le guide au milieu des combats,
Est l'âme de la Ligue, et l'autre en est le *bras*.

Ce *bras* de la Ligue, c'est d'Aumale lui-même, ce d'Aumale que Mayenne *guide au milieu des combats*. Mais ce même d'Aumale vient d'être représenté comme un *bouclier*, et c'est tel qu'un *bouclier* qu'on croit le voir encore : comment donc peut-il devenir tout-à-coup un *bras?* Chacune de deux images est en elle-même très-belle; mais pouvez-vous bien les séparer l'une de l'autre, et s'offrent-elles à vos yeux, autrement que comme pour s'entre-détruire? Le défaut est, je le veux, moins choquant que dans les exemples qui précèdent; mais il ne l'est que trop encore pour tout lecteur attentif.

Citons un exemple de La Fontaine, auquel nous pourrions en ajouter plus d'un autre du même poëte. La Fontaine parle ainsi à madame de la Sablière, au commencement du dixième livre de ses fables :

Iris, je vous loûrais, il n'est que trop aisé :
Mais vous avez cent fois notre *encens* refusé :
En cela peu semblable au reste des mortelles,
Qui veulent tous les jours des louanges nouvelles.
Pas une ne s'endort à ce *bruit* si flatteur
Je ne les blâme point, je souffre cette humeur :
Elle est commune aux dieux, aux monarques, aux belles.
Ce *breuvage* vanté par le peuple rimeur,
Le *nectar* que l'on sert au maître du tonnerre,
Et dont nous enivrons les maîtres de la terre,
C'est la *louange*, Iris. Vous ne la goûtez point :
D'autres *propos* chez vous récompensent ce point :
Propos, agréables commerces,
Où le hasard fournit cent matières diverses...

Dans tout ce morceau, quelle douceur! quelle grâce! quelle harmonie! Vous douteriez-vous qu'il y ait là quelque défaut, quelque chose que la raison et le goût désavouent? Relisez cependant, relisez avec attention, et en vous tenant, autant que vous pourrez, en garde contre le prestige de cette poésie enchanteresse.

Dans quel sens est pris le mot *encens* du second vers? Le premier vers vous le dit assez, et les deux qui suivent le second ne vous le disent pas moins : il est pour louange, et c'est par une *métonymie* du signe, l'*encens* servant à marquer les plus grands honneurs que l'on puisse rendre. C'est en outre par une *métaphore* empruntée du culte divin, l'*encens* n'étant jamais réellement employé que dans les honneurs qui tiennent à ce culte. Enfin, quoi qu'il en soit, voilà d'abord la louange un *encens*.

Jusque-là, très-bien sans doute. Mais passez au cinquième vers. Quel est ce *bruit flatteur* auquel ne *s'endort* pas *une* seule du *reste des mortelles?* Examinez bien, vous verrez que c'est la louange. Mais nous venons de voir la louange un *encens* : comment peut-elle être sitôt un *bruit?* Comment toute encore, pour ainsi dire, dans la vue et dans l'odorat, peut-elle se faire entendre à l'oreille?

Mais poursuivons : vous verrez qu'il n'est presque aucun des cinq sens d'oublié. Cette louange, si prompte à vous échapper, que devient-elle au moment même que vous croyez l'entendre? Elle passe de votre oreille à votre goût, et la voilà, par un nouveau prodige, un *breuvage*, le *nectar* des dieux!

Du moins est-ce là sa dernière métamorphose? Que ces deux vers eux-mêmes vous le disent :

C'est la louange, Iris. Vous ne la goûtez point :
D'autres *propos* chez vous récompensent ce point...

Vous voyez donc que du goût, elle revient tout de suite à l'ouïe; mais ce n'est pas toutefois en simple *bruit* qu'elle y revient; c'est en *propos*, en discours agréables.

Vous vous étonnez d'avoir été ainsi dupe, et vous maudissez peut-être la froide analyse qui, en vous instruisant, vous a désenchanté. Mais voulez-vous oublier cette analyse, et reprendre votre enchantement? Remettez-vous à lire en vous laissant aller au charme des vers.

Nous allons terminer par une observation qui n'est pas sans importance : c'est que l'accumulation des *Allégories* proprement dites est loin d'entraîner le même inconvénient et le même vice que l'accumulation, soit des *métaphores simples*, soit de ces *métaphores composées* que nous appelons *Allégorisme*. L'accumulation des *Allégories* peut même être d'un très-bel effet, comme on le voit par l'exemple de Voltaire cité à la fin de l'article *Allégorie*. Le poëte veut prouver et rendre sensible cette vérité, Qu'il faut régler, modérer les passions, et non les étouffer ni leur lâcher la bride, et c'est ce qu'il ne saurait mieux faire qu'en disant en beaux vers, qu'il *veut tenir les rênes de ce coursier fougueux*, et *diriger dans son cours ce torrent rapide;* qu'il veut que *les vents épurent l'air et soufflent sans tempêtes;* que le *soleil marche et luise sur nos têtes sans nous brûler*.

Un autre exemple aussi assez beau, et où l'on voit jusqu'à cinq *allégories* différentes, est celui que nous fournit Horace dans les deux premières strophes de son Ode à Valgius. Le poëte veut consoler Valgius de la mort de son fils, et, pour lui prouver, pour lui faire sentir que la douleur et les pleurs doivent avoir un terme, il commence par lui dire : « Les tristes pluies, cher Valgius, » n'inondent pas toujours les campagnes. La mer » Caspienne n'est pas tourmentée par de continuelles » tempêtes. On ne voit pas, durant tous les mois de » l'année, les contrées d'Arménie couvertes de glaces, les » forêts du Gargan fatiguées par les Aquilons, et les » chênes dépouillés de leurs feuilles (1). » (*Traduction de* » *M. Binet.*)

On voit assez pourquoi les *allégories* peuvent être accumulées sur un même objet, sans qu'il en résulte le même abus que des *métaphores*. Les *allégories*, au lieu de transformer l'objet ou de le modifier plus ou moins, comme les *métaphores*, le laissent dans son état naturel, et ne font que le réfléchir comme des espèces de miroirs transparens. Elles n'offrent donc pas cette bizarrerie et cette confusion de formes dont l'une détruit l'autre.

Il est aussi aisé de voir pourquoi elles peuvent plaire. N'aimons-nous pas en général, au physique, cette reproduction et cette répétition simultanée d'une même image par divers miroirs fidèles qui se correspondent ? Or, pourquoi n'en serait-il pas de même au moral ?

(1) *Non semper imbres nubibus hispidos*
Manant in agros, aut mare Caspium
Vexant inæquales procellæ
Usque, nec Armeniis in oris,
Amice Valgi, stat glacies iners
Menses per omnes, aut Aquilonibus
Querceta Gargani laborant,
Et foliis viduantur orni.

Livre 2, ode 6.

TROISIÈME PARTIE

SUPPLÉMENT A LA THÉORIE DES TROPES

(A connaître assez pour pouvoir en rendre un compte sommaire, mais non à apprendre textuellement et par cœur. Sujet d'exercice pour le jugement et la raison, plutôt que pour la mémoire.)

Voilà cette *Théorie des Tropes* que nous avions à donner, et la voilà même plus qu'en substance; la voilà toute entière et dans tout son ensemble, bien qu'elle pût sans doute recevoir encore beaucoup plus de développement et d'étendue. Là donc pourrait, à la rigueur, se terminer notre ouvrage. Mais, s'il a été utile et même nécessaire de le commencer par une partie purement accessoire, propre à servir de préliminaire et d'introduction, en montrant les premiers fondements de la science qui en fait le grand et principal objet, pourra-t-il être hors de propos de le finir par une partie accessoire, propre, non-seulement à éclairer cette science d'un nouveau jour, mais à en rendre l'étude plus facile et plus fructueuse? C'est cette troisième et dernière partie que nous présentons sous le titre de *Supplément à la Théorie des Tropes*.

Dans ce *supplément*, on trouvera des vues nouvelles, et sans doute assez lumineuses, sur un point important et majeur, le sens *extensif* ou la *Catachrèse*, sujet de tant de discussions élevées contre Dumarsais dans le *Commentaire* de son Traité. On y verra aussi en quoi diffèrent des Tropes les autres formes du discours appelées *figures*, et par conséquent on y apprendra à mieux distinguer les unes des autres ces différentes formes.

Mais ce qu'il offre de tout particulier, et ce dont le Traité de Dumarsais, ce dont le *Commentaire*, ne donnent pas même la première idée, c'est l'art de reconnaître et d'apprécier les Tropes, réduit en principes et en pratique.

Enfin regardera-t-on comme inutile une explication détaillée des noms des Tropes, noms contre la plupart desquels tant d'esprits sont si prévenus, mais ne le sont sans doute que faute de les entendre? Cette explication fait l'objet du dernier chapitre.

CHAPITRE PREMIER

DES TROPES COMME PURES CATACHRÈSES, ET, PAR CONSÉQUENT, COMME NON VRAIES FIGURES

Il est un Trope que nous avons admis, comme Dumarsais, et auquel nous n'avons cependant ni donné un rang, ni consacré un article dans notre *Théorie* : c'est la *Catachrèse*. Nous n'avons pas cru, en effet, devoir traiter plus particulièrement de ce Trope, dès que, loin d'en faire, comme Dumarsais, une espèce à part, et une espèce non-seulement de Trope, mais même de figure, nous ne le regardons que comme l'emploi, sinon toujours primitivement, du moins actuellement forcé, de telle ou telle des trois grandes espèces que nous avons reconnues. Et d'ailleurs n'en n'avons-nous pas assez parlé sous les titres de ces diverses espèces ? Que pourrait-il manquer encore pour le connaître à fond, que de voir ce qui en est dit en cent endroits différens du *Commentaire*, et surtout dans l'article qui correspond à celui de Dumarsais ?

Cependant, comme nos principes sur la *Catachrèse* servent de fondement à tout notre système tropologique, nous ne pouvons qu'avoir à cœur de les mettre encore, s'il est possible, dans un plus grand jour. C'est pourquoi nous allons ajouter ici quelques nouvelles observations à celles qui se trouvent déjà en si grand nombre dans le *Commentaire*.

La *Catachrèse, en général, consiste en ce qu'un signe déjà affecté à une première idée, le soit aussi à une idée nouvelle qui elle-même n'en avait point ou n'en a plus d'autre en propre dans la langue*. Elle est, par conséquent, tout Trope d'un usage forcé et nécessaire, tout Trope d'où résulte un *sens* purement *extensif;* ce sens propre de seconde origine, intermédiaire entre le *sens propre primitif* et le *sens figuré*, mais qui par sa nature se rapproche plus du premier que du second, bien qu'il ait pu être lui-même *figuré* dans le principe. Or, les Tropes d'où résulte un *sens* purement *extensif*, non-seulement sont au nombre de trois, comme les Tropes d'où résulte un *sens figuré*, mais ils sont déterminés par les mêmes rapports que ceux-ci : la *correspondance*, la *connexion*, ou la *ressemblance* entre les idées; et ils ont lieu de la même manière : par *métonymie*, par *synecdoque*, ou par *métaphore*. Par conséquent, trois espèces différentes de *Catachrèses*, comme trois grandes espèces, ou, si l'on veut, comme trois genres de *figures de signification :* la *Catachrèse de métonymie*, la *Catachrèse de synecdoque*, et la *Catachrèse de métaphore*.

En traitant de la *métonymie* et de la *synecdoque*, nous avons signalé nombre d'exemples de ces deux Tropes, comme des *catachrèses*, plutôt que comme de vraies *figures*. Nous nous contenterons donc d'en ajouter ici quelques nouveaux, et nous passerons aussitôt à la *métaphore*, pour laquelle nous n'avons presque rien cité en ce genre.

I. CATACHRÈSE DE MÉTONYMIE

1° Ces *métonymies de la cause :* Un *Rubens*, un *Michel-Ange*, un *Lebrun*, pour Des tableaux de la main de ces peintres; Un *Pagnon*, un *Rousseau*, pour Des draps sortis, ou censés sortis des métiers de ces fabricans.

2° Ces *métonymies de la chose :* Un *Masque*, pour Une personne masquée; un *Cordon bleu*, un *Cordon rouge*, pour Un personnage décoré du cordon rouge ou du cordon bleu; la *Livrée*, pour des gens à livrée; la *Robe*, pour Des gens de judicature; en général, tous ces noms de terres, de champs, de bois, de villages, et autres semblables, devenus des noms de familles ou des surnoms.

3° Ces *métonymies du contenant :* La *Cour*, pour Les courtisans; le *Barreau*, pour Les gens du barreau, pour Les avocats; le *Tribunal*, pour les juges qui siègent au tribunal; les *Tribunes*, pour Les auditeurs des tribunes; les *Chambres*, pour Les sections d'un corps judiciaire ou d'un corps politique partagé en chambres.

4° Ces espèces de *métonymies du contenu*, par lesquelles certains lieux sont appelés du nom de la chose à laquelle ils servent, ou à laquelle ils sont consacrés : la *Comédie*, pour Le lieu où l'on joue la comédie; le *Collège*, réunion de maîtres et de disciples, pour Le lieu où se tient cette réunion; la *Bourse*, pour Le lieu où s'assemblent les marchands et les banquiers pour traiter de leurs affaires,

affaires d'argent, de *bourse*; la *Pitié*, la *Charité*, la *Maternité*, pour Maison ou Hospice de la Pitié, de la Charité, de la Maternité.

II. CATACHRÈSE DE SYNECDOQUE

1° Ces *synecdoques de la partie : Bouches*, pour Personnes considérées par rapport à la nourriture : *Il a tous les jours tant de bouches à nourrir; Tête*, pour Individu : *On dîne à tant par tête; Partager une succession par tête.*

2° Ces *synecdoques de la matière : Or, argent*, pour Monnaie d'or ou d'argent : *Douze cents francs en or, et six cents francs en argent; Bronze*, pour Figure de bronze : *Les beaux bronzes que voilà! Il aime les bronzes; Soie, coton*, pour Étoffe ou habit de coton, de soie : *Il ne porte que de la soie ou que du coton.*

3° Ces *synecdoques d'abstraction* : le *Gouvernement*, pour Les gouvernans; le *Ministère*, pour Les ministres; la *Commission*, pour Les commissaires; le *Conseil*, pour Les conseillers; le *Commerce*, pour les commerçans.

4° A-peu-près sans doute, toutes les *synecdoques du genre pour l'espèce*, ou *de l'espèce pour l'individu*, et même plusieurs *synecdoques de l'individu pour l'espèce*, comme celles-ci : Un *Tartufe* (nom de l'imposteur de Molière), pour Un hypocrite profond et dangereux; un *Turlupin* (nom d'un acteur de l'ancienne farce), pour un homme qui fait de mauvais jeux de mots, de froides et basses plaisanteries.

5° Enfin, toutes ces *synecdoques*, comme toutes ces *métonymies*, qui se présentent partout comme le mot propre; dont l'emploi ne demande ni art ni imagination, et qui se trouvent la seule ressource fournie par la langue pour tous les cas où elles sont d'usage.

III. CATACHRÈSE DE MÉTAPHORE

Ici les exemples seraient innombrables, et ce ne sont pas seulement les noms qui pourraient en fournir, mais toutes les espèces de mots représentatifs d'idées. La *métaphore-figure* va à peine jusqu'à l'adverbe; et la *métaphore-catachrèse* embrasse dans son étendue jusqu'à l'interjection. Il y a même bien peu de mots, dans chaque espèce, qu'elle n'ait soumis à son empire; car combien peu de mots ne présentent pas, sous une même forme, plusieurs idées très-distinctes, et n'équivalent pas, par leurs différentes acceptions, à autant de mots différens qui manquent à la langue! Bornons-nous à quelques espèces et à quelques exemples.

Noms. Le mot *aile* ne désignait d'abord, sans doute, que cette partie du corps de l'oiseau qui lui sert à voler; le mot *bras*, que cette partie du corps de l'homme qui tient à l'épaule et se termine par la main; le mot *tête*, que cette partie du corps de l'animal, qui est le siège de la cervelle et des organes des sens. Mais combien d'objets naturels ou artificiels ont des parties qui se présentent aux yeux, comme les *ailes* d'un oiseau, comme les *bras* d'un homme, ou comme la *tête* d'un animal! Au lieu donc de s'occuper à créer de nouveaux noms, on a consacré à de nouveaux usages les noms d'*aile*, de *bras*, de *tête*, et l'on a comme arrêté de dire, par extension du premier de ces noms : *Les ailes d'un bâtiment; les ailes d'une armée; les ailes d'un moulin à vent*, etc.; par extension du second : *Un bras de mer; les bras d'une rivière; les bras d'un fauteuil, d'une chaise*; *les bras d'une balance*, *d'un levier*, etc.; par extension du troisième : *La tête d'un arbre; la tête d'un pavot*, *d'un chou; la tête d'un clou*, *d'une épingle; la tête d'un pont; la tête d'une armée*, etc. Autant de *métaphores forcées*, quoique, sans doute, justes et naturelles; par conséquent autant de *Catachrèses.*

Celles-là sont dans l'ordre physique, et en voici dans l'ordre moral : *Lumière*, pour clarté d'esprit, pour intelligence, ou pour éclaircissement; *Aveuglement*, pour trouble et obscurcissement de la raison.

La première *lumière* que nous avons connue, c'est sans doute celle du jour, et c'est pour celle-là que le mot a été créé. Mais la raison n'est-elle pas comme un flambeau que l'Auteur de la nature a mis en nous pour éclairer notre âme, et ce flambeau ne nous est-il pas exactement au moral ce que le flambeau du jour nous est au physique? Il a donc fallu nécessairement lui attribuer une *lumière*, et dire, *La lumière de la raison*, comme nous disons, *La lumière du jour.*

Aveuglement n'a dû, dans le premier moment, se dire que de la privation du sens de la *vue;* mais celui qui ne voit pas bien distinctement les idées et leurs rapports; celui dont la raison est troublée, obscurcie, ne ressemble-t-il pas un peu à l'*aveugle* qui n'aperçoit pas les objets physiques? Le mot *aveuglement* s'est donc offert naturellement pour exprimer aussi cette privation de la vue morale. Et comment sans ces *métaphores forcées*, sans ces *catachrèses*, eût-on pu parvenir à retracer ces idées ?

ADJECTIFS. *Éclatant* a été très-probablement inventé pour signifier ce qui a de l'*éclat*, c'est-à-dire, une lueur brillante. Il ne s'est donc dit d'abord que de la lumière et des couleurs, que des vives sensations de la vue. Mais la voix et les sons ne font-ils pas quelquefois sur l'organe de l'ouïe, une impression à-peu-près semblable à celle qu'une lumière et des couleurs éclatantes font sur la vue ? Le terme étant donc tout trouvé, on n'en a pas cherché un nouveau, et on a dit aussi : Une *voix éclatante*, *des sons éclatans*. L'ordre moral s'est, à son tour, enrichi d'un terme aussi heureux, et l'on a dit, mais non pourtant, je crois, par pure *Catachrèse : Mérite éclatant*, *vertu éclatante*, *services éclatans*, etc.

Aigre et *doux* n'ont d'abord exprimé, à ce qu'il paraît, que des qualités connues par le goût ; *rude* et *aigu*, que des qualités connues par le tact. Mais la voix, les sons peuvent affecter l'ouïe de la même manière à-peu-près que ce qui est *doux*, *aigre*, *rude* ou *aigu*, affecte le sens auquel il s'adresse ; et c'est pourquoi l'on a dit aussi, *Voix* et *sons doux*, *aigres*, *rudes* ou *aigus*.

Mais ce n'est pas toujours un seul sens qui emprunte à un autre, et le même prêt se fait quelquefois à plusieurs. Le terme *aigre*, par exemple, qui a paru convenable à l'ouïe, n'a pas paru moins convenable à l'odorat, au tact et à la vue ; car, ne dit-on pas, Une *senteur aigre*, en parlant de certaines odeurs désagréables qui sortent d'une chose corrompue ? Ne dit-on pas d'un métal, qu'il est *aigre*, quand les parties n'en sont pas bien liées, et qu'elles se séparent les unes des autres ? Et, en peinture, n'appelle-t-on pas *Couleurs aigres*, celles qui ne sont pas liées par des passages qui les accordent ?

VERBES. Dumarsais, dans son article *Catachrèses*, fait connaître plusieurs des significations données par extension aux verbes *avoir*, *être* et *faire*, verbes qui reviennent à chaque instant pour exprimer, ou seuls, ou concurremment avec d'autres, nos pensées de tout genre. Montrons quelques-unes de celles qu'ont reçues par le même moyen les verbes *prendre* et *comprendre*.

Il est plus que probable que la première signification de *prendre* a été celle de Saisir, mettre en sa main : *Prendre un livre*, *prendre une pierre*, *prendre quelqu'un par la main*, *par le bras*. Mais, comme la main est le premier instrument de presque toutes nos actions physiques, la *saisie* par la main, la *mise en main*, s'est naturellement entendue de tout acte par lequel nous saisissons une chose pour un usage quelconque : *Prendre son manteau*, pour Mettre son manteau sur soi; *prendre perruque*, pour Commencer à porter une perruque; *prendre le deuil*, pour S'habiller d'un habit de deuil, etc. On ne s'en est pas tenu là; mais, à l'idée principale, on a joint diverses idées accessoires de cause, de motif, d'intention, de manière, de circonstance, et l'on a dit *prendre*, dans le sens de dérober, d'emporter en cachette, dans le sens même d'enlever, d'emporter par force, de s'emparer par les armes, par ruse, par embûches. La comparaison n'a pas manqué de faire passer dans l'ordre moral un verbe si utile, et il y a été bientôt aussi commun que dans l'ordre physique. Ainsi l'on a dit : *Prendre le sens d'un auteur*, pour Le saisir, l'entendre; *prendre une chose à la lettre*, pour L'expliquer précisément selon le propre sens des paroles; *prendre quelque chose en riant*, pour Ne s'en point fâcher; *prendre quelqu'un en guignon*, *en grippe*, pour Se prévenir contre lui sans pouvoir en donner la raison; *prendre quelque chose sur soi*, pour En répondre; *prendre la fuite*, pour S'enfuir; *prendre intérêt*, *prendre part à une chose*, pour S'y intéresser, y participer; *prendre avis*, *prendre conseil*, *prendre plaisir*, *prendre patience*, etc., etc.

Du verbe *prendre*, on a fait, au moyen de la préposition latine *cum* (avec), le verbe *comprendre*. Ce verbe signifie à la lettre, *Prendre avec* ou *ensemble*, et encore, *Prendre* avec force et de manière à embrasser, à envelopper entièrement, de manière à avoir tout-à-fait en sa puissance. Mais de là, à contenir, à renfermer en soi, il n'y a pas loin, et c'est à quoi la première signification du mot s'est d'abord étendue; c'est même à quoi elle s'est à la fin réduite : *L'Europe comprend plusieurs grands royaumes* : *La France comprend plusieurs provinces;* et, en parlant des choses morales : *La justice comprend toutes les vertus : La philosophie, telle qu'on l'entend aujourd'hui, comprend la Logique, la Métaphysique et la Morale*. On ne s'est pas borné dans l'ordre moral à cette signification du mot, mais on y en a joint d'autres plus ou moins analogues, et on l'a fait servir à exprimer cette vue de l'esprit par laquelle nous prenons une connaissance exacte de tous les divers élémens d'une idée complexe, ou de toutes les différentes idées d'une même pensée; comme quand on dit : *Je comprends fort bien ce que vous dites : Cela est difficile à comprendre : Vous ne comprenez pas la difficulté de l'affaire*, etc., etc.

PRÉPOSITION. Il n'est peut-être pas d'espèce de mot dont la *Catachrèse* dispose plus à son gré : car à combien d'usages différens les mêmes prépositions, et surtout quelques-unes, ne sont-elles pas employées! Nous n'en citerons qu'une seule, la préposition *à*.

Qu'on lise l'article *à* dans le dictionnaire de l'Académie, et l'on verra les innombrables usages de cette préposition. On verra qu'elle s'emploie dans le sens de beaucoup d'autres, telles que *vers*, *avec*, *après*, *dans*, *par*, *pour*, *selon*, *suivant*, *sur*, etc., et qu'elle sert à marquer toutes sortes de rapports; à marquer le mouvement : *Aller à la ville; Courir à sa perte;* la disposition : *Leste à la course; prompt à la colère;* le lieu ou la place : *Vivre à la campagne; être à la tête des affaires;* le temps : *Dîner à midi; Veiller à toute heure;* la posture, le geste : *Être à genoux; Se trouver nez à nez;* la manière : *Marcher à petits pas; S'habiller à l'espagnole;* la cause mouvante : *Moulin à vent; Arme à feu;* la destination d'une chose : *Terre à froment; Bois à brûler;* et que sais-je encore? Mais on verra aussi, l'on reconnaîtra sans peine que toutes ces diverses significations qui, comme Condillac l'a très-bien montré dans sa Grammaire, peuvent se réduire à une seule, à celle d'un rapport de *tendance*, ne sont venues que par analogie les unes à la suite des autres; on reconnaîtra que, dans l'état actuel de la langue, elles sont toutes également des significations propres, non-seulement dans l'ordre physique mais même dans l'ordre moral, quoique ce soit bien certainement du premier dans le dernier qu'elles ont été transportées.

Voilà la *Catachrèse* dans les divers procédés dont elle est susceptible, et dans les différentes formes sous lesquelles elle s'offre dans le langage; la voilà avec toutes ses différentes espèces, tantôt *synecdoque*, tantôt *métonymie*, et tantôt *métaphore forcée;* toujours, par conséquent, *Trope* purement *extensif;* toujours ne présentant, ou du moins n'ayant en vue de présenter qu'une seule idée, et la présentant toute nue et sans déguisement, tout au contraire des *Tropes-figures*, qui toujours en présentent deux, les présentent à dessein, et l'une sous l'image de l'autre, ou à côté de l'autre.

CHAPITRE II

EN QUOI DIFFÈRENT DES TROPES LES AUTRES FORMES DU DISCOURS APPELÉES FIGURES

Nous connaissons les Tropes en eux-mêmes : mais il est bon de les connaître aussi par rapport aux autres formes du discours avec lesquelles on leur fait partager le titre de *figures;* il est bon de savoir au besoin les distinguer de ces formes, comme de savoir en distinguer ces formes elles-mêmes. Mais, pour cela, il n'est pas nécessaire, sans doute, d'entrer dans le détail de tous les genres et de toutes les espèces de celles-ci : il suffira d'en prendre comme au hasard quelques-unes, pour exemples, dans les différentes classes.

Or, si nous nous rappelons le quatrième chapitre des *Notions préliminaires*, nous savons que les classes de figures autres que les Tropes sont, d'abord, au nombre de deux grandes : *Les figures de mots proprement dites*, et *Les figures de pensées absolument indépendantes des mots;* et que la première de ces deux classes se subdivise en quatre : *Les figures de Diction; Les figures de Construction; Les figures d'Élocution*, et *Les figures de Style*. Mais négligeons ces subdivisions, qui nous offrent autant de classes subordonnées; comptons cinq classes principales, et passons-les successivement en revue (1).

(1) Ces cinq classes en font sept avec les deux de *Figures de Signification* et de *Figures d'expression* que forment les Tropes. La plupart des rhéteurs en distinguent moins de dix, et l'Encyclopédie Méthodique se borne à ce nombre; mais c'est qu'elle réduit tous les Tropes aux Tropes de *Signification*. en appelant *Figures d'Oraison*, ceux qu'elle reconnaît pour de vraies figures,

Nous croyons devoir faire observer que des distinctions rigoureuses de classes sont sans doute nécessaires dans l'enseignement ou dans l'étude de la théorie des figures; mais qu'il pourrait y avoir de la minutie ou une sorte d'affectation pédantesque, à vouloir toujours s'y astreindre dans l'usage ordinaire. Il peut souvent suffire de rapporter telle ou telle figure, à la classe générale sous laquelle se trouve la classe subordonnée à laquelle elle appartient. Il y a même telle classe subordonnée dont on peut faire, en certains cas, une classe générale; et telle est entre autres la classe des *Figures de Diction:* on y fait souvent rentrer les *Figures d'Élocution* et les *Figures de Construction*,

A. — FIGURES DE DICTION

Une altération produite dans la forme primitive ou ordinaire des mots, par l'addition, le retranchement, ou le changement d'une lettre ou d'une syllabe, est ce qu'on appelle communément une *Figure de Diction*, ou autrement un *Métaplasme*, du grec Μεταπλασμός, qui signifie la même chose que *Transformation*.

Les mots *Esprit*, *Espace*, *Étude* (anciennement *Estude*), et *Étang* (anciennement *Estang*), ont été formés des mots latins *Spiritus*, *Spatium*, *Studium*, et *Stagnum*, par l'addition d'un *e* au commencement, et ce *Métaplasme* par addition initiale s'appelle *Prosthèse*, du grec πρός, devant, auprès, et θέσις, position.

Gaîté, *enjoûment*, *dénoûment*, *j'avoûrai*, sont pour *gaieté*, *enjouement*, *dénouement*, *j'avouerai*, dont on a retranché l'*e* du milieu, par un *Métaplasme* appelé *Syncope*, du grec κόπτω, couper, et de συν, avec, en dedans (couper en dedans, au milieu).

Par un *Métaplasme*, appelé *Métathèse*, nous disons *troubler*, pour *tourbler*, le *nekre*, pour le *neker;* et nous avons converti en *b* le second *m* de *marmor*, pour en faire *marbre;* en *v*, le *p* de *rapere*, pour en faire *ravir;* en *d*, le *g* de *fingere*, *pingere*, *tingere*, pour en faire *feindre*, *peindre*, *teindre*. *Métathèse, de* θέσις, position, et de μετα, au delà.

Les autres *Métaplasmes*, et il y en a encore neuf ou dix, ne diffèrent de ceux-là que par la place ou le genre de l'addition, du retranchement, ou du changement. Or, il est aisé de voir qu'ils n'ont absolument rien de commun avec les *Tropes*, puisqu'ils ne font absolument rien à la signification ou au sens des mots; qu'ils ne sont faits, en quelque sorte, que pour l'oreille, et qu'ils n'ont lieu que par *Euphonie*, c'est-à-dire, que pour plus de douceur et d'agrément dans le son. Il est même évident qu'ils ne peuvent que bien rarement mériter le nom de *figures*, attendu qu'ils n'ont guère d'emploi que pour la formation des mots, ou que pour leur introduction d'une langue

comme on comprend sous le titre de *Figures de Langage*, toutes les sortes de Tropes. C'est, par exemple, ce que fait à tout moment Laharpe dans son Cours de littérature et dans son Commentaire sur Racine; et quand vous y voyez, *Figures de Diction*, ou *Figures de Langage*, vous devez souvent entendre par les premières, *Figures de Construction*, ou *Figures d'Élocution*, quelquefois même peut-être *Figures de Style;* et par les secondes, assez ordinairement, *Figures de Signification*, ou *Figures d'Expression*.

dans une autre; et que, dès qu'ils y ont été une fois attachés, ils en sont ordinairement inséparables. C'est ainsi du moins qu'il en est en général dans la langue française.

B. — FIGURES DE CONSTRUCTION

Les *Figures de Construction* consistent dans la manière dont les mots sont combinés et disposés dans la phrase, et elles ont lieu, ou par une surabondance de mots, comme le *pléonasme;* ou par une suppression de mots, comme l'*ellipse;* ou par un ordre de construction tout différent de l'ordre suivi dans l'usage commun. Mais, bien que ces figures puissent donner, et donnent en effet très-souvent, au discours, une noblesse, une force, une grâce toute particulière, elles n'affectent pourtant pas le sens des mots ou de l'expression, de manière à le changer plus ou moins; et, par conséquent, elles n'ont rien qui les rapproche des Tropes. C'est ce que vont rendre sensible quelques exemples.

Puissé-je *de mes yeux* y voir tomber la foudre!...
Et que m'a fait, *à moi*, cette Troie où je cours?

Voilà deux *pléonasmes : De mes yeux;* dans le premier vers : *A moi*, dans le second; et voici deux *ellipses :*

Que vouliez-vous qu'il fît contre trois? — *Qu'il mourût...*
Je t'aimais inconstant : qu'*aurais-je fait, fidèle?*

Qu'*il mourût*, pour, *Je voulais qu'il mourût*, *Qu'aurais-je fait, fidèle*, pour, *Qu'aurais-je fait, si tu avais été fidèle;* ou, *toi étant fidèle.*

Ces *pléonasmes* et ces *ellipses* sont sans doute d'un très-bel effet, et si vous ôtez les premiers, les vers ne peignent plus la passion, ou ne la peignent que faiblement; si vous faites disparaître les autres, en suppléant ce qui manque, le fameux *Qu'il mourût* cesse d'être sublime; et le vers non moins fameux que Racine met dans la bouche d'Hermione, n'a plus rien qui puisse pénétrer le cœur de Pyrrhus, à qui elle l'adresse. Mais le sens qu'offrent les deux *pléonasmes*, et celui qui tient aux deux *ellipses*, n'en est pas moins le *sens propre* et naturel des mots exprimés ou sous-entendus.

Quelle n'est pas l'élégance, l'harmonie, quel n'est pas le charme de ces deux vers d'*Athalie :*

Du temple orné partout de festons magnifiques,
Le peuple saint en foule inondait les portiques!

Et à quoi doivent-ils ce mérite, si ce n'est à cette construction poétique qui, en renversant l'ordre de l'analyse, a fait du premier vers, le second, et du second, le premier? Mais cette construction, en changeant l'ordre, n'a rien changé au sens, et elle l'a laissé tel, au fond, qu'il eût été avec la construction simple : *Le peuple saint inondait en foule les portiques du temple orné partout de festons magnifiques.*

On voit bien dans ces vers une métaphore, *inondait;* et cette métaphore peint très-bien ce mouvement alternatif et tumultueux d'une foule de peuple qui se presse par *flots.* Mais ce Trope est le seul qui s'y trouve; il ne consiste qu'en un seul mot, et il est exactement le même dans les deux constructions; ce qui prouve assez qu'il est également indépendant de l'une et de l'autre, et que ni l'une ni l'autre n'en reçoit aucune modification.

C. — FIGURES D'ÉLOCUTION

C'est le choix, l'assortiment des mots, et leur plus ou moins heureux emploi dans la phrase, qui donnent lieu aux *figures d'Élocution.* Elles se bornent à l'expression d'une seule idée, et ne consistent qu'en quelques mots au plus, quand ce n'est pas en un seul. Mais de même qu'elles ne font rien à la signification des mots, la signification des mots ne leur fait rien, non plus; et, que cette signification soit propre ou ne le soit pas, elles n'en restent pas moins toujours les mêmes.

On peut compter, sous quatre genres divers, une quinzaine au moins de *Figures d'Élocution :* par exemple, et entre autres, la *Répétition*, la *Synonymie*, l'*Adjonction*, la *Conjonction*, l'*Épithète*, et la *Dérivation.*

Répétition :

Rompez, rompez tout pacte avec l'impiété...
Le Ciel, le juste *Ciel,* par le crime honoré,
Du sang de l'innocence est-il donc altéré?

Synonymie :

Muse, prête à ma bouche une voix plus sauvage,
Pour chanter *le dépit, la colère, la rage,*
Que le chantre sentit allumer dans son sang,
A l'aspect du pupitre élevé sur son banc.

Adjonction :

Irai-je dans une ode, en phrases de Malherbe,
Troubler dans ses roseaux le Danube superbe;
Délivrer de Sion le peuple gémissant;
Faire trembler Memphis, ou *pâlir* le Croissant;
Et, passant du Jourdain les ondes alarmées,
Cueillir mal à propos les palmes idumées?

Conjonction :

Oui, je le lui rendrai, *mais* mourant, *mais* puni,
Mais versant à ses yeux le sang qui m'a trahi.

Épithète :

Il fallut s'arrêter, et la rame *inutile*
Fatigua vainement une mer *immobile*,

Dérivation :

Malheureuse, j'appris à plaindre le *malheur*...
Ton bras est *invaincu*, mais non pas *invincible*...
Possède *justement* son *injuste* opulence.

Or, examinez bien toutes ces figures : il n'en est aucune qui ressemble à un Trope, et qui par elle-même change, *détourne* en rien le sens des mots auxquels elle tient. Dans la première *répétition*, l'impiété est personnifiée, mais ce n'est pas par la *répétition :* c'est par ce pacte conclu avec elle. Dans la seconde, la *métonymie*, *Le Ciel*, est *personnificative :* mais ce n'est pas non plus par la *répétition :* c'est par la demande, *S'il est honoré par le crime*, et *S'il est altéré du sang de l'innocence.*

On voit ce qui constitue la *synonymie* dans les mots *Le dépit*, *la colère*, *la rage*. C'est que ces trois mots expriment une même idée fondamentale, et ne font qu'enchérir graduellement l'un sur l'autre. Mais ils sont, du reste, tous les trois dans leur sens propre.

Les vers cités pour l'*Adjonction* offrent un exemple de cette figure d'expression si remarquable par la hardiesse, et dont nous avons fait une espèce particulière de *métalepse : Irai-je... Troubler dans ses roseaux*, etc., pour, *Irai-je célébrer*, *chanter le Danube troublé dans ses roseaux; le peuple gémissant de Sion délivré de son joug*, etc., etc. Mais l'*Adjonction* est tout-à-fait indépendante de cette *métalepse*, et elle consiste en ce que les infinitifs des quatre derniers vers se rapportent, comme celui du second, à *irai-je*, et en sont autant de nouveaux régimes devant chacun desquels il est sous-entendu par *ellipse*.

D. — FIGURES DE STYLE

Les *figures de Style* diffèrent des *figures d'Élocution*, en ce qu'elles s'étendent à l'expression de toute une pensée, et qu'elles consistent en un assemblage de mots qui, s'il ne fait pas toute une phrase, en fait du moins une bonne partie, et une partie essentielle. Ce qui les caractérise, c'est une vivacité, une noblesse, ou un agrément qu'elles donnent à toute l'expression, n'importe quel en soit le sens, ou figuré ou non figuré. On peut en compter un assez grand nombre; mais nous allons nous borner aux suivantes, sans même les définir : l'*Interrogation*, l'*Apostrophe*, la *Périphrase*, la *Comparaison* et l'*Antithèse*.

Interrogation :

Pensez-vous par des pleurs prouver votre tendresse?
Où sont-ils, ces combats que vous avez rendus?
Quels flots de sang pour elle avez-vous répandus?
Quel débris parle ici de votre résistance?
Quel champ couvert de morts me condamne au silence?

Clytemnestre, qui parle ainsi à Agamemnon dans *Iphigénie*, n'exprime point un doute, et ne provoque pas une réponse, mais elle parle, au contraire, avec la plus vive persuasion, et elle défie Agamemnon de pouvoir nier ou même répondre. Enfin, c'est comme si elle lui disait : *Ne pensez pas prouver votre tendresse par des pleurs. Vous êtes loin d'avoir rendu des combats pour elle, d'avoir répandu pour elle des flots de sang; nul débris ne parle ici de votre résistance, nul champ couvert par vous de morts ne me condamne à me taire.* Mais combien ce serait faible, en comparaison de ce tour si vif et si pressé employé par le poëte! C'est à ce tour tout *interrogatif*, que tient la figure, et c'est de là aussi que lui vient le nom d'*interrogation*. Il est vrai qu'à cette sorte d'*interrogation*, se trouve jointe une sorte de figure d'expression qui a quelque chose de l'*ironie;* mais cette figure d'expression, bien qu'importante et remarquable, ne vient pourtant qu'à la suite, et c'est la figure de style qui se présente comme la première et la principale. C'est donc celle-ci qui doit l'emporter sur l'autre, et l'entraîner avec elle dans la classe que lui assigne son titre essentiel et constitutif.

Apostrophe :

Enfin, pour me cacher cet horrible mystère,
Il me donna sa sœur, il m'appela son frère.

O nom qui m'as trahi! vains sermens! nœud fatal!
Hymen, qui de nos maux fus le premier signal,
Tes flambeaux que du Ciel alluma la colère,
Éclairaient à mes yeux le trépas de ma mère.

Dans les deux derniers vers, nous avons tout-à-la-fois un *allégorisme* et une *allusion*, ou, comme on voudra, un *allégorisme allusif*. Mais cette double figure d'expression se trouve dans l'*Apostrophe*, et n'est pas l'*Apostrophe* même : l'*Apostrophe* en est au contraire très-différente, et elle consiste dans cette diversion soudaine par laquelle Henri IV, parlant à Élisabeth, se détourne en quelque sorte d'elle pour s'adresser à un *nom*, à des *sermens*, à un *nœud*, à un *hymen*, tous êtres purement abstraits, et tout-à-fait hors d'état de l'entendre.

Périphrase :

Des veines d'un caillou qu'il frappe au même instant,
Il fait jaillir un feu qui pétille en sortant,
Et bientôt, au brasier d'une mèche enflammée,
Montre, à l'aide du souffre, une cire allumée.

C'est ainsi que s'exprime Boileau, au lieu de dire tout simplement : *Il bat le briquet et allume une bougie;* il peint ces deux actions en poëte, au lieu de se borner à les énoncer selon l'usage vulgaire. Mais cette expression pittoresque, malgré ce long détour et cette riche abondance de quatre vers, n'en est pas moins directe que l'expression commune, et l'on ne saurait y rien voir de ce sens *détourné* et tout *spirituel* d'une *figure d'expression*. Il s'y trouve, à la vérité, un Trope de signification, *cire* pour bougie, par *synecdoque de la matière*, et ce Trope est une vraie figure : mais il est par trop évident que cette figure bornée à un seul mot, n'a rien de commun avec la *périphrase*.

Comparaison :

Les assiégeans surpris sont partout repoussés,
Cent fois victorieux, et cent fois renversés;
Pareils à l'Océan poussé par les orages,
Qui couvre à chaque instant, et qui fuit ses rivages.

Antithèse :

Tout lui plaît et déplaît, tout le choque et l'oblige;
Sans raison il est gai, sans raison il s'afflige.

Vous n'avez pas besoin de beaucoup réfléchir sur ces deux exemples, pour voir combien, dans l'un, la *compa-*

raison, et combien, dans l'autre, l'*antithèse*, diffèrent de tout Trope quelconque de signification ou d'expression. Dans le second, il n'y a de Trope d'aucune sorte, et tous les mots y sont pris au propre. Dans le premier, l'Océan se trouve un peu *personnifié* par cette action de *fuir ses rivages*, que lui prête le second hémistiche du dernier vers : mais cette *personnification*, fût-elle plus marquée, n'aurait encore rien de commun avec la *comparaison*, qui consiste en ce que les assiégeans, à raison de cette succession alternative et continuelle de victoire et de chute, sont assimilés à l'Océan poussé et repoussé sans cesse dans deux sens opposés.

E. — FIGURES DE PENSÉES

Les véritables *figures de pensées* doivent tellement consister dans le tour de l'imagination et dans la manière particulière de penser ou de sentir, que, les mots par lesquels elles sont connues venant à changer, elles n'en restent pas moins les mêmes quant au fond. Ce sont donc, de toutes les figures, celles qui ont le moins de rapport avec les *Tropes*. Sur plus de vingt qu'on en compte, nous allons en examiner trois ou quatre, par lesquelles on pourra juger de toutes les autres sous le même point de vue.

Prosopopée :

Phèdre en proie à ses remords :

Où me cacher ? fuyons dans la nuit infernale.
Mais que dis-je ? mon père y tient l'urne fatale.
Le Sort, dit-on, l'a mise en ses cruelles mains.
Minos juge aux enfers tous les pâles humains.
Ah ! combien frémira son ombre épouvantée,
Lorsqu'il verra sa fille à ses yeux présentée,
Contrainte d'avouer tant de forfaits divers,
Et des crimes peut-être inconnus aux enfers !
Que diras-tu, mon père, à ce spectacle horrible ?
Je crois voir de ta main tomber l'urne terrible.
Je crois te voir cherchant un supplice nouveau,
Toi-même de ton sang devenir le bourreau.
Pardonne. Un Dieu cruel a perdu ta famille :
Reconnais sa vengeance aux fureurs de ta fille.

La *Prosopopée* n'occupe pas tout ce morceau si pathétique, où la douleur va jusqu'à l'égarement : elle ne commence guère qu'au moment où Phèdre, se figurant être devant le tribunal de son père, fait entendre comme un cri d'épouvante ce vers si brusque :

Que diras-tu, mon père, à ce spectacle horrible?

Mais elle continue jusqu'à la fin sans interruption, et elle est portée au dernier degré du sublime dans cette déchirante *amende honorable* qui la termine :

Pardonne. Un Dieu cruel a perdu ta famille :
Reconnais sa vengeance aux fureurs de ta fille.

Et en quoi consiste ici cette figure, dont on ne trouverait pas facilement un plus bel exemple, mais dont on pourrait en citer de plus ou moins divers? Elle consiste en ce que Phèdre, dans l'excès de son désespoir, se donne à elle-même, non-seulement pour témoin, pour accusateur, mais même pour juge, et qui plus est, pour bourreau, son propre père, Minos, devant le tribunal duquel elle se croit traduite. Or, a-t-elle rien de semblable à un *Trope?* a-t-elle même rien de semblable à une *figure de style?* Et si les mots qui servent à la manifester, la font singulièrement valoir et ressortir, n'est-il pas certain pourtant qu'elle subsisterait encore avec des mots tout différens, avec ceux-ci, par exemple? *O mon père! pour toi quel coup terrible! Je te vois éperdu, furieux, t'élancer contre moi, et me maudire, me condamner comme l'opprobre de ta maison. Ah! daigne, je t'en conjure, m'accorder quelque pitié. Je suis moins coupable que malheureuse : j'ai été poussée à tant d'horreurs par un pouvoir invincible.*

Personnification *de pensée :*
Henriade, chant VII :

Là gît la sombre Envie, à l'œil timide et louche,
Versant sur des lauriers les poisons de sa bouche.
Le jour blesse ses yeux dans l'ombre étincelans :
Triste amante des morts, elle hait les vivans.
Elle aperçoit Henri, se détourne et soupire.
Auprès d'elle est l'Orgueil qui se plaît et s'admire;
La Faiblesse au teint pâle, aux regards abattus,
Tyran qui cède au crime et détruit les vertus;
L'Ambition sanglante, inquiète, égarée,
De trônes, de tombeaux, d'esclaves entourée;
La tendre Hypocrisie aux yeux pleins de douceur :
(Le ciel est dans ses yeux, l'enfer est dans son cœur);
Le Faux-Zèle étalant ses barbares maximes,
Et l'Intérêt enfin, père de tous les crimes.

Vous voyez, dans cette belle fiction poétique, à combien de pures et vaines abstractions la *Personnification* donne comme par enchantement l'être et la vie, un corps et une âme. Mais cette *personnification*, examinez-la bien, est-elle la même que celle dont nous avons fait une *figure d'expression*, que celle, par exemple, de ces vers :

Les Plaisirs près de moi vous chercheront en foule...
Sur les ailes du Temps, la Tristesse s'envole...
La Gloire et la Vertu leur montrent le chemin...
La Raison, pour marcher, n'a souvent qu'une voie...
Le Parnasse parla le langage des halles.

Ici, vous en conviendrez, la *personnification* n'est vraiment qu'*un jeu d'expression*, qu'une façon de parler, où, pour rendre la pensée plus sensible, on la met en image; mais que personne ne prend à la lettre, et que tout le monde, au contraire, traduit aussitôt en soi-même par l'expression simple : *Vous trouverez près de moi toutes sortes de plaisirs; La tristesse passe bien vite avec le temps : Ils s'en vont, ne consultant que la gloire et que la vertu : Nous n'avons souvent, pour marcher, qu'une seule voie indiquée par la raison : Le langage de la poésie ressembla au langage des halles.*

Dans l'exemple de *la Henriade*, au contraire, vous ne substituerez pas une autre expression à celle du poëte, mais vous prendrez à-peu-près celle du poëte à la lettre; et, si vous n'adoptez pas pour êtres vraiment physiques ceux qu'il semble vous donner réellement pour tels, vous leur laisserez du moins par supposition et pour le moment une sorte de vraie existence. Enfin, vous reconnaîtrez que cette *personnification* est absolument indépendante des mots, et qu'elle est toute dans la pensée; qu'elle est à-peu-près comme la *personnification* qui a produit tous les êtres de la *fable;* et peut-être penserez-vous que le nom de *fabulation* pourrait, en conséquence, lui convenir assez bien : car elle diffère trop du *mythologisme*, pour être appelée de ce dernier nom.

Si nous passions à l'*Antéoccupation*, à la *Communication*, à la *Concession*, à la *Topographie*, enfin à toutes les autres figures de pensées, nous les trouverions encore bien plus différentes des Tropes que les deux précédentes. Jugez-en par l'*Antéoccupation.*

Boileau, sat. IX :

« Il a tort, dira l'un, Pourquoi faut-il qu'il nomme?
» Attaquer Chapelain! Ah! c'est un si brave homme.

» Balzac en fait l'éloge en cent endroits divers.
» Il est vrai, s'il m'eût cru, qu'il n'eût point fait de vers.
» Il se tue à rimer : que n'écrit-il en prose? »
Voilà ce que l'on dit. Eh! que dis-je autre chose?
En blâmant ses écrits, ai-je d'un style affreux,
Distillé sur sa vie un venin dangereux?...

Dans les cinq premiers vers, le poëte prévient ce qu'on pourrait lui objecter contre la satire personnelle, et lui alléguer en faveur de ce malheureux Chapelain, aux dépens duquel il vient de s'égayer encore une fois. Mais il ne le prévient que pour le réfuter d'avance, et faire même tourner à son propre avantage tout le parti qu'on eût pu en tirer contre lui. C'est là ce qu'on appelle une *Antéoccupation*, et dans celle-ci l'adresse du poëte va jusqu'à faire parler la voix publique contre Chapelain, afin de n'en paraître lui-même que l'écho innocent. Mais ce que nous avons à examiner ici, c'est si cette figure tient des Tropes, et nous voyons qu'elle n'y a aucun rapport : car elle ne donne certainement pas à entendre autre chose que ce qu'elle dit.

CHAPITRE III

MOYENS DE RECONNAITRE LES TROPES DANS LE DISCOURS, ET D'EN APPRÉCIER LE MÉRITE

Il ne suffit pas de connaître les *Tropes* théoriquement, et de pouvoir dire en général comment on les définit, comment on les nomme, quels en sont les genres, quelles en sont les espèces, et quelles conditions ils doivent réunir pour être des beautés de langage, quand ils sont employés, non par besoin ou par nécessité, mais librement et par choix. Ce qui est bien plus important, et aussi bien plus difficile, c'est de savoir les reconnaître et les caractériser à mesure qu'ils se présentent dans le discours; de savoir juger si ce ne sont que des Tropes purement *extensifs*, purement *catachrétiques*, c'est-à-dire, auxquels on n'ait voulu attacher qu'un seul sens; ou si ce sont des Tropes véritablement *figurés*, et à double sens; et, dans ce dernier cas, s'ils sont d'un bon usage, d'un bon effet; s'ils sont avoués, ou, au contraire, condamnés par la raison et le goût. Or, comment parvenir à cette connaissance si essentielle, et à ce discernement sans lequel elle ne serait rien encore, pour ainsi dire?

Il me semble qu'il doit y avoir pour cela quelques moyens sûrs, infaillibles. Ce sont ceux mêmes, sans doute, qui ont servi, dans l'origine, à faire soupçonner et découvrir ces phénomènes du langage qu'on appelle *Tropes*. Tâchons de les trouver et d'en faire un art.

A. — PROCÉDÉS ET PRINCIPES

Les *Tropes* sont, avons-nous dit, ou de simple *signification*, ou d'*expression :* les premiers consistent en un seul mot; les seconds en un assemblage de mots d'où résulte, sinon une phrase entière, du moins une proposition ou explicite ou elliptique. Eh bien! voulez-vous savoir si dans tel morceau, dans tel passage d'un discours donné, il se trouve des *Tropes* de la première classe ou de la seconde, et si ceux de la première, qui peuvent assez souvent n'être pas des figures, en sont ou n'en sont pas réellement ? Prenez ce morceau, ce passage, phrase par phrase, et à chaque phrase qui vient, examinez si toute cette phrase, ou au moins quelqu'une des propositions dont elle est composée, ou enfin quelques-uns des mots qui servent à l'énonciation, ne doivent pas se prendre dans un tout autre sens que le sens littéral et propre; ou, si, à ce dernier sens, on n'en a pas joint un autre qui soit précisément celui qu'on a eu principalement en vue. Dans les deux cas, c'est un Trope d'*Expression*, s'il consiste en deux ou plusieurs mots; et un Trope de *Signification*, s'il ne consiste qu'en un seul mot. Par *un seul mot*, j'entends ici un seul mot représentatif d'une idée objective : ainsi l'article qui détermine un nom n'empêche point que ce nom ne soit considéré comme un seul mot, parce que l'article ne représente par lui-même aucune idée du genre dont il s'agit.

Nous supposons la classe du Trope connue : quelle en est l'espèce ? c'est-à-dire, quel est ce *Trope* de *Signification*, ou ce *Trope* d'*Expression ?* C'est selon sa manière particulière de signifier ou d'exprimer, ou selon le rapport qui lui sert de fondement.

Le *Trope de Signification* est-il fondé sur une sorte de ressemblance entre deux objets ? c'est une *Métaphore*. Suppose-t-il entre les objets une dépendance telle que l'existence ou l'idée de l'un soit renfermée dans l'existence ou dans l'idée de l'autre ? c'est une *Synecdoque*. Ne suppose-t-il entre les objets qu'une simple relation, en vertu de laquelle ils se correspondent mutuellement sans tenir l'un à l'autre ? c'est une *Métonymie*. Il restera ensuite à déterminer quelle sorte de *Métonymie*, de *Synecdoque*, ou de *Métaphore;* mais ce ne sera pas extrêmement difficile, pour peu que l'on regarde aux caractères particuliers et distinctifs.

Quant au *Trope d'expression*, c'est une *Allégorie*, une *Personnification*, ou quelque chose d'approchant, s'il offre une image. C'est une *Hyperbole*, une *Allusion*, une *Métalepse*, une *Association*, une *Litote*, ou une *Réticence*, si, sans offrir une image, il ne dit ni directement, ni expressément, ni précisément, ce qu'il faut penser, mais s'il fait penser ou plus, ou moins, ou différemment qu'il ne dit. Enfin, c'est une *Prétérition*, une *Ironie*, une *Épitrope*, ou quelque chose d'approchant, s'il fait penser à-peu-près tout le contraire de ce qu'il dit.

Voilà les moyens de reconnaître et de caractériser sûrement les *Tropes*. Ce ne sont que les procédés mêmes de l'observation et de l'analyse, ces procédés si simples et si naturels qui sont à la portée de tous, et qui seuls conduisent aux vérités et aux découvertes. Mais est-ce par les mêmes moyens qu'on peut apprécier les *Tropes?* Ne semblerait-il pas que cette appréciation n'appartient qu'au goût seul; qu'elle est toute de sentiment et comme d'instinct, et qu'on ne peut guère la réduire en art? C'est difficile, il faut en convenir : mais cependant, si le goût, comme il n'y a point de doute, n'est qu'une raison perfectionnée, où serait l'impossibilité de parvenir à l'éclairer et à le diriger?

L'art d'apprécier les *Tropes* (et il n'est question que des *Tropes-figures*, car pour les autres, ils ne diffèrent point du langage ordinaire, et ne sortent point de l'ordre commun); l'art, dis-je, d'apprécier les *Tropes* doit être fondé sur les mêmes principes à-peu-près que l'art de les employer; et qui connaît l'un, n'est sûrement pas loin de connaître l'autre. Rappelons-nous donc ce qui a été dit touchant l'usage et l'abus des *Tropes :* nous verrons que, pour les apprécier, il faut les examiner relativement au sujet que l'on traite, relativement au style, relativement au genre d'écrire, et enfin en eux-mêmes.

Règle générale : Qu'ils soient toujours parfaitement adaptés au sujet et au style, jamais au-dessus, jamais au-dessous soit de l'un soit de l'autre; moins hardis et plus rares dans la prose que dans la poésie, et dans tel genre de poésie ou de prose que dans tel autre.

Les *Métaphores*, les *Personnifications*, les *Allégories*, demandent une attention toute particulière, quand elles ne sont pas consacrées par l'usage, et en quelque sorte données par la langue même : voyez si elles n'offrent ni fausseté dans le rapport des idées, ni incohérence dans les termes, ni un mélange bizarre du propre et du figuré.

Considérez bien, quant aux *Hyperboles*, si elles ne vont pas au delà de la vraisemblance; et, quant aux *Allusions*, aux *Métalepses*, aux *Ironies*, si, à force de subtilité et de finesse, elles ne dégénèrent pas en véritables énigmes.

Les défauts sont, en général, ce me semble, plus aisés à saisir et à déterminer que les beautés, parce que, s'écartant de la règle, ils ont par cela même quelque chose de plus saillant et de plus sensible : ce serait donc, je crois, singulièrement faciliter et simplifier l'examen, que de le porter moins directement sur les beautés que sur les défauts, c'est-à-dire, que de rechercher moins directement ce qui peut être bon que ce qui pourrait être mauvais. Le *Trope* offre-t-il quelque défaut réel, et un défaut que rien ne rachète et ne compense ? on le condamne sans balancer. N'y découvre-t-on, au contraire, rien de choquant, rien de vicieux ou de répréhensible ? il est, par cela même, sinon ce qu'on peut appeler beau, du moins au-dessus de la critique, et il ne doit pas être accueilli avec défaveur.

Montrons maintenant par divers exemples, la pratique de l'Art dont nous venons d'exposer les principes.

B. — APPLICATION DES PRINCIPES A UN GRAND NOMBRE D'EXEMPLES

I

Delille, dans sa traduction des *Géorgiques*, dit, en parlant de trois nymphes de la cour de Cyrène :

Etalant toutes trois l'*or*, la *pourpre* et l'*hermine*.

Et cela veut dire sans doute, qu'elles sont toutes trois parées d'or, de pourpre et d'hermine. *L'or* n'est donc pas là pour matière d'*or*, mais pour des ornemens faits de cette matière : *La pourpre* n'y est pas pour le poisson de ce nom, ni même pour le sang de ce poisson, mais pour des tissus empreints de la brillante couleur de ce sang : *L'hermine* n'y est pas, non plus, pour l'animal appelé *Hermine*, mais pour la peau et le poil de cet animal préparés pour servir d'ornement. Ces trois mots sont donc tous employés par *Synecdoque*, dans un sens tout différent de leur sens primitif. *Or*, par *Synecdoque* de la matière : *Pourpre*, 1° par *Synecdoque de la partie* (la couleur, pour le tissu coloré) ; 2° par *Synecdoque de la matière* (la couleur, pour le sang qui donne cette couleur) ; 3° par *Synecdoque du tout* (le poisson même, pour le sang de ce poisson) : *Hermine*, par une double *Synecdoque*, l'une *de la matière* (la peau et le poil de l'Hermine, pour l'ornement fait de ce poil et de cette peau) ; l'autre *du tout* (l'animal même, pour le poil et la peau de cet animal).

Ces *Synecdoques* pourraient, dans bien des cas, n'être que des *Catachrèses :* elles ne seraient même que cela dans la phrase interprétative du vers : *parées d'or*, de *pourpre* et d'*hermine*. Mais dans le vers, elles sont, je crois, de vraies figures, par cette manière générale dont elles sont présentées : *Étalant l'or, la pourpre et l'hermine;* manière toute poétique qui les fait sortir de l'ordre commun, et les rend extrêmement vives et hardies.

II

Sur les ailes du Temps la Tristesse s'envole,

a dit La Fontaine, pour : *La tristesse s'en va, se dissipe avec le temps;* et quelle vie, quel éclat ne donne pas à la pensée cette expression vraiment poétique! Mais à quelle figure faut-il la rapporter? Voyons; il est possible qu'il s'y en trouve plus d'une. Dès que la *Tristesse s'envole*, la voilà donc un être vivant. Mais la voilà, par cela même, *personnifiée;* car nous ne réalisons un être abstrait et moral, nous ne lui donnons un corps et une âme que pour en faire, à notre image, une personne. Maintenant, la Tristesse peut-elle exécuter sans *ailes* l'action qu'on lui prête? Ce n'est pas sur des *ailes* qui lui soient propres qu'elle *s'envole*, mais c'est sur *les ailes du Temps :* voilà donc aussi le Temps *personnifié* à son tour. De ces deux *personnifications* réunies, résulte une image allégorique qui constitue, non pas une vraie *Allégorie*, puisqu'elle n'offre qu'une seule pensée au lieu de deux, mais une *Allégorie* du genre que nous appelons *Allégorisme*. *Personnification* et *Allégorisme*, telles sont les figures de ce vers charmant; elles l'occupent l'une et l'autre tout entier.

Le mot *ailes* ne forme donc pas, à lui seul, dans ce vers, comme on pourrait le croire, un sens figuré, une *Métaphore :* il n'y est même que dans un sens que l'on peut dire propre, puisqu'on ne peut sans doute *s'envoler* que sur des *ailes*, n'importe lesquelles. Pour que ce mot forme, à lui seul, un sens figuré dans une phrase, il faut qu'il présente à-la-fois deux idées à l'esprit, et que celle qu'il énonce directement ne soit que pour en faire mieux ressortir une autre cachée sous cette image; comme, par exemple, quand on dit : *Cette fille a besoin d'être encore sous l'aile de sa mère*. Il est bien évident que par *aile*, alors, on entend *auspices*, *garde*, *conduite* : et combien cette image, aussi vraie que sensible, n'ajoute-t-elle pas de force et de charme à l'idée! Comme elle nous fait aussitôt penser à l'active et inquiète volatile qui veille avec tant d'ardeur sur ses petits, et sait si bien les mettre à l'abri *sous ses ailes!*

III

Voltaire, dans *la Henriade* :

Le *trône* est sur l'*autel*, et l'absolu pouvoir
Met dans les mêmes mains le *sceptre* et l'*encensoir*.

Quatre *Métonymies* du signe : d'abord, le *trône*, pour, l'autorité royale, et l'*autel*, pour l'autorité ecclésiastique, servant de fondement à la première; et puis, le *sceptre* et l'*encensoir*, pour les fonctions du gouvernement et pour les fonctions du sacerdoce. De ces quatre *Métonymies*, résultent deux *Allégorismes*, l'un formé par les deux premières avec les mots qui s'y rapportent, l'autre par les deux dernières.

L'on demandera si l'*absolu pouvoir* est personnifié par ces mots, *Met le sceptre et l'encensoir dans les mêmes mains?* Il ne l'est pas plus que ne le sont, par exemple, La *gloire* de Dieu, l'*intérêt* de la patrie, Cette *maladie*, cette *nouvelle*, cette *bataille*, La *débauche*, le *jeu*, le *vin*, quand on dit : *C'est la gloire de Dieu, c'est l'intérêt de la patrie, qui lui ont mis les armes à la main : Cette maladie l'a mis au tombeau : Cette nouvelle l'a mis au désespoir : Cette bataille a mis l'État en péril : La débauche, le jeu l'a mis à la besace : Le vin met en gaîté. Mettre*, dans ces cas-là, se dit activement des choses comme des personnes. L'*absolu pouvoir met dans les mêmes mains le sceptre et l'encensoir*, c'est-à-dire, L'*absolu pouvoir fait que le sceptre et l'encensoir sont dans les mêmes mains.* Pour qu'il y eût une véritable personnification, il faudrait que l'*absolu pouvoir* fût représenté produisant en effet l'action énoncée par le verbe *Mettre*, comme dans cet exemple : *Voyez* l'absolu pouvoir *mettant dans les mêmes mains l'encensoir et le sceptre*.

IV

Henriade, chant IV :

Il combat, on le suit, il change les destins :
La *foudre* est dans ses yeux, la *mort* est dans ses mains.

La *foudre*, pour Le feu, l'éclat de la foudre : *synecdoque du tout*, dans laquelle on peut voir une sorte de *métaphore : Quelque chose qu'on dirait la foudre* ou *qui ressemble à la foudre*. La *mort*, pour Ce qui donne la mort, ou est l'instrument de la mort : *Métonymie de l'effet pour la cause instrumentale*. Mais point de *métaphore*, parce que l'idée de *mort* est une idée abstraite, et non pas une idée sensible, comme celle de *foudre*.

V

Henriade, chant VII :

La tendre Hypocrisie aux yeux pleins de douceur :
Le *ciel* est dans ses yeux, l'*enfer* est dans son cœur.

L'Hypocrisie, personnage allégorique, imaginé à plaisir par le poëte, qui, sans en faire, comme de la Discorde, un des agents surnaturels de son poëme, lui donne cependant par la fiction une sorte d'existence réelle : *Personnification de pensée*, c'est-à-dire, *Fabulation*.

Le *Ciel*, pour La bonté, la sérénité, l'innocence, la douceur du Ciel : l'*Enfer*, pour L'atrocité, la noirceur, la scélératesse de l'Enfer : espèces de *synecdoques du tout*, pour quelque chose du tout, pour la partie. Et si, d'un autre côté, ce n'est pas au *Ciel* ni à l'*Enfer* même, mais aux habitans du Ciel ou aux habitans de l'Enfer, qu'appartiennent respectivement toutes ces qualités, le *Ciel* et l'*Enfer* seront, de plus, deux *métonymies du contenant pour le contenu*. C'est bien le cas de dire : Que de sens, que de profondeur dans un mot, et que de choses !

VI

Qu'à son gré désormais la Fortune me joue,
On me verra dormir au branle de sa roue.

C'est ainsi que parle Boileau. La pensée est à-peu-près, quant au fond, celle-ci : *Quelque revers qu'il m'arrive désormais, je n'en dormirai pas moins tranquillement*. Mais combien n'est-elle pas embellie par l'expression du poëte qui la met toute en image ! La fortune est *personnifiée* dans le premier vers, et l'*Allégorisme allusif* du second rend cette personnification *mythologique*. La Mythologie représente la Fortune sur une roue qui tourne sans cesse.

VII

Le même poëte, au célèbre Lamoignon :

Et Thémis, pour voir clair, a besoin de tes yeux.

Thémis était chez les Anciens la déesse de la justice, et on la représentait avec un bandeau sur les yeux et une balance à la main, pour marquer qu'elle ne faisait acception de personne, et qu'elle pesait tout avec la plus grande rigueur. C'est donc par *mythologisme* que le poëte appelle la justice, *Thémis*, et c'est par *allusion* au bandeau que lui prête la Fable, qu'il dit qu'elle *a besoin, pour voir clair, des yeux de son ministre*. De ce *Mythologisme* et de cette *Allusion* résulte un *Allégorisme*. Cet *Allégorisme* fait plus que rendre poétique un vers d'ailleurs très-simple : il offre à l'imagination un tableau vivant qui la saisit et l'enchante.

VIII

J.-B. Rousseau, ode VIIe du Ier livre :

Cette Mer d'abondance, où leur âme se noie,
Ne craint ni les écueils ni les vents rigoureux.

Allégorisme marqué et soutenu dans les termes. Mais est-il bien juste dans le sens ? Le premier vers, qui en est comme la première partie, me paraît sans reproche : dès qu'on peut *nager dans l'abondance* (et quelle expression plus reçue ?), pourquoi ne pourrait-on pas s'y *noyer ?* Or, pour qu'on s'y *noie*, ou pour qu'on y *nage*, ne faut-il pas nécessairement qu'elle soit un *fleuve*, une *mer*, ou quelque chose de semblable ? Mais que penser du second vers ? s'accorde-t-il bien avec le premier ? Un vaisseau peut *craindre les écueils et les vents rigoureux :* ils ne lui seraient sans doute que funestes. Mais en quoi nuiraient-ils à une *mer ?* et en quoi une *mer* les aurait-elle à *craindre ?* En quoi, surtout, aurait-elle à *craindre des écueils ?* C'est, *Ne connaît*, qu'il eût fallu, et non pas, *Ne craint*.

On pourra demander si cette *mer d'abondance* est *personnifiée* par le verbe *craindre*. Je répondrai que non, attendu que *craindre* s'applique dans l'usage commun aux choses inanimées, sans aucune idée de sentiment, et simplement pour signifier que ces choses sont ou ne sont pas en sûreté, qu'on peut ou qu'on ne peut pas leur nuire. On eût pu y voir une *personnification*, dans le temps que cette acception du verbe pouvait paraître nouvelle et hardie. Si l'on voulait y en voir encore une, ne faudrait-il pas la regarder comme un peu contredite par les mots, *où leur âme se noie?* On ne peut pas, ce me semble, se *noyer* dans une *mer personnifiée*, comme dans une *mer physique* et *naturelle.*

IX

Le même poëte, ode IVe du Ier livre :

> Pensez-y donc, âmes grossières :
> Commencez par régler vos mœurs;
> Moins de faste dans vos prières,
> Plus d'innocence dans vos cœurs.

Ames grossières, pour Hommes grossiers : la partie pour le tout : *synecdoque*. Jusque-là il n'y a rien à dire, et nous passons les *mœurs de l'âme*, que cependant on a critiquées. Mais convient-il de prêter un *cœur* à une *âme*, même prise pour la personne? Boileau prête bien, dans le même cas, des *pieds*, un *gosier* et d'autres parties corporelles, à des *esprits*. Mais supposons Boileau sans reproche, il se trouve ici un inconvénient tout particulier. L'*âme*, considérée en tant qu'intelligente, revient à ce qu'on appelle *esprit*, et considérée en tant que purement sensible, elle revient à-peu-près à ce qu'on appelle *cœur*. Or, comme *esprit*, elle est en quelque sorte opposée au *cœur*, et on ne voit pas comment le *cœur* pourrait ne faire qu'un avec elle, comment il pourrait être avec elle dans le rapport de la partie au tout : comme *cœur*, elle ne peut sans doute avoir encore un *cœur* différent d'elle-même, et le lui donner, ce serait véritablement dire *le cœur d'un cœur*.

Le même poëte n'est-il pas à-peu-près aussi répréhensible d'avoir donné des *têtes* à des *langues*, dont le nom est pour celui de *personnes* ou d'*hommes* :

> Mais de ces *langues* diffamantes
> Dieu saura venger l'innocent :
> Je le verrai, ce Dieu puissant,
> Foudroyer leurs *têtes* fumantes.

Quoi qu'il en soit de cet exemple et du précédent, on peut observer que toutes ces *synecdoques personnificatives* seraient en général très-choquantes par elles-mêmes, si elles n'étaient justifiées par une sorte d'ellipse qui se supplée aisément. *Mais de ces langues diffamantes*, c'est-à-dire, *Mais de ces hommes, langues diffamantes,* ou *que l'on peut appeler des langues diffamantes. Pensez-y donc, âmes grossières,* c'est-à-dire, *Pensez-y donc, ô hommes, âmes grossières, hommes en qui sont des âmes grossières.* Enfin, l'idée de l'homme ou de la personne est toujours dans ces cas-là, jointe dans l'esprit de celui qui lit ou qui entend, comme dans l'esprit de celui qui écrit ou qui parle, à celle qui se trouve seule exprimée, et le même mot suffit, d'après l'usage, pour les exciter toutes les deux à-la-fois.

X

Racine, dans *Athalie*, acte III, scène III :

Qu'est-il besoin, Nabal, qu'à tes yeux je rappelle
De Joad et de moi la fameuse querelle,
Quand j'osai contre lui disputer l'encensoir,
Mes brigues, mes combats, mes pleurs, mon désespoir ?

Regardez au tour de cette phrase, c'est une *Interrogation*, et une *interrogation* figure, puisqu'il n'y a aucun doute sur les choses qui en font l'objet. Mais regardez au sens, c'est une *Prétérition*, puisque ce n'est que pour *rappeler* très-expressément, et que pour *rappeler* même avec plus de force, que l'on feint de *n'avoir pas besoin de rappeler*. Là donc, par conséquent, une figure d'expression par opposition : il est aisé de voir qu'elle commence et qu'elle finit avec l'*interrogation;* que, comme l'*interrogation*, elle tient toute la phrase, les quatre vers. Mais voyons si, par hasard, elle ne renfermerait pas quelques Tropes en un seul mot. Cet *encensoir* disputé doit-il se prendre au propre ? Ce serait, certes, par trop absurde, l'encensoir fût-il même d'or et du plus grand prix. L'*encensoir* est là visiblement pour l'autorité pontificale : c'est le signe pour la chose signifiée, c'est une *Métonymie*, et incontestablement une *Métonymie-figure.* Et *combats*, dans quel sens est-il ? Sans doute pour peine d'esprit, pour contrariétés : car Mathan, qui parle, n'en était pas venu aux mains avec Joad, et ces deux rivaux n'avaient pas tiré l'épée l'un contre l'autre. C'est donc une *Métaphore. Pleurs* et *Désespoir*, disent aussi un peu trop pour qu'on puisse les prendre à la lettre; on ne peut guère les prendre que pour un grand chagrin et un grand dépit : ce sont donc aussi deux *Métaphores;* et, comme la précédente, ou, pour mieux dire, comme toutes les *Métaphores*, elles tiennent de l'*Hyperbole.*

Si, parmi les beautés de ces vers, il était permis de remarquer une tache légère, nous dirions que *Rappeler à des yeux* n'est pas très-exact, surtout quand les choses rappelées sont toutes abstraites ou à-peu-près. C'est à la *mémoire*, au *souvenir* qu'on *rappelle*, et l'on *retrace aux yeux*, ou l'on *remet sous les yeux*.

XI

Vaincu par lui, j'entrai dans une autre carrière,
Et mon âme à la cour s'attacha tout entière.

Ces deux vers font suite à ceux de l'exemple précédent. *Vaincu* n'est donc pas plus au propre que *combats*, et il ne doit être pris aussi que dans un sens *métaphorique*. Ces deux *Métaphores* s'accordent parfaitement entre elles, ainsi qu'avec *querelle* et *disputer*, et il y a entre elles toutes analogie et cohérence. On ne peut que voir un *Allégorisme* dans *J'entrai dans une autre carrière :* c'est pour, Je pris un autre parti, je me tournai d'un autre côté. Et au reste, quelle est cette autre *carrière?* Celle de la politique et de l'intrigue, ou, si l'on veut, celle de la *cour*, ainsi que semble l'indiquer le second vers.

Et mon âme à la cour s'attacha tout entière,

pour, Et je m'attachai de toute mon âme, ou de mon âme tout entière, à la cour : une partie du sujet, la partie la plus noble, mise pour le sujet : *Subjectification.* La *cour* pour le séjour du souverain, pour le siège du gouvernement, peut-être aussi pour le souverain lui-même, ou pour ses ministres : *Métonymie* du contenant, mais *Métonymie-catachrèse*, parce que c'est là le vrai mot propre pour la circonstance, et non pas un simple mot d'emprunt, employé pour mettre l'idée en image.

XII

Athalie, acte IV, scène III :

Loin du trône nourri, de ce fatal honneur,
Hélas! vous ignorez le charme empoisonneur.
De l'absolu pouvoir vous ignorez l'ivresse,
Et des lâches flatteurs la voix enchanteresse.
Bientôt ils vous diront que les plus saintes lois,
Maîtresses du vil peuple, obéissent aux rois...
Ainsi de piège en piège, et d'abîme en abîme,
Corrompant de vos mœurs l'aimable pureté,

Ils vous feront enfin haïr la vérité,
Vous peindront la vertu sous une affreuse image...

Trône pourrait, ce me semble, se prendre là sans absurdité, au propre; mais il vaut mieux sans doute l'y prendre au figuré, et c'est une *Métonymie* : *Trône*, pour Le pouvoir royal, ou pour Le siège de ce pouvoir. Mais, pour *empoisonneur*, joint à *charme*, c'est une *Métaphore* : et c'en est une autre, que cette *ivresse* du pouvoir absolu, c'est-à-dire, que cette *ivresse* que produit le pouvoir absolu. *Obéissent* ne suffirait pas seul pour personnifier les *lois*, parce que le verbe *obéir* se dit aussi des choses inanimées et des choses abstraites, dans le sens de *céder*; mais le terme *maîtresses* détermine la *Personnification*, *maître* et *maîtresse* ne pouvant guère se dire que des personnes. De cette *Personnification*, résulte un *Allégorisme*, comme il arrive presque toujours.

Le vers, *Ainsi de piège en piège*, etc., commence un autre *Allégorisme*, qui non-seulement se trouve coupé tout court à la fin de ce même vers, mais qui n'a même aucun rapport avec ce qui suit : car est-ce *de piège en piège et d'abîme en abîme*, qu'on peut *corrompre des mœurs*, *faire haïr la vérité*, ou *peindre la vertu sous* telle ou telle *image?* Cet *Allégorisme* me paraît donc défectueux, et on ne pourrait le justifier un peu qu'en supposant quelque chose de sous-entendu, par exemple : *Ainsi, tandis qu'ils vous feront tomber de piège en piège*, etc. Mais la supposition de cette ellipse ne semble guère s'accorder avec le tour de la phrase.

Quoi qu'il en soit, *corrompre les mœurs* est une *Métaphore*, mais une métaphore si nécessaire et si usitée, qu'on ne peut la regarder que comme une *Catachrèse*. C'est la même sorte de *Métaphore*, une *Catachrèse*, dans *corrompre la pureté des mœurs* : mais, dans cette *pureté des mœurs*, considérée comme séparément des *mœurs*, on peut voir une *Synecdoque* d'abstraction relative. *La pureté de vos mœurs*, pour *Vos mœurs pures*.

Le vers, *Vous peindront la vertu sous une affreuse image*, offre lui-même une sorte de peinture : c'est, par conséquent, un *Allégorisme*.

XIII

J.-B. Rousseau, ode pour Madame D***, sur le gain d'un procès intenté contre son mariage :

Quitte tes vêtemens funèbres,
Fille du ciel, noble Pudeur.
La lumière sort des ténèbres,
Reprends ta première splendeur.
De cette divine mortelle,
Dont tu fus le guide fidèle,
Les lois ont été le soutien.
Reviens, de festons couronnée,
Et de palmes environnée,
Chanter son triomphe et le tien.

La *Pudeur*, dans cette strophe, est considérée comme un personnage réel, comme une sorte de divinité : c'est donc plus qu'une simple *Personnification d'expression;* c'est une *Personnification de pensée*, une *Fabulation*.

Mais la strophe n'en offre pas moins divers *Allégorismes*. *Quitte tes vêtemens funèbres* en est véritablement un, puisque le poëte n'a entendu, sans doute, par *vêtemens funèbres*, que l'affliction dont les *vêtemens funèbres* sont les signes; et cet *Allégorisme* est *allusif*, puisqu'il nous rappelle, à l'occasion du gain d'un procès, l'usage où étaient les Anciens de prendre le deuil dans les procès où il s'agissait de leur vie ou de leur honneur.

Dès que *Quitte tes vêtemens funèbres* est un *Allégorisme*, il en est sûrement de même des deux vers, *Reviens, de festons couronnée, Et de palmes environnée*. Ils font *allusion* à l'usage des Anciens, qui marquaient leur joie et leur triomphe en se parant de fleurs et de palmes (1).

Un *Allégorisme* encore plus marqué, et qui même est une vraie *Allégorie*, puisqu'on y voit deux pensées distinctes, c'est le vers, *La lumière sort des ténèbres*. Le vrai sens est, *La vérité succède à l'erreur*, ou *La vérité est connue*.

Dans *Les lois ont été le soutien de cette divine mortelle*, on voit une *Métaphore*, *soutien*, qui fait des lois une sorte de corps; mais cette *Métaphore* est très-peu remarquable, par la raison qu'elle est très-commune. *Mortelle* est là employé substantivement pour *femme*, et c'est une

(1) C'est mal à propos que dans les éditions précédentes, *Reprends ta première splendeur*, a été donné pour un *Allégorisme* : il ne faut y voir qu'une expression de l'ordre physique transportée par catachrèse dans l'ordre moral, et qui s'y est naturalisée au point de perdre son titre de figure. *Splendeur* se dit même plus au moral qu'au physique, où il n'est employé que dans le style soutenu et en poésie. Au moral, il signifie un grand éclat d'honneur et de gloire, comme quand on dit : *La splendeur de son nom, La splendeur de sa race;* et au physique, il signifie un grand éclat de lumière, comme quand on dit : *La splendeur du soleil, La splendeur des astres*.

Antonomase d'un nom commun pour un autre nom commun. On pourrait y voir une *Synecdoque du genre pour l'espèce,* si *mortel* se disait substantivement de tous les êtres sujets à la mort, aussi-bien que des hommes; mais il ne se dit que des hommes seuls.

Revenons sur toute la strophe. Le tour de la première phrase et celui de la troisième n'offriraient-ils pas par hasard la *figure d'expression* dont nous avons fait une espèce particulière de *métalepse?* Le poëte me semble bien moins inviter la Pudeur à *quitter ses vêtemens funèbres,* à *reprendre sa première splendeur,* et à *revenir chanter son triomphe* et celui de la *divine mortelle* dont elle est le *guide,* que vouloir signifier que tout cela est déjà fait ou se fait actuellement, et je croirais assez qu'il veut dire : « *Tu quittes tes vêtemens funèbres, ô* » *Pudeur, fille du ciel! Tu reprends ta première splendeur.* » *Tu reviens, couronnée de festons,* etc. »

XIV

Le même poëte, même ode :

Assez la Fraude et l'Injustice,
Que sa gloire avait su blesser,
Dans les pièges de l'artifice
Ont tâché de l'embarrasser.
Fuyez, Jalousie obstinée,
De votre haleine empoisonnée,
Cessez d'offusquer ses vertus :
Regardez la Haine impuissante,
Et la Discorde gémissante,
Monstres sous ses pieds abattus.

C'est visiblement *personnifier* la haine et la discorde, que de les représenter, l'une comme *impuissante,* l'autre comme *gémissante,* et toutes les deux comme des *monstres abattus.* Mais est-ce moins *personnifier* la jalousie, que de lui prêter des pieds, des yeux, de l'haleine, et une intention malfaisante? Et n'est-ce pas assez *personnifier* la fraude et l'injustice, que de leur faire tendre des *pièges artificieux* où elles *tâchent d'embarrasser l'innocence?* Voilà donc, dans cette strophe, cinq *personnifications* bien caractérisées. Toutes, et celle même qui a la jalousie pour objet, me paraissent être de simple expression, pour désigner celui ou ceux qui, par jalousie, par haine et par inimitié, avaient employé la fraude et l'injustice pour nuire.

Quoi qu'il en soit, ces *Personnifications* amènent nécessairement avec elles des *Allégorismes. Ont tâché de l'embarrasser dans les pièges de l'artifice*, se présente comme le premier. On ne peut qu'en voir un second dans *Fuyez, et cessez d'offusquer ses vertus de votre haleine empoisonnée*. Enfin, on en reconnaîtra un troisième dans ces *monstres* que l'on dit à la jalousie de voir *abattus sous les pieds* de son ennemie triomphante.

Peut-être pourrait-on, dans cette apostrophe à la Jalousie, voir la même figure d'expression que dans l'apostrophe de la strophe analysée sous le numéro précédent; je veux dire, une *Métalepse*, et une *Métalepse* de la même espèce.

Mais que faut-il penser du vers, *Que la gloire avait su blesser?* N'offrirait-il ni *Personnification* ni *Allégorisme?* Il n'offre rien de tout cela, je crois, puisque *blesser*, pour *offenser*, se dit par extension au moral comme au physique, et que *su* est employé, quoiqu'assez mal à propos, dans le sens de *pu* : *Que sa gloire avait su blesser*, c'est-à-dire, *avait pu blesser, avait été dans le cas de blesser.*

L'artifice n'est pas, non plus, il s'en faut, *personnifié* par ces *pièges* qu'on lui attribue. *Dans les pièges de l'artifice*, c'est-à-dire, Dans des pièges pleins d'artifice, dressés avec artifice. Mais *pièges*, par exemple, est là au figuré et par métaphore, parce que ce sont des pièges moraux, invisibles, et non des pièges physiques, ni qui puissent tomber sous nos sens.

XV

Même poëte encore, et même ode :

Pour chanter leur joie et leur gloire,
Combien d'immortelles chansons
Les chastes filles de mémoire
Vont dicter à leurs nourrissons!
Oh! qu'après la triste froidure,
Nos yeux, amis de la verdure,
Sont enchantés de son retour!
Qu'après les frayeurs du naufrage;
On oublie aisément l'orage
Qui cède à l'éclat d'un beau jour!

Dans les quatre premiers vers, un *Mythologisme : Les filles de mémoire vont dicter à leurs nourrissons. Les filles de mémoire*, pour Les *Muses*, que la Mythologie fait naître de Mnémosyne, déesse de la mémoire. *Nour-*

rissons, pour Les poëtes élèves des Muses : *Métaphore* du langage poétique, mais très-usitée dans cette sorte de langage.

Immortel ne se dit au propre que des êtres vivans non sujets à la mort. Ce n'est donc que par *métaphore* qu'il peut se dire d'une *chanson*, comme de toute autre chose quelconque. Mais cette *Métaphore* est maintenant si usitée, si commune, qu'à peine compte-t-elle pour une figure.

Passons aux six derniers vers, qui forment deux tercets et deux phrases. Examinez bien le sens, et vous verrez que, dans toute l'étendue de chacune des deux phrases, il est exactement double, c'est-à-dire, tout-à-la-fois et *propre* et *figuré*. Vous ne pourrez donc qu'y reconnaître une véritable *allégorie*.

Voici à-peu-près, ce me semble, le sens *figuré* caché sous le sens *propre :* « Oh! combien, après les noirs » chagrins, la joie et le plaisir nous enchantent! Comme » au sortir d'un péril mortel, on oublie aisément l'alarme » qui fait place à la tranquillité! »

XVI

Voltaire, *Henriade*, chant II :

Du haut de ce palais excitant la tempête,
Médicis à loisir contemplait cette fête;
Ses cruels favoris, d'un regard curieux,
Voyaient les flots de sang regorger sous leurs yeux;
Et de Paris en feu, les ruines fatales
Etaient de ces héros les pompes triomphales.

La *tempête* excitée par Médicis n'est pas sans doute une *tempête physique*, mais une *tempête politique et morale* Le mot *Tempête* n'est donc pas là au propre, mais au figuré : c'est une *Métaphore*, parce que le rapport qui sert de fondement au Trope est un rapport d'analogie, de ressemblance.

Des assassinats, des massacres et les horreurs qui les accompagnent, ne sont pas, assurément, une *fête :* c'en est même tout le contraire; mais c'en pouvait être, et c'en était effectivement une pour la féroce Médicis : autre *Métaphore*, mais *Métaphore* à contre-sens, et, en d'autres termes, *Métaphore ironique*. Par conséquent, *Métaphore* et *Ironie* tout ensemble, mais avec cette différence que la *Métaphore* est toute dans le mot, et l'*Ironie* dans l'intention qui le fait employer.

Curieux, joint à *regard*, ne peut être que pour Plein de curiosité, que pour Avide. En ce sens, il ne se dit que des personnes seules. Mais la curiosité, quand ce sont les objets de la vue qui l'excitent, se manifeste tellement par les yeux et par les *regards*, qui ne sont que les yeux *regardans* ou que leur action de regarder, qu'elle paraît y être tout entière, comme l'âme elle-même. On peut donc, d'après l'extrême conformité qui existe à cet égard, soit entre les regards et les yeux, soit entre les yeux et la personne, l'attribuer aussi aux yeux et aux regards. Or, c'est là une sorte de *Métaphore.*

Tout Paris eût été égorgé qu'on eût vu à peine, je crois, *regorger des flots de sang*. Il y a donc de l'*hyperbole* dans l'expression. Mais cette *hyperbole* naît si naturellement de l'horreur qu'inspire un tel spectacle, que, loin de la trouver outrée, on ne la trouve même pas hardie.

Des assassins, appelés des *héros!* et des *ruines*, qui sont des *pompes triomphales!* Deux *métaphores* à contre-sens, et dont il résulte une *ironie soutenue.*

XVII

Henriade, chant IV :

La Discorde a choisi seize séditieux;
Signalés par le crime entre les factieux;
Ministres insolens de leur reine nouvelle,
Sur son char tout sanglant ils montent avec elle :
L'Orgueil, la Trahison, la Fureur, le Trépas,
Dans des ruisseaux de sang marchent devant leurs pas.

Ce qui distingue ces vers et en fait l'âme et la vie, c'est la *Personnification* avec l'*Allégorisme*. Cinq êtres moraux ou abstraits personnifiés : d'abord, la *Discorde*, qui *choisit seize séditieux pour ses ministres*, et *les fait monter avec elle sur son char :* et puis l'*Orgueil*, la *Trahison*, la *Fureur*, le *Trépas*, qui *marchent devant eux dans des ruisseaux de sang.*

Mais ces cinq *Personnifications* n'ont pas toutes, il s'en faut, le même caractère. La première est bien plus marquée que les autres, et tient bien moins sans doute au tour de l'expression qu'au plan même et au fond du poëme, dont elle ne contribue pas peu à former ce qu'on appelle le *merveilleux :* on sait assez que le poëte a fait de la Discorde, non-seulement un être allégorique, mais même une sorte d'être surnaturel, auquel il donne la plus grande influence sur l'action qu'il raconte. C'est donc une *personnification de pensée*, une *Fabulation*.

Pour les quatre autres *Personnifications*, elles ne sont vraiment que des façons de parler nobles et hardies, mais dont la hardiesse pourtant n'est pas telle qu'un orateur ne pût bien les employer dans un morceau d'éloquence passionnée. Elles forment, avec les termes qui les accompagnent, un *Allégorisme* qui achève le tableau, aussi vrai qu'effrayant, commencé par l'*Allégorisme* de ces *ministres insolens qui montent sur le char sanglant de la Discorde*.

XVIII

Henriade, chant VII :

Quels sages rassemblés dans ces augustes lieux,
Mesurent l'univers et lisent dans les cieux;
Et dans la nuit obscure, apportant la lumière,
Sondent les profondeurs de la nature entière?
L'Erreur présomptueuse à leur aspect s'enfuit,
Et vers la Vérité le Doute les conduit.
Et toi, fille du ciel, toi, puissante Harmonie,
Art charmant, qui polis la Grèce et l'Italie,
J'entends de tous côtés ton langage enchanteur,
Et tes sons, souverains de l'oreille et du cœur.
Français, vous savez vaincre et chanter vos conquêtes :
Il n'est point de lauriers qui ne couvrent vos têtes.

Dans le second vers, deux *Métaphores*, les verbes *mesurer* et *lire* : l'univers ne se mesure pas comme un corps, ni comme un espace dont nous pouvons parcourir physiquement l'étendue; il ne se mesure que par les savantes combinaisons du calcul et du raisonnement. Et qu'est-ce que *Lire dans les cieux?* C'est reconnaître les divers astres qui y brillent, les lois éternelles auxquelles ces astres obéissent, et les merveilleux phénomènes qu'ils offrent à notre admiration.

Dans les deux vers qui suivent le second, deux *Allégorismes*, et ces *Allégorismes*, remarquables en ce que l'objet de l'un sert comme de moyen à l'objet de l'autre : c'est à la faveur de cette *lumière* métaphorique *apportée* par eux-mêmes *dans la nuit* obscure, que ces sages *sondent les profondeurs* métaphoriques *de la nature entière*.

Le cinquième et le sixième vers, encore plus hardis, offrent trois belles *Personnifications* avec deux *Allégorismes* charmans : *L'Erreur présomptueuse* qui *s'enfuit à l'aspect des sages*, et Le *Doute qui conduit ces mêmes sages vers la Vérité.*

Dans les quatre vers d'après, vers en apostrophe et pleins d'enthousiasme, *l'Harmonie* est évidemment personnifiée, puisqu'on la fait *fille du Ciel*, et qu'on lui attribue un *langage. Souverains* ne se dit pour *maîtres*, qu'en parlant des personnes : c'est donc par une *Métaphore* assez hardie qu'il se trouve ici appliqué à des *sons*. Quant à l'*oreille* et au *cœur*, ils y sont pour l'*âme*, par une *métonymie* du physique pour le moral.

Les deux vers qui terminent ce beau morceau respirent sans doute le même enthousiasme que les précédens, et ils forment ensemble une nouvelle apostrophe; mais nous n'avons à y remarquer que les Tropes. Or, admirez-y un bel *Allégorisme*, et voyez que de sens et que de choses sous cette image :

Il n'est point de lauriers qui ne couvrent vos têtes.

C'est-à-dire : *Vous excellez en tout, et dans la guerre et dans les beaux-arts; il n'est aucune sorte de gloire qui vous soit étrangère.*

XIX

Boileau, satire VII :

Hé quoi, lorsqu'autrefois Horace après Lucile,
Exhalait en bons mots les vapeurs de sa bile,
Et, vengeant la vertu par des traits éclatans,
Allait ôter le masque aux Vices de son temps;
Ou bien, quand Juvénal, de sa mordante plume,
Faisant couler des flots de fiel et d'amertume,
Gourmandait en courroux tout le peuple latin;
L'un et l'autre fit-il une tragique fin?

Voilà une *interrogation* aussi affirmative que celle du premier exemple de Racine (N° X) : mais elle n'offre point de *Prétérition;* elle n'offre aucune figure d'expression d'une étendue égale à la sienne. Cependant, les figures d'expression n'y manquent pas, et nous y en voyons plus d'une :

1° Deux *Allégorismes* : l'un,

Exhalait en bons mots les vapeurs de sa bile :

l'autre,

Et, vengeant la vertu par des traits éclatans.

2° Une *Personnification* avec un *Allégorisme :*

Allait ôter le masque aux Vices de son temps.

3° Un autre *Allégorisme* analogue aux deux premiers, c'est-à-dire, sans mélange de *Personnification :*

.... De sa mordante plume,
Faisant couler des flots de fiel et d'amertume.

Tous ces divers *Allégorismes* sont assez établis par toutes ces *Métaphores* continuées et soutenues dans des parties considérables de phrase; et ces *Métaphores* elles-mêmes sautent aux yeux : car ce n'est pas *en bons mots*, sans doute, que *s'exhalerait* une *bile* physique; ce n'est pas par des *traits* physiques *éclatans* qu'on pourrait *venger* la *vertu :* on ne saurait *ôter aux vices* un *masque* physique, que les vices ne sauraient avoir, et enfin des *flots* d'un *fiel* et d'une *amertume* physique qui *couleraient* d'une *plume*, ne seraient pas très-propres *à gourmander*.

Quant à la *Personnification* des *Vices*, elle est évidente : un *masque*, même métaphorique, qu'*on ôte*, suppose un visage qu'il couvrait, et ce visage, à son tour, suppose une personne.

XX

Boileau encore :

Pour moi, sur cette mer qu'ici-bas nous courons;
Je songe à me pourvoir d'esquif et d'avirons,
A régler mes désirs, à prévenir l'orage,
Et sauver, s'il se peut, ma raison du naufrage.

Est-ce là une *Allégorie?* Est-ce un *Allégorisme?* Je n'y vois qu'un seul objet, le poëte lui-même, qui se considère sur la scène du monde comme sur une mer; je n'y vois, relativement à cet objet, qu'une seule pensée, au lieu de deux pensées tout-à-fait distinctes, l'une offerte par le sens littéral, propre ou métaphorique, et l'autre par le sens spirituel de la phrase. Ce n'est donc qu'un simple *Allégorisme;* encore n'est-il pas pur et intégral d'un bout à l'autre, mais avec mélange de sens métaphorique et de sens propre. Il est très-bien soutenu dans les deux premiers vers; car, pour *courir* cette *mer* métaphorique de la scène du monde, le poëte veut être pourvu d'*esquif* et d'*avirons;* rien de plus juste : il en a besoin, dans son sens, comme s'il avait à *courir* une *mer* physique. Mais, au premier hémistiche du troisième vers, le sens propre vient tout interrompre, et l'*Allégorisme*, qui reprend un

peu au second hémistiche, va cependant finir au dernier vers par une simple *Métaphore*. Pour qu'il fût entier et parfait dans toute la phrase, il faudrait, ce me semble, que les deux derniers vers fussent tournés à-peu-près ainsi :

A fuir tous les écueils, à prévenir l'orage,
Et sauver, s'il se peut, mon *vaisseau* du naufrage.

XXI

Boileau, Épître à Racine :

Sitôt que d'Apollon un génie inspiré
Trouve loin du vulgaire un chemin ignoré,
En tous lieux contre lui les cabales s'amassent;
Ses rivaux obscurcis autour de lui croassent;
Et son trop de lumière, importunant les yeux,
De ses propres amis lui fait des envieux.
La mort seule ici-bas, en terminant sa vie,
Peut calmer sur son nom l'Injustice et l'Envie,
Faire au poids du bon sens peser tous ses écrits,
Et donner à ses vers leur légitime prix.

Un *génie*, pour Un homme de génie; la faculté de la personne, pour la personne même : espèce de *Synecdoque* de la partie pour le tout. D'*Apollon inspiré : Mythologisme allusif*, pour signifier, *Véritablement animé du feu poétique*. On sait assez qu'Apollon était chez les Anciens le dieu de la poésie, et le dieu qui inspirait les poëtes.

Trouve loin du vulgaire un chemin ignoré : Allégorisme, pour, Trouve loin du vulgaire quelque moyen de se signaler, de briller, auparavant inconnu, et qui ne soit qu'à lui seul.

Les *cabales*, pour Les faiseurs de cabales, pour Les *cabaleurs : Synecdoque* d'abstraction.

Ce n'est pas sans doute physiquement qu'on *obscurcit* des rivaux, ou qu'on les *éclipse*, et il n'y a que les corbeaux qui *croassent*, au propre : par conséquent deux *Métaphores* dans le vers où se trouvent *obscursis* et *croassent*. Mais ces deux *Métaphores*, bien que justes sans doute, et bien que servant l'une à l'autre, ne sont pourtant pas assez dépendantes l'une de l'autre, pour former ensemble un véritable *Allégorisme*, parce que tout ce qui est *obscurci* ou *noir* ne *croasse* pas : ce serait différent si, au lieu d'*obscurcis*, il y avait *corbeaux*.

C'est, par exemple, un véritable *Allégorisme* que le vers : *Et son trop de lumière importunant les yeux*. Pourquoi ?

parce que la *lumière* d'un *génie*, étant toute métaphorique, ne peut importuner les yeux que *métaphoriquement*, et que ces *Métaphores* sont combinées et liées entre elles de manière à ne former ensemble qu'une grande *Métaphore* qui remplit le vers tout entier.

La *mort* qui, en terminant une vie, *peut seule calmer*, *peut seule faire peser*, *peut seule donner du prix*, n'est-elle pas à-peu-près *personnifiée?* L'*injustice*, du moins, et l'*envie* le sont incontestablement, puisqu'on les *calme*. On peut, si l'on veut, ne les considérer que comme deux *Synecdoques d'abstraction :* l'*envie*, pour les envieux, et l'*injustice*, pour les hommes injustes. Mais ces deux *Synecdoques* sont *personnificatives;* elles représentent des personnes.

Quant aux deux derniers vers, on ne peut qu'y voir deux *Allégorismes :* l'un, *Faire peser tous ses écrits au poids de l'or;* l'autre; *Donner à ses vers leur prix légitime*. Ces deux *Allégorismes* ont même entre eux de remarquable, que le second naît en quelque sorte du premier.

Du reste, il n'y a pas, dans tous les divers Tropes de ce morceau de dix vers, un seul défaut de justesse à reprendre. Il semblerait qu'*obscurcis* ne peut guère se concilier avec *lumière*, l'effet ordinaire de la *lumière* étant d'*éclairer*, et non d'*obscurcir*. Mais *obscurcis* est là pour *éclipsés;* et l'on sait qu'une *lumière* qui en éclipse une autre par son éclat, l'*obscurcit* au moins en ce sens, qu'elle l'empêche de briller ou même de paraître. C'est pourquoi Rousseau dit, dans la première Ode du quatrième livre :

> Dans sa carrière féconde,
> Le soleil sortant des eaux,
> *Couvre d'une nuit profonde*
> Tous les célestes flambeaux.

XXII

Boileau, Épître IX :

> Dangereux ennemi de tout mauvais flatteur,
> Seignelay, c'est en vain qu'un ridicule auteur,
> Prêt à porter ton nom de l'Èbre jusqu'au Gange;
> Croit te prendre au filet d'une sotte louange :
> Aussitôt ton esprit, prompt à se révolter,
> S'échappe, et rompt le piège où l'on veut l'arrêter.
> Il n'en est pas ainsi de ces esprits frivoles
> Que tout flatteur endort au son de ses paroles;
> Qui dans un vain sonnet placés au rang des dieux,

Se plaisent à fouler l'Olympe radieux;
Et fiers du haut étage où la Serre les loge,
Avalent sans dégoût le plus grossier éloge.
Tu ne te repais point d'encens à si bas prix.
Non que tu sois pourtant de ces rudes esprits
Qui regimbent toujours, quelque main qui les flatte :
Tu souffres la louange adroite et délicate,
Dont la trop forte odeur n'ébranle point les sens.
Mais un auteur novice à répandre l'encens,
Souvent à son héros, dans un bizarre ouvrage,
Donne de l'encensoir au travers du visage.

Voilà un morceau qui, quant au fond ces idées, n'a pas peu de rapport avec celui de La Fontaine, dont nous avons fait l'analyse critique dans le chapitre de l'*Abus des Tropes*, et qui commence par ce vers :

Iris, je vous loûrais; il n'est que trop aisé.

Nous aurons à examiner s'il offre les mêmes défauts, ou s'il en offre d'un autre genre; mais voyons, avant tout, quels sont les Tropes qui s'y trouvent, et tâchons de les reconnaître.

Ce qui y frappe, au premier coup-d'œil, c'est cette foule d'*Allégorismes* qui s'y succèdent presque sans interruption. Vous n'en comptez guère moins que de phrases, guère moins même que de propositions distinctes, et à peine, depuis le quatrième vers où ils commencent jusqu'au dernier où ils finissent, trouvez-vous un seul vers qui en soit tout-à-fait dépouillé. Encore ce vers, et c'est l'avant-dernier, *Souvent à son héros*, etc., ne forme-t-il pas par lui-même un sens complet, et n'exprime-t-il que des circonstances de la proposition à laquelle il se rapporte.

Mais, outre ces figures, on peut en distinguer d'autres; par exemple : *Porter ton nom de l'Èbre jusqu'au Gange : Porter ton nom*, c'est-à-dire, Le publier, le célébrer, le faire retentir : *Métaphore*. Veut-on que ce soit, *Dire ton nom publié, connu, l'exalter comme tel?* alors il faut y voir une sorte de *Métalepse*.

Cette *promptitude à se révolter*, et cette action, soit de s'*échapper* du piège, soit de le *rompre*, attribuées à l'*esprit* de Seignelay, ne peuvent sans doute appartenir qu'à sa personne même. En les attribuant à l'*esprit*, comme si elles lui appartenaient et n'appartenaient qu'à lui seul, on l'a donc érigé en sujet, pour le mettre à la place du sujet véritable. Or, c'est là ce que nous appelons une *Subjectification*.

Ces *esprits frivoles* que *l'on endort*, et ces *esprits rudes qui regimbent*, sont les personnes *à l'esprit frivole*, et les personnes *à l'esprit rude* : *Synecdoques* de la partie pour le tout; mais synecdoques si communes qu'on les remarque à peine. *Avaler l'encens* et *L'odeur de l'encens* se disent très-bien l'un et l'autre, soit au propre, soit au figuré. Mais qu'y a-t-il, dans un *éloge*, pour le gosier? qu'y a-t-il, dans une *louange*, pour l'odorat? *Avaler un éloge* et *l'odeur d'une louange* ne peuvent donc être que deux *Métaphores* aussi étonnantes par leur hardiesse que par leur nouveauté. Elles se font particulièrement remarquer dans les *Allégorismes* où elles se trouvent.

Tels sont à-peu-près les différens Tropes de ce morceau. Voyons maintenant si la Critique y peut trouver à reprendre.

Là, comme dans le morceau de La Fontaine, tout roule sur la louange, et la louange est en quelque sorte offerte à tous les sens. Mais observez cependant que, loin d'y être successivement transformée en *bruit*, en *encens*, en *breuvage*, ou en toute autre chose, elle n'y subit même point de transformations proprement dites. Observez que c'est le flatteur qui, depuis le commencement jusqu'à la fin, y est toujours en jeu, et y tente tantôt un sens, tantôt l'autre, par les divers moyens qui servent à la louange : les doux *sons*, les *éloges*, l'*encens*, l'*encensoir*, les *caresses*. On ne peut donc pas faire à Boileau les mêmes reproches qu'à La Fontaine.

Dans l'un des premiers vers, on voit les *filets* d'une *louange*, et dans l'un des derniers, l'*odeur* d'une *louange*. Or, dira-t-on, comment concilier des *filets* avec une *odeur?* Sans doute que ces deux vers, s'ils étaient l'un près de l'autre, jureraient ensemble : mais ils sont séparés par un si grand intervalle, que, quand on arrive à l'*odeur*, on a presque oublié les *filets*. Ils pourraient jurer encore, même à cette distance, si *filets* et *odeur* se disaient de la même sorte de louange; mais ils se disent, l'un d'*une forte louange*, et l'autre d'*une louange adroite et délicate*. Ils jureraient surtout, si la louange était désignée par ces mêmes mots, de manière à être, par l'un, des *filets*, et par l'autre, une *odeur*, comme elle est, dans La Fontaine, un *bruit*, un *encens*, un *breuvage;* mais non, ces mots donnent à la louange, des *filets*, une *odeur*, et ils ne la convertissent pas elle-même en *odeur* ou en *filets*.

A propos de cette *Métaphore* si nouvelle, *L'odeur d'une louange*, on demandera peut-être si une *louange* peut avoir de l'*odeur?* Elle ne peut pas, il est vrai, en avoir par elle-même; mais elle en a par le signe, par le symbole qui lui est affecté, c'est-à-dire, par l'*encens*. C'est ainsi que l'on dit *Flétrir la gloire*, Une *gloire flétrie*, quoique la flétrissure ne puisse tomber proprement que sur les signes de la gloire, tels que les lauriers et les palmes. Cependant il y a, entre ces deux sortes de *Métaphores*, une différence essentielle : c'est que la dernière, consacrée par l'usage, appartient à la langue même, tandis que la première n'appartient, je crois, qu'à l'écrivain.

Revenons aux *Synecdoques*, *Esprits frivoles* et *Esprits rudes*. Peut-être prétendra-t-on que des *esprits* ne peuvent ni *avaler l'encens*, ni *fouler aux pieds l'Olympe*, ni *dormir;* qu'ils ne peuvent pas non plus *regimber*, ni *être flattés de la main?* Ils ne le peuvent pas en effet comme *esprits* proprement dits, mais ils le peuvent comme personnifiés, ou comme donnant leur nom à des personnes.

Nous aurons toutefois, ce me semble, un petit défaut à signaler au sujet de ces deux *Synecdoques* du mot *esprits*, si nous les considérons par rapport au même mot, tel qu'il est employé dans les deux vers qui précèdent la première :

> Aussitôt *ton esprit* prompt à se révolter,
> S'échappe, et rompt le piège où l'on veut l'arrêter.

Ici, l'*esprit* est par *Synecdoque* d'*abstraction relative*, et se montre comme distinct et séparé de la personne, au lieu de prendre la place de la personne, et de la représenter en totalité, comme dans les deux autres *Synecdoques*, qui sont des *Synecdoques de la partie*. Or, ce transport si brusque du même mot, d'une espèce de *Synecdoque* à une autre espèce toute différente, n'a-t-il pas quelque chose de choquant? Et combien ne serait-il pas plus choquant encore, si, après la *Synecdoque d'abstraction relative*, venait immédiatement celle des deux *Synecdoques de la partie*, où la personne dont on a vu l'*esprit* énoncé à part, se trouve au nombre de celles que le mot *esprits*, au pluriel, représente!

> Non que tu sois pourtant de ces *rudes esprits*.

CHAPITRE IV

EXPLICATION DES NOMS PAR LESQUELS ON DÉSIGNE LES TROPES

Les noms inventés par les grammairiens et par les rhéteurs pour la désignation des divers *Tropes*, sont, à l'exception de quelques-uns que l'usage a rendus assez familiers, et de quelques autres qui tirent leur origine du latin, regardés comme à-peu-près barbares, par les hommes du monde, et même par les gens de lettres qui n'ont pas fait de très-fortes études. On sait le reproche que Boileau, dans son Épître à ses vers, fait à plusieurs auteurs de son temps, et surtout à Pradon :

Et bientôt vous verrez mille auteurs pointilleux,
Pièce à pièce épluchant vos sons et vos paroles,
Interdire chez vous l'entrée aux hyperboles ;
Traiter tout noble mot de terme hasardeux,
Et dans tous vos discours, comme monstres hideux,
Huer la Métaphore et la Métonymie,
Grands mots que Pradon croit des termes de Chimie.

Aujourd'hui que la *Chimie* est si généralement cultivée et connue, de plus ignorans que Pradon ne prendraient pas sans doute la *Métonymie* et la *Métaphore* pour des termes de cette science. Mais combien qui, sans manquer d'ailleurs d'esprit ou d'instruction, les prennent pour du grimoire, ou les traitent avec orgueil de *jargon*, de *fatras scolastique !* Et puis serait-il impossible que tel homme du bon ton ignorât jusqu'à la signification du mot *Trope*, et tombât dans la même méprise que celui qui, prenant les *Tropes* pour un peuple, dit à Dumarsais, en le félicitant du succès de son ouvrage, qu'il avait entendu faire de grands éloges de son *histoire des Tropes ?*

Il est donc à propos d'expliquer tous ces noms si peu connus ou si peu en faveur hors des collèges, et qui, même dans les collèges, ne sont que trop souvent, comme le dit Laharpe, *les monstres des classes et l'épouvantail des enfans*, par la faute de ces maîtres routiniers qui s'en tiennent au pur technique et ne se mettent guère en peine de chercher la raison des choses. Cette explication pourra répandre un nouveau jour sur la science *tropologique*, ou, si l'on veut, sur la science du langage figuré. Elle fera voir que cette science doit avoir, comme toutes les autres, et particulièrement comme la Grammaire et comme la Rhétorique, ses termes techniques; que ces termes, en apparence si étranges, sont au fond très significatifs, par conséquent, très-utiles, et qu'on ne pourrait les remplacer dans notre langue que par de longues et pénibles circonlocutions; qu'ils ne peuvent, du reste, être des *monstres* que pour l'ignorance, et un *épouvantail* que pour la paresse; et que, si quelqu'un peut en concevoir *une peur horrible*, ce n'est sûrement pas l'homme ou même l'enfant tant soit peu ami du travail et de l'étude.

Nous sommes très-loin, assurément, de penser que ce soit tout, et que ce soit même l'essentiel, que de savoir les noms et que de les comprendre. Nous pensons, au contraire, que l'essentiel est ici, comme ailleurs, dans le fond des choses; que l'essentiel est de savoir reconnaître s'il y a *Trope* ou non; qu'elle est la nature, quels sont les caractères spécifiques de ce *Trope;* si c'est, ou non, une vraie figure; si cette figure est, ou non, d'un bon goût et d'un bon effet. Mais les noms, bien qu'on puisse ne pas toujours se les rappeler au besoin, et qu'on puisse même quelquefois les appliquer faussement, n'en sont pas moins nécessaires pour fixer les idées, classer les découvertes, arrêter les principes, et faire que la science, non-seulement existe, mais puisse encore avancer, s'étendre, et ne pas périr.

Quoi qu'il en soit, voici, en quatre classes différentes, et par ordre alphabétique dans chaque classe, les noms dont l'explication fait l'objet de ce chapitre. Nous joindrons même à ceux qui viennent du grec, ceux qui viennent du latin, et dont l'intelligence est plus facile; parce que ce sera rappeler l'idée des Tropes qu'ils désignent et rapprocher tous les Tropes les uns des autres, en sorte qu'on voie, presque d'un coup d'œil, et leurs rapports et leurs différences.

Mais il faut, avant tout, expliquer le mot *Trope.*

TROPE, en grec, τρόπος, de τρέπω, tourner, signifie la même chose que *tour* (1). C'est en effet une

(1) Ici nous ne désignons pas le verbe français par la première personne du présent de l'indicatif, comme le verbe grec, mais par le présent de l'infinitif : il en sera de même partout ailleurs.

espèce de *tour* que ce procédé par lequel on change le sens d'un mot en un autre sens, par lequel on transporte un mot d'un premier sens en un sens nouveau. D'ailleurs, par ce changement, par ce transport, le mot ne se trouve-t-il pas comme *tourné* d'un autre côté ? N'offre-t-il pas, s'il faut le dire, un nouvel aspect, une nouvelle face ?

C'est ce nouvel aspect, cette nouvelle face que donne le *Trope* à un mot, qui a fait faire de *Trope* le synonyme de *figure*. Mais nous avons vu à quoi se réduit souvent cette synonymie ; nous avons vu que, quand le *Trope* est d'un usage forcé, ce n'est qu'improprement et que par extension qu'il peut être appelé du nom de *figure*, et que le seul vrai nom qui lui convienne alors est celui de *Catachrèse*.

De *Trope* et de λόγος, discours, vient naturellement le mot TROPOLOGIE, discours sur les Tropes, ou traité des Tropes, tel, par exemple, que ce *Manuel*.

I. TROPES EN UN SEUL MOT

ANTONOMASE, en grec Αντονομασία, de ἀντι, pour, au lieu de, et de, ὄνομα , nom : l'emploi d'un nom pour un autre, mais d'un nom propre pour un nom commun, ou d'un nom commun pour un nom propre. Espèce particulière de *Synecdoque*, et non de *Métonymie*, parce qu'elle est fondée sur un rapport de *connexion*, et non pas sur un simple rapport de *correspondance*.

MÉTAPHORE, en grec Μεταφορά, transposition, translation ; de μεταφέρω, transporter, dérivé de φέρω, porter, et de μετά, au delà. En effet, par la *Métaphore*, on transporte, pour ainsi dire, un mot d'une idée à laquelle il est affecté, à une autre idée dont il est propre à faire ressortir la *ressemblance* avec la première.

MÉTONYMIE, en grec Μετωνυμία, changement de nom, d'ὄνομα, nom, et de μέτα, qui, dans la composition, signifie changement. Ce Trope est fondé sur un rapport de *correspondance* entre deux objets qui existent l'un hors de l'autre : ce rapport est en général celui de la cause à l'effet, ou de l'effet à la cause.

SYNECDOQUE, en grec Συνεκδοχή, compréhension, conception : de σύν, avec, ensemble, et de ἐκδέχομαι, prendre, recevoir : prendre ensemble, avec, *cum;* et conséquemment, *comprendre*, d'où *compréhension*. La *Synecdoque* comprend deux objets sous le nom d'un seul, ou énonce un objet au lieu d'un autre qui, se trouvant avec celui-là dans le rapport du tout à la partie, ou de la partie au tout, y tient par une intime *connexion* physique ou métaphysique.

SYLLEPSE, en grec Σύλληψις prise, acception : de συλλαμβάνω, comprendre, contenir, embrasser. Racines, σύν, avec, et λαμβάνω, prendre. Deux sens d'un même mot, le sens propre et le sens figuré pris ensemble : telle est la *Syllepse*, que Dumarsais appelle *Syllepse oratoire*, pour la distinguer de cette *Syllepse de construction*, qui consiste à faire accorder les mots avec l'esprit plutôt qu'avec la lettre de l'énonciation, c'est-à-dire, à les faire accorder avec ce qu'on a dans la pensée, plutôt qu'avec ce qu'on a dit, et plutôt, en apparence selon la logique, que selon la grammaire. Mais cette dernière sorte de *Syllepse* est d'autant mieux désignée par le nom de *Synthèse*, qu'alors deux choses tout-à-fait différentes par leur nature se trouvent distinguées l'une de l'autre par des noms différens.

II. TROPES EN PLUSIEURS MOTS, GÉNÉRALEMENT RECONNUS

ALLÉGORIE, en grec Αλληγορία *:* de ἄλλος, autre, et de ἀγορά, discours, harangue : littéralement, discours autre, c'est-à-dire, discours autre qu'il ne semble être, un discours pour un autre discours, et enfin un discours par lequel on dit une chose pour en faire entendre une autre; par lequel, dis-je, on présente une pensée sous le voile transparent d'une autre pensée, en sorte qu'au sens littéral se trouve joint dans l'expression un sens spirituel ou intellectuel qui, non-seulement est celui qu'on a principalement en vue, mais que le premier est même destiné à rendre plus frappant.

ALLUSION, en latin *Allusio :* de *Alludere (Ludere ad)*, jouer ou se jouer à, auprès ou sur : aller, toucher, frapper contre. L'*Allusion* est en effet un jeu de l'esprit par lequel on réveille certaines idées, au moyen de l'expression d'autres idées avec lesquelles elles ont une liaison plus ou moins intime.

COMMUNICATION dans les paroles : de *Communiquer*, dérivé lui-même du latin *Communicare*, formé, à ce qu'il paraît, de ces trois élémens : *cum*, avec, ensemble; *unus*, un, et la terminaison *are*, qui marque l'action de faire : *Faire un avec d'autres*, ou faire que deux ou plusieurs ne soient qu'un à certains égards et pour certaines choses. Ici, c'est Se confondre avec d'autres dans le discours, ou en confondre d'autres avec soi : ce qui serait encore mieux exprimé, ce me semble, par le mot d'*Association* que par celui de *Communication*, qui d'ailleurs sert à désigner une figure de pensée toute différente de celle dont il s'agit.

Hyperbole, en grec Ὑπερβολή, excès, dérivé de ὑπερβάλλω excéder, surpasser de beaucoup : de ὑπερ, au delà, et de βάλλω, jeter. Et, en effet, par l'*Hyperbole*, on se jette au delà de la vérité, soit qu'on présente les choses bien au-dessus ou bien au-dessous de ce qu'elles sont réellement, ou de ce qu'il faut les croire.

Ironie, en grec Εἰρωνεία, dissimulation, raillerie fine : de ειρων, dissimulé, trompeur. Les Latins appelaient cette figure *illusio*, *irrisio*, *dissimulatio*, et même *permutatio*, c'est-à-dire, *dérision*, *dissimulation*, *raillerie*, *moquerie*, *permutation*, Mais le nom grec a prévalu dans notre langue, au point d'ydevenir populaire. Par l'*Ironie*, on dit précisément le contraire de ce qu'on veut faire entendre, et c'est là ce qui a fait donner à cette figure un nom qui signifie à-peu-près la même chose que *dissimulation* et *tromperie*.

Litote, en grec Λιτότης, simplicité, diminution, exténuation : de λιτός, simple, petit. Cette figure est ainsi nommée, parce qu'elle feint d'affaiblir l'expression pour la fortifier, et qu'elle dit le moins pour faire entendre le plus.

Métalepse, en grec Μετάληψις, transposition, transmutation; de μετά, au delà, après, et de λαμβάνω, prendre. C'est prendre une idée au delà d'une autre qui semblait s'offrir plus directement, mais à laquelle elle se trouve liée de manière à la réveiller nécessairement dans l'esprit.

III. TROPES EN PLUSIEURS MOTS, NON GÉNÉRALEMENT RECONNUS, MAIS QUI PARAISSENT DEVOIR L'ÊTRE

Allégorisme, d'*Allégorie*, et de la terminaison *isme*, qui marque imitation : mot à mot, imitation de l'Allégorie, ou Allégorie apparente. Figure moyenne entre la *Métaphore* et l'*Allégorie* proprement dites, et qui sert comme de passage de l'une à l'autre, mais qui diffère de la première, en ce qu'elle consiste en plusieurs mots, non pas en un seul, et de la seconde, en ce qu'elle ne présente qu'un seul objet à l'esprit, au lieu de deux à-la-fois.

ASSOCIATION : du verbe *Associer*, former de *ad* changé en *as* par euphonie, et de *sociare*, mettre, réunir en société. C'est la figure présentée par Dumarsais sous le nom de *Communication dans les paroles*, mais dont ce grammairien n'a donné qu'une idée assez imparfaite.

ASTÉISME, en grec Αστειμος, urbanité ou imitation des gens de la ville : de ἄστεως, génitif, de ἄστυ, ville, et de la terminaison *isme*, qui, comme nous l'avons déjà observé au sujet du mot *Allégorisme*, marque imitation. Cette figure, inventée par la politesse la plus exquise et la plus raffinée, prend comme le ton du blâme et du reproche pour donner les louanges les plus délicates.

CONTREFISION, du latin *Contrà*, contre, et *Fisum*, supin du simple non-usité *Fidere*, se *fier* : feinte confiance en une chose à laquelle on ne donne en effet ni crédit ni espoir, ou contre laquelle on veut prévenir.

ÉPITROPE, en grec Επιτροπή, concession, permission *ironique* : de ἐπιτρέπω, permettre, souffrir, accorder, mettre en arbitrage, formé de ἐπί, sur, et de τρέπω, changer, transporter, transférer, etc. L'*Épitrope*, dans la vue même de détourner d'une action, affecte de la conseiller ou de la permettre, et il faut faire le contraire de ce qu'elle dit, comme il faut croire le contraire de ce que dit l'*Ironie*.

MYTHOLOGISME, de *Mythologie*, et de la finale *isme* : or, *Mythologie*, de μῦθος, fable, et de λόγος, discours, signifie Discours sur la fable. *Mythologisme*, imitation, emprunt de la *Mythologie*, c'est-à-dire, expression tirée du langage mythologique, et employée comme une simple façon de parler plus noble, plus élégante, ou plus énergique.

PARADOXISME, imitation du *Paradoxe;* sorte de *Paradoxe*, figure qui tient du *Paradoxe*. Le *Paradoxe*, en grec Παράδοξον, contre-opinion, de παρά, contre, et de δόξα, opinion, est une opinion, une idée qui, contredisant une opinion ou une idée plus généralement reçue, se présente par cela même comme absurde et fausse, ou tout au moins comme étrange et hasardée, quoiqu'elle puisse être, au fond, très-juste et très-vraie. Or, tel est aussi à-peu-près le *Paradoxisme*. Il allie ensemble des expressions, des mots qui paraissent se contredire, qui même, pris à la lettre, se contredisent réellement; et c'est de leur contradiction même que, par des idées intermédiaires sous-entendues, il cherche à faire sortir, et fait quelquefois en effet sortir admirablement bien le plus parfait accord.

Le *Paradoxisme* tient son nom de Beauzée, et ce nom est préférable à celui d'*Antilogie* donné par d'autres à la même figure. *Antilogie*, de ἀντί, contre, et de λόγος, discours, signifie *contre-discours*, ou *discours contradictoire*. Mais la vraie *Antilogie* est un vice réel du discours, tandis que le vrai *Paradoxisme* en est une beauté réelle.

PERSONNIFICATION, action de *personnifier* : action qui consiste à ériger en *personne* ce qui n'en est pas réellement une. Or, le mot *personne* signifiait dans le principe un *masque*, *le masque* dont les acteurs se servaient au théâtre pour jouer leur rôle; et voilà pourquoi *personnage* se prend quelquefois dans le sens de *rôle : Jouer un personnage*. Il n'y a pas de figure plus hardie que la *personnification*, ni qui anime plus le langage.

PRÉTÉRITION, en latin *Prœteritio* : de *Prœterire*, formé de *prœter*, au delà, et de *ire*, aller : action d'aller au delà, de passer outre. Mais la *Prétérition* ne fait que feindre d'aller au delà, et elle n'y va pas réellement : elle insiste au contraire, et avec force, sur ce qu'elle prétend omettre, et c'est ce que signifie encore un autre nom qu'on lui donne, *Prétermission*, de *Prœtermittere*. (*mittereprœter*), envoyer, rejeter au delà. C'est une feinte *prétermission*, comme une feinte *prétérition*.

RÉTICENCE, du latin *Reticere*, formé de *re*, ici purement augmentatif, et de *ticere*, pour *tacere*, taire : retranchement de paroles, paroles tues ou passées sous silence, pour en faire plus entendre qu'elles n'en pourraient dire.

SUBJECTIFICATION, de *Subjectifier*, mot inventé pour le nom même de la figure, et formé du latin *subjectum*, sujet, et *facere*, faire : action d'ériger en sujet ce qui ne l'est pas, ou même ne peut l'être en réalité. Par cette figure, qui est à-peu-près aussi hardie que la *Personnification*, et qui quelquefois même est *personnificative*, on dit de quelque chose d'un sujet ce qui ne peut au fond se dire ou s'entendre que du sujet lui-même.

IV. PRÉTENDUS TROPES

ANTIPHRASE, de ἀντί, contre, et de φράσις, phrase, locution, façon de parler; de φράζω, je parle. Par l'*Antiphrase*, on emploie un mot ou une façon de parler, dans un sens contraire à celui qui lui est ou lui semble naturel. Si l'emploi du mot ou de la façon de parler dans un tel sens, se fait librement et par choix, il se rapporte nécessairement à l'*Ironie;* s'il est forcé par l'usage, il se rapporte à la *catachrèse*, où il rentre dans la classe de ces locutions qu'on appelle des *phrases faites*. Ce n'est donc ni un trope ni une figure particulière.

CATACHRÈSE, en grec Κατάχρησις, abus, de καταχρῶμαι, abuser, lequel vient de κατά contre, et de χρῶμαι, user : abuser, c'est en effet, contre-user, c'est faire un usage tout contraire à celui qu'on devrait faire. Mais l'abus dont il s'agit ici est un abus souvent nécessaire, et non moins souvent utile : la *Catachrèse*, en multipliant les usages des mots, enrichit la langue, et la rend propre à exprimer toutes les idées (1).

EUPHÉMISME, en grec Εὐφημισμός, discours de bon augure : de εὖ, bien, heureusement, et de φημί, dire, parler; c'est-à-dire, parler d'une manière honnête et agréable. Nom commun à plusieurs figures, telles que la *Périphrase*, la *Métaphore*, la *Métalepse*, etc.

HYPALLAGE, en grec Ὑπαλλαγή, transposition, renversement; de ὑπο, sous ou de, et de ἀλλαγή, changement, dérivé de ἀλλάττω, changer. On entend par ce mot le transport fait à quelqu'un des objets d'une phrase, de ce qui ne semble réellement convenir qu'à un autre objet avec lequel il s'y trouve en rapport. Mais si ce transport est légitime et conforme au génie de la langue il rentre dans le genre de quelque autre figure, telle, par exemple, que la *Métaphore*, et on ne doit pas le considérer comme une figure particulière : s'il n'est pas légitime, il faut le regarder comme un vice de style, et non comme une figure.

HYPOTYPOSE, en grec Ὑποτύπωσις, modèle, original, tableau : de ὑποτυπόω, dessiner, peindre; dérivé de ὑπο, sous, et de τυπόω, figurer. Par l'*Hypotypose*, on peint une chose si vivement, qu'il semble qu'elle soit devant les yeux : on donne en quelque sorte l'original pour la copie. C'est une figure de style, et nullement un Trope; ou, si l'on peut quelquefois y découvrir un Trope ce Trope doit compter pour une figure à part et toute différente.

(1) La *Catachrèse* est bien, si l'on veut, un Trope; mais elle n'est pas un Trope d'un genre à part, un Trope différent de la Métonymie, de la Synecdoque, et de la Métaphore : elle n'est, nous ne saurions trop le redire, que l'usage forcé de l'un ou l'autre de ces trois genres; elle n'est qu'une Métonymie, qu'une Synecdoque, ou qu'une Métaphore, devenue ou restée le seul mot propre de l'idée qu'elle exprime.

Périphrase, en grec Περίφρασις, détour de mots : de περί, autour, et de φράζω, parler. Par la *Périphrase*, on exprime en plusieurs paroles et avec une sorte d'emphase, ce qu'on eût pu dire d'une manière plus courte et plus simple. C'est aussi une figure de style; et si quelquefois elle offre un sens figuré, ce n'est certainement pas en tant que *Périphrase*.

Onomatopée, en grec 'Ονοματοποιΐα, formation d'un nom : de ὄνομα, nom, et de ποιέω, faire former; c'est-à-dire, formation d'un nom par imitation du bruit de la chose qu'il représente.

L'*Onomatopée* n'est ni une figure ni un Trope quelconque; elle est, comme la *Catachrèse*, une des sources fécondes d'où viennent tous les trésors des langues. C'est à elle qu'est due en très-grande partie la première invention des mots, comme c'est à la *Catachrèse* qu'en sont dus les divers usages.

TRAITÉ GÉNÉRAL DES FIGURES DU DISCOURS AUTRES QUE LES TROPES

Ouvrage qui, avec le *Manuel des Tropes*,
déjà adopté pour les collèges, formera un traité général
et complet des Figures du Discours

AVERTISSEMENT

(1827)

Après une longue et profonde étude des *Figures du discours*, j'avais entrepris un Traité général et complet de ces sortes de figures, et un Traité raisonné, philosophique, autant que simple, précis, élémentaire; j'avais même fait plus que l'entreprendre, je l'avais à-peu-près terminé, et il ne me restait guère qu'à le mettre au jour. Mais, pour qu'il fût aussi utile que je le désirais, il fallait nécessairement qu'il fût approprié à l'enseignement public, et qu'il pût entrer dans les collèges à titre de livre classique. Or, comment faire changer l'usage où l'on est depuis si long-temps de partager les Figures du discours entre les deux classes de Seconde et de Rhétorique, et d'affecter à la Seconde celles qu'on appelle *Tropes*, à la Rhétorique toutes les autres (1)? Je me décidai à revenir sur mon premier plan, et de mon grand Traité général, je fis deux traités particuliers et distincts. J'ai déjà donné l'un, il y a quelque temps, sous le titre de *Manuel classique pour l'étude des Tropes*, et il ne pouvait obtenir un succès plus complet ni plus honorable, puisqu'il a été expressément adopté pour les collèges, et qu'il paraît même assez généralement préféré à celui qui depuis un siècle, était regardé comme le chef-d'œuvre du genre. Je me détermine enfin à donner aussi l'autre, qui a pour objet toutes les *figures autres que les Tropes*, ou, si l'on veut, toutes les *Figures non-Tropes*. Les deux ouvrages sont coordonnés entre eux de manière à n'en former qu'un seul pour ceux qui voudront les réunir ensemble. Le volume des *Tropes*, en ce cas, sera le premier par son rang comme par sa date, parce qu'il renferme les notions

(1) Peut-être finira-t-on un jour par reconnaître qu'il conviendrait que toutes les sortes de figures fussent réunies dans un seul et même Traité, pour être l'objet d'un seul et même enseignement. Ce serait en effet le seul moyen de bien faire saisir, soit les rapports, soit les différences des unes aux autres.

préliminaires indispensables pour toutes les sortes de figures.

Je ne me flatte pas que le nouveau Traité obtienne à l'Université la même faveur que le premier, celle d'une adoption expresse et proprement dite : c'est que jusqu'à présent les *Figures non-Tropes* n'ont pas été, comme les *Tropes*, l'objet d'un enseignement spécial et à part, et qu'on s'est borné à en faire l'accessoire des Traités de Rhétorique. Mais ce n'est pas sans doute trop présumer que de croire qu'il pourra être recommandé avec intérêt aux jeunes étudians, et par la haute Administration de l'instruction publique, et par les maîtres eux-mêmes. Il suffit même qu'il présente une théorie toute nouvelle, et très-différente à bien des égards de celles de toutes les rhétoriques, pour qu'on doive au moins le lire, et examiner si cette théorie est réellement plus fondée qu'aucune autre en raison et en vérité. Enfin, plusieurs de ceux qui veulent bien accorder quelque estime à mon premier Traité, seront probablement curieux de savoir quelle est celle que peut mériter le nouveau. Ils verront que, du moins fidèle à ma méthode, je procède toujours avec ordre, avec examen, sans rien adopter de confiance ni sur la foi d'autrui, et que, si je puis ne pas avoir toujours l'évidence pour moi, ce n'est jamais, peut-être, faute de bonnes raisons et de bonnes preuves.

PRÉFACE

Dont l'objet est de prouver qu'il fallait un nouveau Traité des figures du discours tant tropes que non-tropes.

J'ai donné, il y a quelque temps, dans le *Manuel des Tropes*, un Traité particulier de toutes les figures du discours qui consistent dans le *sens détourné* des mots, c'est-à-dire dans un sens plus ou moins éloigné et différent de leur sens propre et littéral : je vais, dans le présent ouvrage, en donner un de toutes les figures qui ne consistent pas dans cette sorte de sens, et qui par conséquent ne sauraient être appelées des *Tropes*. Ces deux traités partiels, combinés et réunis ensemble, feront un Traité général et complet des *figures du discours*. On me demandera s'il n'y avait pas déjà assez de traités de ce genre, et s'il en fallait bien un nouveau : Oui, répondrai-je, il en fallait un nouveau, si aucun de ceux qui existent ne dit tout ce qu'il y a d'important, d'essentiel à savoir; si aucun ne présente un système conçu, lié, combiné de manière à ne paraître dans son ensemble et dans ses détails, que l'ouvrage même de la raison et de la logique; si aucun du moins, quelque bon, quelque parfait qu'il soit relativement aux autres, en peut, seul et par lui-même, suffire pour l'instruction de quiconque veut être un peu plus qu'initié dans les lettres, et n'a pourtant ni le loisir ni la facilité de consulter un grand nombre de livres, pour trouver dans l'un ce qui peut manquer dans l'autre. Or, nous allons voir que c'est là un fait à-peu-près certain.

Parmi les Grecs, Aristote dans sa *Rhétorique*, et Longin, dans son *Traité du sublime*, se sont occupés des figures : parmi les Latins, Cicéron et Quintilien en ont traité l'un et l'autre dans leurs *Institutions oratoires*. Mais si c'est avec une raison assurément supérieure, ce n'est pourtant que d'une manière plus ou moins générale; c'est, ou sans classification, ou avec une classification toute défectueuse; et, de leurs articles réunis ou combinés ensemble, on ne ferait ni un ouvrage méthodique, ni un ouvrage complet. Cicéron a, sans contredit, et plus et mieux fait à cet égard qu'Aristote et Longin; et cependant Quintilien, venu long-temps après, lui reproche et de l'inexactitude et des erreurs; il lui reproche d'avoir pris pour *figures de diction*, des *figures de pensées*, et d'avoir même souvent pris pour figure ce qui ne l'était nullement. Il est, lui, il faut en convenir, et plus exact et plus étendu que les trois autres; il comprend tout ce qu'il y a de meilleur dans les trois, il comprend même beaucoup au-delà, et il offre une foule d'observations, d'aperçus, de principes, qui annoncent et le grand rhéteur et le grand philosophe. Mais il tombe lui-même plus d'une fois dans les méprises qu'il reproche à Cicéron; il ne met pas toujours assez de proportion entre ses articles, et, s'il n'en a pas de trop longs, il en a au moins de beaucoup trop courts. Enfin, il reconnaît, il avoue qu'il laisse encore beaucoup à désirer, puisqu'il dit, dans un endroit, qu'*Il ne parlera que des tropes les plus usités et les plus nécessaires;* dans un autre, que, *Cette matière faisant partie d'un ouvrage d'assez longue haleine, il ne croit pas la devoir traiter plus au long;* dans un troisième, que *L'on peut ajouter d'autres figures à celles qu'il a distinguées*, en ajoutant néanmoins, qu'*On ne peut pas en trouver de meilleures*.

Quintilien, à cette occasion, rappelle que des écrivains distingués ont fait de ce sujet leur objet principal; qu'ils l'ont traité à fond et dans des volumes entiers. « Tels sont, » dit-il, Cécilius, Denys-d'Halicarnasse, Satelius, Cornificius, Viselius, et plusieurs autres, sans compter ceux » qui vivent encore ». Mais il ne paraît pas que tous ces ouvrages soient parvenus jusqu'à nous, et l'indication qu'en fait l'illustre rhéteur ne peut plus servir qu'à montrer l'importance que, de son temps et avant lui, on attachait à la science des figures; qu'à montrer, dis-je, que d'excellens esprits n'avaient pas jugé indigne d'eux de s'en occuper et d'en faire l'objet d'une étude particulière.

Et au surplus, supposé que les Anciens nous eussent laissé en ce genre l'ouvrage le plus parfait possible, cet ouvrage aurait-il le même mérite pour nous? Non, sans doute, et, pour nous le rendre propre, ce ne serait point assez d'une traduction; il faudrait encore bien des modifications dans les principes, il faudrait bien des applications, bien des exemples nouveaux et particuliers. Pourquoi ? parce que certaines figures peuvent varier d'une langue à l'autre, et que quelques unes même n'ont pas lieu dans toutes les langues. Et voilà pourquoi aussi le meilleur traité des figures en langue étrangère, en Anglais, par exemple, en Allemand, en Italien, ne pourrait jamais, vraisemblablement, nous convenir en tout point, ne pourrait jamais nous suffire ou nous satisfaire complètement, quoiqu'il nous fût sans doute à tous égards d'un très-grand secours et d'un très-grand prix.

Voyons ce que nous avons dans notre propre langue. Toutes nos rhétoriques n'avaient guère fait, jusqu'à Dumarsais, qu'habiller un peu à la française ce que nous avons de Cicéron et de Quintilien sur les figures, et souvent même que le réduire au pur technique, c'est-à-dire à ce qu'il y a de plus vain et de plus stérile. Rollin, le père Lamy, et quelques autres, s'étaient, il est vrai, distingués de la foule; ils avaient parlé en hommes de jugement et de goût, et, tout en imitant, ils avaient paru eux-mêmes originaux. Mais ils ont bien moins fait des traités, des systèmes, que ce qu'on peut appeler des articles.

Depuis Dumarsais, c'est à ce grammairien célèbre que l'on s'en rapporte toujours pour les tropes; c'est lui que l'on cite, que l'on fait parler dans toutes les grammaires, dans toutes les rhétoriques. Condillac et Laharpe, tout en lui rendant hommage, ont quelquefois osé s'ériger eux-mêmes en maîtres, et nous leur devons, ou sur les tropes, ou sur d'autres figures, nombre d'observations et de vues qui feraient honneur à Cicéron lui-même et à Quintilien. Mais ils n'ont écrit là-dessus que par occasion, et n'ont point entendu faire ce qu'on appelle un *traité*.

On ne verra pas non plus un traité, sans doute, dans ces neuf ou dix articles que l'ingénieux et élégant Marmontel a distribués par ordre alphabétique dans ses *Élémens de Littérature*. Crevier, par exemple, en a comme fait un dans sa Rhétorique; il l'a même fait assez étendu, assez complet, pour y comprendre à-peu-près toutes les figures. Mais l'ordre, la classification y manquent absolument, et ce ne sont pas encore les seuls défauts : la partie la plus essentielle et la plus difficile, celle des tropes, quoique calquée sur Dumarsais, y est la plus négligée, la moins éclaircie.

Dumarsais aura sans doute rempli toutes nos conditions, tous nos vœux; Dumarsais, l'un des meilleurs esprits qui se soient appliqués à la science du langage, et celui de tous qui a le plus contribué à en faire une des parties les plus importantes de la philosophie. Oui, Dumarsais nous a donné sur les tropes un ouvrage regardé avec raison comme le meilleur qui eût encore paru en ce genre. Mais les tropes ne sont pas toutes les figures même de mots, et Dumarsais a reconnu combien il serait utile que toutes les figures quelconques et des grammairiens et des rhéteurs, sans aucune exception, fussent réunies dans un même cadre où l'on pût en voir de près et les rapports et les différences. Et d'ailleurs, cet ouvrage, à ne le considérer que quant au seul objet auquel il est borné, ne laisse-t-il aujourd'hui rien à désirer? S'il fut une sorte de chef-d'œuvre pour le temps où il parut, en est-il de même un pour l'époque actuelle, ou l'est-il du moins dans tous les sens et sous tous les rapports? Combien de faux tropes qui s'y trouvent, et combien de vrais qui ne s'y trouvent pas! Combien d'expressions forcées et purement extensives ou, si l'on veut, *catachrétiques*, qui y sont citées pour exemples de vraies figures de tel ou tel genre! Toujours le *sens propre* confondu avec le *sens primitif*, et le *sens figuré* avec le *sens extensif*, qu'il faut nécessairement distinguer entre le *sens propre* et le *sens figuré*. Et puis, où est cet ordre, cette classification qui devrait en lier toutes les parties, et les mettre en rapport les unes avec les autres? Non, tout n'y est pas également parfait, également exact, quoiqu'il y brille partout une admirable sagacité, une raison supérieure, et le jugement, le goût le plus sûr. Beauzée y a remarqué plus d'une inadvertance, plus d'une méprise, et il a cru, en les relevant, rendre hommage au premier de nos grammairiens de génie.

Beauzée aura donc mieux ou plus fait que Dumarsais? Beauzée a en effet exécuté dans l'*Encyclopédie méthodique*, un travail qui s'étend à toutes les figures, et où l'on trouve sur chacune plus de détails que dans aucun autre ouvrage. Beauzée, sans être en tout de la force de Dumarsais ou de Condillac, ne leur était pourtant pas extrêmement inférieur, et il a su plus que profiter de ce qu'on avait fait avant lui; il a su y porter de nouvelles vues et de nouvelles lumières; il a su, en y répandant une érudition étonnante, y faire toujours briller un esprit vraiment philosophique. Mais ce ne sont que des articles détachés, disséminés parmi une foule d'autres de divers genres, dans plusieurs gros volumes, au lieu d'être réunis en corps d'ouvrage, et de former entre eux un ensemble, un tout. Et ce n'est même pas là le seul inconvénient. Si

Beauzée est souvent admirable pour la sagacité, la profondeur, la justesse, il n'a pas toujours, à-beaucoup-près, l'expression claire et facile. Son style est même en général pénible, diffus; il est trop alambiqué, trop métaphysique, s'il faut le dire, et ne peut guère être goûté que des érudits de profession. Et puis, que de savantes et longues dissertations, qui peuvent bien convenir sans doute dans un ouvrage à consulter et de bibliothèque, mais qui seraient déplacées dans un ouvrage élémentaire, usuel, et de lecture suivie, tel qu'il le faut pour servir à des études classiques en grammaire et en littérature!

Il fallait donc nécessairement un nouveau traité des *figures du discours*, et ce traité, dont on avait déjà une assez grande partie dans le *Manuel des Tropes*, va être entièrement complété par le volume consacré aux *figures non-tropes*. Tant s'en faut que je m'abuse jusqu'à le croire parfait. Je sens assez, au contraire, ce qui y manque, et je suis persuadé qu'il ne faudrait pas un très-grand talent pour en faire un meilleur. Mais il servira peut-être lui-même à nous valoir tôt ou tard ce meilleur qu'il fera désirer. Il pourra du moins, ce me semble, assez bien remplir, en attendant, le but que je me suis proposé. Tout ce que je puis dire, c'est que j'ai fait de mon mieux pour le rendre passable, c'est que je n'ai négligé aucun des secours qui pouvaient être à ma portée. Je ne m'en suis pas tenu à consulter les plus distingués des auteurs qui m'ont précédé dans la carrière : je leur ai fait hardiment tous les emprunts qui pouvaient m'être utiles. Combien ne dois-je pas, par exemple, à Marmontel, à Crevier, au docteur Blair, et surtout à Laharpe, à Dumarsais, à Beauzée! Il ne faudrait pas cependant en induire que mon ouvrage n'est qu'une simple compilation. On verra aisément qu'il m'appartient tout entier; que je me suis fait moi-même mon plan, mon système, mes opinions, mes principes; que je ne jure sur la foi d'aucun maître, et que je me trouve même assez souvent en opposition, tantôt avec celui-ci, tantôt avec celui-là, qu'enfin je ne suis en tout d'autre maître que ma propre raison, et que, si je me trompe, c'est à elle seule qu'il faut imputer mes erreurs. Et à Dieu ne plaise pourtant que je prétende m'arroger en revanche tout l'honneur de ce qu'on pourra trouver à louer! Je reconnais volontiers que cet honneur peut être plus d'une fois dû en grande partie à tel ou à tel de mes devanciers qui m'a prêté ses lumières.

PRÉAMBULE

Il faut nécessairement commencer par nous rappeler quelques-unes des notions générales du *Manuel des Tropes*. D'abord, qu'entendons-nous ici par *Discours?* Non pas un ouvrage entier, si court d'ailleurs qu'on le suppose; non pas même une suite, un enchaînement de phrases ou de périodes sur un même sujet; mais une phrase ou une période exprimant une pensée à-peu-près entière et complète en elle-même, quoique tenant peut-être à d'autres pensées qui précèdent ou qui suivent. Enfin, par *Discours*, nous entendons à-peu-près la même chose que quand on dit : *Les parties du discours : Le discours peut être composé de tant d'espèces de mots.*

Et qu'est-ce que les *figures du Discours en général?* Ce sont *les formes, les traits ou les tours plus ou moins remarquables et d'un effet plus ou moins heureux, par lesquels le Discours, dans l'expression des idées, des pensées, ou des sentimens, s'éloigne plus ou moins de ce qui en eût été l'expression simple et commune.* Or, les *idées*, gardons-nous de l'oublier, sont les élémens dont la pensée se compose, et elles correspondent aux mots pris isolément; la *pensée*, selon qu'elle est plus simple ou plus composée, correspond à la proposition, à la phrase, ou à la période; le *sentiment* est cette affection, ce mouvement qui accompagne quelquefois l'idée ou la pensée, et qui, dans un certain degré de vivacité ou de violence, prend le nom de *passion.*

De combien de figures diverses n'est pas susceptible le *Discours* réduit même à l'expression d'une seule pensée, réduit à la période et à ses dépendances les plus immédiates! Tantôt ce sont les mots qui, par euphonie, et pour produire tel ou tel effet sur l'oreille, ont dans leur matériel, dans leur forme grammaticale, quelque chose de plus ou de moins, ou quelque chose de tout autre que ce qu'ils ont ordinairement. : FIGURES DE DICTION. Tantôt c'est dans la combinaison des mots, une addition, une suppression, ou une disposition toute nouvelle, enfin une dérogation à l'usage ordinaire, dont le but est de rendre la pensée plus pleine, plus énergique, plus noble, ou plus piquante : FIGURES DE CONSTRUCTION. Ici, comme les mots sont bien choisis et bien assortis entre eux, pour faire mieux ressortir l'idée, et la rendre plus vive, plus saillante, sans même la déguiser sous une couleur étrangère! FIGURES D'ÉLOCUTION. Là, c'est une idée qui se présente, non plus sous son propre signe, ni comme à découvert, mais sous le signe, sous l'image d'une autre idée; c'est une signification de pur emprunt et de circonstance, qui, par manière de jeu, a pris dans les mots la place de leur signification naturelle et habituelle : FIGURES DE SIGNIFICATION. Là, le jeu, le déguisement va bien plus loin, est bien plus marqué, bien plus soutenu : tout un assemblage de mots, une proposition, une phrase ou même une période entière, ne vous offre qu'un sens apparent, illusoire, pour vous faire mieux trouver, mieux saisir le sens réel et véritable : FIGURES D'EXPRESSION. Mais que le sens soit ou non d'emprunt, qu'il soit simple ou double, direct ou indirect, voyez dans l'expression totale de la pensée quel caractère frappant et peu ordinaire de beauté, de grâce, ou de force! FIGURES DE STYLE.

En regardant aux formes, aux tours, aux combinaisons du *Discours*, ou à ses élémens soit grammaticaux soit logiques, vous n'y trouverez pas vraisemblablement d'autres sortes de figures que celles que nous venons de signaler. Mais regardez à son principe intellectuel, à ses motifs, à ses intentions, à ses vues, à sa fin; sortez même un peu, s'il le faut, du cercle étroit de la phrase et de la période, et voyez toute une suite, tout un ensemble de phrases, de périodes; pénétrez jusque dans les mystères de l'invention, de la composition, jusque dans les artifices les plus ingénieux de l'esprit : alors se présenteront des figures d'un ordre nouveau et plus élevé, des figures qui se rapportent bien sans doute au *Discours*, et n'existent même qu'à son occasion, mais qui en sont tellement séparées et distinctes qu'elles pourraient continuer d'exister encore avec des formes, des combinaisons et des tours de langage absolument différens : FIGURES DE PENSÉES.

Voilà donc jusqu'à sept classes de *figures du Discours* que l'on peut distinguer : les *figures de diction*, les *figures de construction*, les *figures d'élocution*, les *figures de signification*, les *figures d'expression*, les *figures de style*, et les *figures de pensées*. Mais toutes ces différentes classes doivent-elles nous occuper ici également? Dans les *figures de signification* et dans les *figures d'expression*, on reconnaît sans peine les *tropes*. Or, dès que les *tropes* ont été l'objet d'un traité spécial, ils ne doivent pas sans doute entrer dans celui-ci. Et les *figures de diction*, ces figures connues en grammaire sous le nom de *métaplasmes*, doivent-elles y avoir beaucoup de place? Elles sont si rarement de vraies figures! elles intéressent si peu en général l'expression de la pensée (1)! Ce n'est guère qu'à un traité de la science étymologique qu'elles peuvent appartenir essentiellement, et il en est d'ailleurs assez question dans le *Manuel des tropes*, chapitre second de la troisième partie (2).

Les quatre autres classes, c'est-à-dire les classes de *figures de construction*, de *figures d'élocution*, de *figures de style*, et de *figures de pensées*, sont donc celles qui nous restent pour le traité des *figures non-tropes*. Nous allons leur consacrer à chacune un chapitre particulier, où nous en exposerons et en examinerons en détail les genres et les espèces. Nous les réunirons ensuite dans un chapitre commun, où nous les rapprocherons, non-seulement les unes des autres, mais même de la classe des *figures de diction*, et des deux classes de *figures-tropes*. A ce chapitre, en succédera un où elles deviendront l'objet de quelques *considérations générales*. Et enfin, dans un dernier chapitre, qui en aura pour objet la *nomenclature*, nous donnerons l'étymologie et l'explication des divers noms qu'elles ont reçus en différens temps.

(1) Nous verrons ailleurs que le terme de *diction* se prend quelquefois dans un sens plus étendu pour désigner en général toutes les *figures de mots*, et surtout celles qui ne sont pas des tropes, telles que les *figures de construction*, d'*élocution* ou de *style*.

(2) On pourrait surtout consulter pour les *métaplasmes*, LA CLEF DES ÉTYMOLOGIES *pour toutes les langues en général et pour la langue française en particulier*. Ils en occupent tout le dixième chapitre, lequel a pour titre : *De la transformation des mots*.

CHAPITRE PREMIER

DES FIGURES DE CONSTRUCTION

Nous appelons ici CONSTRUCTION l'assemblage et l'arrangement des mots dans le discours. C'est en effet par cet assemblage et cet arrangement que s'élève, se forme, et enfin se *construit* l'espèce d'édifice dont le discours nous offre l'image. On n'a pas toujours distingué entre la *construction* et la *syntaxe*, et quelques-uns même appellent *figures de syntaxe* ce que nous appelons *figures de construction.* Mais il y a cependant entre les deux choses une différence essentielle, et qui ne permet pas de les confondre l'une avec l'autre. La *syntaxe* a pour objet les inflexions, les accidens, en un mot, les formes que les mots doivent respectivement prendre suivant leurs rapports d'identité ou de détermination, ou, si l'on veut, de *concordance* ou de *dépendance.* La *construction* a pour objet la place et le rang qu'ils doivent occuper dans l'énonciation, d'après le génie de la langue, et le genre de style où ils sont employés. Il y a des règles générales de *syntaxe* communes à toutes les langues, et ces règles générales n'empêchent pas que chaque langue n'ait une *construction* particulière, souvent tout opposée à celle d'une autre langue.

Cependant le génie de la langue, toujours subordonné au génie du goût, permet quelquefois de s'écarter de l'usage ordinaire, ou, pour mieux dire, permet et avoue un usage qui n'est pas l'usage commun et habituel; et, s'il n'autorise jamais un désordre réel, il peut autoriser du moins un certain changement d'ordre, et un ordre, un arrangement nouveau et tout particulier; il peut autoriser une construction plus ou moins pleine, abondante et expansive, s'il faut le dire, ou plus ou moins réduite, resserrée, laconique. De là les *figures de construction*, qui ont lieu par *révolution*, par *exubérance*, ou par *sous-entente.*

A. — FIGURES DE CONSTRUCTION PAR RÉVOLUTION

Les principales *figures de construction* par révolution, sont l'*Inversion*, l'*Imitation*, l'*Enallage*.

INVERSION

*L'*Inversion, *que l'on appelle quelquefois* Hyperbate, *mais qui n'est qu'une des espèces dont l'*Hyperbate *est le genre, consiste dans un arrangement de mots* renversé *ou* inverse, *relativement à l'ordre où les idées se succèdent dans l'analyse de la pensée.* Elle a lieu, 1° toutes les fois que le sujet se trouve énoncé après ses modificatifs, ou après le verbe qu'il tient sous sa loi; 2° lorsque le régime précède le mot auquel il se rapporte; 3° lorsque le complément d'un régime se trouve précéder ou ce régime seul, ou tout-à-la-fois ce régime et son régisseur. Telles sont à-peu-près les règles générales pour la reconnaître.

L'*Inversion* est si naturelle aux langues *transpositives*, telles que le latin et le grec, que l'on peut à peine l'y regarder comme une figure. Mais elle est si peu ordinaire aux langues *analogues* (et laquelle l'est plus que la nôtre?) qu'il faut nécessairement qu'elle soit ou une *figure* ou un défaut, dans tous les cas où elle n'est pas expressément consacrée par l'usage.

Boileau, dans sa première satire, fait parler un malheureux poëte qui se demande s'il quittera la carrière des lettres pour celle du barreau :

Faut-il donc désormais jouer un nouveau rôle?
Dois-je, las d'Apollon, recourir à Barthole,
Et, feuilletant Louet allongé par Brodeau,
D'une robe à longs plis balayer le barreau?

L'ordre successif des idées dans le quatrième vers était celui-ci : *Balayer le barreau d'une robe à longs plis.* Ce vers n'est donc pas suivant la construction simple et analytique, puisqu'on y a mis au premier hémistiche, ce que cette construction demandait au second, et au second, ce qu'elle demandait au premier; mais l'*Inversion* est-elle vicieuse, est-elle contraire au génie ou à l'usage de notre langue? Non, et il s'en faut bien : c'est le goût même qui l'a inspirée, et elle ne saurait être plus élégante, plus poétique. Comme on aime à voir tout-à-coup devant soi cette robe déployée et traînante! Comme elle semble s'allonger encore et s'étendre, à mesure que le vers avance, grave et presque traînant comme elle! Voilà ce qui s'appelle une peinture, une *image*. Employez la construction simple, tout le charme aura disparu, et un très-beau vers sera devenu pire que de la prose.

Oreste raconte à Hermione, dans *Andromaque*, comment Pyrrhus a été immolé aux pieds des autels, au moment qu'il y recevait la main de la veuve d'Hector :

Il expire, Madame, et nos Grecs irrités,
Ont lavé dans son sang ses infidélités.
Je vous l'avais promis : et, quoique mon courage
Se fît de ce complot une funeste image,
J'ai couru vers le temple, où nos Grecs dispersés
Se sont *jusqu'à l'autel dans la foule glissés.*

Trois de ces vers, le premier, le troisième et le cinquième, appartiennent visiblement à la construction analytique. Le second et le quatrième s'en écartent chacun un peu. Mais aucun ne s'en écarte autant que le dernier, puisque *se sont* et *glissés*, au lieu d'être joints ensemble, sont tellement séparés par les deux différentes circonstances du discours, que l'un commence le vers, et que l'autre le finit. Ce n'est même pas tout : ces deux circonstances du discours se trouvent elles-mêmes dans un ordre inverse l'une par rapport à l'autre. Où se sont-ils glissés, ces Grecs ? dans la foule. Et s'y sont-ils glissés bien avant ? jusqu'à l'autel. *Dans la foule* devait donc être avant *jusqu'à l'autel*, comme *glissés*, immédiatement après *se sont;* en sorte qu'il y eût : *Se sont glissés dans la foule jusqu'à l'autel*.

Or, quel n'est pas l'effet de l'*Inversion* employée par le poëte! elle a rendu propre au vers un mot qui, sans elle, en était repoussé comme à-peu-près indigne. Écoutons là-dessus le plus illustre commentateur de Racine : « Cette expression *glissés*, dit Laarhpe, peu faite par » elle-même pour la poésie noble, passe à la faveur de » l'inversion et de l'arrangement des mots qui la font, » pour ainsi dire, attendre à la fin du vers, de manière » à la rendre nécessaire. Si l'auteur eût mis dans le » premier hémistiche, *se glissant dans la foule*, c'eût été » un prosaïsme marqué. Cette science de l'arrangement » des mots, si essentielle partout, l'est surtout dans une » langue où beaucoup de termes dont la phrase a besoin, » semblent repoussés par la délicatesse scrupuleuse de

» notre poésie, et ne peuvent y entrer qu'avec toutes ces
» précautions qui ne sont enseignées que par le goût. »
Joad dans *Athalie* :

Du temple, orné partout de festons magnifiques,
Le peuple saint en foule inondait les portiques.

Quelle noble et imposante simplicité dans ces vers! et ce qui est surtout remarquable, c'est la double image qu'ils offrent ensemble, c'est celle qu'ils offrent chacun en particulier. Le premier, d'abord, montre aux regards ce temple auguste, le montre dans la pompe des plus grandes solennités, le montre orné partout, et au dedans et au dehors, du plus magnifique appareil des fêtes, et quoiqu'il dépende grammaticalement du second par la préposition qui le commence, il s'en détache cependant assez pour laisser le temps de saisir l'image. Mais l'image principale, celle qui doit le plus frapper et les yeux et l'esprit, et qui doit même les fixer particulièrement, c'est l'image de *ces flots de peuple se pressant sous ces portiques, au point de les inonder et de refluer au dehors*. Or, c'est là l'effet merveilleux que produit le second vers, et par la place de repos qu'il occupe, et par le mot *portiques*, rejeté jusqu'à la fin. Changez l'ordre, mettez :

Le peuple saint en foule inondait les portiques
Du temple orné partout de festons magnifiques :

plus d'intérêt, plus de prestige, et Laharpe a peu dit, en disant que *la phrase alors se traîne sur des béquilles*.

Une *Inversion* bien plus hardie que les précédentes, et la plus hardie peut-être de notre langue, c'est celle de ce vers du rôle d'Hermione dans *Andromaque* :

Pleurante après son char vous voulez qu'on me voie!

Qu'il me soit permis de rapporter ce que j'en ai dit dans mes *Études sur Racine*. « L'ordre analytique serait :
» *Vous voulez qu'on me voie pleurante après son char*.
» Mais, en adoptant cet ordre, il faudrait, je crois, au
» lieu de l'adjectif verbal, *pleurante*, le participe indé-
» clinable, *pleurant*, comme dans ces vers de la même
» pièce :

N'est-ce pas à vos yeux un spectacle assez doux,
Que la veuve d'Hector pleurant à vos genoux?

» Pourquoi donc? parce que le complément, *Après son* » *char*, viendrait immédiatement à la suite, et qu'il ne » peut convenir à un adjectif verbal : l'adjectif verbal, » en général, n'est point susceptible de complément, et » c'est même une des différences qui le distinguent du » participe. Dans l'ordre inversif, au contraire, *pleurante* » peut très-bien convenir tel qu'il est, parce que, dans » cet ordre, les mots, *Après son char*, se rapportent à, » *Vous voulez qu'on me voie;* comme s'il y avait, *Vous* » *voulez que pleurante on me voie après son char!* ou *Vous* » *voulez qu'après son char on me voie pleurante!* Disons » même que, dans cet ordre-là, *pleurante* seule convient, » et qu'avec *pleurant* la phrase serait barbare.

» Or, le *pleurante* de l'inversion ne vaut-il pas mieux » que le *pleurant* de la construction analytique? ne » vaut-il pas mieux, d'abord, par la gravité et la noblesse » qu'en reçoit tout le vers? ne vaut-il pas mieux, ensuite, » par les idées accessoires qui s'y trouvent jointes à » l'idée principale? *Pleurant*, participe, ne marque que » l'action seule, que l'action actuelle et momentanée de » pleurer, de verser des larmes; mais *pleurante*, adjectif, » marque une douleur prolongée et même habituelle, » une douleur qui se manifeste par divers signes, dont » les larmes ne sont pas toujours les plus forts.

» Et puis, ce *pleurante*, placée au commencement du » vers, quelle scène de deuil ne semble-t-il pas ouvrir! » quelle triste et touchante image n'offre-t-il pas d'abord » aux yeux! Ce sont plus encore que les pleurs d'Her- » mione; c'est Hermione elle-même toute en pleurs, et » dans l'appareil le plus lugubre, dans l'attitude la plus » pitoyable, en spectacle à la suite d'un char de triomphe, » et du char de triomphe de sa rivale. »

Il est aisé de voir par tous ces exemples dans quels cas l'*Inversion* est *figure*. C'est lorsqu'elle contribue à l'énergie, à la beauté, au charme de l'expression; c'est lorsque, par elle, des termes qui dans la construction ordinaire, eussent paru communs, faibles ou languissans acquièrent de la grâce ou de la noblesse, et deviennent, s'il faut le dire, pleins de force et de vie. Dans quels cas, au contraire, est-elle un défaut? Dans tous ceux où elle ne produit aucun des effets ci-dessus; dans tous ceux où, paraissant heurter l'usage et le génie de la langue, elle n'est pas du moins justifiée par le génie d'un grand écrivain; dans tous ceux surtout où elle n'est pas moins contre l'*ordre de liaison* que contre l'*ordre d'analyse*, et où, confondant les idées et les mots, elle ne permet plus d'en saisir sans peine les relations.

Telle est, par exemple, l'*Inversion* des vers suivans :

Que toujours la fierté, l'honneur, la bienséance
De cette folle ardeur s'oppose *à la naissance.*

L'auteur a voulu dire, *s'oppose à la naissance de cette folle ardeur*, et il se trouve avoir dit, *La fierté, l'honneur, la bienséance de cette folle ardeur.*

Telle est encore l'*inversion* de ces vers de l'un de nos plus grands poëtes :

O vous qui *de l'honneur* entrez *dans la carrière...*
A peine *de la cour* j'entrai *dans la carrière.*

Il a voulu dire : *O vous qui entrez dans la carrière de l'honneur : A peine j'entrai dans la carrière de la cour;* et point du tout, il a dit : *O vous qui entrez de l'honneur dans la carrière : A peine j'entrai de la cour dans la carrière.* Et en effet, se fût-il exprimé autrement, s'il avait eu ce dernier sens en vue?

Mais l'*inversion* n'appartient-elle donc qu'à la poésie, et n'est-elle permise qu'en vers? Il est certain qu'elle sert particulièrement à caractériser la phrase poétique, et que souvent elle est, comme le dit Laharpe, le seul trait qui différencie les vers de la prose. Il est certain aussi que nos plus grands prosateurs ne l'ont employée que bien rarement et qu'avec beaucoup de réserve. Mais enfin ils l'ont employée quelquefois, et c'est assez pour prouver qu'elle n'est point rigoureusement exclue de la prose, quoiqu'elle doive sans doute y être plus rare et beaucoup moins hardie que dans le langage des poëtes.

IMITATION

*L'*Imitation *consiste à imiter le tour, la construction propre d'une autre langue, ou un tour, une construction qui n'est plus d'usage.* Dans le premier cas, on l'appelle *Hellénisme*, *Latinisme*, *Hébraïsme*, *Anglicisme*, *Germanisme*, etc., suivant qu'elle vient du grec, du latin, de l'hébreu, de l'anglais, de l'allemand, etc. Dans le second cas, on peut l'appeler du nom de l'auteur qui en a fourni le modèle; et c'est ainsi que nous appelons *marotisme* toute imitation affectée du style de Marot.

I. — Voici, par exemple, un *Latinisme* dans ce vers de Delille, traduction du *Paradis perdu* :

Communs sont nos désirs, notre bonheur commun.

Il est dans le premier hémistiche, et il consiste en ce que l'attribut occupe la place du sujet, et le sujet la place de l'attribut : la construction française serait : *Nos désirs sont communs.* Mais on sent combien la construction latine est plus vive et plus poétique; et ce qui la fait encore mieux ressortir, c'est cette espèce de contraste de la construction toute française du second hémistiche. Le poëte eût pu redoubler le *Latinisme*, et mettre, *Commun notre bonheur.* Mais il me semble qu'il a été mieux inspiré, en mettant, *Notre bonheur commun.*

Un autre *Latinisme* de Delille qui ne paraît pas moins avoué par le goût, c'est celui-ci du même ouvrage :

Un être lui manquait, dont la face divine
Attestât la grandeur de sa noble origine.

La construction française serait : *Il lui manquait un être dont la face divine*, etc., ou *Un être dont la face divine attestât*, etc., *lui manquait.* Mais alors plus d'élégance, plus de noblesse, par conséquent plus de poésie : elle est ici presque toute, et même toute pour le premier vers, dans le tour latin; et il en est de même de cet exemple de la *Henriade* :

Une grotte est auprès, dont la simple structure
Doit tous ses ornemens aux mains de la nature.

Encore Delille, traduction des *Géorgiques* :

Et le voile est levé qui couvrait la nature.

Qui devrait, d'après l'usage ordinaire, venir immédiatement après *voile : Et le voile qui couvrait la nature est levé.* Mais en latin le relatif et l'antécédent peuvent souvent être séparés l'un de l'autre avec élégance, et cette sorte de *Latinisme* est loin de choquer ici, attendu qu'il ne rompt pas absolument la liaison des idées, le mot *levé*, auquel se rattache *qui*, ne pouvant lui-même tenir plus fortement à *voile.* Et non-seulement il ne répugne point, il est même d'un très-bel effet, attendu qu'il sert à donner au vers du nombre, de la cadence, et un tour tout-à-fait poétique.

Mais bien d'autres poëtes avant Delille, s'étaient permis ce même *Latinisme*, Racine dans *Athalie* :

Il faut que sur le trône un roi soit élevé,
Qui se souvienne un jour qu'au rang de ses ancêtres,
Dieu l'a fait remonter par la voix de ses prêtres.

Boileau, *Lutrin*, chant IV :

Une épaisse nuée à longs flots est sortie,
Qui, s'ouvrant à mes yeux dans son bleuâtre éclat,
M'a fait voir un serpent conduit par le prélat.

Cependant la séparation du relatif et de l'antécédent est en général trop contraire au génie de notre langue pour pouvoir y être toujours légitimée. Dans bien des cas, elle ne pourrait sans doute qu'y être choquante, et par cela même vicieuse. Voici, par exemple, deux vers de l'*Andromaque* de Racine où elle est également condamnée et par l'abbé d'Olivet et par Laharpe :

Phénix même en répond, *qui* l'a conduit exprès,
Dans un fort éloigné du temple et du palais.

Et n'est-elle pas aussi condamnable dans ces vers de Boileau, satire 1re :

Que George vive ici, puisque George y sait vivre,
Qu'un million comptant, par ses fourbes acquis,
De clerc, jadis laquais, a fait comte et marquis?

Un *Latinisme* de Racine que Laharpe justifie, et qu'un grammairien ordinaire ne manquerait pas de prendre pour une faute de syntaxe, c'est l'emploi du verbe *contredire* avec un régime indirect, dans ces vers de *Britannicus* :

Les dieux ont prononcé. Loin de leur *contredire*,
C'est à vous de passer du côté de l'empire.

Le célèbre commentateur pense que le poëte, pouvant aussi-bien mettre *les* que *leur* avant *contredire*, a préféré *leur* comme un moyen de plus de distinguer son vers de la prose, et il ajoute qu'il n'est pas plus choqué de ce *Latinisme* que de *Voisine au ciel*, dans ce beau vers de La Fontaine, fable du *Chêne et du Roseau* :

Celui de qui la tête *au ciel était voisine*

II. — C'est un *Hébraïsme*, que ce retour d'un nom sur lui-même dans ces expressions du style sacré : *Esclave des esclaves; Cantique des cantiques; Vanité des vanités; Siècles des siècles*, etc. Et quelle n'en est pas la force, l'énergie, puisque le nom se trouve par là au plus haut degré de signification, à un degré même au-dessus de celui que nous appelons *superlatif!* car les expressions ci-dessus disent bien plus encore, sans contredit, que : *Très-esclave; Cantique par excellence; Vanité excessive; Totalité des siècles, éternité;* elles disent tout ce qu'on pourrait imaginer de plus exagéré et de plus emphatique; comme, par exemple : *Esclave plus qu'esclave, esclave à un point qui n'entre pas même dans l'idée commune d'esclavage; Cantique au-dessus duquel il ne saurait y en avoir un autre,* etc. Et telle est aussi à-peu-près la valeur de cette exclamation spontanée d'Adam à la première vue d'Eve : *Voilà l'os de mes os, la chair de ma chair.* C'est bien plus assurément que : *Voilà de mes os, voilà de ma chair;* c'est : *Voilà la plus précieuse partie de moi-même, voilà ce que je dois plus chérir en quelque sorte que moi-même.* Grande leçon du premier père des hommes à tous ceux qui lui succèdent dans le titre d'époux! Expression sublime et touchante de tout ce qu'ils doivent d'amour aux compagnes de leurs destinées!

Ces tours *hébraïques* étaient d'un trop grand effet pour n'être pas imités quelquefois dans le langage profane. Voltaire, dans son *Discours philosophique* sur la *nature du plaisir,* dit en parlant de cet amour de nous-mêmes qu'on appelle *amour-propre :*

Cet amour nécessaire est l'*âme de notre âme.*

L'*âme de notre âme :* fut-il jamais expression tout-à-la-fois plus forte et plus laconique? Elle a été employée par un autre poëte qui, sans être du premier ordre, n'est pourtant pas sans mérite. De Belloy fait dire à Saint-Pierre, dans le *Siège de Calais :*

Amour de la patrie, ô pure et vive flamme!
Toi, mère des vertus, toi, l'*âme de mon âme.*

Dans *Gabrielle de Vergi,* il faut dire par Gabrielle à Fayel :

J'ai combattu deux ans cette invincible flamme,
Ce sentiment, la vie, et l'*âme de mon âme.*

Peut-être que Racine n'eût pas fait parler ainsi Gabrielle; mais ce n'est pas de quoi il s'agit ici.

III. Disons un mot du *Marotisme.* Ce qui le caractérise, c'est le retranchement des articles, des pronoms, et de certaines particules; ce sont, en outre, ces locutions, ces formes vieillies et si naïves de notre langue. Il donne au style de la vivacité, de la précision, et cette aimable naïveté qui l'accompagne. Mais il n'est permis que dans certains genres familiers, tels que le *conte*, l'*épigramme*, l'*épître badine*, etc.; encore ne faut-il l'employer qu'avec choix et sobriété, et que de loin à loin, comme n'ont pas manqué de le faire nos poëtes les plus distingués par la pureté et la délicatesse de leur goût; comme l'a fait, par exemple, Voltaire, dans cette jolie réponse à M. de Formont, qui, ne l'ayant pas trouvé chez lui, avait écrit sur son bureau des vers à sa louange :

On m'a conté (l'on m'a menti peut-être)
Qu'Apelle un jour vint entre cinq et six
Confabuler chez son ami Zeuxis :
Mais ne trouvant personne en son taudis,
Fit sans billet sa visite connaître.
Sur un tableau par Zeuxis commencé,
Un simple trait fut hardiment tracé.
Zeuxis revint, puis en voyant paraître
Ce trait léger, et pourtant achevé,
Il reconnut son maître et son modèle.
Ne suis Zeuxis : mais pourtant j'ai trouvé
Des traits formés de la main d'un Apelle.

Le *marotisme* est dans le cinquième vers, *Fit sans billet*, etc.; dans le petit hémistiche, *Ne suis Zeuxis*, et peut-être dans le verbe *confabuler*, qui n'est que de la conversation la plus familière.

Si l'on voulait d'autres exemples, combien ne pourrait pas en fournir notre grand lyrique, J.-B. Rousseau! Il a presque toutes ses épîtres et toutes ses épigrammes en style *marotique*. Peut-être même n'est-ce pas sans raison qu'on lui reproche d'avoir affecté cette sorte de style. Quoi qu'il en soit à cet égard, voici une de ses épigrammes :

O Catinat! quelle voix enrhumée
De te chanter ose usurper l'emploi!
Mieux te vaudrait perdre ta renommée,
Que los cueillir de si chétif aloi.
Honni seras, ainsi que je prévois,
Par cet écrit. *Et n'y sais*, à vrai dire,
Remède aucun, sinon que contre toi
Le même auteur écrive une satire.

Dans cet épigramme, qui ne manque ni de sel ni d'agrément, quatre *marotismes : Mieux te vaudrait*, pour

Il te vaudrait mieux; *Que los cueillir*, pour *Que de cueillir un los; Honni seras*, pour *Tu seras honni; Et n'y sais remède aucun*, pour *Et je n'y sais aucun remède*. On sait que le vieux mot *los* veut dire *louange*.

ÉNALLAGE

Dumarsais prétend que l'*Énallage* n'existe point, même en latin, et que, si on pouvait l'y trouver, ce ne serait point une figure, mais une faute. Tel est aussi le sentiment de l'Académie dans son Dictionnaire. Il me semble, à moi, que l'*Énallage* est souvent très réelle, même en français, et que, loin d'être nécessairement une faute, elle peut être une beauté, une vraie *figure*. Mais *elle ne peut consister en français que dans l'échange d'un temps, d'un nombre, ou d'une personne, contre un autre temps, un autre nombre, ou une autre personne.* Ainsi nous en avons de trois sortes : l'*Énallage de temps*, l'*Énallage de nombre*, et l'*Énallage de personne*.

I. — ÉNALLAGE DE TEMPS. Elle est très-commune dans ces narrations et dans ces descriptions vives, animées, que l'on appelle *tableaux*, *images*, *hypotyposes*. Vous y voyez à tout moment le présent mis pour le passé, et en voici un exemple entre mille. Ulysse, dans *Iphigénie*, raconte à Clytemnestre comment Eriphyle, substituée par Calchas à Iphigénie, au pied des autels, a prévenu le coup du sacrificateur en se plongeant elle-même le fer dans le sein :

« Arrête, a-t-elle dit, et ne m'approche pas.
» Le sang de ces héros, dont tu me fais descendre
» Sans tes profanes mains saura bien se répandre. ».
Furieuse, elle *vole*, et, sur l'autel prochain,
Prend le sacré couteau, le *plonge* dans son sein.
A peine son sang *coule*, et *fait* rougir la terre,
Les Dieux *font* sur l'autel entendre le tonnerre,
Les vents *agitent* l'air d'heureux frémissemens,
Et la mer leur *répond* par ses mugissemens.
La rive au loin *gémit*, blanchissante d'écume;
La flamme du bûcher d'elle-même *s'allume*.
Le ciel *brille* d'éclairs, *s'entr'ouvre*, et parmi nous,
Jette une sainte horreur qui nous *rassure* tous...

Nous allons voir le présent pour le futur dans ce fameux dialogisme de la première épître de Boileau :

Pourquoi ces éléphans, ces armes, ce bagage,
Et ces vaisseaux tout prêts à quitter le rivage,

Disait au roi Pyrrhus un sage confident,
Conseiller très-sensé d'un roi très-imprudent?
Je *vais*, lui dit ce prince, à Rome où l'on m'appelle. —
Quoi faire? — L'assiéger. — L'entreprise est fort belle,
Et digne seulement d'Alexandre ou de vous;
Mais, Rome prise enfin, Seigneur, où *courons-nous?* —
Du reste des Latins la conquête est facile. —
Sans doute on les peut vaincre : est-ce tout? — La Sicile
De là nous *tend* les bras, et bientôt sans effort,
Syracuse *reçoit* nos vaisseaux dans son port. —
Bornez-vous là vos pas? — Dès que nous l'aurons prise,
Il ne faut qu'un bon vent, et Carthage *est* conquise.

C'est encore le présent pour le futur, quand Racine fait dire à Phèdre :

Je mourais ce matin digne d'être pleurée;
J'ai suivi tes conseils : je *meurs* déshonorée.

Ou à Mardochée, dans *Esther* :

Tout doit servir de proie aux tigres, aux vautours,
Et ce jour effroyable *arrive* dans dix jours.

Quelquefois, pour peindre la promptitude et la rapidité avec laquelle une chose a ou doit avoir lieu, on emploie le passé même pour le futur ou pour le présent. C'est ainsi, que Monime exhortant Mithridate à vivre, ce prince lui répond, encore plein de vie :

... C'en est fait, Madame, et *j'ai vécu.*

D'Aumale, ranimant le courage des ligueurs, *Henriade*, chant VIII :

Vous, fuir! vous, compagnons de Mayenne et de Guise!
Vous qui devez venger Paris, Rome et l'Eglise!
Suivez-moi, rappelez votre antique vertu;
Combattez sous d'Aumale, et *vous avez vaincu.*

Voyez aussi le dernier vers de cette menace foudroyante d'Esther à Aman :

Misérable! le Dieu vengeur de l'innocence,
Tout prêt à te juger, tient déjà sa balance.
Bientôt ton juste arrêt te sera prononcé.
Tremble! son jour approche, et *ton règne est passé.*

II. — ÉNALLAGE DE NOMBRE. Ne disons-nous pas tous les jours en ne parlant qu'à une seule personne, *vous*, et non *tu*, comme si nous parlions à plusieurs? Et même, en parlant à la même personne, ne disons-nous pas quelquefois alternativement, *tu* ou *vous*, suivant les sentimens ou les passions dont nous sommes animés? Racine, entre autres, nous en fournit des exemples dans plusieurs scènes de ses tragédies. En voici un d'*Andromaque*, scène cinquième du quatrième acte. Hermione avait toujours dit *vous* à Pyrrhus, dans cette longue tirade ironique qui commence par ces vers :

Seigneur, dans cet aveu dépouillé d'artifice,
J'aime à voir que du moins *vous vous* rendiez justice,
Et que, voulant bien rompre un nœud si solennel,
Vous vous abandonniez au crime en criminel.

A peine Pyrrhus lui a-t-il paru douter de son amour et l'accuser d'indifférence, elle ne contient plus son indignation, et la laisse éclater en ces mots :

Je ne *t*'ai point aimé, cruel! qu'ai-je donc fait?
J'ai dédaigné pour *toi* les vœux de tous nos princes;
Je *t*'ai cherché *toi*-même au fond de *tes* provinces;
J'y suis encor, malgré *tes* infidélités,
Et malgré tous les Grecs, honteux de mes bontés...

Dans tout ce morceau, c'est le *tu* qui règne; mais il va céder pour un moment la place au *vous*, après quoi il reprendra avec une nouvelle fureur, accompagnée des menaces et des imprécations les plus terribles :

Mais, Seigneur, s'il le faut, si le ciel en colère
Réserve à d'autres yeux la gloire de *vous* plaire,
Achevez *votre* hymen, j'y consens; mais, du moins,
Ne forcez pas mes yeux d'en être les témoins.
Pour la dernière fois je *vous* parle peut-être;
Différez-le d'un jour, demain *vous* serez maître...
Vous ne répondez point?... perfide! je le voi,
Tu comptes les momens que *tu* perds avec moi.
Ton cœur, impatient de revoir *ta* Troyenne,
Ne souffre qu'à regret qu'une autre t'entretienne.
Tu lui parles du cœur, *tu* la cherches des yeux.

III. — ÉNALLAGE DE PERSONNE. Quelquefois la seconde personne pour la troisième; comme quand Voltaire, dans *Brutus*, fait dire à Arons parlant à Brutus, acte II, scène II :

Est-il donc, entre nous, rien de plus despotique
Que l'esprit d'un état qui passe en république?
Vos lois sont *vos* tyrans : leur barbare rigueur
Devient sourde au mérite, au sang, à la faveur.
Le sénat *vous* opprime, et le peuple *vous* brave :
Il faut s'en faire craindre, ou ramper leur esclave.

Le citoyen de Rome, insolent ou jaloux,
Ou hait *votre* grandeur, ou marche égal à *vous*.
Je sais bien que la cour, Seigneur, a ses naufrages :
Mais ses jours sont plus beaux, son ciel a moins d'orages :
Aimé du souverain, de ses rayons couvert,
Vous ne servez qu'un maître, et le reste *vous sert*.

Quelquefois la troisième personne pour la seconde; comme quand Dolabella dit à César lui-même, *Mort de César*, acte III, scène V :

J'amène devant toi la foule des Romains :
Le Sénat va fixer leurs esprits incertains.
Mais si *César* croyait un citoyen qui l'aime,
Nos *présages* affreux, nos devins, nos dieux même,
César différerait ce grand événement.

Enfin, quelquefois la troisième personne pour la première; comme quand César, parlant lui-même dans la même pièce, acte Ier, scène III, dit :

J'ai vaincu le dernier, et c'est assez vous dire
Qu'il faut un nouveau nom pour un nouvel empire,
Un nom plus grand, plus saint, moins sujet aux revers,
Autrefois craint dans Rome, et cher à l'univers.
Un bruit trop confirmé se répand sur la terre,
Qu'en vain Rome aux Persans ose faire la guerre;
Qu'un roi seul peut les vaincre, et leur donner la loi :
César va l'entreprendre, et *César* n'est pas roi;
Il n'est qu'un citoyen fameux par ses services,
Qui peut du peuple encor essuyer les caprices...

B. — FIGURES DE CONSTRUCTION PAR EXUBÉRANCE

Les figures de construction par *exubérance* pourraient, à la rigueur, se réduire à deux, à l'*Apposition* et au *Pléonasme*. Mais nous en distinguerons encore une troisième, l'*Explétion*, qui se rapporte au *Pléonasme*.

APPOSITION

*L'*Apposition *est un complément purement explicatif et accidentel en un ou en plusieurs mots, ajouté sans conjonction ou sans conjonctif à un nom propre ou commun ou à un pronom personnel, et qui s'en détache par l'espèce de séparation que nous indiquons dans l'écriture par la virgule.* Dumarsais avait cru que les noms propres seuls pouvaient recevoir l'*Apposition;* mais Beauzée a prouvé que les noms communs pouvaient la recevoir comme les noms propres; il a prouvé aussi, contre l'opinion commune, que non-seulement les noms propres ou communs, mais même les adjectifs pouvaient être mis en *Apposition.*

1° Les noms propres reçoivent l'*Apposition : Homère, le poëte des poëtes; Cicéron, le prince des orateurs romains; Virgile, le chantre d'Énée; Rome, l'ancienne reine du monde; Paris, le centre des arts,* etc.

Delille, traduction des *Géorgiques,* liv. Ier :

Le superbe *Eridan, le souverain des eaux,*
Traîne et roule à grand bruit forêts, bergers, troupeaux.

Et livre IV :

Ma muse ainsi chantait les rustiques travaux,
Les vignes, les essaims, les moissons, les troupeaux,
Lorsque *César, l'amour et l'effroi de la terre,*
Faisait trembler l'Euphrate au bruit de son tonnerre.

Voltaire, dans son *Discours sur la nature de l'homme :*

Le hardi *Vaucanson, rival de Prométhée,*
Semblait, de la nature imitant les ressorts,
Prendre le feu du ciel pour animer les corps.

2° Les noms communs, et même les noms abstraits la reçoivent :

Déjà coulait le sang, *prémices du carnage,*

dit Racine dans *Iphigénie;* et Voltaire, dans *Alzire :*

Achève; de ce fer, *trésor de ces climats,*
Préviens mon bras vengeur, et préviens ton trépas.

Voltaire, encore dans *la Henriade,* au sujet du duc de Bourgogne :

Grand Dieu! ne faites-vous que montrer aux humains
Cette fleur passagère, *ouvrage de vos mains?*

J.-B. Rousseau, dans son Ode au prince Eugène de Savoie :

Le temps, *cette image mobile*
De l'immobile éternité.

3° Les pronoms personnels la reçoivent, comme les noms dont ils tiennent la place; Boileau, épître V :

De nos propres malheurs auteurs infortunés,
Nous sommes loin de nous à toute heure entraînés.

J.-B. Rousseau, dans son Ode à M. de Sinzerdorf :

Souvent d'un plomb subtil que le salpêtre embrase,
Vous irez insulter le sanglier glouton;
Ou, *nouveau Jupiter*, faire aux oiseaux du Phase
Subir le sort de Phaëton.

4° Les noms propres peuvent être mis en *Apposition*, aussi-bien que les noms communs : *Milton*, *l'Homère anglais; Racine*, *le Virgile français pour le style; Leibnitz*, *le Descartes de l'Allemagne; Buffon*, *le Pline moderne*, etc.

J'ai lu, dit La Fontaine,

J'ai lu chez un conteur de fables,
Qu'un certain Rodilard, l'*Alexandre des chats*,
L'*Attila*, le *fléau* des rats.

Alexandre et *Attila* sont là par *métaphore*, mais ils y sont aussi par *Apposition*.

5° Les adjectifs eux-mêmes peuvent être mis par *Apposition*, comme dans cet exemple cité par Beauzée :

Telle, *aimable en son air, mais humble dans son style*,
Doit éclater sans pompe une élégante idylle.

Il est visible en effet que les mots, *aimable en son air, mais humble dans son style*, jouent dans ces vers de Boileau à-peu-près le même rôle que les mots, *Ouvrage de vos mains*, dans ceux de Voltaire, et *prémices du carnage*, dans ceux de Racine; qu'ils n'y sont que pour ajouter une idée accessoire au mot *Idylle*, et que le sens principal n'en resterait pas moins le même quant au fond, si on venait à les supprimer, et à réduire ainsi la phrase : *Telle doit éclater sans pompe une élégante idylle.*

Le même exemple prouve que l'*Apposition* peut être séparée par des mots intermédiaires, du nom auquel elle se rapporte. En voici une qui en est encore bien plus séparée : c'est *Digne fruit de l'enfer*, dans ces vers de *la Henriade*, chant VI :

Cette arme que jadis, pour dépeupler la terre,
Dans Bayonne inventa le démon de la guerre,
Rassemble en même temps, *digne fruit de l'enfer*,
Ce qu'ont de plus terrible et la flamme et le fer.

Il en est de même de *Plein d'effroi*, dans ces vers de Delille, *Géorgiques*, livre Ier :

Un jour le laboureur, dans ces mêmes sillons
Où dorment les débris de tant de bataillons,

Heurtant avec le soc leur antique dépouille,
Trouvera, *plein d'effroi*, des dards rongés de rouille;
Verra de vieux tombeaux sous ses pas s'écrouler,
Et des soldats romains les ossemens rouler.

Et l'on peut remarquer que, si le mot dominant de la première de ces *appositions* isolées, est un nom (*le fruit*), le mot dominant de la seconde est un adjectif (*plein*).

Mais l'*Apposition* est-elle en général d'un bel effet dans le discours? Oui, et d'un très-bel effet même pourvu qu'elle soit ménagée avec art. D'abord, elle ajoute au sens principal du nom sur lequel elle tombe, un sens accidentel qui sert à l'étendre, à le développer et fait souvent une sorte d'image. Ensuite elle abrège le discours, dont elle retranche les liaisons; elle lui donne par conséquent de la vivacité, de la force et de la noblesse. Mais trop multipliée, elle ne pourrait sans doute que le rendre pénible, rocailleux, sautillant : il ne faut donc l'employer qu'avec sobriété et réserve, comme la plupart des autres figures.

PLÉONASME

Pléonasme a signifié dans le principe *plénitude* ou *superfluité*. Mais, dans le sens de *superfluité*, le *Pléonasme* n'est plus, au lieu d'une figure, qu'un abus, qu'un défaut, que ce qu'on appelle *Périssologie*. C'est donc dans le sens de *plénitude* qu'il faut le prendre ici. Or, qu'est-ce, dans ce dernier sens, que le *Pléonasme?* C'est *une figure par laquelle on ajoute à l'expression de la pensée, pour en augmenter la clarté ou l'énergie, des mots d'ailleurs inutiles pour l'intégrité grammaticale.*

Tous les jours nous entendons dire, *ou* nous disons nous-mêmes : *Je l'ai vu de mes yeux, de mes propres yeux : Je l'ai entendu de mes oreilles, de mes propres oreilles.* Or, est-ce que nous pouvons *voir* autrement que des *yeux*, et que de nos *propres yeux?* est-ce que nous pouvons *entendre* autrement que des *oreilles*, et que *de nos propres oreilles?* Ces mots *de mes yeux, de mes propres yeux, De mes oreilles, de mes propres oreilles*, sont donc dans ces cas-là des mots oiseux et superflus, à ne les considérer que grammaticalement. Mais considérons-les du côté du sens et de la pensée, et nous verrons s'ils sont des *périssologies*, s'ils ne sont pas au contraire de véritables *pléonasmes*.

Dans quelles occasions a-t-on coutume d'employer ces mots surabondans? N'est-ce pas lorsqu'on a de la peine à persuader ceux à qui l'on parle? Et pourquoi les emploie-t-on? N'est-ce pas afin de faire cesser tout doute, toute incertitude, et d'opérer une conviction entière? *Je l'ai vu de mes yeux, entendu de mes oreilles*, c'est comme si l'on disait : *Je l'ai vu, et bien vu; Je l'ai entendu, et bien entendu : vous pouvez m'en croire; ce n'est pas sur le rapport d'autrui que je parle; je n'ai pas vu par pure imagination ni en songe; je n'ai pas entendu par hasard ni par une voie étrangère : en un mot, j'ai été moi-même témoin; je ne puis douter; je suis aussi sûr de ce que je dis que de ma propre existence.* Combien donc d'idées accessoires surabondantes renfermées dans ces mots, *De mes yeux, De mes oreilles!* Combien ces idées n'ajoutent-elles pas à la clarté, à l'énergie, et combien ne contribuent-elles pas à l'effet qu'on se propose! Ces mots ne sont donc pas aussi oiseux ni aussi superflus qu'on aurait pu le croire.

Mais, *De mes yeux, De mes oreilles*, ajoutés au mot *voir* ou au mot *entendre*, sont-ils toujours pour assurer avec plus de force? Est-ce pour l'affirmation que se trouve, *De mes yeux*, dans le dernier de ces vers de la fameuse imprécation de Camille dans les *Horaces* :

Que le courroux du ciel, allumé par mes vœux,
Fasse pleuvoir sur elle un déluge de feux!
Puissé-je de *mes yeux y voir* tomber la foudre!

Puissé-je voir de mes yeux veut dire là : *Puissé-je voir, et voir réellement, et à n'en pouvoir douter, la foudre tomber sur elle! Puissé-je en être assurée par mes propres yeux, et non par le témoignage d'autrui!* Il veut dire surtout : *Puissé-je voir, et même plus que voir la foudre tomber sur elle! Puissé-je repaître mes yeux de ce spectacle! et en faire ma joie, mes délices!* Le *Pléonasme* a donc là un objet et un caractère un peu différent que lorsqu'on dit : *Je l'ai vu de mes yeux.* Il fait plus qu'ajouter à l'énergie du discours; il lui communique toute la fureur de la passion terrible de Camille; il le rend, s'il faut le dire, forcené, frénétique.

On remarque deux *pléonasmes* dans ce passage du *Télémaque*, livre II : « Je ne sentis point cette horreur » qui fait dresser les cheveux *sur la tête*, et qui glace le » sang *dans les veines*, quand les dieux se communiquent » aux mortels. » Ces *pléonasmes* sont les mots, *sur la tête*, et les mots, *dans les veines*, puisqu'on n'a les cheveux qu'à la tête et le sang que dans les veines. Qu'on les retranche, le sens n'en restera ni vague ni incertain; mais il aura un degré de précision de moins; et que ne manquera-t-il pas à l'harmonie du style et à la force de l'expression! *Des cheveux dressés sur la tête* font voir, avec ces *cheveux dressés*, une tête effrayante, dont le front, les yeux, les joues, les lèvres, tous les traits, sont ceux de l'horreur même, s'il faut le dire. Un *sang glacé dans les veines* fait voir, avec ce *sang glacé*, des veines roidies, tendues et froides, et tout le corps même comme privé tout-à-la-fois de chaleur, de vie et de mouvement.

Boileau commence ainsi son *Discours au Roi :*

Jeune et vaillant héros dont la haute sagesse
N'est pas le fruit tardif d'une lente vieillesse,
Et qui seul, sans ministre, à l'exemple des Dieux,
Soutiens tout par toi-même, et *vois tout par tes yeux.*

et Fénelon, dans son *Télémaque*, fait ainsi parler Sésostris :

« Oh! qu'on est malheureux quand on est au-dessus du » reste des hommes! Souvent on ne peut *voir la vérité par* » *ses propres yeux :* on est environné de gens qui l'empê- » chent d'arriver jusqu'à celui qui commande; chacun est » intéressé à le tromper; chacun, sous une apparence de » zèle, cache son ambition. »

Y a-t-il *pléonasme* dans *Qui... vois tout par tes yeux*, et dans *On ne peut voir la vérité par ses propres yeux?* On croirait bien que oui, au premier abord; mais qu'on y regarde de près, on verra que non. Un roi qui *voit tout par ses yeux* est un roi qui porte sa vue, son attention sur tous les objets, et qui ne veut s'en rapporter en tout qu'à lui-même : Un roi qui *ne peut voir la vérité par ses propres yeux*, ne voit que comme on lui fait voir, que comme on veut qu'il voie; il ne voit en quelque sorte que par les yeux trompeurs et perfides de ceux qui l'entourent, et qui lui présentent le noir pour le blanc, ou le blanc pour le noir, suivant que leur intérêt ou la politique l'exige : enfin, *Voir par ses yeux* est là au figuré pour Observer ou Connaître par soi-même. Or, tous les mots ne sont-ils pas absolument nécessaires pour former intégralement ce sens-là? Retranchez ceux qui sembleraient se présenter comme surabondans, et réduisez l'expression au simple verbe *voir*, ne sera-ce pas un sens tout-à-fait différent, et même un sens assez peu raisonnable? car quelle raison y a-t-il à dire qu'*Un roi voit tout*, ou qu'*Un roi ne peut voir la vérité?*

Et si le mot *yeux* ou *œil* se trouvait joint à *voir* ou à *regarder*, avec une épithète, y aurait-il *pléonasme?* y aurait-il *pléonasme* dans les exemples : *Voir d'un œil indifférent, d'un œil jaloux, d'un œil de pitié*, etc.; *Regarder avec des yeux indifférens, jaloux, avec des yeux de mépris, de colère*, etc.? Non, puisque tous les termes qui tombent sur le verbe *voir* ou sur le verbe *regarder*, sont rigoureusement nécessaires pour l'expression de l'idée, et qu'on ne pourrait se réduire au verbe, sans anéantir totalement et l'idée et l'expression. Et en effet, dans tous les cas-là, ce n'est pas simplement de *voir* ou de *regarder* qu'il s'agit; mais il s'agit surtout, et même uniquement, de *voir*, de *regarder* de telle ou telle manière. Or, cette manière de *voir*, de *regarder*, est exprimée par l'addition du mot *yeux* ou *œil* avec d'autres mots qui le déterminent. *Œil* ou *yeux*, accompagnés de ces mots-là, signifient les sentimens mêmes qui animent la personne, et dont les organes qu'ils désignent sont le miroir fidèle. C'est comme si l'on disait, *Voir, regarder, avec des sentimens d'indifférence, de jalousie, de pitié, de mépris, de colère*, etc.

Que dire des mots, *En les voyant*, dans ces vers de Boileau, *Lutrin*, chant II?

> La Discorde en sourit, et, les suivant des yeux,
> De joie, *en les voyant*, pousse un cri dans les cieux.

Est-ce un *Pléonasme?* est-ce une *Périssologie?* Voici ce qu'on en dit dans le *Boileau des collèges* : « *En les voyant* » ne peut s'entendre que du premier moment où la » Discorde les voit; et ce qui le prouve, c'est ce cri de » joie qu'elle pousse à leur vue. Mais si, comme le dit » le premier vers, elle les *suivait déjà des yeux*, comment » ne peut-elle faire ensuite que les *apercevoir*, que les » voir pour le premier moment? Il y a donc une sorte » de contradiction entre les deux vers; ou, si l'on ne » veut pas qu'il y ait contradiction, il faut qu'*En les* » *voyant* signifie à-peu-près la même chose qu'*En les* » *suivant des yeux*, et alors l'une ou l'autre de ces deux » expressions, *En les voyant* et *Les suivant des yeux*, » fait nécessairement rédondance. » Or, Rédondance, Pléonasme vicieux, ou Périssologie, c'est tout la même chose.

Nicomède dit, dans Corneille, en parlant du roi son

père, que Laodice lui représente prêt à le sacrifier aux caprices d'une marâtre :

Et quand il forcera la Nature à se taire,
Trois sceptres à son trône attachés par mon bras,
Parleront au lieu d'elle, et ne se tairont pas :

et Voltaire ne blâme pas seulement cette allégorie de *trois sceptres attachés par un bras à un trône, et qui parlent* : il voit une vaine rédondance dans le second hémistiche du dernier vers. « Puisque les sceptres parleront, dit-il, » il est clair qu'*ils ne se tairont pas*. Ces sortes de *pléo-* » *nasmes* sont des plus vicieux, ils retombent quelquefois » dans le style niais : *Hélas! s'il n'était pas mort, il serait* » *encore en vie.* » Mais n'y a-t-il pas dans cette censure de Voltaire un peu de mauvaise plaisanterie, et même un peu d'injustice? Sans doute que, dans *Les sceptres ne se tairont pas*, se retrouve l'idée déjà exprimée par ces mots, *Les sceptres parleront*. Mais ne s'y trouve-t-il pas beaucoup plus que cette idée? Et quoi donc? Non-seulement que ces *sceptres parleront*, mais qu'*ils parleront toujours, sans cesse, et que rien ne pourra étouffer leur voix éloquente*. D'ailleurs, quelle n'est pas la force de ce *Ne se tairont pas*, opposé au silence de la nature réduite à se taire! Si Voltaire, au lieu d'isoler le troisième vers du premier, l'en eût rapproché comme il le devait naturellement, il n'y eût point vu, assurément, un *pléonasme vicieux*, ni une sorte de *niaiserie*.

EXPLÉTION

*L'*Explétion *consiste dans l'emploi de mots* explétifs, *c'est-à-dire, de mots qui, n'exprimant point d'idée proprement dite, ou d'idée nouvelle et particulière, semblent n'entrer dans la phrase que pour la* remplir *en quelque sorte matériellement et la mieux arrondir, mais qui cependant servent quelquefois à exprimer avec plus de force le sentiment dont on est affecté.* Elle est moins que le *pléonasme*, puisque le *pléonasme* fait plus encore que contribuer à l'énergie de l'expression, et qu'il emporte avec soi des idées accessoires très-distinctes, et plus ou moins importantes.

Saisissez-moi ce petit vaurien; je vous le traiterai d'une belle manière : *Moi* et *vous*, dans ces deux phrases, ne signifient pas la même chose que dans celles-ci : *Donnez-*

moi ce livre; je vous le rendrai demain. Ils n'y sont pas termes de rapport de l'action de *saisir* ou de *traiter*, et l'on pourrait très-bien, sans nuire en rien au sens, se borner à dire : *Saisissez ce petit vaurien; je le traiterai d'une belle manière.* Mais l'expression en serait moins décidée, moins appuyée, ce me semble, et la passion s'y montrerait moins. Peut-être, d'ailleurs, en y regardant de bien près, découvrirait-on dans le *moi* et le *vous* en question, quelqu'une de ces vues fines et déliées de les'prit dont il est si difficile de rendre compte.

Ce n'est pas seulement le pronom *moi*, mais encore l'adverbe *là*, qui est *explétif* dans ce vers de Boileau, satire VIII :

Prends-*moi* le bon parti, laisse-*là* tous les livres.

Il en est de même de *donc*, *or*, *mais*, dans ces phrases où, d'ailleurs, on ne les jugera pas oiseux : *Venez donc, je vous prie : Or, dites-nous un peu ce que vous en pensez : Mais n'est-il pas temps de partir?*

Quelle *Explétion* énergique, que le redoublement du pronom *moi* dans ce vers de la véhémente tirade d'Achille contre Agamemnon, dans l'*Iphigénie* de Racine!

Et que *m*'a fait, à *moi*, cette Troie où je cours?

Ce n'est pas non plus une vaine *explétion*, que *lui-même* dans ces vers de la même pièce :

Achille, à qui tout cède, Achille, à cet orage
Voudrait *lui-même* en vain opposer son courage.

Voici encore, probablement, d'autres *explétions*, et elles ne sont pas, je crois, plus vaines que les précédentes : c'est à Boileau qu'elles appartiennent. 1° *En effet*, satire VIII :

Voilà l'homme *en effet*. Il va du blanc au noir;
Il condamne au matin ses sentimens du soir...

2° *Après tout*, même satire :

N'importe, lève-toi. — Pourquoi faire *après tout?* —
Pour courir l'Océan de l'un à l'autre bout...

3° *Enfin*, même satire encore :

L'homme a ses passions, on n'en saurait douter :
Il a comme la mer ses flots et ses caprices;
Mais ses moindres vertus balancent tous ses vices.
N'est-ce pas l'homme *enfin* dont l'art audacieux
Dans le tour d'un compas a mesuré les cieux?

4° *Oui*, épître VI :

Oui, Lamoignon, je fuis les chagrins de la ville,
Et contre eux la campagne est mon unique asile.

5° *Ici*, épître III :

Moi-même, Arnauld, *ici*, qui te prêche en ces rimes,
Plus qu'aucun des mortels par la honte abattu.
En vain j'arme contre elle une faible vertu.

Faut-il regarder comme *explétif* tout ce qui, dans le discours, est interjection ou tient de l'interjection : *Ah! Eh bien! Oh!* etc.; *Va, Ça, Quoi*, etc.? Quelle figure importante ne serait-ce pas alors que l'*explétion?* Mais ce nom ne dirait pas assez sans doute; et il faudrait en trouver un autre.

C. — FIGURES DE CONSTRUCTION PAR SOUS-ENTENTE

Les figures de construction par *sous-entente* pourraient à la rigueur se réduire à la seule *ellipse;* mais on est dans l'usage de distinguer encore comme autant de genres la *Synthèse*, le *Zeugme*, et l'*Anacoluthe*.

ELLIPSE

*L'*Ellipse *consiste dans la suppression de mots qui seraient nécessaires à la plénitude de la construction, mais que ceux qui sont exprimés font assez entendre pour qu'il ne reste ni obscurité ni incertitude.* Il y a peu de figures aussi communes, même dans la langue française, qui passe pour la plus analytique de toutes, c'est-à-dire, pour celle qui exprime la pensée avec le plus de développement et d'exactitude.

Savez-vous quelque chose de nouveau? — Non. Que savez-vous de nouveau? — Rien. Ces deux réponses négatives, *non* et *rien*, reviennent l'une et l'autre à celle-ci : *Je ne sais rien de nouveau :* elles sont donc elliptiques, très-elliptiques même, et l'on voit assez où est l'*ellipse.*

Quelle est la devise des braves? *Vaincre* ou *mourir;* ce qui veut dire à-peu-près : *Nous voulons vaincre à quelque prix que ce soit; et plutôt que de ne pas vaincre, nous saurons mourir.*

Que vouliez-vous qu'il fît contre trois? — *Qu'il mourût.*

C'est-à-dire, *J'aurais voulu qu'il mourût*. Mais mettez ce *J'aurais voulu*, et plus de sublime, et ce fameux *Qu'il mourût* ne sera plus dans Corneille qu'une expression tout-à-fait vulgaire.

Ainsi dit le renard, et *flatteurs d'applaudir* :

C'est-à-dire, *Et les flatteurs s'empressèrent d'applaudir*, ou *ne manquèrent pas d'applaudir*.

Hermione, dans *Andromaque*, dit à Cléone sa confidente :

N'avons-nous *d'entretien* que celui de ses pleurs ?

D'entretien, pour *D'autre sujet d'entretien*. Laharpe trouve cette *ellipse* très-élégante, et il sait gré à Racine d'en avoir donné l'exemple ainsi que de bien d'autres du même genre. Il voudrait pouvoir faire remarquer tout ce qu'a de poétique celle de ces deux vers du même poëte dans *Athalie* :

Ont conté son enfance aux glaives dérobée,
Et la fille d'Achab dans le piège tombée.

Ont conté l'histoire de son enfance dérobée aux glaives, et l'histoire de la fille d'Achab tombée dans le piège.

Quelle *ellipse* hardie, que celle de ces vers de la *Henriade* :

... Un bruit mêlé d'horreur
Bientôt de ce silence augmente la terreur.

« Jamais, dit Laharpe, on ne dirait dans la prose la plus » élevée, *La terreur du silence*, pour la terreur produite » par le silence. Ces deux mots ainsi rapprochés auraient » quelque chose de trop discordant ; et même en vers, s'il y avait,

» Bientôt vient augmenter la terreur du silence,

» on en serait blessé : mais l'inversion vient au secours » de la poésie, et en mettant,

» Bientôt de ce silence augmente la terreur,

» ces deux mots ainsi séparés n'ont plus rien de choquant, » et produisent leur effet, parce que la hardiesse de » l'expression ne nuit en rien à la clarté du sens. »

Mais une *ellipse* bien plus hardie encore, et que Laharpe regarde même comme la plus hardie qu'il y ait en aucune langue, c'est celle dont Racine nous fournit l'exemple dans ce vers d'Hermione à Pyrrhus dans *Andromaque* :

Je t'aimais inconstant : qu'aurais-je fait, fidèle?

Quel est le sens de ce vers? *Je t'aimais, quoique tu fusses inconstant : que n'aurais-je donc pas fait*, c'est-à-dire, *combien donc ne t'aurais-je pas aimé, si tu avais été fidèle?* Mais la construction serait encore assez pleine, s'il y avait : *Je t'aimais inconstant : qu'aurais-je donc fait, toi étant fidèle;* ou bien, *si tu avais été fidèle?* L'*Ellipse* est donc à-peu-près tout entière dans le second hémistiche, et elle est de ces mots, *si tu avais été*, ou des mots, *toi étant*, que la plénitude grammaticale exigerait entre *fait* et *fidèle*. Or, pourquoi ces mots ont-ils été supprimés par le poëte? C'est qu'il était si aisé de les suppléer, et que la concision du discours en fait souvent la chaleur et la force, c'est que surtout le poëte faisait parler ici la passion, et que le langage de la passion doit être vif, animé, rapide, impétueux comme elle. Suppléez ce qui a été supprimé si à propos, et dites : *Je t'aimais inconstant, qu'aurais-je donc fait si tu avais été fidèle?* quelle langueur et quelle faiblesse substituée à tant de feu et à tant d'énergie! Eh! que serait-ce si, détachant *inconstant* du régime, on disait, au lieu de, *Je t'aimais inconstant* : *Je t'aimais*, *quoique tu fusses inconstant*, ou *quelque inconstant que tu fusses?* Alors la froideur irait, s'il faut le dire, jusqu'à la glace.

C'est à l'*Ellipse* qu'il faut rapporter cette sorte de construction qu'on peut appeler du nom d'*ablatif absolu*, et que Racine a comme naturalisée dans notre langue, qui semblait d'abord la repousser : construction, regardée comme défectueuse par quelques grammairiens scrupuleux, et qui peut l'être en effet quand il en résulte un sens amphibologique, mais dont notre poésie et même notre prose soutenue avaient le plus grand besoin, et qui, quand elle ne nuit point à la clarté, donne à la phrase une vivacité et une précision qu'on attendrait vainement d'une construction méthodique. En voici deux exemples de Racine qui ne sont pas peu admirés de Laharpe.

Andromaque, se refusant aux vœux de Pyrrhus :

Captive, toujours triste, importune à moi-même,
Pouvez-vous souhaiter qu'Andromaque vous aime?

Hermione, se plaignant de Pyrrhus :

Muet à mes soupirs, tranquille à mes alarmes,
Semblait-il seulement qu'il eût part à mes larmes?

Tout le monde entend sans peine : *Moi étant captive*, etc., *Lui étant muet*, etc. Mais suppléez ces ellipses, ou employez un autre tour, et vous verrez quelle différence! Mais dans le second exemple, remarquez, outre *Lui étant*, une autre ellipse non moins hardie et non moins belle. Entre *muet à* et *mes soupirs*, on n'a rien à suppléer, et il faut seulement, par *à*, entendre *pendant* : mais *tranquille à* et *mes alarmes*, ne pourraient pas en prose se lier d'une manière aussi immédiate : on dirait, *à la vue*, *au bruit*, *au spectacle de mes alarmes*. « Or, dit » Laharpe, la suppression de ce rapport immédiat dans » les vers rapproche et oppose avec bien plus de rapidité » et d'énergie la *tranquillité* d'un côté, et les *alarmes* de » l'autre. Ce n'est pas là, ajoute-t-il, une *ellipse* ordinaire; » elle est de création, et il en résulte un vers admirable, » une construction de génie, et qui jusqu'ici n'a pas été » encore imitée. Pour en reproduire une semblable avec » succès, il faudrait la même justesse de sentiment et de » goût qui a légitimé celle-ci. »

Il résulte de ces exemples et de ces observations que l'*Ellipse* est une des figures qui disent le plus et font le plus penser. Elle est due à l'activité impétueuse de notre esprit, qui voudrait se faire comprendre à l'instant même, et communiquer la pensée presque aussi rapidement qu'il l'a conçue. Mais la plupart des *Ellipses* sont d'un usage si familier qu'on ne les regarde le plus souvent que comme des *phrases faites*. On ne remarque guère que celles qui frappent par quelque chose de nouveau et d'extraordinaire. Au reste, il faut que, dans les plus hardies, la clarté ne soit jamais sacrifiée à la précision; que les mots qui manquent viennent tellement s'offrir comme d'eux-mêmes à la pensée, qu'on n'ait pas à se demander un seul instant ce que l'auteur a voulu dire.

SYNTHÈSE

La Synthèse *consiste à faire accorder les mots avec la pensée, ou, pour mieux dire, avec les mots sous-entendus et que l'esprit supplée aisément, plutôt qu'avec les mots auxquels ils semblent se rapporter immédiatement dans la phrase*. On lui donne aussi le nom de *Syllepse*, mais mal-à-propos, dès que ce nom sert à désigner une figure d'une autre classe, une sorte de trope de signification.

Il peut y avoir *Synthèse* dans le *genre*, *Synthèse* dans

le *nombre*, et *Synthèse* tout-à-la-fois dans le *genre* et dans le *nombre*.

I. Synthèse dans le genre. — *Les vieilles gens sont soupçonneux*, dit le Dictionnaire de l'Académie. Or, pourquoi *soupçonneux*, et non pas *soupçonneuses? Gens* n'a-t-il pas été indiqué féminin par l'adjectif *vieilles*, qui le précède? Peut-il donc devenir tout-à-coup masculin pour l'adjectif qui le suit? Ne serait-ce pas là une bizarrerie inconcevable dans les lois de la grammaire, qui ne doivent être fondées que sur la raison? Mais voyons si la raison elle-même ne viendra pas ici justifier l'usage : l'usage, en fait de langue, est bien moins souvent en opposition avec elle qu'on ne le croit.

Il n'y a pas sans doute une parfaite synonymie entre *gens* et *hommes*, et ce qui le prouve, c'est qu'on ne peut pas toujours employer indifféremment l'un pour l'autre; mais cette parfaite synonymie existât-elle, ne peut-on pas, en parlant des *vieilles gens*, les considérer encore comme hommes, et, en les considérant comme tels, ne peut-on pas faire accorder l'adjectif *soupçonneux* avec *hommes*, qu'on a dans la pensée; en sorte que, dans la pensée, la phrase revienne à celle-ci : *Les vieilles gens sont hommes soupçonneux?* Il y a donc *ellipse* quand on dit, *Les vieilles gens sont soupçonneux :* il y a *ellipse* du mot *hommes*. Mais, avec cette *ellipse*, se trouve une autre figure, qui est ici la principale, et qui mérite d'être particulièrement distinguée. Cette figure est celle que nous appelons *Synthèse*, celle qui fait accorder les mots avec la pensée, plutôt qu'avec l'énonciation même. Or, cette *Synthèse* est une *Synthèse du genre*, puisqu'elle joint grammaticalement un adjectif masculin à un substantif donné pour féminin.

II. Synthèse dans le nombre. — L'Académie dit : *Le sénat, fut partagé : la plupart voulaient que... la plupart furent d'avis que...* Or, pourquoi le verbe au pluriel, tandis que la *plupart* est au singulier? Dira-t-on que la *plupart* est ici une espèce de mot collectif qui présente l'idée d'une pluralité, et que c'est avec cette idée, plutôt qu'avec le mot lui-même pris matériellement, que s'accorde le verbe? Cette raison pourrait nous faire voir une *Synthèse;* mais elle est à-peu-près nulle ou fausse, et si la *Synthèse* existe en effet, c'est sur un autre fondement qu'il faut qu'elle repose. De ce qu'un nom est collectif, ou de ce qu'il exprime une pluralité, s'ensuit-il que le verbe dont il est le sujet puisse se mettre au pluriel, lorsqu'il est lui-même au singulier? La *foule*, le *peuple*, le *sénat*, sont assurément des noms de ce genre; cependant peut-on dire : *La foule se précipitèrent pour le voir; Le peuple prononcèrent son exil; Le sénat voulurent en vain l'absoudre?* Non, cela ne peut nullement se dire : il faut, dans tous ces cas-là, que le verbe soit au singulier comme le nom qui en est le sujet. Et bien plus, il les faudrait encore au singulier, quand même le nom viendrait après *La plupart*, quand même il y aurait, *La plupart du sénat*, *La plupart du peuple*. Ce n'est donc pas parce qu'il est collectif, que le mot *La plupart*, quand il est pris absolument, veut après soi le verbe au pluriel. Pourquoi donc l'y veut-il? Suppléons une *ellipse*, et ce *pourquoi* nous apparaîtra peut-être. De quoi se compose un sénat? De *sénateurs*, ou, si l'on veut, de *membres*. Or, ne peut-on pas supposer raisonnablement qu'après le mot *La plupart*, il y a de sous-entendu, *des sénateurs*, ou *des membres*, et que c'est tout comme s'il y avait, *La plupart des sénateurs* ou *des membres*, ou enfin *La plupart de ceux dont le sénat se compose?* Mais, l'*ellipse* ainsi suppléée, la pluralité se trouve exactement marquée par l'expression totale du sujet, et la logique veut, comme la grammaire, que le verbe, obéissant à la loi de l'accord, prenne l'inflexion du pluriel. Il est vrai que *La plupart* semble déterminé par *Des sénateurs*, comme par ce qu'on appelle en latin un *génitif*, et par conséquent rester toujours le seul véritable sujet de la phrase. Mais ce n'est qu'une fausse apparence; *La plupart* ne fait avec son addition plurielle qu'une seule et même expression, qui revient à-peu-près à celle-ci : *Les sénateurs pour la plupart voulaient que...*, *furent d'avis que*, etc.

Il en est donc du second exemple de l'Académie comme du premier : l'accord des mots n'y est que dans l'esprit, et c'est aussi une *Synthèse*. Mais, au lieu que la première était dans le *genre*, celle-ci est dans le *nombre*, puisqu'on y voit un verbe au pluriel joint grammaticalement à un nom au singulier.

III. Synthèse tout-a-la-fois dans le genre et dans le nombre. — Boileau, dans son *Art poétique*, trace ainsi le caractère de la *vieillesse* personnifiée et prise pour les vieillards en général :

La Vieillesse chagrine incessamment amasse,
Garde, non pas pour soi, les trésors qu'elle entasse,
Marche en tous ses desseins d'un pas lent et glacé,
Toujours plaint le présent, et vante le passé;

Inhabile aux plaisirs dont la *Jeunesse* abuse,
Blâme en *eux* les douceurs que l'âge lui refuse.

A quoi se rapporte cet en *eux* du dernier vers, aux *plaisirs* ou à la *Jeunesse?* Il me semble, par plus d'une raison, que ce n'est pas aux *plaisirs*. 1°. C'est qu'il faudrait alors *y* plutôt qu'*en eux*, ce pronom ne pouvant guère se dire des choses abstraites hors les cas où elles sont personnifiées. 2°. C'est que les vieillards, s'ils *blâment les plaisirs*, blâment bien plus encore ceux qui en jouissent ou qui en abusent. 3°. C'est que les *douceurs* paraissent mises là pour les jouissances, et que les jouissances ne peuvent s'attribuer aux *plaisirs*, qui les procurent, mais qui ne les goûtent pas. 4°. C'est que faire rapporter les *douceurs* aux *plaisirs*, ce serait représenter les vieillards comme jaloux des *plaisirs*, et comme fâchés de leur voir des *douceurs* que l'*âge leur refuse* à eux-mêmes. 5°. C'est que Boileau eût peint bien faiblement le caractère hargneux et grondeur des vieillards, s'il se fût borné à leur faire porter le blâme et la censure sur des êtres purement abstraits. 6°. C'est que Boileau n'a eu sans doute en vue que le sens même d'Horace, son modèle, qui dit expressément du vieillard, qu'il prêche et gourmande sans cesse ceux qui sont moins âgés que lui : *Censor castigatorque minorum*. Enfin, quoi qu'il en soit de l'intention réelle de Boileau, on peut faire rapporter en *eux* à la *Jeunesse*, avec bien plus de raison encore qu'aux *plaisirs*. Mais *Jeunesse* n'est-il pas féminin et au singulier? Pourquoi donc *en eux*, plutôt qu'*en elle? En elle* pouvait se mettre sans doute, sinon pour le vers, du moins pour la construction, et dès-lors l'accord entre les mots eût été tout grammatical. Mais peut être qu'*en eux* pouvait se mettre aussi par accord logique, et sans violation réelle des lois de la grammaire. Dans quel sens *Jeunesse* est-il pris dans le vers,

Inhabile aux plaisirs dont la *Jeunesse* abuse?

Est-ce pour le *jeune âge* même, ou bien pour ceux de cet âge, pour les *jeunes gens?* Il est incontestable que c'est pour les *jeunes gens*. Or, le poëte, en faisant ses vers, ne pouvait-il pas avoir dans l'esprit, et ne pouvons-nous pas y avoir nous-mêmes, en les lisant, l'idée que le mot *jeunes gens* exprime? Ne pouvait-il pas, et ne pouvons-nous pas comme lui, faire accorder dans l'esprit avec cette idée, le pronom qui sert à la rappeler? Mais l'idée exprimée par le mot *jeunes gens*, présente, sous cette même expression, un pluriel et un masculin. Donc on a pu mettre le pronom à ce même genre et à ce même nombre. Donc ce n'est qu'une discordance apparente qu'offrent les vers de Boileau, et l'accord qui a lieu dans l'esprit se trouverait établi grammaticalement, si l'on suppléait après *eux* l'*ellipse* de *jeunes gens*, de manière qu'il y eût : *Blâme en eux* (dans les jeunes gens) *les douceurs que l'âge lui refuse.* Mais n'est-ce pas là la figure que nous appelons *Synthèse*, et n'est-ce pas une *Synthèse* double, une *Synthèse tout-à-la-fois dans le genre et dans le nombre?*

Peut-être cet exemple de Boileau ne paraîtra-t-il pas suffisant pour la double *Synthèse.* Eh bien! en voici un de Fénelon, dans son *Télémaque*, livre XII. On y verra *ceux-là* se rapporter grammaticalement à *la jeune noblesse*, et par la pensée, *aux jeunes nobles*, ou plutôt à *citoyens* ou *sujets* :

« Il faut, dit Mentor, avoir soin, pendant la paix, de mul-
» tiplier le peuple; mais, de peur que toute la nation ne s'amol-
» lisse et ne tombe dans l'ignorance de la guerre, il faut envoyer
» dans les guerres étrangères *la jeune noblesse. Ceux-là* suffisent
» pour entretenir toute la nation dans une émulation de gloire,
» dans l'amour des armes, dans le mépris des fatigues et de
» la mort même, enfin dans l'expérience de l'art militaire. »

Et un exemple plus récent, c'est celui que nous fournit *la Henriade*, chant IV :

La fleur de la jeunesse en tout temps l'accompagne :
Avec *eux* sans relâche il fond dans la campagne.

La fleur de la jeunesse, pour Ceux qui sont ou qu'on peut regarder comme *la fleur de la jeunesse.*

On a fait souvent remarquer la *Synthèse* de ces vers de Racine dans *Athalie :* c'est le grand-prêtre qui parle au jeune roi, à Joas :

Entre *le pauvre* et vous, vous prendrez Dieu pour juge,
Vous souvenant, mon fils, que, caché sous ce lin,
Comme *eux*, vous fûtes pauvre, et, comme *eux*, orphelin.

Eux se rapporte à *pauvre*, qui est au singulier dans l'énonciation, mais au pluriel par la pensée : *le pauvre* pour *les pauvres.* Mais c'est une simple *Synthèse de nombre*, et non une double *Synthèse*, comme les deux précédentes.

ZEUGME

Le Zeugme *consiste à supprimer dans une partie du discours, proposition ou complément de proposition, des mots exprimés dans une autre partie, et à rendre par conséquent la première de ces parties dépendante de la seconde, tant pour la plénitude du sens, que pour la plénitude même de l'expression.* Il diffère de l'*Ellipse* proprement dite, 1°. en ce que, dans celle-ci, les mots supprimés ne se trouvent exprimés nulle autre part; 2°. en ce que celle-ci n'établit aucune dépendance entre les propositions ou les complémens.

On distingue le *Zeugme* en *Protozeugme*, en *Mésozeugme*, et en *Hypozeugme*, suivant que la partie du discours à laquelle s'en rattachent d'autres, se trouve au commencement, au milieu, ou à la fin. On le distingue aussi en *simple* et en *composé*, suivant que les mots supprimés doivent se suppléer sous la même forme, ou sous une forme un peu différente. Mais nous ne voyons pas trop à quoi toutes ces distinctions pourraient être ici utiles, et c'est pourquoi nous n'en tiendrons aucun compte.

« La douceur, la bonté du grand Henri, dit Pélisson, » a été célébrée de mille louanges. » Tous les mots qui viennent après *la bonté*, sont sous-entendus après *la douceur*. Il n'en serait pas de même si l'auteur eût mis au pluriel, *Ont été célébrées :* pourquoi? parce que ces mots se rapporteraient tout-à-la-fois à *la douceur* et *à la bonté*, qui ne seraient plus présentées isolément, mais ensemble et en groupe, s'il faut le dire.

Ainsi, point de *Zeugme* dans ces vers de Voltaire, *Poëme de la loi naturelle :*

Le marchand, l'ouvrier, le prêtre, le soldat,
Sont tous également les membres de l'État.

Mais il y en a un dans ceux-ci du même poëte sur le bonheur, *Discours sur l'égalité des conditions :*

Le simple, l'ignorant, pourvu d'un instinct sage,
En est tout aussi près au fond de son village,
Que le fat important qui pense le tenir,
Et le triste savant qui croit le définir.

Zeugme très-hardi et très-remarquable dans ce passage de Racine, *Phèdre*, acte II :

Quelles sauvages mœurs, quelle haine endurcie,
Pourrait, en vous voyant, n'être point adoucie?

Le second vers tout entier à suppléer au pluriel, après *Quelles sauvages mœurs;* ce qui ne serait pas si, après *Quelle haine endurcie*, le poëte eût dit au pluriel :

Pourraient, en vous voyant, n'être point adoucies ?

De même le second vers à suppléer tout entier, après *Vos noms*, dans cet exemple de J.-B. Rousseau, Ode, *Qu'aux accens de ma voix*, etc.,

Un sépulcre funèbre où vos noms, où vous-mêmes
Dans l'éternelle nuit serez ensevelis.

Mais il faut le suppléer en changeant *serez* en *seront;* de sorte que ce *Zeugme*, comme *composé*, est encore plus hardi que le précédent.

Autre *Zeugme composé*, dans ce vers que Voltaire met dans la bouche du pauvre Irus, *premier discours philosophique* :

Que Crésus est heureux! Il a tout, et *moi rien*.

C'est-à-dire, *Et moi je n'ai rien.*

On lit dans *la Henriade*, chant Ier :

Ses peuples, sous son règne, ont oublié leurs pertes :
De leurs troupeaux féconds leurs plaines sont couvertes,
Les guérêts de leurs blés, les mers de leurs vaisseaux :

et presque sans y penser, on supplée *Sont couverts*, après *les guérêts*, et *Sont couvertes*, après *les mers.*

Delille, traduction des *Géorgiques* :

Le myrte de Vénus lui cède un fruit sanglant,
Et le laurier sa graine, et les chênes leur gland.

C'est-à-dire, *Et le laurier lui cède, et les chênes lui cèdent.*

Choisis pour temple un bois, un gazon pour autel;
Pour offrande du vin, et du lait, et du miel.

Choisis, à suppléer devant *Un gazon*, et devant *Pour offrande.*

Leurs mets, c'est l'herbe tendre et la fraîche verdure :
Leur boisson, l'eau d'un fleuve ou d'une source pure.

C'est, à suppléer après *Leur boisson.*

« Dès-là, dit Massillon, l'Évangile me paraît ma seule
» règle; les exemples de Jésus-Christ, mon seul modèle;
» les terreurs de la piété, des dons de Dieu; la sécurité des
» libertins, une fureur désespérée; en un mot, l'infidélité

» aux grâces reçues et les rechutes dans les premiers désordres,
» le plus grand des malheurs et le caractère des réprouvés. »

Quatre propositions où il faut suppléer, d'abord, *dès-là*, au commencement, et puis, *me paraît*, ou *me paraissent*, après l'énonciation du sujet : « Dès-là, les exemples de » Jésus-Christ me paraissent mon seul modèle; dès-là, » les terreurs de la piété me paraissent, etc. »

« Vous lirez le premier, le second, et le troisième » chapitre tout au plus. » *Chapitre* au singulier après *le troisième*, parce qu'il est sous-entendu aussi au singulier après *le premier*, et après *le second*. Ce serait différent, s'il y avait, *les premier*, *second* et *troisième :* alors il faudrait nécessairement *chapitres* au pluriel; pourquoi? parce qu'on aurait annoncé dès le commencement que l'on considérait à-la-fois et que l'on mettait ensemble ces trois chapitres.

ANACOLUTHE

Voici une figure dont Beauzée ne nie pas l'existence, mais qu'il trouve inutile de distinguer par un nom particulier. Cependant c'est une espèce d'ellipse toute particulière, et qui n'a de commun avec les autres espèces que d'appartenir à un même genre. *Elle consiste à sous-entendre, et toujours conformément à l'usage ou sans le blesser, le corrélatif, le* compagnon *d'un mot exprimé; elle consiste, dis-je, à laisser seul un mot qui en réclame un autre pour compagnon.* Ce compagnon qui manque n'est plus *compagnon;* il est ce qu'on appelle en grec *Anacoluthe*, et ce nom est aussi celui de la figure.

On pourrait croire que notre langue a peu d'*Anacoluthes :* cependant nous ne serons pas en peine d'y en trouver. En voici d'abord une dans ce vers de Voltaire :

Où l'imprudent périt, les habiles prospèrent.

Avant *Où*, on sous-entend *là*, qui eût pu être placé aussi avant *Les habiles*.

Là est encore à suppléer avant le second *Où* de ce vers de Boileau, sat. VI :

Sans songer *où* je vais, je me sauve *où* je puis :

Car *Je me sauve où je puis* est pour *Je me sauve là où je puis me sauver*. Mais il n'est point à suppléer avant le premier *où*, qui est pour *En quel endroit*, et qui disparaîtrait entièrement si l'on exprimait tous les mots dont il tient la place. Pourquoi cette différence? Vous allez en sentir la raison. L'on pourrait vous demander : *Où vous sauvez-vous?* et vous pourriez répondre : *Je me sauve là.* Mais on ne pourrait pas vous demander également : *Où songez-vous?* et vous ne pourriez pas non plus répondre : *Je songe là.*

J.-B. Rousseau, en parlant des méchans, dans sa septième ode sacrée, dit :

Ils ne partagent point nos fléaux douloureux :
Ils marchent sur les fleurs, ils nagent dans la joie;
Le sort n'ose changer pour eux.

et aussitôt il ajoute :

Voilà donc d'*où* leur vient cette audace intrépide
Qui n'a jamais connu craintes ni repentirs.

Or, que l'on vous demande : *D'où leur vient cette audace?* ne pourrez-vous pas répondre : *Elle leur vient de là*, c'est-à-dire, de ce que le poëte vient d'en indiquer comme la source, le principe, la cause. Après *voilà*, il faut donc sous-entendre *la source*, *le principe*, *la cause*, ou quelque chose d'approchant qui est le corrélatif, ou, si l'on veut, le *compagnon* supprimé d'*Où*.

Racine, dans les *Plaideurs :*

Ma foi, sur l'avenir bien fou *qui* se fiera :
Tel *qui* rit vendredi dimanche pleurera.

Bien fou celui qui se fiera; Tel homme qui rit vendredi : voilà ce qu'on entend, sans même y réfléchir, *celui* après *fou*, et *homme* après *tel*. C'est aussi *homme* qui se présente comme le *compagnon* supprimé de *premier*, dans ce vers de *Mérope*, par lequel l'infâme Polyphonte prétend justifier son usurpation du trône de Cresphonte :

Le *premier* qui fut roi fut un soldat heureux.

Delille, traduction des *Géorgiques :*

Que dis-je? Tout prédit la chute des orages :
Nul, sans être averti n'éprouva leurs ravages...
Plusieurs, pendant l'hiver, près d'un foyer antique,
Veillent à la lueur d'une lampe rustique.

On sent bien qu'après *nul* et après *plusieurs*, il y a quelque chose à suppléer; et quoi? le mot *cultivateur*, ici au pluriel, et là au singulier : c'est en effet aux cultivateurs que s'adressent les leçons du poëte.

Mais que faut-il entendre par d'*autres*, quand le même poëte dit :

Mais *d'autres* chanteront les trésors des jardins :
Le temps fuit, je revole aux travaux des essaims.

Il faut sans doute entendre d'*autres poëtes :* car on dit des poëtes, qu'*ils chantent*, et on les appelle figurément des *chantres*, tout ainsi qu'on donne à leurs poëmes le nom de *chants*.

Quoi de plus vrai que ces vers de Voltaire :

Le temps est assez long pour quiconque en profite !
Qui travaille et *qui* pense en étend la limite.

Rien de sous-entendu avant *quiconque*, qui est une sorte de pronom absolu; mais *qui* n'est que relatif, et il suppose avant soi *celui* ou *l'homme*, qui n'est supprimé que par élégance, ou que pour la mesure du vers.

Boileau, satire IX, après avoir montré que chacun peut impunément rire et se moquer d'un auteur ridicule, s'écrie :

Et je serai le *seul* qui ne pourrai rien dire ?

Le seul, c'est-à-dire, *le seul individu*, *le seul homme*.

Le même poëte, *Art poétique*, chant Ier :

Heureux *qui* dans ses vers sait d'une voix légère,
Passer du grave au doux, du plaisant au sévère !

Heureux qui, pour *Heureux celui qui*, ou *Heureux l'auteur*, *le poëte qui*, etc.

Et en parlant de Regnier, *Art poétique*, chant II :

Heureux, si ses écrits craints du chaste lecteur,
Ne se sentaient des lieux où fréquentait l'auteur !

Ici, après *heureux*, c'est *lui Regnier* qu'on sous-entend. Et qu'est-ce qu'on sous-entend dans cette apostrophe sublime et touchante par laquelle Voltaire, *Henriade*, chant VIII, s'adresse à d'Ailly le père et à d'Ailly le fils, au moment où ils s'avancent l'un contre l'autre sans se connaître :

Malheureux, suspendez vos coups précipités !

C'est ou *vous* avant *malheureux*, ou *guerriers* après.

Mais qu'est-ce qu'il y a à suppléer avant *qui*, dans cet exemple de J.-B. Rousseau, seconde ode sacrée ?

Mais sans tes clartés sacrées,
Qui peut connaître, Seigneur,

> Les faiblesses égarées
> Dans les replis de son cœur?

Rien du tout, car *qui* n'est pas là pronom relatif, mais pronom interrogatif : il est pour *Quel homme*, *Quelle personne*, et il disparaîtrait entièrement, si l'on exprimait les mots dont il tient la place.

On ne sait sur qui compter, *à qui se fier*, n'offre pas plus d'*Anacoluthe* que l'exemple précédent, et ceux qui ont cru y en voir, ont été trompés par une fausse apparence. *Sur qui* et *à qui* sont, l'un pour *Sur quelle personne*, l'autre pour *A quelle personne*, et ni l'un ni l'autre ne pourrait se lier immédiatement avec un nom ou un pronom qui en fût l'antécédent. Mais dites :

> Malheur à *qui* des dieux n'a plus aucune crainte...;
> Appuyez-vous sur *qui* puisse vous secourir.

vous aurez de vraies *Anacoluthes*, parce que les deux *qui* seront vraiment relatifs, et que le premier sera censé avoir pour antécédent, *celui*, le second *quelqu'un* ou *une personne*.

Ne serait-ce pas par *Anacoluthe* que l'adjectif est quelquefois employé substantivement? Le *pauvre*, le *riche*, le *sage*, l'*imprudent*, etc., ne sont-ils pas en effet pour l'*homme pauvre*, l'*homme riche*, l'*homme sage*, l'*homme imprudent*, etc.? En ce cas, combien d'*Anacoluthes* même dans notre langue!

D. — D'UNE NOUVELLE FIGURE DE CONSTRUCTION A DISTINGUER

Dans le genre des figures de construction par exubérance, nous n'en avons distingué que deux principales, l'*Apposition* et le *Pléonasme*. Mais ne semble-t-il pas s'en présenter une troisième, qui, sans être l'une ni l'autre, a cependant avec chacune d'elles un rapport très-marqué? Je l'appellerai *Incidence*, du nom d'une sorte de proposition sous la forme de laquelle elle se montre le plus souvent.

INCIDENCE

L'Incidence *est une proposition accessoire, combinée avec une proposition ou phrase principale, non pour en faire partie intégrante et en modifier le sens, mais seulement pour en affecter l'assertion, et en exprimer une sorte de motif ou de fondement.* Elle diffère de la *parenthèse*, 1°. en ce qu'elle n'est pas, comme la *parenthèse*, nécessairement renfermée dans le corps même de la phrase principale; 2°. et surtout en ce qu'elle n'est pas, comme la *parenthèse*, une réflexion ou un trait de sentiment à l'occasion de la pensée qui fait l'objet de la phrase principale.

La Fontaine, fable de *la Cigale* et de *la Fourmi :*

> Je vous paîrai, lui dit-elle,
> Avant l'Août, *foi d'animal*,
> Intérêt et principal.

Foi d'animal est là certainement une proposition elliptique, qui revient à celle-ci, *J'en jure ma foi d'animal.* Or, on pourrait la détacher de la phrase principale que celle-ci n'en resterait pas moins intégralement la même pour toute l'étendue de la pensée qu'elle exprime; mais l'assertion en serait moins sûre, moins positive, et reposerait sur un fondement moins solide.

Fable du *Bouc* et du *Renard :*

> *Par ma barbe!* dit l'autre, il est bon, et je loue
> Les gens bien sensés comme toi;
> Je n'aurais jamais, quant à moi,
> Trouvé ce secret, *je l'avoue.*

Tout le monde reconnaîtra aussitôt une *incidence* dans *Je l'avoue :* c'est comme s'il y avait, *Quant à moi, j'avoue que je n'aurais jamais trouvé ce secret.* Mais n'y en a-t-il pas une autre dans *Par ma barbe?* C'est là encore une proposition elliptique comme dans le premier exemple, *Foi d'animal. Par ma barbe*, c'est-à-dire, *J'en jure par ma barbe.* L'*Incidence* est explicite, et non elliptique, dans l'exemple suivant, que fournit la fable du *Fermier*, du *Chien* et du *Renard*, livre XI :

> Pourquoi sire Jupin m'a-t-il donc appelé
> Au métier de renard? *Je jure les puissances*
> *De l'Olympe et du Styx*, il en sera parlé.

Fable du *Faucon* et du *Chapon :*

> Ce n'était pas un sot, *non, non, et croyez-m'en*,
> Que le chien de Jean de Nivelle.

Non, non, et *croyez-m'en* ne se rapportent-ils pas uniquement à l'assertion, *Ce n'était pas un sot?* et ne pourraient-ils pas à la rigueur se détacher de la phrase? On ne peut donc qu'y voir une *Incidence.* Mais cette *Incidence* n'est-elle même pas double ? *Croyez-m'en* en fait à lui seul une, comme on le voit évidemment. Or, le premier *non* n'en fait-il pas une autre, que répète le second *non ?* Analysez ce mot, vous y retrouverez à-peu-près la proposition, *Ce n'était pas un sot.*

Voici des exemples de Boileau qui vont offrir une assez grande variété d'*Incidences : épître* III :

Des superbes mortels le plus affreux lien,
N'en doutez point, Arnauld, c'est la honte du bien.

Épître V :

Ce que j'avance ici, *crois-moi*, cher Guilleragues,
Ton ami dès l'enfance ainsi l'a pratiqué.

Épître VII :

Je dois plus à leur haine, *il faut que je l'avoue*,
Qu'au faible et vain talent dont la France me loue.

Épître VIII :

Quelquefois, *le dirai-je?* un remords légitime
Au fort de mon ardeur, vient refroidir ma rime.

Satire III :

Pour moi, j'aime surtout que le poivre y domine ;
J'en suis fourni, *Dieu sait!* et j'ai tout Pelletier
Roulé dans mon office en cornets de papier.

Même *satire :*

Le pays, *sans mentir*, est un bouffon plaisant.

Satire IV :

Ainsi, *cela soit dit pour qui veut se connaître*,
Le plus sage est celui qui ne pense point l'être.

Même *satire :*

J'approuve son erreur ; car, *puisqu'il faut le dire*,
Souvent de tous nos maux la raison est le pire.

Même *satire* encore :

Ces discours, *il est vrai*, sont fort beaux dans un livre.

A ces exemples, ajoutons les suivans de Voltaire : Conte des *Trois manières :*

On nous a conservé l'un de ces beaux débats,
Doux enfans du loisir de la Grèce tranquille :
C'était, *il m'en souvient*, sous l'Archonte Eudamas,

Les trois empereurs, Satire :

L'héritier de Brunswich et le roi des Danois,
Vous le savez, amis, ne sont pas les seuls princes
Qu'un désir curieux mena dans nos provinces,
Et qui des bons esprits ont réuni les voix.

Épître à Horace :

La rime est nécessaire à nos jargons nouveaux,
Enfans demi-polis des Normands et des Goths :
Elle flatte l'oreille; et souvent la césure
Plaît, *je ne sais comment*, en rompant la mesure.

Épître à l'empereur de la Chine :

Monarque au nez camus des tranquilles rivages,
Peuplés, *à ce qu'on dit*, de fripons et de sages,
Règne en paix, fais des vers, et goûte d'heureux jours.

Mais quand le même poëte dit, *Satire du temps présent :*

Mais ce sont, *entre nous*, des discours de poëtes,
De douces fictions, d'élégantes sornettes :

qu'est-ce là qu'*Entre nous?* C'est pour *Soit dit entre nous :* c'est donc une *incidence.*

C'en est aussi une que *De grâce*, dans ce vers de Boileau :

Ah! *de grâce*, un moment, souffrez que je respire.

De grâce, pour *Je le demande en grâce, par manière de grâce.*

Il en est de même de toutes ces expressions proverbiales, que l'on peut regarder comme des phrases faites : *A mon sens*, *A mon avis*, *A mon gré*, *En vérité*, *En bonne foi*, *Par ma foi*, *Ma foi*, *Au nom de Dieu*, *Grâce aux dieux*, *Dieu merci*, etc. Quand elles ne se rattachent pas à la phrase principale, à titre de complémens, et qu'elles s'en détachent au contraire, et par le sens et par la construction, à tel point qu'on peut les réduire à des propositions tout-à-fait indépendantes, ce sont, à n'en point douter, de véritables *incidences*,

Et que penser de *Ne vous déplaise*, dans la fable de *la Cigale* et de *la Fourmi :*

Nuit et jour à tout venant,
Je chantais, *ne vous déplaise.*

Ne vous déplaise, comme on le voit, ne tient pas plus essentiellement à la phrase principale, et n'en modifie pas plus le sens, que les diverses expressions que nous avons citées pour des *incidences :* nous ne pouvons donc qu'en faire aussi une *incidence.*

Cette même *incidence* se retrouve dans ce vers de Boileau, satire IV :

Mais, sans errer en vain dans ces vagues propos,
Et pour rimer ici ma pensée en deux mots,
N'en déplaise à ces fous nommés sages de Grèce,
En ce monde il n'est point de parfaite sagesse.

Et peut-être pourrait-on, à la rigueur, regarder comme deux autres *incidences* les propositions des deux premiers vers, *Sans errer en vain*, etc., et, *Pour rimer en deux mots*, etc. En effet, ces deux propositions ne tiennent pas plus que la précédente à la proposition principale, qui est celle du dernier vers, et on ne pourrait pas moins les retrancher sans que le sens de cette proposition reçût la plus légère atteinte.

CHAPITRE II

DES FIGURES D'ÉLOCUTION

Le mot *Élocution*, du latin *Eloqui*, signifie proprement et à la rigueur, ce qui est du discours, appartient au discours, et en forme le caractère; et en ce sens, dit l'*Encyclopédie*, il ne s'emploie guère qu'en parlant de la conversation, les mots de *style* et de *diction* étant consacrés aux ouvrages d'esprit et aux discours oratoires. Mais ici l'*Élocution* se prend dans un sens plus restreint, et c'est une *diction* ménagée avec art et avec goût, pour rendre telle idée ou tel sentiment de manière à produire sur l'esprit ou sur le cœur tout l'effet possible.

Or, comment la *diction* peut-elle devenir telle que nous venons de le dire ? Comment peut-elle acquérir cette sorte de force et de puissance magique ? Par le choix, l'assortiment, et la combinaison de ses élémens, c'est-à-dire, des mots : et c'est là aussi ce qui donne lieu à diverses figures.

Veut-on étendre, embellir, ou même caractériser une idée principale ? On a recours à des idées accessoires que l'on met à côté d'elle, ou dans lesquelles on l'enveloppe en quelque sorte : *Figures par extension* ou *par ornement*.

Veut-on rendre une idée principale plus vive, plus lumineuse, ou le cœur s'y arrête-t-il par la force du sentiment ? Alors on croit ne l'avoir jamais assez exprimée, et, pour en épuiser en quelque sorte l'expression, on la *déduit* encore d'elle-même, et on la reproduit ou avec la même forme, ou avec des formes différentes : *Figures par déduction*.

On peut aussi vouloir présenter les idées d'une manière plus spéciale et plus distincte, ou plus brusque et plus serrée, que la manière ordinaire, ou que celle qui serait indiquée par une analyse froide et minutieuse. De là des *Figures par liaison*.

Enfin, du choix, de l'assortiment des mots, et de leur combinaison, peut résulter une certaine conformité de sons ou d'idées, un certaine *consonnance* propre à frapper également l'oreille et l'esprit : *Figures par consonance*.

Mais il se peut que, dans l'un ou l'autre de ces quatre grands genres, il reste encore quelques nouvelles espèces à distinguer. C'est ce que nous examinerons dans un paragraphe supplémentaire.

A. — FIGURES D'ÉLOCUTION PAR EXTENSION

Nous n'en distinguerons ici que deux : l'*Épithète*, et ce que je me permettrai d'appeler *Pronomination*. Nous verrons ailleurs si on ne pourrait pas en distinguer d'autres.

ÉPITHÈTE

*L'*Épithète *est un adjectif quelconque, ou simple, ou participe, que l'on ajoute à un substantif, non pas précisément pour en déterminer ou en compléter l'idée principale, mais pour la caractériser plus particulièrement, et la rendre plus saillante, plus sensible, ou plus énergique.*

Mais en quoi l'*Épithète* diffère-t-elle de l'*Adjectif* proprement dit ? Cette différence est assez indiquée par la définition même de l'*Épithète*. L'*Épithète* et l'*Adjectif* se joignent tous deux également au substantif, et tous deux également pour en modifier l'idée principale par des idées secondaires. Mais l'*Adjectif* est nécessaire, indispensable même pour la détermination ou le complément du sens, et l'on ne peut jamais dire qu'il soit *oiseux*. L'*Épithète*, au contraire, n'est souvent qu'utile, ne sert qu'à l'agrément ou qu'à l'énergie du discours, où même assez souvent on la trouve *oiseuse* et rédondante. Retranchez d'une proposition l'*Adjectif*, elle est incomplète, ou elle présente un autre sens. Retranchez l'*Épithète*, la proposition pourra rester entière, mais elle sera peut-être déparée ou affaiblie. Telle est, suivant Roubaud, la règle générale pour distinguer l'*Épithète* de l'*Adjectif*, et nous l'appliquerons avec lui à cet exemple : « *L'esprit* chagrin » *attriste en quelque sorte les objets les plus rians. La* pâle » *mort frappe également du pied à la porte du pauvre, et* » *à celle des rois* ». Supprimez dans la première phrase le mot *chagrin*, elle n'a plus de sens. Supprimez dans la seconde le mot *pâle*, le sens reste, mais l'image est décolorée. Le mot *chagrin* n'est donc que purement *adjectif* dans la première phrase, et le mot *pâle* est *épithète* dans la seconde.

Les Épithètes, quand elles sont vagues, faibles, rédondantes, ou accumulées sans mesure, sont un très-grand défaut, sans doute, et ne servent qu'à rendre le discours lâche, languissant, insipide. Mais aussi un discours sans *Épithètes* ne peut qu'être extrêmement sec et maigre, ne peut qu'être sans couleur et sans vie : et, quand elles sont bien choisies, bien appliquées, et ce qu'on appelle *riches* et *neuves*, quelle élégance ou quelle énergie ne lui donnent-elles pas, et combien ne contribuent-elles pas à y tourner l'expression en image!

Qu'est-ce, par exemple, qui fait la beauté du premier hémistiche de ce vers si admiré, que Racine met dans la bouche d'Agamemnon :

Libre du joug *superbe* où je suis attaché?

N'est-ce pas l'Épithète *superbe* non moins admirable dans ce vers d'*Athalie*, où l'on peut remarquer encore les Épithètes *inflexible* et *triste* :

Autant que de Joad l'*inflexible* rudesse,
De leur *superbe* oreille offensait la mollesse,
Autant je les charmais par ma dextérité,
Dérobant à leurs yeux la *triste* vérité.

Le calme de la mer pourrait-il être exprimé d'une manière plus pittoresque que dans ces vers du même poëte, dans la même pièce :

Il fallut s'arrêter, et la rame *inutile*
Fatigua vainement une mer *immobile?*

Otez les Épithètes *inutile* et *immobile*, et vous ne verrez plus la mer comme une vaste plaine de marbre ou de cristal, se jouer en quelque sorte de tous les efforts des rameurs.

Que seraient sans les Épithètes *ennuyeux*, *lâche*, *volontaire*, *pénible*, ces vers de Boileau :

Mais je ne trouve point de fatigue plus rude
Que l'*ennuyeux* loisir d'un mortel sans étude,
Qui, jamais ne sortant de sa stupidité,
Soutient dans les langueurs de son oisiveté,
D'une *lâche* indolence esclave *volontaire*,
Le *pénible* fardeau de n'avoir rien à faire?

Et ceux-ci du même poëte, pris çà et là entre tant d'autres non moins dignes d'être cités, que seraient-ils sans les Épithètes *poétique*, *triomphante*, *soupçonneux*, *pâles*, *noble?*

Quel plaisir de te suivre aux rives du Scamandre;
D'y trouver d'Ilion la *poétique* cendre?...

Chanter du peuple hébreu la fuite *triomphante*...
D'un tyran *soupçonneux pâles* adulateurs...
Qui jamais ne se lasse, et qui dans la carrière,
S'est couvert mille fois d'une *noble* poussière...

Laharpe cite pour la beauté des Épithètes *inexplicable* et *irrévocable*, ces deux vers de *la Henriade*, qui font partie de la description du palais du Destin :

Sur un autel de fer, un livre *inexplicable*
Contient de l'avenir l'histoire *irrévocable.*

« Je demande, dit le fameux critique, si ces deux » *Épithètes* ne sont pas du plus grand sens. La seconde » appartient tellement à la place où elle est, que partout » ailleurs elle serait ridicule. Pourquoi fait-elle ici un » si bel effet? Il faut l'apprendre aux critiques. Dire » que le passé est *irrévocable*, rien n'est plus commun; » mais on ne dirait d'aucune histoire quelconque qu'elle » est *irrévocable*, parce que l'idée serait niaise, et que » l'expression ne serait nullement exacte; car une his- » toire n'est ni *révocable* ni *irrévocable.* Il faut donc, » pour que la phrase ait un sens, que cette histoire » soit celle de l'avenir, dictée par celui de qui seul » l'avenir dépend. »

PRONOMINATION

La Pronomination *consiste à désigner un objet par l'énonciation de quelque attribut, de quelque qualité, ou de quelque action, propre à en réveiller l'idée, plutôt que par le nom qui lui est affecté dans la langue.* Elle diffère de la *périphrase*, en ce qu'elle ne roule que sur une idée, et n'est substituée qu'à un nom, au lieu que la *périphrase* roule sur une pensée, et est substituée à une autre phrase, qui serait tout-à-la-fois plus courte, plus directe, et plus simple. Si on ne veut pas de ce nom de *Pronomination*, qui cependant me paraît assez convenable, je ne vois que celui de *Circonlocution* qui puisse le remplacer. Mais le mot de *Circonlocution* se prend, sinon toujours, comme le veulent Beauzée et Crevier, du moins assez souvent, en mauvaise part, et pour un vice, bien plutôt que pour un mérite du discours. Ce n'est donc pas, ce me semble, un nom heureux pour une figure.

Vous trouvez à chaque instant dans les orateurs et dans les poëtes : *Le Roi des dieux et des hommes*, ou *le Maître de l'Olympe, le Maître du tonnerre*, pour

Jupiter; Le fils de Maïa, ou *le Dieu de Cyllène*, pour *Mercure; Le fils de Latone*, ou *le Dieu de Délos*, pour *Apollon; Le fondateur de Rome*, pour *Romulus; Le vainqueur de Darius*, pour *Alexandre; Le destructeur de Carthage et de Numance*, pour *Scipion l'Africain; Le chantre de la Thrace*, pour *Orphée; Le chantre d'Achille, d'Énée*, etc., pour *Homère, Virgile*, etc.; *L'oiseau de Junon*, pour *le paon; L'oiseau de Pallas*, pour *le hibou; L'arbre cher à Apollon*, pour *le laurier; L'arbre cher à Minerve*, pour *l'olivier; Le jus de la treille*, pour *le vin, Les dons de Cérès*, pour *les blés*, etc. : ce sont autant de *Pronominations*. Mais en voici que nous remarquerons plus particulièrement.

Racine veut faire dire au grand-prêtre Joad que, *Quand on a Dieu pour soi, on n'a rien à craindre des méchans*, et, pour lui mettre en même temps dans la bouche et la maxime et la preuve, il remplace le nom de Dieu par l'expression d'un des plus grands miracles de sa toute-puissance. Au lieu donc du tour simple,

> Dieu saura des méchans arrêter les complots,

c'est le tour si fort et si énergique,

> *Celui qui met un frein à la fureur des flots*,
> Sait aussi des méchans arrêter les complots.

Boileau a employé le nom de *Diable*, dans son *Art poétique*, où il dit en se moquant du Tasse :

> Et quel objet enfin à présenter aux yeux,
> Que le *diable* toujours hurlant contre les cieux?

Mais il ne paraît pourtant pas que ce terme convienne à la dignité de la tragédie, et Corneille, au lieu de le mettre dans la bouche de Néarque (*Polyeucte*, acte Ier), lui fait dire :

> Ainsi du genre humain l'ennemi vous abuse.

« Remarquez, dit Voltaire, que cette *périphrase*, » *L'ennemi du genre humain*, est noble, et que le nom » propre eût été ridicule : le vulgaire se représente » le Diable avec des cornes et une longue queue : *L'ennemi du genre humain* donne l'idée d'un être terrible » qui combat contre Dieu même. »

Voltaire dit *périphrase;* mais il est bien visible que c'est une simple *pronomination*, puisque *L'ennemi du genre humain* ne tient là que la place d'un nom, du nom *Diable*, et que, loin de former une proposition, il n'en exprime que le sujet.

Ce sont des noms presque *immondes* que les noms de *porc* et de *cochon*, par lesquels nous désignons le plus *immonde* des animaux. Aussi Delille les néglige-t-il pour dire :

Et d'une horrible toux les accès violens
Etouffent l'animal qui s'engraisse de glands.

Ce n'est pas cependant que ces noms et d'autres non moins *ignobles* ne pussent bien quelquefois être employés heureusement, même dans le haut style. Est-il rien dont ne sache tirer parti un poëte, un écrivain de génie ? Le mot *chien*, par exemple, est-il sans dignité dans ces vers de l'*Athalie* de Racine :

Mais je n'ai plus trouvé qu'un horrible mélange
D'os et de chairs meurtris, et traînés dans la fange,
Des lambeaux pleins de sang et des membres affreux
Que des chiens dévorans se disputaient entre eux.

Mais revenons à la *Pronomination*. Les deux vers de Delille offrent une proposition dans les mots, *Qui s'engraisse de glands*, et les deux du premier exemple de Racine, en offrent une autre dans les mots, *Qui met un frein à la fureur des flots*. Mais ce ne sont là que des propositions incidentes, dont l'une retombe sur l'attribut, et l'autre, sur le sujet de la proposition principale. On ne peut donc y voir, en les considérant avec le mot auquel elles tiennent, que des équivalens de termes simples, que des expressions de simples idées, enfin que des *Pronominations*. Et il en est de même de ce détour, encore bien plus long, employé par madame Deshoulières, dans sa fameuse idylle allégorique, pour exprimer l'*orient* et l'*occident* :

Et que mes chansons
En mille façons,
Porteront sa gloire

L'orient {
Du rivage heureux
Où, vif et pompeux,
L'astre qui mesure
Les nuits et les jours,
Commençant son cours,
Rend à la nature
}

Toute sa parure,

L'occident {
Jusqu'en ces climats
Où, sans doute las
D'éclairer le monde,
Il va chez Thétis,
Rallumer dans l'onde
Ses feux amortis.
}

Oui, ce détour si pompeux et si magnifique, n'est qu'un simple accessoire dans la phrase, et il n'y représente qu'une circonstance de l'action principale. Pour s'en convaincre, il n'y a qu'à substituer les termes simples, et qu'à dire tout uniment, *Depuis l'orient jusqu'à l'occident*, ou, ce qui revient au même, *Depuis l'aurore jusqu'au couchant*. Ces mots formeront tellement alors ce qu'on appelle un complément circonstanciel, qu'on pourra les placer assez indifféremment avant ou après, *Porteront sa gloire*.

B. — DES FIGURES D'ÉLOCUTION PAR DÉDUCTION

Trois : la *Répétition* avec toutes ses espèces; la *Métabole* ou *Synonymie*, et la *Gradation*.

RÉPÉTITION

La Répétition *consiste à employer plusieurs fois les mêmes termes ou le même tour, soit pour le simple ornement du discours, soit pour une expression plus forte et plus énergique de la passion.* Comme elle peut avoir lieu de plusieurs manières, et se présenter sous plusieurs aspects différens, on a cru devoir la subdiviser en autant d'espèces désignées par autant de noms. Mais à Dieu ne plaise que nous allions nous engager dans le détail, sans doute aussi inutile que fastidieux, de toutes ces subdivisions. Ce sera assez d'en remarquer, en passant, quelques-unes, à mesure qu'il se présentera des exemples qui s'y rapportent.

Joad montre à Josabeth, dans *Athalie*, la confiance qu'il a en Dieu :

Et comptez-vous pour rien *Dieu* qui combat pour vous?
Dieu, qui de l'orphelin protège l'innocence,
Et fait dans la faiblesse éclater sa puissance?
Dieu, qui hait les tyrans, et qui, dans Jezraël,
Jura d'exterminer Achab et Jézabel?
Dieu, qui frappant Joram, le mari de leur fille,
A jusque sur son fils poursuivi sa famille?
Dieu, dont le bras vengeur, pour un temps suspendu,
Sur cette race impie est toujours étendu?

Or, quelle énergie et quelle dignité ne donne pas à cette longue phrase le mot *Dieu* répété quatre fois!

Cette *répétition* est du nombre de celles qu'on appelle *Anaphores*, ou simplement *Répétitions*.

Mais si plusieurs membres du discours se terminaient de la même manière, ce serait ce qu'on appelait autrefois *Épistrophe* ou *Épiphore*, c'est-à-dire, *Retour après* ou *à la fin*, et ce qu'on appelle à présent *Conversion*. Tel est cet exemple de Massillon, sermon sur la Pentecôte :

« La marque la plus sûre qu'on est encore au monde, » c'est lorsqu'on le craint plus que la *vérité;* lorsqu'on le » ménage aux dépens de la *vérité;* qu'on veut lui plaire malgré » la *vérité;* et qu'on lui sacrifie sans cesse la *vérité*. »

Le même orateur a réuni une *Anaphore* et une *Épiphore* dans son passage de son sermon sur le *respect humain :*

« Ce *monde* ennemi de Jésus-Christ, ce *monde* qui ne connaît » pas Dieu; ce *monde* qui appelle le bien un mal, et le mal » un bien; ce *monde*, tout *monde* qu'il est, respecte encore la » *vertu;* envie quelquefois le bonheur de la *vertu;* cherche » souvent un asile et une consolation auprès des sectateurs » de la *vertu;* rend même les honneurs publics à la *vertu*. »

Quelquefois on redouble dans le même membre de phrase quelques mots d'un intérêt plus marqué, ou sur lesquels la passion appuie avec le plus de force :

Combien de temps, Seigneur, *combien de temps* encore,
Verrons-nous contre toi les méchans s'élever?...
Le *Ciel*, le juste *Ciel*, par le crime honoré,
Du sang de l'innocence est-il donc altéré?...
Songe, *songe*, Céphise, à cette nuit cruelle
Qui fut pour tout un peuple une nuit éternelle...
Rompez, *rompez* tout pacte avec l'impiété... RACINE.

L'*argent*, l'*argent*, dit-on, sans lui tout est stérile.
BOILEAU.

Ma fille, tendre objet de mes dernières peines,
Songe au moins, *songe* au sang qui coule dans tes veines...
Le *roi*, le *roi* lui-même, au milieu des bourreaux,
Poursuivant des proscrits les troupes égarées,
Du sang de ses sujets souillait ses mains sacrées.
VOLTAIRE.

Alors la *Répétition* s'appelle *Réduplication*, et c'est la *Réduplication* proprement dite. Elle s'appellerait *Anadiplose*, si elle se faisait en prenant, au commencement d'un membre de phrase, quelques mots du membre précédent :

Il aperçoit de loin le jeune *Téligny*,
Téligny, dont l'amour a mérité sa fille... VOLTAIRE.

Un bruit s'épand qu'Enguien et *Condé* sont passés :
Condé, dont le nom seul fait tomber les murailles,
Force les escadrons, et gagne les batailles ;
Enguien, de son hymen le seul et digne fruit,
Par lui, dès son enfance à la victoire instruit. BOILEAU.

Et pourquoi l'*Anadiplose* va-t-elle ainsi reprendre dans ce qui précède ? Il est aisé de le voir : c'est pour ajouter et faire ressortir quelque idée qui n'eût pu s'encadrer dans la première phrase, ou y eût été beaucoup moins saillante. Mais en quoi diffère-t-elle de la simple *Réduplication ?* Elle en diffère et par la forme et par le motif : par la forme, en ce qu'elle s'étend à deux membres de phrase, et que la simple *Réduplication* n'est produite, ne se fait que dans le même membre; par le motif, en ce qu'elle part de la réflexion, et que la simple *Réduplication* n'est produite que par le sentiment. Celle-ci est une expression pathétique qui émeut le cœur, et celle-là une expression énergique qui éclaire l'esprit.

Mais qu'on ne s'en tienne pas à reprendre quelque chose du premier membre pour commencer le second; qu'on reprenne encore quelque chose du second pour commencer le troisième, et que l'on continue d'enchaîner ainsi tous les membres jusqu'au dernier : que sera-ce alors ? Ce que Beauzée a, le premier, je crois, appelé du nom de *Concaténation.* Or, la *Concaténation* sera, ou *directe*, ou *inverse*, suivant que les membres se succéderont dans un ordre *direct* ou *renversé.*

« Qu'est-ce que la jeunesse des personnes d'un certain rang, » dit Massillon dans son éloge de M. de Villeroi, archevêque » de Lyon ? C'est une conjoncture fatale... où le plaisir est » autorisé par l'*usage;* l'*usage* soutenu par des *exemples* qui » tiennent lieu de loi; les *exemples* facilités par la *puissance :* » et la *puissance*, mise en œuvre par les emportements de l'âge, » par toute la vivacité du cœur. »

Voilà une *Concaténation directe*, et en voici une d'*inverse*, dans l'Oraison funèbre de Louis-le-Grand par le même orateur :

« A quel point de perfection les sciences et les arts ne furent- » ils pas portés ? Vous en serez les monuments éternels, écoles » fameuses rassemblées autour du trône, et qui en assurez » plus l'éclat et la majesté que les soixante vaillants qui » environnaient le trône de Salomon ! L'*émulation* y forma » le goût : les *récompenses* augmentèrent l'*émulation;* le » mérite qui se multipliait, multiplia les *récompenses.* »

Une sorte de *Répétition*, d'un caractère particulier, qui n'est point inspirée par une passion proprement dite, qui ne parle qu'à l'esprit seul, et ne semble même appartenir qu'au style familier ou plaisant, mais qui ne saurait être plus expressive, et par laquelle la chose dont il s'agit est présentée comme sans bornes et sans mesure, c'est celle dont Voltaire nous offre un exemple dans ce trait de satire contre un écrivain dont je tairai le nom :

Certain abbé pour lors avait la rage
D'être à Paris un petit personnage :
Au peu d'esprit que le bonhomme avait,
L'esprit d'autrui par supplément servait;
Il entassait adage sur adage,
Il *compilait, compilait, compilait ;*
On le voyait sans cesse *écrire, écrire*
Ce qu'il avait jadis entendu dire.

Marmontel en offre aussi un exemple dans ce couplet de son opéra de *Zémire et Azor :*

Mais voyager sur des nuages,
Et voir *là bas, là bas, là bas,*
La terre s'enfuir sous ses pas,
Cela dégoûte des voyages.

MÉTABOLE

La *Métabole* est cette figure assez ordinairement appelée *Synonymie*. Si on ne la présente pas ici sous ce dernier nom, c'est que ce nom, comme l'observe très-bien Beauzée, est déjà destiné, par sa nature, à exprimer l'identité de signification entre plusieurs mots de la même langue, et qu'il paraît convenable de ne lui laisser que cette seule destination. D'ailleurs, le nom de *Métabole* avait été anciennement appliqué à la même figure par Cassiodore, dans son Commentaire sur les psaumes. Or, cette figure en quoi consiste-t-elle? *A accumuler plusieurs expressions synonymes pour peindre une même idée, une même chose avec plus de force.*

» La mort, dit Massillon, finit toute la gloire de l'homme » qui a oublié Dieu pendant sa vie : elle lui *ravit* tout, elle » le *dépouille* de tout... Elle le laisse seul sans *force*, sans *appui*, » sans *ressource*, entre les mains d'un Dieu terrible. »

Boileau, dans son *Lutrin*, chant IV :

Muse, prête à ma bouche une voix plus sauvage
Pour chanter le *dépit*, la *colère*, la *rage*,

Que le chantre sentit allumer dans son sang,
A l'aspect du pupitre élevé sur son banc.

Dans le *Cid*, dom Diegue, après le soufflet reçu, s'écrie : *O rage! ô désespoir!* Et celui qui repousse une accusation, celui qui proteste de son innocence, l'entendez-vous dire : *J'assure, j'atteste, je certifie, je jure* que le fait est faux, qu'il m'est étranger?

Voilà autant de *Métaboles* aisées à distinguer, et il s'en trouve même deux différentes dans l'exemple de Massillon. Mais ce qu'il s'agit de remarquer dans ces *Métaboles,* c'est bien moins la variété des mots dans les sons qui frappent l'oreille, que dans les nuances qui frappent l'esprit, c'est cet enchérissement de chaque nouveau synonyme sur celui qui précède, et cet effet toujours croissant de l'un à l'autre jusqu'au dernier. Et serait-ce une *Métabole,* que l'accumulation de mots sans idées? que la succession de synonymes dont les derniers n'ajouteraient rien aux premiers, et par conséquent, affaibliraient ou gâteraient l'effet de ceux-ci? La *Métabole* demande avec elle la *Gradation,* dont nous allons parler.

GRADATION

La Gradation *consiste à présenter une suite d'idées ou de sentimens dans un ordre tel que ce qui suit dise toujours ou un peu plus ou un peu moins que ce qui précède, selon que la* progression *est* ascendante *ou* descendante.

« Tu ne peux, dit Cicéron à Catiliua, rien *faire,* rien *tramer,* » rien *imaginer,* que non-seulement je ne l'*entende,* mais même » que je ne le *voie,* que je ne le *pénètre* à fond, que je ne le *sente.* »

Voilà dans cette même phrase deux *gradations* consécutives, l'une *descendante,* et l'autre *ascendante.* Dans la première, l'orateur, comme l'observe très-bien Beauzée, exténue graduellement l'idée qu'il présente : *Faire* lui paraît trop palpable, *tramer* l'est moins, *imaginer* réduit la chose presque à rien. Dans la seconde, au contraire, il fortifie les traits : ce n'est pas assez d'*entendre,* il veut *voir :* ceci est encore trop superficiel, il va jusqu'à *pénétrer,* ou, comme il le dit mieux en latin qu'en français, jusqu'à *sentir.* La *Gradation descendante* semble préparée exprès pour donner encore plus d'énergie à la *Gradation ascendante* qui vient après.

On a souvent cité pour exemple cette *Gradation ascendante* de la fable du *Charlatan*, de La Fontaine :

> (Ce charlatan) se vantait d'être
> En éloquence un si grand maître,
> Qu'il rendrait disert un *badaud*,
> Un *manant*, un *rustre*, un *lourdaud ;*
> Oui, messieurs, un *lourdaud*, un *animal*, un *âne ;*
> Que l'on m'amène un *âne*, *un âne renforcé*,
> Je le rendrai maître passé,
> Et veux qu'il porte la soutane.

Quoi de plus charmant, en effet, que cette *Gradation!* comme elle est vive et pressée, et comme elle arrive tout-à-coup à son dernier degré! Mais tout le monde ne sait peut-être pas en quoi le terme qui suit enchérit toujours sur celui qui précède. Le *badaud* est celui qui s'arrête de surprise et par curiosité devant tout ce qu'il voit; qui considère tous les objets d'une manière stupide, avec de grands yeux ouverts, et la bouche béante; c'est, comme le dit Roubaud, un petit esprit. Le *manant* est celui qui n'a jamais quitté son bourg ou son village, qui, par conséquent, n'a rien vu, ne connaît rien, et manque même de ce degré de culture et d'éducation que peut avoir un *badaud*. Le *rustre* est ici un *manant* farouche, grossier et ignare, qui non-seulement n'a jamais su ce que c'est que de vivre en ville, en société, avec des hommes, mais qui n'est bon que pour habiter les champs et les bois, avec les animaux. Le *lourdaud* peut mieux valoir pour les qualités morales, que le *rustre*, le *manant* et le *badaud;* mais combien moins ne vaut-il pas pour les qualités intellectuelles! Non-seulement il a l'esprit borné et pesant, mais il l'a si borné et si pesant qu'il ne conçoit rien, n'avance point, et ne fait aucun progrès : la stupidité est son caractère. Et qu'est-ce encore, en fait de stupidité et d'ignorance, que le *lourdaud* en comparaison de *l'animal? L'âne*, à son tour, n'est-il pas, suivant l'opinion commune, le plus stupide des animaux? Et un *âne renforcé* n'est-il pas *l'âne* des *ânes*, le plus *âne* de tous les *ânes?*

Voici des *Gradations* de Boileau un peu plus sérieuses que celle de La Fontaine; *épître* XI :

> Reconnais donc, Antoine, et conclus avec moi
> Que la Pauvreté *mâle*, *active* et *vigilante*,
> Est parmi les travaux moins lasse et plus contente
> Que la Richesse oisive au sein des voluptés.

Épître V :

Qu'importe qu'en ces lieux ou me traite d'infâme,
Dit ce fourbe sans *foi*, sans *honneur*, et sans *âme?*

Lutrin, *chant* III :

Mais déjà la fureur dans vos yeux étincelle :
Marchez, *courez*, *volez* où l'honneur vous appelle.

Mais elles n'en sont pas moins accomplies, chacune dans leur genre. Il est assez évident que la progression s'y fait toujours du plus au moins, sans écart et sans chute, jusqu'au dernier degré. Voyons s'il en est de même de ces autres exemples du même poëte : *satire* XII :

J'entends déjà d'ici les docteurs frénétiques
Hautement me compter au rang des hérétiques;
M'appeler *scélérat*, *traître*, *fourbe*, *imposteur*,
Froid plaisant, *faux bouffon*, vrai *calomniateur*,
De Pascal, de Wendrock, copiste misérable,
Et, pour tout dire enfin, *janséniste* exécrable.

Et *satire* V :

Je ne vois rien en vous qu'un *lâche*, un *imposteur*,
Un *traître*, un *scélérat*, un *perfide*, un *menteur*,
Un *fou* dont les accès vont jusqu'à la furie,
Et d'un tronc fort illustre une branche pourrie.

Ces deux exemples ne sauraient échapper à la critique, si l'on veut peser un peu les nuances, et juger sans égard à la contrainte de la mesure. Il n'y a d'abord qu'à les rapprocher pour les trouver à-peu-près opposés entre eux, et pour s'apercevoir que la progression n'est pas bien ménagée dans l'un ou dans l'autre. C'est dans le dernier qu'elle paraît l'être le moins : *Perfide* et *menteur* ne sont d'aucune force après *imposteur*, *traître* et *scélérat*. Mais le premier n'est peut-être pas sans défauts, non plus. *Imposteur* enchérit sur *fourbe;* mais *fourbe* et *imposteur* enchérissent-ils bien sur *traître* et *scélérat?* Ou je me trompe fort, ou l'accumulation, *fourbe*, *imposteur*, *traître*, *scélérat*, serait mieux graduée que l'accumulation, *scélérat*, *traître*, *fourbe*, *imposteur*. Quant aux autres termes ajoutés à ceux-là par Boileau, *froid plaisant*, *faux bouffon*, etc., ils forment entre eux une nouvelle *gradation*, non-seulement très-juste jusqu'à la fin, mais encore très-heureusement terminée par cette qualification de *janséniste*, et de *janséniste exécrable*, la plus odieuse de toutes dans l'opinion du parti auquel le poëte se suppose en butte.

Nous n'avons pas besoin d'observer que la *gradation* en vers citée pour la *Métabole*, est parfaite : il n'y a personne qui ne sache et qui ne sente que la *colère* enchérit sur le *dépit*, et la *rage* sur la *colère*. Mais nous observerons que, si la *Métabole* ne doit pas aller sans la *Gradation*, la *Gradation* cependant peut aller sans la *Métabole*, et ne la suppose pas nécessairement. On peut en juger par plusieurs des gradations que nous venons de citer, et encore par les deux ci-après, d'ailleurs remarquables, en ce qu'elles sont dans une *progression descendante :* l'une est de Racine :

Vous voulez qu'un roi meure, et pour son châtiment,
Vous ne donnez qu'un *jour*, qu'une *heure*, qu'un *moment!*

l'autre de La Fontaine, fable du *Lièvre* et des *Grenouilles :*

Un *souffle*, une *ombre*, un *rien*, tout lui donnait la fièvre.

C. — DES FIGURES D'ÉLOCUTION PAR LIAISON

Quatre, dont la dernière, quoique déjà très-connue, n'avait point encore de nom propre : l'*Adjonction*, la *Conjonction*, la *Disjonction*, l'*Abruption*.

ADJONCTION

*L'*Adjonction *consiste à rapporter plusieurs membres ou parties du discours à un terme commun qui n'est exprimé qu'une fois*. On pourrait, au premier abord, la prendre pour le *Zeugme*, et même quelques-uns ne l'en distinguent pas. Mais cependant il y a entre ces deux formes du discours assez de différence pour qu'on ne doive pas les confondre ensemble. En effet, dans le *Zeugme*, les parties ou membres ne sont pas liés de manière à n'en faire qu'un seul comme dans l'*Adjonction ;* et il y faut toujours suppléer, au moins par la pensée, les mots sous-entendus, au lieu que dans l'*Adjonction*, il n'y a rien à suppléer, et rien même de sous-entendu.

L'*Adjonction* peut avoir lieu de bien des manières, et l'on ne finirait pas si l'on voulait donner des exemples de chacune. Mais en voici pourtant de plusieurs.

1°. Un même sujet reçoit plusieurs attributs, comme dans cet exemple de *la Henriade*, où S. Louis dit au héros du poëme, chant VI :

Je suis *cet* heureux *roi* que la France révère,
Le *père* des Bourbons, ton *protecteur*, ton *père*,
Ce Louis qui jadis combattit comme toi,
Ce Louis dont ton cœur a négligé la foi,
Ce Louis qui te plaint, qui t'admire, et qui t'aime :

et comme dans le premier de ces vers où Boileau dit en parlant de Chapelain :

Qu'il soit *doux*, *complaisant*, *officieux*, *sincère ;*
On le veut, j'y souscris, et suis prêt à me taire.

2°. Plusieurs verbes qui se suivent n'ont tous ensemble qu'un même sujet : Boileau, satire VIII :

Son esprit au hasard *aime*, *évite*, *poursuit*,
Défait, *refait*, *augmente*, *ôte*, *élève*, *détruit.*

Racine, *Esther*, acte III :

Mais, pour punir enfin nos maîtres à leur tour,
Dieu fit choix de Cyrus avant qu'il vît le jour,
L'*appela* par son nom, le *promit* à la terre,
Le *fit naître*, et soudain l'*arma* de son tonnerre,
Brisa les fiers remparts et les portes d'airain,
Mit des superbes rois la dépouille en sa main,
De son temple détruit *vengea* sur eux l'injure.

3°. On rend un même régime commun à plusieurs verbes, comme dans le dernier de ces vers du discours de la Politique à la Discorde, *Henriade*, chant IV :

Sur la terre, à mon gré, ma voix soufflait les guerres;
Du haut du Vatican je lançais les tonnerres;
Je tenais dans mes mains la vie et le trépas;
Je *donnais*, j'*enlevais*, je *rendais* les États.

4. On accumule plusieurs régimes sur un seul verbe : Boileau, satire VIII :

Quiconque est riche est tout : sans sagesse il est sage;
Il a, sans le savoir, la science en partage;
Il a l'*esprit*, le *cœur*, le *mérite*, le *rang*,
La *vertu*, la *valeur*, la *dignité*, le *sang*.

Et épître Ire :

On verra les *abus* par ta main *réformés ;*
La *licence* et l'*orgueil* en tout lieu *réprimés ;*
Du débris des traitans ton *épargne grossie ;*
Des subsides affreux la *rigueur adoucie ;*
Le *soldat* dans la paix *sage* et *laborieux ;*
Nos *artisans* grossiers *rendus industrieux ;*
Et nos *voisins frustrés* de ces tributs serviles
Que payait à leur art le luxe de nos villes.

5°. On fait dépendre plusieurs verbes d'un seul : Boileau, satire IX :

Irai-je dans une ode, en phrases de Malherbe,
Troubler dans ses roseaux le Danube superbe?
Délivrer de Sion le peuple gémissant?
Faire trembler Memphis, et pâlir le croissant?
Et, passant du Jourdain les ondes alarmées,
Cueillir, mal-à-propos, les palmes idumées?...

6°. On fait régir plusieurs propositions incidentes par un même verbe, ou l'on les rattache à un même antécédent, comme quand le même poëte dit, en parlant de Titus, épître Ire :

Tel fut cet empereur sous *qui* Rome adorée
Vit renaître les jours de Saturne et de Rhée;
Qui rendit de son joug l'univers amoureux;
Qu'on n'alla jamais voir sans revenir heureux;
Qui soupirait le soir si sa main fortunée
N'avait par ses bienfaits signalé la journée.

7°. Il est possible de voir une proposition jetée entre chaque membre de l'*Adjonction*, pour en devenir la preuve. Beauzée, à qui nous devons beaucoup pour cet article, ainsi que pour bien d'autres, en donne pour exemple ce beau passage de Massillon :

« Le juste ne dépend ni de ses maîtres, parce qu'il ne les » sert que pour Dieu; ni de ses amis, parce qu'il ne les aime » que dans l'ordre de la charité et de la justice; ni de ses infé- » rieurs, parce qu'il n'en exige aucune complaisance injuste; » ni des jugemens des hommes, parce qu'il ne craint que ceux » de Dieu; ni des événemens, parce qu'il les regarde tous » dans l'ordre de la Providence; ni de ses passions même, » parce que la charité qui est en lui en est la règle et la mesure. »

Mais n'est-ce pas là un *Zeugme*, au lieu d'une *Adjonction*? Non, puisque ces divers membres, avec les propositions qui les accompagnent, ne font tous ensemble qu'une seule et même proposition complexe; qu'aucun d'eux, pris isolément, n'est plus complet qu'aucun autre; et qu'ils se rattachent tous également et de la même manière au terme *ne dépend*, sans qu'il soit jamais besoin de suppléer ce terme jusqu'à la fin. Il n'en est pas de même de cet autre exemple du même orateur, dans son sermon sur les *tentations des grands :*

« L'ambitieux ne jouit de rien : ni de sa gloire, il la trouve » obscure; ni de ses places, il veut monter plus haut; ni de sa » prospérité, il sèche et dépérit au milieu de son abondance;

» ni des hommages qu'on lui rend, ils sont empoisonnés par » ceux qu'il est obligé de rendre lui-même; ni de sa faveur, » elle devient amère, dès qu'il faut la partager avec ses » concurrens; ni de son repos, il est malheureux à mesure » qu'il est obligé d'être plus tranquille. »

Ici, avant le premier *ni*, on voit évidemment une proposition complète : *L'ambitieux ne jouit de rien;* et pour tout ce qui suit, il faut nécessairement suppléer, *il ne jouit;* comme s'il y avait : *L'ambitieux ne jouit de rien; il ne jouit ni de sa gloire*, etc. Peut-être même faut-il le suppléer devant chaque *ni*. Alors il faudrait regarder comme autant de propositions elliptiques tous les divers membres qui commencent par cette particule.

CONJONCTION

La Conjonction (*en grec* Polysyndéton), *consiste à employer pour chacun des membres de la proposition réunis sous un même point de vue, une* conjonction *qui ne s'emploie d'ordinaire que pour un seul membre*, ou *que pour tous à-la-fois;* ou *c'est, si l'on veut, la liaison de divers membres par la même* conjonction *répétée.* Cette figure multiplie en quelque sorte les objets, en insistant sur chacun d'eux en particulier, et elle les rend plus présens, plus distincts, que s'ils étaient offerts en groupe, et comme n'en faisant qu'un. Elle indique aussi combien fortement en est occupé celui qui parle, et elle porte la même impression dans l'âme de celui qui lit ou qui écoute.

C'est mal-à-propos que tant de rhéteurs ont voulu la restreindre à la seule conjonction *et*. Une de celles qui sembleraient devoir le plus y répugner, c'est assurément la conjonction *mais*. Voyez cependant comme elle s'y prête bien dans ce passage de Massillon :

« On lui dressera des monumens superbes pour immor» taliser ses conquêtes; *mais* les cendres encore fumantes » de tant de villes autrefois florissantes; *mais* la désolation de » tant de campagnes dépouillées de leur ancienne beauté; » *mais* les ruines de tant de murs, sous lesquelles des citoyens » paisibles ont été ensevelis, *mais* tant de calamités qui subsis» teront après lui, seront des monumens lugubres qui immor» taliseront sa vanité et ses folies. »

Et s'y prête-t-elle moins bien dans ces vers de Voltaire, dans *Zaïre :*

Oui, je le lui rendrai, *mais* mourant, *mais* puni,
Mais versant à ses yeux le sang qui m'a trahi.

Ou dans ceux-ci du même poëte, poëme sur le *désastre de Lisbonne* :

Mais je vis, *mais* je sens, *mais* mon cœur opprimé
Demande des secours au Dieu qui l'a formé.

La conjonction *ou*, dans le sens d'*et*, ou de *soit;*

« Mais les princes et les grands, dit Massillon, sont de tous » les siècles : leur vie, liée avec les événements publics, passera » avec eux d'âge en âge : leurs passions, *ou* consacrées dans » nos monumens, *ou* immortalisées dans nos histoires, *ou* » chantées par une poésie lascive, iront encore préparer des » pièges à la dernière postérité. »

La conjonction *ni* :

« Je n'ai plus, dit Télémaque, *ni* bien, *ni* retraite, *ni* père, « *ni* mère, *ni* patrie assurée. »

Mais la conjonction *et* est pourtant celle qui fournirait le plus d'exemples. Je vais me borner à deux. Madame de Sévigné, en peignant la douleur de madame de Longueville, à la nouvelle de la mort de son fils tué dans un combat, s'exprime ainsi :

« Ah! mon Dieu! quel sacrifice! et là-dessus, elle tombe » sur mon lit; et tout ce que la plus vive douleur peut faire, » *et* par des convulsions, *et* par des évanouissemens, *et* par » un silence mortel, *et* par des cris étouffés, *et* par des larmes » amères, *et* par des élans vers le ciel, *et* par des plaintes » tendres et pitoyables, elle a tout éprouvé. »

Voltaire, dans *la Henriade*, chant VII :

O combien les Français vont répandre de larmes,
Quand sous la même tombe, ils verront réunis
Et l'époux *et* la femme *et* la mère *et* le fils!

DISJONCTION

La Disjonction (*en grec* Asyndéton) *consiste à retrancher les conjonctions copulatives, et à ne lier que par leur rapprochement immédiat les parties semblables du discours.* On lit dans presque toutes les rhétoriques, que cette figure désunit et sépare, en un mot, qu'elle est tout le contraire de la *Conjonction;* et, à n'en juger que par son nom et que par sa forme, à ne la considérer, dis-je, que matériellement, on pourrait croire qu'il en est ainsi. Mais qu'on la considère quant à l'esprit, quant à l'effet, on verra qu'elle lie plus fortement peut-être que la *Conjonction* même ce qu'elle semble désunir et séparer. Quoi qu'il en soit, en voici des exemples.

Oreste, à Hermione, dans *Andromaque :*

Si je vous aime! ô Dieux! *mes sermens, mes parjures,*
Ma fuite, mon retour, mes respects, mes injures,
Mon désespoir, mes yeux toujours de pleurs noyés,
Quels témoins croirez-vous, si vous ne les croyez?...

Hermione, dans son emportement contre Oreste, après l'assassinat de Pyrrhus qu'elle lui avait ordonné :

Adieu : tu peux partir; je demeure en Epire :
Je renonce *à la Grèce, à Sparte, à son empire,*
A toute ma famille : et c'est assez pour moi,
Traître, qu'elle ait produit un monstre tel que toi.

Ces deux exemples offrent, chacun, une énumération assez longue sans aucune conjonction, même avant le dernier membre qui la termine : c'est là ce qui fait la *Disjonction.* Pour la faire disparaître, vous n'auriez besoin que de mettre dans le premier exemple, *Mon désespoir et mes yeux toujours de pleurs noyés,* et dans le second, *A son empire, et à toute ma famille.*

Henriade, chant VIII :

On se mêle, on combat : *l'adresse, le courage,*
Le tumulte, les cris, la peur, l'aveugle rage,
La honte de céder, l'ardente soif du sang,
Le désespoir, la mort, passent de rang en rang.

Beauzée cite ce passage du sermon de Massillon sur *le véritable culte;* passage d'autant plus remarquable qu'il offre aurant d'exemples de *Disjonction* que de phrases :

« Remplissez-vous tous vos devoirs *de père, d'époux, de* » *maître, d'homme public, de chrétien?* N'avez-vous rien à vous » reprocher *sur l'usage de vos biens, sur les fonctions de vos* » *charges, sur la nature de vos affaires, sur le bon ordre de vos* » *familles?* Portez-vous un cœur libre *de toute haine, de toute* » *jalousie, de toute animosité envers vos frères? Leur innocence,* » *leur réputation, leur fortune,* ne perd-elle jamais rien par vos » intrigues, ou par vos discours? Préférez-vous Dieu *à tout,* » *à vos intérêts, à votre fortune, à vos plaisirs, à vos penchans?* »

Quel est l'effet de cette figure? Il est assez sensible. C'est de donner à l'élocution de la vivacité, de la rapidité, des ailes, comme le dit Beauzée. Mettez des conjonctions dans tous ces exemples, vous y jetterez, comme il le dit encore, une pesanteur, une langueur assommante : ce ne sera plus le langage de la passion.

ABRUPTION

L'Abruption est une figure très-approchante de la *Disjonction*, et on en traite même sous ce dernier nom dans l'*Encyclopédie méthodique*, en affectant le nom d'*Asyndéton* à la figure que nous avons, nous, appelée *Disjonction*. Mais pourquoi ici le nom d'*Abruption*, nom tout-à-fait nouveau, et que personne encore n'avait mis en avant? Pourquoi? parce que la *Disjonction* est depuis long-temps en possession de son nom, et que l'usage, plus puissant que l'*Encyclopédie*, paraît toujours le lui maintenir. Ensuite le nom d'*Abruption* convient mieux que tout autre, sans doute, à la figure que nous avons ici en vue. Ce nom exprime assez bien, si je ne me trompe, ce qu'on peut entendre par *passage brusque, imprévu*, par passage *ex abrupto*. Or, il s'agit précisément de désigner *une figure par laquelle on ôte les transitions d'usage entre les parties d'un dialogue, ou avant un discours direct, afin d'en rendre l'exposition plus animée et plus intéressante*.

Quel bel exemple Boileau n'en offre-t-il pas pour le dialogue, lorsque, dans sa satire VIII, il met l'homme et l'Avarice en scène, et les fait parler tour à tour!

> Le sommeil sur ses yeux commence à s'épancher :
> Debout, dit l'Avarice, il est temps de marcher. —
> Hé! laissez-moi. — Debout! — Un moment. — Tu ré-
> [pliques! —
> A peine le soleil fait ouvrir les boutiques. —
> N'importe, lève-toi. — Pourquoi faire après tout? —
> Pour courir l'Océan de l'un à l'autre bout,
> Chercher jusqu'au Japon la porcelaine et l'ambre,
> Rapporter de Goa le poivre et le gingembre. —
> Mais j'ai des biens en foule, et je puis m'en passer. —
> On n'en peut trop avoir, et, pour en amasser,
> Il ne faut épargner ni crime ni parjure,
> Il faut souffrir la faim, et coucher sur la dure...

Ne croit-on pas voir et entendre les personnages eux-mêmes? Enoncez les transitions, l'*homme répond*, l'*Avarice reprend*, etc., ce ne sera plus une scène, mais un récit; et quelle froideur aura succédé à tout cet intérêt dramatique!

Les fables de La Fontaine nous fourniraient une foule d'exemples du même genre, et tous si charmans qu'on ne saurait trop dire lesquels le sont le plus. En voici un des plus courts : fable du *Loup et du Chasseur.*

Hâte-toi, mon ami; tu n'as pas tant à vivre;
Je te rebats ce mot, car il vaut tout un livre.
Jouis. — Je le ferai. — Mais quand donc? — Dès demain. —
Eh! mon ami, la mort peut te prendre en chemin.

Citons pour le discours direct ce passage du terrible épisode de *la Henriade*, où une mère immole son fils à sa faim :

A l'envi l'un de l'autre ils entrent en fureur;
Ils enfoncent la porte : ô surprise! ô terreur!
Près d'un corps tout sanglant à leurs yeux se présente
Une femme égarée, et de sang dégouttante :
« Oui, c'est mon propre fils; oui, monstres inhumains,
» C'est vous qui dans son sang avez trempé mes mains.
» Que la mère et le fils vous servent de pâture.
» Craignez-vous plus que moi d'outrager la nature?
» Quelle horreur à mes yeux semble vous glacer tous?
» Tigres! de tels festins sont préparés pour vous.

Que fait ici le poëte? Il suspend sa narration, et, faisant paraître tout-à-coup cette femme furieuse, il lui met dans la bouche cette sanglante apostrophe. Avec quelle surprise et avec quel plaisir on la voit et on l'entend, pour ainsi dire, elle-même! Au lieu de ce tour brusque et vif, mettez, *Qui leur dit avec fureur, qui leur adresse ces terribles paroles*, etc., vous n'aurez plus cet effet magique.

Cet autre passage de *la Henriade* ne doit pas moins a la même figure : c'est Henri poursuivant l'ennemi jusqu'aux portes de la ville :

Sa victoire l'enflamme, et sa valeur l'emporte :
Il franchit les faubourgs, il s'avance à la porte :
« Compagnons, apportez et le fer et les feux :
« Venez, volez, montez sur ces murs orgueilleux.

Mais un exemple qui ne le cède en beauté à aucun autre, si même il ne les surpasse pas tous, c'est celui que Virgile nous offre dans le huitième livre de son *Énéide*, et qui se trouve parfaitement reproduit dans la traduction de Delille. Il s'agit des honneurs rendus à Apollon, et le poëte oublie tout-à-coup son récit pour joindre en quelque sorte sa voix à celle de ces jeunes gens et de ces vieillards qui chantent les louanges du fameux demi-dieu :

On allume des feux, on commence les chants :
Deux chœurs de Saliens, partagés en deux rangs,
D'un côté les vieillards, de l'autre la jeunesse,
Ceints du rameau de Dieu, pleins d'une sainte ivresse,
Chantaient, chantaient Hercule au loin victorieux,
Sa précoce valeur, son berceau glorieux,
Les serpens étouffés, essais de son enfance,
Les superbes cités qu'immola sa vengeance;
Comment d'un fier tyran bravant les dures lois,
Il fatigua Junon de ses nombreux exploits :
« Terrible Dieu! c'est toi qui domptas le Centaure :
» C'est par toi que périt l'infâme Minotaure.
» Que servit au lion son fier rugissement,
» Ses longs crins hérissés, son gosier écumant?
» En vain l'hydre vers toi redressa ses cent têtes;
» L'enfer même, l'enfer frémit de tes conquêtes;
» Et Cerbère, couché dans son antre sanglant,
» Par ta puissante main fut traîné tout sanglant.
» Tu bravas, tu domptas le monstrueux Typhée,
» Et son armure immense honora ton trophée.
» Salut, honneur du ciel, enfant du roi des Dieux!
» Salut, reçois nos dons, notre encens et nos vœux.

Cependant il ne faut pas croire que l'*Abruption* puisse toujours être d'un aussi heureux effet que dans tous ces exemples. Laharpe, qui en parle par occasion, et qui la rapporte à l'*Ellipse*, dit qu'il faut la ménager pour les cas où il convient de passer brusquement du récit au discours; qu'ailleurs elle donnerait au style un air étrange, et le ferait paraître décousu.

D. — DES FIGURES D'ÉLOCUTION PAR CONSONANCE

Les *figures d'élocution* par *consonance*, que l'*Encyclopédie méthodique* rapporte à la *Diction*, sont assez nombreuses et assez communes en latin. Elles étaient même singulièrement chères aux Anciens, qui attachaient tant de prix au nombre et à l'harmonie. Cicéron est loin de les rabaisser dans son livre de l'*Orateur*, où, sans les nommer, il en parle d'une manière assez claire. Mais il s'en faut qu'elles aient en français la même importance. Elles n'y sont pas, il est vrai, tout à fait inconnues; mais, si nous en exceptons deux ou trois, dont l'une revient à la *rime*, elles s'y montrent assez rarement. On peut les réduire aux suivantes : l'*Allitération*, la *Paronomase*, l'*Antanaclase*, l'*Assonance*, la *Dérivation*, le *Polyplote*.

Ce qui fait, au reste, que ces figures appartiennent plutôt, ce me semble, à l'*Élocution* qu'à la *Diction*, c'est que dans celles même qui peuvent paraître les plus matérielles, il y a rapport entre les mots, non-seulement quant aux sons, mais même quant aux idées ; c'est qu'à la *consonnance physique* s'y trouve jointe la *consonnance métaphysique;* ou que tout au moins les idées y sont plus ou moins modifiées par l'analogie des sens.

ALLITÉRATION

*L'*Allitération, *autrement appelée* Parachrèse, *est une sorte d'onomatopée en plusieurs mots, produite par le jeu de certaines lettres ou de certaines syllabes.*

Nos grands poëtes pourraient nous en fournir de nombreux exemples (1). Prononcez les vers suivans de Racine et de Boileau : ne font-ils pas en quelque sorte *siffler les serpens*, *hérisser les cheveux*, *glacer le sang* ou *la langue?*

Fait siffler ses serpens, s'excite à la vengeance... BOIL.
Pour qui sont ces serpens qui sifflent sur vos têtes?... RAC.
Des coursiers attentifs le crin s'est hérissé... RAC.
D'une subite horreur ses cheveux se hérissent... BOIL.
Jusqu'au fond de nos cœurs notre sang s'est glacé... RAC.
... La mollesse oppressée
Dans sa bouche, à ces mots, sent sa langue glacée... BOIL.

(1) Mais combien plus en fourniraient les poëtes latins! Ne prenons que Virgile. Veut-il peindre les efforts des vents et des tempêtes luttant contre leur prison? il hérisse de *T* un vers composé de spondées :

Luctantes ventos tempestatesque sonoras.

Par quelle savante combinaison de *S* et de *F*, il peint le coursier qui frémit d'impatience et ronge son frein!

Stat sonipes, ac fræna ferox spumantia mandit.

Ici, par des *R* qui arrêtent la langue à chaque instant, il exprime merveilleusement l'âpreté et l'horreur.

Immò ego Sardois videar tibi amarior herbis,
Horridior rusco, projectà vilior algà.

Là, par des *A* multipliés qui font tenir sans cesse la bouche ouverte, il montre en quelque sorte les cinquante gueules béantes de l'hydre affreuse qui garde l'entrée des enfers :

Quinquaginta atris immanis hiatibus hydra.

N'est-ce pas le bruit aigu et déchirant de la lime, dans ce vers de Delille, traduction des *Géorgiques* :

J'entends crier la dent de la lime mordante? (1)

Boileau pouvait-il mieux peindre le style dur et raboteux de Chapelain, qu'en disant :

Maudit soit l'auteur dur, dont l'âpre et rude verve,
Son cerveau tenaillant, rima malgré Minerve,
Et de son lourd marteau martelant le bon sens,
A fait de méchans vers douze fois douze cents.

Ne vous fait-il pas presque entendre une assiette qui roule, dans le second hémistiche du second de ces vers :

L'autre esquive le coup, et l'assiette volant
S'en va frapper le mur, et revient en roulant.

L'on voit par tous ces exemples que l'*Allitération*, employée avec goût, peut contribuer infiniment à l'imitation physique des objets, à ce qu'on appelle communément *Harmonie imitative*, et que nous appellerons par un seul mot *Harmonisme;* qu'elle peut servir à marquer le caractère de la pensée, à lui donner plus de trait et de saillie. Mais, prodiguée avec une sorte d'affectation, quel mauvais effet ne produirait-elle pas dans le style! Il ne faut jamais oublier que la dureté, comme le dit Marmontel, blesse partout l'oreille, et que l'oreille est blessée toutes les fois que l'articulation oppose une trop grande difficulté à l'organe qui l'exécute. Marmontel blâme, en conséquence, ce vers de Boileau, qu'il trouve tout-à-fait digne de Chapelain :

Droite et roide est la côte, et le sentier étroit.

« Ce vers, dit-il, ressemble assez à ce qu'il exprime; » mais la prononciation en est un travail, et l'organe y » est à la gêne. En pareil cas, c'est par le mouvement » qu'il faut peindre, et non par le froissement des syl» labes. » Et à ce sujet, il cite le commencement de la fable de La Fontaine : *Le Coche et la Mouche* :

Dans un chemin montant, sablonneux, malaisé, etc.

(1) Sachons gré à Delille de ce vers; mais gardons-nous d'oublier celui de Virgile :

Tum ferri rigor atque argutœ lamina serrœ.

PARONOMASE

La Paronomase, *qu'on appelle aussi* Paronomasie *ou* Prosonomasie, *réunit dans la même phrase des mots dont le son est à-peu-près le même, mais le sens tout-à-fait différent.*

On pourrait dire en français par *Paronomase : Il a compromis son bonheur, mais non pas son honneur.*

L'éditeur de l'*Encyclopédie méthodique* rapporte cet exemple de Montaigne : *Je m'instruis mieux par* fuite *que par* suite : et ceux-ci de Pasquier : Harrasser *et* terrasser *l'autorité : Avoir* loi *et* loisir : *Au lieu de* réformer, difformer.

Mais il faut convenir que ces combinaisons verbales, ces jeux de mots, ont en général moins de grâce dans notre langue que dans celle des Latins (1). Notre langue semble même les repousser comme à-peu-près indignes, et peu s'en faut que sa rigueur n'aille jusqu'à les proscrire entièrement. Aussi n'en trouve-t-on presque point d'exemples dans nos bons écrivains. On ne sait par quel hasard Massillon s'est permis ces deux-ci : *Ils donnent à la* vanité, *ce que nous donnons à la* vérité : *Qu'il est difficile de se tenir dans les bornes de la* vérité, *quand on n'est pas dans celles de la* charité ! Ce n'est sans doute que parce qu'ils se sont comme offerts d'eux-mêmes, ou que, comme le dit Beauzée, la matière même les lui a présentés.

ANTANACLASE

L'*Antanaclase* ne diffère de la *Paronomase*, qu'en ce que la forme et les sons se trouvent exactement les mêmes dans les mots de significations différentes rap-

(1) On peut en juger par ces exemples :

1° *Lectum* et *letho*, dans cette maxime de morale : *Quùm* lectum *petis, de* letho *cogita.*

2° *Carmine* et *crimen* de ce vers d'Ovide :
Inque meo nullum carmine crimen *erit.*

3° *Amentium* et *amantium*, dans ce passage de l'Andrienne de Térence : *Inceptio est* amentium *haud* amantium.

4° *Oratore* et *arator*, dans ce passage de la troisième Philippique : *Ex* oratore arator *factus est.*

5° *Amore* et *more*, dans ce passage des Lettres à Atticus : *Non magis* amore *quàm* more *ductus.*

6° *Pario* et *pereo*, dans cette devise qu'on fit pour les funérailles de Marguerite d'Autriche, morte en couche... *Dum* pario, pereo.

prochés l'un de l'autre. On peut donc la définir : *La répétition d'un même mot pris en différens sens, propres ou censés tels;* ou encore, *Le rapprochement de deux mots homonymes et univoques avec des significations toutes différentes.*

Quintilien en donne un exemple qui, en français, restera encore le même : le verbe *Attendre* y a d'abord un sens qui marque le désir, l'empressement, ou même une sorte d'impatience, et ensuite le sens plus simple de *se tenir tranquille jusqu'à ce que la chose arrive*, de *se conformer au temps sans précipiter l'événement.*

« Proculéius reprochait à son fils qu'il *attendait* sa mort, » et celui-ci lui ayant répliqué qu'il ne l'*attendait* pas; eh » bien! reprit-il, je te prie de l'*attendre.* » (1)

Colletet, ayant reçu du cardinal de Richelieu six cents livres pour six mauvais vers, le remercia par ces deux vers ingénieux et naturels :

Armand, qui pour six vers m'as donné six cents *livres*,
Que ne puis-je à ce prix te vendre tous mes *livres?*

Et ces vers rappellent ceux que Boileau met dans la bouche d'un père plus ami de l'argent que des lettres :

Prends-moi le bon parti, laisse-là tous les *livres*.
Cent francs au dernier cinq, combien font-ils? — Vingt [*livres*.

Crébillon a dit :

Mais au ressentiment si mon cœur s'est *mépris*,
C'est qu'il s'est cru toujours au-dessus du *mépris*.

Voltaire, dans *Mérope :*

Egiste, écrivait-il, mérite un meilleur *sort*,
Il est digne de vous, et des Dieux dont il *sort*.

Et Destouches :

... Écoute, mon cher *comte*,
Si tu fais tant le fier, ce n'est pas là mon *compte*.

Mais tous ces exemples de nos poëtes, il faut l'avouer, ne sont pas exactement conformes à celui que nous avons rapporté traduit de Quintilien. Dans ce dernier, c'est un même mot, non-seulement parfaitement identique à lui-même et pour la prononciation et pour l'orthographe,

(1) *Cum Proculeius quereretur de filio quòd is mortem suam* expectaret, *et ille dixisset se verò non* expectare; *imò, inquit,* rogo, expectes.

mais encore dérivé du même primitif, ou formé des mêmes élémens. Dans les autres, ce sont des mots qui ne se ressemblent que pour la forme, et qui ne se rapportent pas à la même origine; car *Livre*, dans les vers de Boileau et de Colletet, est une fois masculin, et dérive de *liber*, *libri;* une fois féminin, et dérive de *libra*, *libræ* : *Mépris*, dans le vers de Crébillon, est une fois le participe masculin du verbe réfléchi *se méprendre*, et une fois le substantif abstrait par lequel on exprime le sentiment relatif au verbe *mépriser* : *Comte*, dans les vers de Destouches, correspond au latin *comes*, *comitis*, compagnon, et *compte*, avec un *p*, dérive de *computare*, compter, contraction de *computer* : *Sort*, dans les vers de Voltaire, correspond une fois au substantif latin *sors*, et est une autre fois la troisième personne singulière, présent indicatif, du verbe *sortir*, qui ne dérive pas de *sortiri*, mais plutôt, selon toute apparence, de *foris* ou *foras*, hors, anciennement *fors*, dont on aura converti le *f* en *s*.

Quoi qu'il en soit, l'*Antanaclase* n'est employée dans tous ces mêmes exemples, que pour la rime, que par manière de plaisanterie, ou que par une sorte de licence poétique, et nous n'avons garde de l'y considérer comme une beauté. Notre langue, nous ne saurions trop le dire, est essentiellement ennemie de toute affectation, de tout jeu de mots puéril. Or, c'est là ce qui le plus souvent caractérise l'*Antanaclase*, et ce qui doit en faire singulièrement restreindre l'usage dans les langues même d'un goût moins sévère.

Cependant, il y a une espèce d'*Antanaclase* assez noble, et qui pourrait n'être pas déplacée dans le style même le plus sérieux; par exemple : *Un père est toujours père : Le singe est toujours singe : Plus Néron que Néron lui-même : Plus Mars que le Mars de la Thrace.* Mais alors le mot répété présente, à côté du sens propre, un sens tropologique et figuré. C'est donc plus qu'une simple *Antanaclase;* c'est une *Antanaclase* du genre de ces tropes dont nous avons traité sous le nom de *Syllepse*, dans le *Manuel des Tropes*, chapitre IV de la seconde partie.

ASSONANCE

Ce qui fait l'*Assonance*, c'est *la même terminaison ou la même chute de différens membres d'une phrase ou d'une période.* La même terminaison s'appelle en grec *Homoioteleuton*, et la même chute *Homoioploton* (1).

L'*Homoioploton* ne peut guère convenir à la langue française, qui n'a point de cas. L'*Homoioteleuton*, qui revient à-peu-près à la rime, y est de nécessité indispensable dans la poésie. Mais on ne l'y tolère point dans la prose, à moins qu'il ne s'agisse de quelque phrase populaire et à proverbe, comme celles-ci : *A bon chat, bon rat : Quand il fait beau, prends ton manteau; quand il pleut, prends-le si tu veux : Il flatte en présence, il trahit en absence : A tous oiseaux, leurs nids sont beaux;* et autres semblables. Il peut aussi, à la rigueur, y avoir entrée dans une phrase à sentence, et, qui plus est, il peut alors quelquefois, suivant Beauzée, y produire le même agrément qu'en latin, *s'il sert à rendre sensible un parallélisme d'idées, à caractériser la symétrie des différens membres du discours*, comme dans les exemples de Massillon déjà cités pour la *Paronomase; Qu'il est difficile de se tenir dans les bornes de la* vérité, *quand on n'est pas dans celles de la* charité! Et, *Ils donnent à la* vanité *ce que nous donnons à la vérité.* Cependant je croirais que ce n'est pas dans le style de la haute éloquence qu'on peut s'en permettre l'usage, et j'oserais presque condamner ici Massillon lui-même, et si je ne le trouvais excusable par les raisons que j'ai données dans la première citation de ses deux passages.

Pourquoi l'espèce d'*Assonance* en question, la rime, est-elle en général si rigoureusement proscrite de notre prose? C'est, comme l'observent Dumarsais et Beauzée, par la même raison que les Latins n'aimaient pas à trouver dans leur prose des moitiés de vers. Comme

(1) La première est le *similiter desinens* des Latins, et la seconde, leur *similiter cadens.*

Similiter desinens : Ejusdem non est, dit Quintilien, *et facere fortiter, et vivere turpiter.* Et Cicéron, en louant Pompée : *Bellum extremâ hyeme apparavit, ineunte vere suscepit, mediâ æstate confecit.* Le même, pour le poëte Archias : *Ut ejus semper voluntatibus non modò cives assenserint, socii obtemperaverint, hostes obedierint, sed etiam venti tempestatesque obsecundârint.*

Similiter cadens: Cicéron, pour le poëte Archias : *Hunc ego non diligam? non admirer? non omni ratione defendendum putem?* Et ailleurs : *Quid tam commune quàm spiritus vivis, terra mortuis, mare fluctuantibus, littus ejectis?* On peut citer encore ces vers que l'empereur Adrien fit en mourant :

Animula vagula, blandula,
Hospes comesque corporis,
Qua nunc abibis in loca
Pallidula, rigida, nudula,
Nec, ut soles, dabis jocos.

la rime est essentielle à notre versification, et qu'elle sert à la caractériser, nous n'aimons à la voir que là, et nous nous offensons de la rencontrer où elle ne peut se trouver que par une confusion de deux genres d'écrire très-distincts et très-différens. Voilà pourquoi aussi nous la condamnons, même dans la versification, lorsqu'elle reparaît encore ailleurs qu'à la fin du vers, seule et unique place que lui assignent les lois de l'harmonie.

DÉRIVATION

La Dérivation *consiste à employer dans une même phrase ou dans une même période, plusieurs mots dérivés de la même origine.*

C'est la *Dérivation* qui fait en grande partie la beauté de ces vers de différens poëtes :

Le plus semblable aux *morts meurt* le plus à regret...
Car c'est double plaisir de *tromper* le *trompeur*...
Et le *combat* cessa faute de *combattans*...
On ne vaincra jamais les *Romains* que dans *Rome*...
Et la *fuite* est permise à qui *fuit* ses tyrans...
Je *crains* Dieu, cher Abner, et n'ai point d'autre *crainte*...
L'*infortune* toujours cherche l'*infortuné*...
L'*ambition* souvent perdit l'*ambitieux*...
Je plains le *criminel*, et j'abhorre le *crime*...
Ils sont *jugés* ici tous ces *juges* sans foi,
Qui de l'intérêt seul reconnaissaient la loi...
Quiconque est riche est tout : sans *sagesse* il est *sage ;*
Il a sans rien *savoir*, la *science* en partage.

Il en est de même de cette traduction par Delille d'un fameux vers que Virgile met dans la bouche de Didon :

Malheureux, j'appris à plaindre le *malheur* (1).

Massillon, dans un de ses sermons :

« Ce sont des punitions, grand Dieu! que votre justice » exerce sur les passions humaines; vous vous servez de la » fausse *pénitence* des uns, pour préparer des châtimens à » l'*impénitence* des autres. »

(1) Le vers de Virgile est celui-ci :
Non ignora mali, miseris succurrere disco.
Un autre vers latin qui n'est pas moins fameux que celui de Virgile, c'est celui de Térence, inspiré par le sentiment même qu'il exprime :
Homo sum, humani nil à me alienum puto.

Vous avez vaincu la victoire *même*, a dit Cicéron à César, dans son discours pour Marcellus; et Corneille dit dans le *Cid* :

Ton bras est *invaincu*, mais non pas *invincible*.

Invaincu serait à peine de la langue, s'il fallait en juger par l'usage. Mais de grands poëtes l'ont employé, dit le Dictionnaire de l'Académie; mais c'est un terme nécessaire, dit Voltaire dans ses remarques critiques; et, enfin, quoi qu'il en soit, il peut toujours servir ici pour l'exemple.

POLYPTOTE

Le Polyptote, *autrement* traduction, *consiste à employer dans la même phrase ou période, plusieurs formes accidentelles d'un même mot, c'est-à-dire, plusieurs de ces formes que l'on distingue en grammaire par les noms de* cas, *de* genres, *de* nombres, *de* personnes, *de* temps *et de* modes.

On peut remarquer un *Polyptote* dans ces fameuses paroles de l'Écriture : « *O vanité des vanités*, et tout n'est » que *vanité!* » Et qui est-ce qui n'en sentira pas tout l'heureux effet? (1)

Beauzée dit que cette figure donne quelquefois au discours une élégance qui semble en augmenter l'énergie, et il cite l'exemple suivant, où le verbe *faire* revient sous plusieurs formes :

« Tout ce que vous avez pu et dû *faire* pour prévenir ou pour » apaiser les troubles, vous l'avez *fait* dès le commencement; » vous le *faites* encore tous les jours, et l'on ne doute pas que » vous ne le *fassiez* jusqu'à la fin. »

Celui de qui l'on exigerait la rétractation d'un propos, et qui s'y refuserait invinciblement, pourrait-il mieux marquer son obstination que par ces variations du verbe *dire* :

(1) Il n'y a dans cet exemple que deux formes du mot *vanité*, et ce sont les seules dont ce mot soit susceptible en francais. Mais son primitif *vanitas* en a cinq dans ces trois vers latins, où il se trouve décliné par ordre depuis le nominatif jusqu'à l'ablatif inclusivement :

Quùm *vanitas* sit *vanitatis filia*,
Et *vanitati vanitatem* procreet,
O *vanitas*, quid *vanitate* vanius?

Beauzée cite ce *Polyptote*, et trouve qu'il n'est pas sans agrément, malgré cette affectation sensible d'une déclinaison exactement complète.

Ovide a dit dans un même vers, *spectatum* et *spectantur*.

Spectatum ornatœ veniunt, *spectantur* et ipse.

« Oui, je l'ai *dit*, je le *dis* encore, et je le *dirai* toujours, je » ne cesserai de le *dire* à qui voudra l'entendre. »

Massillon nous fournit cet exemple :

» Tous ces changements qui vous *amusent*, vous *amuseront* » jusqu'au lit de la mort. »

En voici de divers poëtes :

Rome vous *craindra* plus que vous ne la *craignez*.
CORNEILLE.

Il *plaît* à tout le monde, et ne saurait se *plaire*. BOILEAU.

Et ton nom deviendra dans la race future,
Aux plus *cruels* tyrans la plus *cruelle* injure...
... Je fuis des yeux distraits
Qui, me *voyant* toujours, ne me *voyaient* jamais...
N'aspirent qu'à troubler le repos où nous sommes,
Et *détestés* partout *détestent* tous les hommes...
Mais le roi qui le *hait*, veut que je le *haïsse*...
Après ce qu'il *a fait*, que peut-il encor *faire?*
Il vous *aurait déplu*, s'il pouvait vous *déplaire*...
Madame, sans *mourir*, elle *est morte* pour vous... RACINE.
Un vautour sur son cœur s'acharne incessamment,
De sa faim *éternelle éternel* aliment. DELILLE.

Le *Polyptote* ressemble fort à la *Dérivation* proprement dite, et, pour ne pas le confondre avec celle-ci, il faut se bien rappeler en quoi ils diffèrent l'un de l'autre. Ce qui fait le *Polyptote*, c'est l'emploi de différentes formes d'un même mot : ce qui fait la *Dérivation*, c'est l'emploi de mots différens qui ont une origine commune. Dans le *Polyptote*, ce n'est jamais qu'une même idée sous différens points de vue, ou avec différens accessoires : dans la *Dérivation*, ce sont des idées absolument distinctes, et quelquefois même très-opposées entre elles, quoiqu'elles viennent du même objet, et que l'une, souvent, soit née de l'autre.

E. — D'UNE NOUVELLE FIGURE D'ÉLOCUTION A DISTINGUER

Dans le genre des figures d'Élocution par *extension*, ne se présente-t-il pas après l'*Épithète* et comme à sa suite, une autre figure très-réelle, et même assez marquante? Elle a beaucoup de rapport avec l'*Épithète;* elle n'est même qu'une *Épithète composée*, qu'une sorte d'*Épithète* en *circonlocution*. Mais on ne peut pas lui donner le nom d'*Épithète*, puisque par ce mot on n'a jamais entendu, ce me semble, qu'un élément simple du discours, qu'un seul mot, qui, pris matériellement, revient toujours à un adjectif ou à un participe. Quel nom donc lui donner? car il faut bien nécessairement lui en trouver un. Celui d'*Épithétisme* paraît assez convenir, puisqu'il signifie ce qu'est la figure en effet, *une imitation de l'Épithète;* ou *une espèce d'Épithète toute particulière.*

ÉPITHÉTISME

Là gît la sombre Envie *à l'œil timide et louche,*
Versant sur des lauriers les poisons de sa bouche.

HENRIADE, ch. VII.

Qu'est-ce qui dans ces vers peint surtout l'Envie, et la rend comme présente aux yeux? Ce sont, je crois, ces mots, *A l'œil timide et louche.* Qu'on les retranche, le sens principal n'en restera pas moins le même, ni moins entier, et rien ne manquera à la phrase ni pour la clarté ni pour la correction; mais il n'y aura plus de tableau, ou le tableau sera privé d'un trait qui le rendait en quelque sorte vivant. Ces mots, cependant, s'ils forment un sens *épithétique*, et s'ils produisent l'effet de la plus belle *Épithète*, ne sont pas une *Épithète* proprement dite ; ils ne se lient point adjectivement à *envie*. Il y a même plus : *Timide* et *louche*, qui du moins semblent *Épithètes* par rapport à *œil*, ne le sont pas en effet; ils ne sont, à proprement parler, qu'*adjectifs*, puisque le mot *œil* ne peut aller seul dans ce cas, et qu'il lui faut nécessairement quelque chose qui le détermine. Quel est donc le vrai titre de ces mots : *A l'œil timide et louche?* Seraient-ils par hasard un *Apposition?* On pourrait le croire, s'il n'était pas dans la destination de l'*Apposition* de se placer comme adjectivement à côté du substantif, pour partager son rang dans la phrase, et être comme lui sujet ou régime direct ou indirect : *A l'œil timide et louche*, loin d'être comme adjectivement à côté d'*envie*, et d'être avec lui sujet de la phrase, ne se rattache à lui que d'une manière oblique, et que par le moyen d'une préposition. C'est donc une figure différente de l'*Apposition* et de l'*Épithète*, quoiqu'elle ait beaucoup de rapport et avec l'une et avec l'autre. Encore une fois, nommons-la *Épithétisme*, puisque c'est de l'*Épithète* surtout qu'elle se rapproche et par sa fin et par son effet; et disons que l'Épithétisme *est une figure qui modifie le terme d'une idée principale par le terme d'une idée accessoire frappante, en l'y joignant, non adjectivement et par loi de concordance, mais indirectement et par loi de simple dépendance;* ou, ce qui paraîtra peut-être moins abstrait; que c'est *une figure qui joint à un substantif, par une préposition, exprimée ou sous-entendue, l'expression de quelque chose de saillant et de pittoresque, qui en devient comme la marque distinctive.*

Rapportons quelques exemples analogues à celui que nous venons d'analyser : ils ne sont pas rares dans les poëtes, et l'on en trouverait assez dans les orateurs.

La faiblesse *au teint pâle, aux regards abattus...*
La tendre hypocrisie *aux yeux pleins de douceur...*
L'Aurore cependant, *au visage vermeil,*
Ouvrait dans l'orient le palais du soleil...
Les aigles, les vautours, *aux ailes étendues,*
D'un vol précipité fendent les vastes nues...
VOLTAIRE, *Henriade.*

Dès que Thétis chassait Phébus *aux crins dorés,*
Tourets entraient en jeu, fuseaux étaient tirés...
Demoiselle belette *au corps long et fluet...* LA FONTAINE.

T'ai-je peint la maligne *aux yeux faux, au cœur noir?...*
La disette *au teint blême,* et la triste famine,
Les chagrins dévorans, et l'infâme ruine...
En vain ce misantrope *aux yeux tristes et sombres,*
Veut par un air riant en éclaircir les ombres...
Ce nouvel Adonis *à la blonde crinière...* BOILEAU.

Là sont la jeune Opis *aux yeux pleins de douceur...*
Thalie *au teint de rose,* Ephire *au sein de lis;*
Près d'elle Cymodore *à la taille légère...* DELILLE.

Mais faut-il reconnaître un *Épithétisme* dans les mots, *A pas tardifs,* de ces vers de Boileau si souvent cités pour exemple d'harmonie imitative?

N'attendait pas qu'un bœuf pressé de l'aiguillon,
Traçât *à pas tardifs* un pénible sillon.

Oui, sans doute, puisque ces mots, *A pas tardifs,* n'influent pas sur l'action de tracer, et n'en expriment point une circonstance nécessaire, mais ne sont là visiblement que pour faire tableau, en montrant le bœuf avec cette marche lourde et pesante qui lui est naturelle, et forme un de ses caractères distinctifs. Le bœuf peut-il tracer des sillons autrement qu'*A pas tardifs,* quelque pressé même qu'il soit par l'aiguillon? Et puis, qu'importait ici, au fond, que les sillons fussent tracés *à pas tardifs* ou *à pas précipités?* Tout ce qu'il importait, c'était qu'ils fussent tracés. Mais, fidèle à son art, le poëte voulait peindre. S'il eût fait tracer les sillons par le cheval, au lieu de le faire tracer par le bœuf, il n'eût mis, probablement, ni *à pas tardifs*, ni *à pas précipités*, parce qu'il n'aurait pas trop vu à quoi bon.

Fort bien, dira-t-on; mais l'*Épithétisme* ne peut-il avoir lieu qu'avec la préposition *à?* Il paraît que cette préposition lui est en effet plus particulièrement affectée; mais on peut le trouver avec d'autres prépositions, comme dans ces exemples :

> Et la comète *en feu* vient effrayer le monde. DELILLE.

La comète ne se met pas *en feu* pour effrayer le monde; mais elle effraie le monde, parce qu'elle est *en feu :* elle y est nécessairement et toujours par sa nature même. *En feu* ne se trouve donc dans ce vers que par manière d'*épithète* et que pour la peinture; il n'y tient pas essentiellement au sens principal, comme dans ces deux vers de *la Henriade*, chant II :

> Et de Paris *en feu* les ruines fatales
> Étaient de ces héros les pompes triomphales.

La tragédie ne se met pas *en pleurs* pour *faire parler les douleurs d'Œdipe sanglant;* mais, quand elle les fait parler, pourrait-elle ne pas *être en pleurs*, elle qui y est toujours? On peut donc rapprocher du vers de Delille, les deux de Boileau :

> Ainsi, pour nous charmer, la Tragédie *en pleurs*,
> D'Œdipe tout sanglant fit parler les douleurs...

Voyons encore :

> Quatre bœufs attelés, *d'un pas tranquille et lent*,
> Promenaient dans Paris le monarque indolent.

D'un pas tranquille et lent, n'est-il pas là pour le même effet que, *A pas tardifs*, dans les vers, *N'attendait pas qu'un bœuf*, etc.? Or, c'est *de* qui est la préposition.

> Un jour, *sur ses longs pieds*, allait je ne sais où,
> Le héron *au long bec emmanché d'un long cou.*

Le second de ces vers offre dans les mots, *Au long bec emmanché d'un long cou*, un *Épithétisme* plus que suffisamment reconnu. Mais le premier n'en offre-t-il pas un autre bien reconnaissable dans les mots, *Sur ses longs pieds?* Ces mots n'ont là aucun rapport à l'action d'aller du héron, et ils ne la modifient en aucune manière; ils ne sont que pour commencer un tableau auquel le second vers ne laissera rien à désirer; un tableau qui offrira aux yeux une image vivante de cet oiseau si prodigieusement allongé dans tous ses membres. *Sur* peut donc aussi se trouver à la tête d'un *Épithétisme*, et il y a sans doute bien d'autres prépositions dont on pourrait en dire autant.

Mais la préposition peut aussi être sous-entendue; elle l'est dans les exemples ci-après, qui reviennent, du moins à bien des égards, ce me semble, à des *Épithétismes*.

Figure-toi Pyrrhus, *les yeux étincelans*,
Entrant à la lueur de nos palais brûlans... RACINE.
Tantôt, *les yeux en feu*, c'est un lion superbe. BOILEAU.

Qui ne voit pas que *Les yeux étincelans*, *Les yeux en feu*, supposent devant eux la préposition *avec;* mais comme cet *avec* gâterait l'image, qui doit tant à l'ellipse!

C'est encore *avec* qui est sous-entendu devant, *Un poignard à la main*, et devant, *Une bourse à la main*, quand le premier des deux poëtes dit :

Un poignard à la main, l'implacable Athalie
Au carnage animait ses barbares soldats.

et le second :

L'Espérance *au front gai* l'appuie et la conduit,
Et, *la bourse à la main*, la Charité la suit.

CHAPITRE III

DES FIGURES DE STYLE

La *Diction* s'occupe des mots sous le rapport grammatical; l'*Élocution*, prise dans notre sens, en règle le choix et l'assortiment relativement aux vues de l'esprit; la *Construction* en détermine l'emploi et l'arrangement; la *Signification* et l'*Expression* en ont pour objet, l'une le sens respectif et individuel, l'autre le sens collectif et d'ensemble, dans la proposition. Qu'est-ce que le *Style?* Ce fut dans le principe l'instrument qui servait à graver la parole, comme la plume sert à la tracer avec un liquide. C'est maintenant l'*art de peindre la pensée par tous les moyens que peut fournir une langue*. C'est, non pas précisément la réunion de toutes les cinq choses dont nous venons de parler, mais quelque chose pourtant d'à-peu-près, qui se les tient asservies et subordonnées, quelque chose qui ne serait rien sans elles, et qui est tout par elles, au moyen de ce qu'il y ajoute de particulier et de caractéristique. C'est comme l'esprit qui leur donne la vie, qui les met en jeu et les fait servir pour tel ou tel dessein.

Le *Style* a donc à son usage toutes les figures des classes de *Diction*, de *Construction*, d'*Élocution*, de *Signification*, et d'*Expression*. Il est comme un centre où vont aboutir et se rattacher ces cinq différentes classes. Mais il a lui-même ses figures propres et particulières, des figures qui, souvent concourant dans la même phrase, dans la même période, avec les figures d'*Expression*, et souvent même commençant et finissant avec celles-ci, semblent alors se confondre avec elles, mais qui jamais ne consistent, comme elles, dans ce sens détourné et figuré que l'on dirait une sorte, une apparence d'énigme. La classe de ces figures n'est pas la moins riche, la moins féconde.

Êtes-vous si plein de votre objet qu'il vous semble que vous ne pourrez jamais le faire assez connaître, ni en donner l'idée que vous en avez vous-même, et qui vous domine en quelque sorte ? Vous l'annoncez par tout ce qui en lui vous frappe, vous saisit ; vous le faites quelquefois désirer avant de le montrer, et vous ne le montrez enfin que comme pour céder à l'impatience que vous avez excitée ; quelquefois trop peu content de ce que vous avez dit, ou de la manière dont vous l'avez dit, vous cherchez à le mieux dire encore. De là, nombre de figures dont le principe, dont le caractère commun est l'*Emphase.*

Mais ce ne sont pas là toutes les ressources du *Style :* votre imagination, votre sensibilité, vous y en feront trouver d'autres, et vous saurez, du seul *tour de phrase*, tirer mainte noble figure, en voulant faire passer dans les autres l'intime conviction de votre âme, ou la vive émotion de votre cœur ; en voulant vous faire entendre à ce qui même, souvent, n'a jamais entendu ; en reproduisant dans le discours le trouble et le délire auquel vous êtes en proie ; en mettant tout-à-coup en scène tel ou tel personnage, à qui vous cédiez pour un instant la parole.

Maintenant rapprochons les pensées et les expressions : que de nouvelles idées produites par la similitude, par le contraste, ou par l'affinité ! Ici, c'est une pensée qui s'embellit de tout l'éclat, de toute la pompe, ou de tout le charme d'une autre. Là, deux pensées, comme étonnées de se trouver ensemble, ne se combattent pourtant, et ne se repoussent que pour se montrer, l'une et l'autre, dans tout leur jour et dans toute leur force. Ailleurs, c'est une pensée qui, de son sein, en fait jaillir une autre, comme un trait de lumière, ou comme un trait de foudre ; ou qui, tout au moins, la montre à côté d'elle comme une sorte de fruit de sa fécondité.

Voilà donc des figures par *Emphase;* en voilà par *Tour de phrase;* en voilà par *Rapprochement*. Nous verrons qu'il y en a aussi, mais en petit nombre, par *Imitation :* c'est quand le *Style* fait plus encore que peindre les objets, les choses, et qu'il les met, pour ainsi dire, sous les yeux ; c'est quand, par une sorte de magie, il fait entrer la pensée toute entière, le sentiment tout entier, dans l'expression même. Ce que nous pourrons voir encore, dans un paragraphe supplémentaire, c'est que toutes les espèces du premier de ces quatre grands genres n'avaient pas été encore distinguées.

A. — FIGURES DE STYLE PAR EMPHASE

Quatre : La *Périphrase*, la *Conglobation*, la *Suspension*, la *Correction*.

PÉRIPHRASE

La Périphrase *consiste à exprimer d'une manière détournée, étendue, et ordinairement fastueuse, une pensée qui pourrait être rendue d'une manière directe et en même temps plus simple et plus courte.*

Racine le fils, dans son poëme de la Religion, eût pu, sans doute, en rappelant les miracles de Jésus-Christ, se borner à dire à-peu-près en ces termes : *Les aveugles voient, les sourds entendent, les paralytiques sont guéris, les les mourans recouvrent la santé, les morts mêmes ressuscitent.* Mais combien ne lui sait-on pas gré d'avoir employé la tournure suivante!

A sa voix sont ouverts des yeux long-temps fermés,
Du soleil qui les frappe éblouis et charmés.
D'un mot, il fait tomber la barrière invincible
Qui rendait une oreille aux sons inaccessible;
Et la langue qui sort de la captivité,
Par de rapides chants bénit sa liberté.
Des malheureux traînaient des membres inutiles,
Qu'à son ordre à l'instant ils retrouvent dociles.
Le mourant étendu sur un lit de douleurs,
De ses fils désolés court essuyer les pleurs.
La mort même n'est plus certaine de sa proie...

Quelle expression plus commune que celle de *Battre le briquet pour allumer une bougie!* Boileau s'est bien gardé de l'employer, même dans un sujet plaisamment grave : mais il dit, chant IIIe de son *Lutrin* :

Des veines d'un caillou, qu'il frappe au même instant,
Il fait jaillir un feu qui pétille en sortant;
Et bientôt au brasier d'une mèche allumée,
Montre, à l'aide du soufre, une cire allumée.

Voltaire se fût-il exprimé bien élégamment, en disant : *Allez demander à Sylva comment se forment le chyle et le sang?* Aussi comment dit-il?

Demandez à Sylva par quel secret mystère,
Ce pain, cet aliment, dans mon corps digéré,
Se transforme en un lait doucement préparé;

Comment toujours filtré dans ses routes certaines,
En long ruisseaux de pourpre il court enfler mes veines ?

Voilà sans doute assez d'exemples pour faire juger comment la *Périphrase* peut être souvent utile ou nécessaire, et comment il faut l'employer pour qu'elle devienne une véritable figure. Elle convient mieux en général à la poésie qu'à la prose ; mais la prose, surtout dans le genre élevé, peut aussi en faire quelquefois un très-heureux usage. Une condition de la plus grande rigueur, soit en vers, soit en prose, c'est qu'elle ne présente ni obscurité, ni enflure, ni diffusion, ni incohérence. Quoi de plus ridicule que ce tour imaginé par je ne sais quel poëte, pour exprimer, *Le roi vient ?*

Ce grand roi roule ici ses pas impérieux.

« Ne vous piquez pas, dit Voltaire à ce sujet, de vouloir » ajouter une grandeur vaine à ce qui est imposant par » soi-même. Si vous voulez exprimer que le roi vient, » dites tout uniment, *Le roi vient*, et n'imitez pas le » poëte qui a trouvé ces mots trop communs. »

Au reste, veut-on encore mieux sentir dans quelle circonstance il est avantageux d'employer l'expression simple, le mot propre, et dans quelle autre la *Périphrase*, on n'a qu'à réfléchir un peu sur ces deux exemples que donne Marmontel dans son article *Analogie* de l'*Encyclopédie méthodique* :

« Lorsqu'Egyste, parlant à Mérope, veut lui donner de » sa naissance l'idée qu'il en a lui-même, il ne lui dit » pas : *Mon père est un honnête villageois;* il lui dit :

« Sous ses rustiques toits, mon père vertueux
« Fait le bien, suit les lois, et ne craint que les Dieux.

» Mais lorsque don Sanche d'Arragon, avec plus de » hauteur et plus de fierté, veut reconnaître sans détour » l'obscurité de son origine, il dit avec franchise :

« Je suis fils d'un pêcheur. »

On ne confondra pas la *Périphrase* avec la *Pronomination*, si l'on se rappelle que, par la *Pronomination*, on substitue au nom simple et connu d'une chose, un terme complexe et en plusieurs mots, qui la représente sous un point de vue particulier. On ne la confondra pas non plus avec la *Métalepse*, si l'on veut faire attention à cette différence essentielle qui existe entre elles deux. Ce que la

Métalepse fait entendre « est non-seulement tout-à-fait » indépendant, mais même tout-à-fait-différent de ce » qu'elle exprime, quoique d'ailleurs il puisse y tenir de » plus ou moins près : ce que la *Périphrase* fait entendre, » tient, au contraire, essentiellement à ce qu'elle exprime, » et en est même, au fond, la partie principale. De plus, » la *Périphrase* ne marque, dans son détour, qu'une intention poétique ou oratoire; elle ne semble avoir en vue » que la pompe et le luxe des paroles : la *Métalepse*, au » contraire, marque dans son détour l'intention du détour, » ne vise qu'à faire penser, et met tout son mérite dans » l'artifice et dans la finesse. » (*Commentaire sur les Tropes de Dumarsais.*)

CONGLOBATION

La Conglobation, *que l'on appelle encore* Énumération, Accumulation, *est une figure par laquelle, au lieu d'un trait simple et unique sur le même sujet, on en réunit, sous un seul point de vue, un plus ou moins grand nombre, d'où résulte un tableau plus ou moins riche, plus ou moins étendu.*

Massillon, dans son Sermon sur la vérité d'un avenir :

« L'impie est à plaindre, s'il faut que l'Évangile soit une » fable; la foi de tous les siècles, une crédulité; le sentiment » de tous les hommes, une erreur populaire; les premiers » principes de la nature et de la raison, des préjugés de l'en» fance; le sang de tant de martyrs, que l'espérance de l'avenir » soutenait dans les tourmens, un jeu concerté pour tromper » les hommes; la conversion de l'univers, une entreprise » humaine; l'accomplissement des prophéties, un coup du » hasard; en un mot, s'il faut que tout ce qu'il y a de mieux » établi dans l'univers se trouve faux, afin qu'il ne soit pas » éternellement malheureux. »

Fléchier, dans son Oraison funèbre de Turenne :

« Où brillent avec plus d'éclat les effets glorieux de la » vertu militaire, conduites d'armées, sièges de places, prises » de villes, passages de rivières, attaques hardies, retraites » honorables, campemens bien ordonnés, combats soutenus, » batailles gagnées, ennemis vaincus par la force, dissipés » par l'adresse, lassés et consumés par une sage et une noble » patience ?... »

L'exemple ci-après de Racine offre deux belles *conglobations*, l'une renfermée dans les six vers qui suivent les deux premiers, et l'autre dans les huit suivans. C'est

Hippolyte rappelant à Théramène divers traits de la vie de Thésée, son père :

Tu sais combien mon âme, attentive à sa voix,
S'échauffait au récit de ses nobles exploits,
Quand tu me dépeignais ce héros intrépide
Consolant les mortels de l'absence d'Alcide;
Les monstres étouffés, et les brigands punis,
Procuste, Cercyon, et Scyrron, et Sinnis,
Et les os dispersés du géant d'Epidaure,
Et la Crète fumant du sang du Minotaure.
Mais quand tu récitais des faits moins glorieux,
Sa foi partout offerte, et reçue en cent lieux,
Hélène à ses parens dans Sparte dérobée,
Salamine témoin des pleurs de Péribée;
Tant d'autres, dont les noms lui sont même échappés,
Trop crédules esprits que sa flamme a trompés;
Ariane aux rochers contant ses injustices;
Phèdre enlevée enfin sous de meilleurs auspices :
Tu sais comme à regret écoutant ces discours,
Je te pressais souvent d'en arrêter le cours :
Heureux si j'avais pu ravir à la mémoire
Cette indigne moitié d'une si belle histoire!

La *Conglobation* emploie ordinairement l'*Adjonction* comme un moyen nécessaire; mais il est aisé de voir qu'elle n'est pas la même chose que l'*Adjonction*.

SUSPENSION

La Suspension, *telle que nous l'entendons ici, consiste à faire attendre, jusqu'à la fin d'une phrase ou d'une période, au lieu de le présenter tout de suite, un trait par lequel on veut produire une grande surprise ou une forte impression.* Quelques rhéteurs disent *Sustentation,* au lieu de *Suspension.* Mais le nom de *Sustentation* nous servira à désigner une sorte de *Suspension* qui est une *figure de pensée*, et non une *figure de style.* La *Suspension* et la *Sustentation* sont donc pour nous deux choses toutes différentes.

Massillon, dans son *Petit Carême :*

« Un prince, maître de ses passions; apprenant par lui-
» même à commander aux autres; ne voulant goûter de l'auto-
» rité que les soins et les peines que le devoir y attache; plus
» touché de ses fautes que des vaines louanges qui les lui
» déguisent en vertus; regardant comme l'unique privilège de
» son rang l'exemple qu'il est obligé de donner aux peuples;

» n'ayant point d'autre frein ni d'autre règle que ses désirs,
» et faisant pourtant à tous ses désirs un frein de la règle même ;
» voyant autour de lui tous les hommes prêts à servir ses
» passions, et ne se croyant fait lui-même que pour servir
» leurs besoins ; pouvant abuser de tout, et se refusant même
» ce qu'il est en droit de se permettre ; en un mot, entouré
» de tous les attraits du vice, et ne leur montrant jamais que
» la vertu : un prince de ce caractère est le plus grand spectacle
» que la foi puisse donner à la terre. »

La *Suspension* est aisée à reconnaître dans ce pompeux et éloquent passage : elle s'étend jusqu'aux mots, *Un prince de ce caractère*. Pour la faire disparaître, il n'y aurait qu'à commencer la phrase par où elle finit, et qu'à dire : « *Le plus grand spectacle que la foi puisse donner à la* » *terre*, c'est un prince maître de ses passions ; apprenant » par lui-même, etc. » Mais combien la phrase alors ne perdrait-elle pas de son intérêt, puisque ni la curiosité ni l'attention ne seraient plus, assurément, aussi vivement excitées ! Et combien peu l'on serait frappé de ce trait, que la *Suspension* fait ressortir avec tant d'éclat et de force: *Le plus grand spectacle que la foi puisse donner à la terre !*

Horace, dans Corneille, parle ainsi à son beau-frère Curiace, contre lequel il va avoir à combattre au nom de sa patrie :

Combattre un ennemi pour le salut de tous,
Et contre un inconnu s'exposer seul aux coups,
D'une simple vertu c'est l'effet ordinaire :
Mille déjà l'ont fait, mille le pourraient faire ;
Mourir pour le pays est un si digne sort,
Qu'on briguerait en foule une si belle mort.
Mais vouloir au public immoler ce qu'on aime,
S'attacher au combat contre un autre soi-même,
Attaquer un parti qui prend pour défenseur
Le frère d'une femme, et l'amant d'une sœur,
Et, rompant tous ces nœuds, s'armer pour la patrie,
Contre un sang qu'on voudrait racheter de sa vie :
Une telle vertu n'appartenait qu'à nous.

Ici, nous pourrions faire remarquer deux *Suspensions*, l'une qui comprend les deux premiers vers, et l'autre qui commence au septième, et finit au douzième. Mais ne nous arrêtons qu'à la dernière, qui est la plus longue et la plus importante. Qu'on la fasse disparaître, en disant : *Mais une vertu qui n'appartient qu'à nous, c'est de vouloir immoler au public ce que nous aimons ; de nous attacher à combattre contre un autre nous-mêmes*, etc. ; on verra si la période ne perdra rien de son effet sur l'esprit, les vers pussent-ils d'ailleurs ne rien perdre de leur nombre et de leur harmonie.

N'est-ce pas la *Suspension* qui fait en grande partie la beauté du début de la fable des *Animaux malades de la peste?*

> Un mal qui répand la terreur,
> Mal que le ciel en sa fureur
> Inventa pour punir les crimes de la terre,
> La peste, puisqu'il faut l'appeler par son nom,
> Capable d'enrichir en un jour l'Achéron,
> Faisait aux animaux la guerre.

Oui, sans doute, et même, au lieu d'une seule *Suspension*, l'on pourrait en distinguer deux, l'une commençant avec le premier vers et finissant avec le troisième, l'autre commençant avec le quatrième vers et finissant avec le cinquième; mais il vaut autant n'en reconnaître qu'une, et dire que, commençant au premier vers, elle cesse un moment au mot *La peste*, pour reprendre aussitôt, et continuer jusqu'à, *Faisait aux animaux la guerre*.

Au reste, on peut voir par tous ces exemples que, à la *Suspension*, se trouve ordinairement jointe quelque autre figure de style, telle que la *Conglobation*, l'*Interruption*, la *Parenthèse*, etc.

CORRECTION

La Correction *est une figure par laquelle on rétracte en quelque sorte ce qu'on vient de dire à dessein, pour y substituer quelque chose de plus fort, de plus tranchant, ou de plus convenable*. Il ne faut pas la confondre avec une autre sorte de *Correction*, figure de pensée, que nous désignerons par le nom de *Rétroaction*. Elle diffère de celle-ci, en ce qu'elle a lieu dans la même phrase ou dans la même période, ou en ce qu'en passant d'une phrase ou d'une période à une autre, elle se borne à revenir sur certaines expressions pour leur donner plus de sens ou plus d'énergie.

Boileau, satire XII :

> C'est alors que l'on sut qu'on peut pour une pomme,
> Sans blesser la justice, assassiner un homme :
> *Assassiner! Ah! non*, je parle improprement;
> Mais que, prêt à la perdre, on peut innocemment,

Surtout ne la pouvant sauver d'une autre sorte,
Massacrer le voleur qui fuit et qui l'emporte.

J.-B. Rousseau, en parlant de Frédéric le Sage, dans son Ode au roi de Pologne :

L'héritier de leur nom, l'héritier de leur gloire,
Ose applaudir, que dis-je ? *ose appuyer l'erreur*,
Et d'un vil imposteur, l'opprobre de l'histoire,
Adopter la fureur.

Cinna, rapportant à Émilie le discours qu'il a tenu aux conjurés :

Le Ciel entre nos mains a mis le sort de Rome,
Et son salut dépend de la perte d'*un homme*,
Si l'on doit le nom d'*homme* à qui n'a rien d'humain,
A ce tigre altéré de tout le sang romain.

Thésée, étonné du froid accueil qu'on lui fait dans sa cour, à son arrivée, s'exprime ainsi dans *Phèdre*, acte III, scène V :

Et lorsqu'avec transport je pense *m'approcher*
De tout ce que les dieux m'ont laissé de plus cher;
Que dis-je ? *quand mon âme, à soi-même rendue,*
Vient se rassasier d'une si chère vue,
Je n'ai pour tout accueil que des frémissemens!
Tout fuit, tout se dérobe à mes embrassemens!

Et dans un genre moins grave, La Fontaine, fable VIIe du livre VII, *La cour du Lion :*

Le prince à ses sujets étalait sa puissance :
En son *louvre* il les invita :
Quel louvre! Un vrai charnier dont l'odeur se porta
D'abord au nez des gens...

Fable XXe du livre V : *L'Ours et les deux compagnons :*

Dindenaut prisait moins ses moutons qu'eux *leur ours ;*
Leur, à leur compte, et non à celui de la bête.

B. — FIGURES DE STYLE PAR TOUR DE PHRASE

Les suivantes : *L'Interrogation*, l'*Exclamation*, l'*Apostrophe*, l'*Interruption*, la *Subjection*, le *Dialogisme*.

INTERROGATION

*L'*Interrogation *consiste à prendre le tour* interrogatif, *non pas pour marquer un doute et provoquer une réponse, mais pour indiquer, au contraire, la plus grande persuasion, et défier ceux à qui l'on parle de pouvoir nier ou même répondre.* Il ne faut donc pas la confondre avec l'*interrogation* proprement dite, avec cette *interrogation* du doute, de l'ignorance ou de la curiosité, par laquelle on cherche à s'instruire ou à s'assurer d'une chose. Celle-ci n'est point une figure, ou c'en est une si usitée et si commune qu'on ne la regarde plus que comme une expression simple et ordinaire. Mais comment distinguer l'*Interrogation* figurée, l'*Interrogation* que nous avons ici en vue? Rien de plus aisé sans doute.

Hermione apprend de Cléone, sa confidente, que Pyrrhus vient de conduire Andromaque à l'autel : comme elle presse et accumule les questions, après un premier vers qui peint son étonnement et son dépit!

Et l'ingrat, jusqu'au bout il a poussé l'outrage!
Mais as-tu bien, Cléone, observé son visage?
Goûte-t-il des plaisirs tranquilles et parfaits?
N'a-t-il point détourné ses yeux vers le palais?
Dis-moi, ne t'es-tu point présentée à sa vue?
L'ingrat a-t-il rougi lorsqu'il t'a reconnue?
Son trouble avouait-il son infidélité?
A-t-il jusqu'à la fin soutenu sa fierté?

Toutes ces questions, au fond, n'en font qu'une, comme l'observe Laharpe : elles ne sont que celle-ci répétée de toutes les manières : *Suis-je tout-à-fait oubliée?* Elles ne sont visiblement faites que pour qu'on y réponde. Cléone y répond en effet de manière à convaincre Hermione de tout son malheur :

Madame, il ne voit rien. Son salut et sa gloire
Semblent être, avec vous, sortis de sa mémoire.

Voyons, au contraire, ces vers où Clytemnestre reproche avec tant de force à Agamemnon sa cruauté envers Iphigénie :

Pourquoi feindre à nos yeux une fausse tristesse?
Pensez-vous par des pleurs prouver votre tendresse?
Où sont-ils, ces combats que vous avez rendus?
Quels flots de sang pour elle avez-vous répandus?
Quel débris parle ici de votre résistance?

Quel champ couvert de morts me condamne au silence?
Voilà par quels témoins il fallait me prouver,
Cruel! que votre amour a voulu la sauver...

Il est évident que Clytemnestre parle de la manière la plus positive, la plus absolue. Non-seulement elle n'attend point de réponse à ce qu'elle dit, mais elle ne croit même pas qu'il puisse y en avoir. C'est comme si elle disait : *Vous feignez en vain une fausse tristesse : Ne pensez pas me prouver votre tendresse par des pleurs : Montrez-nous les combats que vous avez livrés, les flots de sang que vous avez répandus pour elle : Nul débris ne parle ici de votre résistance : Nul champ couvert de morts ne me condamne à me taire...* Mais où est alors dans les expressions cette force et cette énergie que leur donne le tour *interrogatif?* C'est ce tour seul qui les fait entrer dans le cœur d'Agamemnon comme autant de traits foudroyans qui le déchirent, l'accablent, le confondent, et le mettent, s'il faut le dire, hors de réplique et d'excuse. L'*Interrogation* est donc, *figurée* dans les reproches de Clytemnestre.

Or, l'*Interrogation figurée* est, quant à la forme grammaticale, *affirmative* ou *négative : Affirmative*, comme dans l'exemple ci-dessus : *Négative*, comme dans ces deux vers d'Andromaque parlant à Hermione :
Mais une singularité frappante, c'est qu'avec la négation elle affirme, et que sans négation elle nie :

N'est-ce pas à vos yeux un spectacle assez doux,
Que la veuve d'Hector pleurant à vos genoux?

Mais une singularité frappante, c'est qu'avec la négation elle affirme, et que sans négation elle nie :

Celui qui fit vos yeux ne verra point vos crimes?...
Que peuvent contre Dieu tous les rois de la terre?...

C'est-à-dire, *Celui qui fit vos yeux* (*et qui fait que vous voyiez*) *doit bien sans contredit voir vos crimes. — Tous les rois de la terre ne peuvent certainement rien contre Dieu.* Voici un exemple plein de feu et de force, où l'*Interrogation* est tantôt *affirmative* et tantôt *négative :* c'est Hermione reprochant à Oreste l'assassinat de Pyrrhus qu'elle lui a elle-même ordonné :

Ah! fallait-il en croire une amante insensée?
Ne devais-tu pas lire au fond de ma pensée?
Et ne voyais-tu pas dans mes emportemens,
Que mon cœur démentait ma bouche à tous momens?

Quand je l'aurais voulu, fallait-il y souscrire?
N'as-tu pas dû cent fois te le faire redire?
Toi-même, avant le coup, me venir consulter,
Y revenir encore, ou plutôt m'éviter?
Que ne me laissais-tu le soin de ma vengeance?
Qui t'amène en des lieux où l'on fuit ta présence?

L'*Interrogation* est propre à exprimer l'étonnement, le dépit, l'indignation, la crainte, la douleur, tous les autres mouvemens de l'âme, et l'on s'en sert pour délibérer, pour prouver, pour décrire, pour accuser, pour blâmer, pour exciter, pour encourager, pour dissuader, enfin pour mille divers usages.

EXCLAMATION

L'Exclamation *a lieu lorsqu'on abandonne tout-à-coup le discours ordinaire pour se livrer aux élans impétueux d'un sentiment vif et subit de l'âme.* Elle diffère de l'*Interrogation,* en ce qu'elle n'exprime qu'un simple mouvement du cœur, au lieu que l'*Interrogation* tient plus à la pensée, et pourrait même, dans un sens, être regardée comme une figure d'expression.

Toutes les passions, tous les sentimens et tous les vœux de l'âme, la joie, la douleur, la pitié, la tendresse, l'admiration, l'horreur, la haine, l'ironie, la louange, l'optation, l'imprécation, etc., emploient l'*Exclamation,* et on en trouve partout des exemples.

Iphigénie à Agamemnon, son père :

Quel plaisir de vous voir et de vous contempler
Dans ce nouvel éclat dont je vous vois briller!
Quels honneurs! quel pouvoir! Déjà la renommée
Par d'étonnans récits m'en avait informée.
Mais que, voyant de près ce spectacle charmant,
Je sens croître ma joie et mon étonnement!
Dieux! avec quel amour la Grèce vous révère!
Quel bonheur de me voir la fille d'un tel père!

Boileau, dans sa sixième épître :

O fortuné séjour! ô champs aimés des cieux!
Que pour jamais foulant vos prés délicieux,
Ne puis-je ici fixer ma course vagabonde,
Et connu de vous seuls oublier tout le monde!

Il est à remarquer que l'*Exclamation* semble quelquefois se confondre avec l'*Interrogation,* comme dans ces vers par lesquels Zopire débute dans *Mahomet :*

Qui moi! baisser les yeux devant ses faux prodiges!
Moi, de ce fanatique encenser les prestiges!
L'honorer dans la Mecque, après l'avoir banni!

et comme dans ceux-ci de l'Ode de Rousseau à la Fortune :

Quoi! Rome et l'Italie en cendre
Me feront honorer Sylla!
J'admirerai dans Alexandre
Ce que j'abhorre en Attila!
J'appellerai vertu guerrière
Une vaillance meurtrière
Qui dans mon sang trempe ses mains!
Et je pourrai forcer ma bouche
A louer un héros farouche
Né pour le malheur des humains!

Ces vers de Rousseau sont même ponctués comme *interrogatifs* dans quelques éditions; mais c'est sans doute mal-à-propos : car c'est l'indignation seule ou une sorte d'horreur qui semble les avoir inspirés. Cependant je les croirais assez volontiers *interrogatifs*, si les verbes étaient au conditionnel, au lieu d'être au futur, parce qu'alors on pourrait y voir aussi-bien, et même plutôt, une combinaison de l'esprit qu'un simple élan du cœur.

APOSTROPHE

*L'*Apostrophe, *qu'accompagne assez ordinairement l'*Exclamation, *est cette diversion soudaine du discours par laquelle on se détourne d'un objet, pour s'adresser à un autre objet, naturel ou surnaturel, absent ou présent, vivant ou mort, animé ou inanimé, réel ou abstrait, ou pour s'adresser à soi-même.*

Antoine, faisant l'éloge de César aux Romains, qu'il excite à la vengeance, *Mort de César*, acte III :

Il payait le service, il pardonnait l'outrage :
Vous le savez, grands Dieux! vous dont il fut l'image;
Vous, Dieux, qui lui laissiez le monde à gouverner,
Vous savez si son cœur aimait à pardonner!

Henri IV, dans le récit qu'il fait à la reine d'Angleterre, *Henriade*, chant II :

Enfin, pour mieux cacher cet horrible mystère,
Il me donna sa sœur, il m'appela son frère.

O nom qui m'as trahi! vains sermens! nœud fatal!
Hymen, qui de nos maux fus le premier signal!
Tes flambeaux, que du Ciel alluma la colère,
Éclairaient à mes yeux le trépas de ma mère.

Roxane se fait des reproches à elle-même dans un de ses monologues, *Bajazet*, acte IV :

Mais dans quel souvenir me laissé-je égarer?
Tu pleures, malheureuse! Ah! tu devais pleurer,
Lorsque d'un vain désir à ta perte poussée,
Tu conçus de le voir la première pensée!
Tu pleures! et l'ingrat, tout prêt à te trahir,
Prépare les discours dont il veut t'éblouir.

Brutus, dans la *Mort de César*, après avoir lu cette lettre de Servilie qui lui révèle qu'il est fils de César, demande à ses yeux s'il peut les en croire.

Où suis-je? qu'ai-je vu? me trompez-vous, mes yeux?

Mais qu'est-ce qui peut donner lieu à l'*Apostrophe?* Ce n'est ni la réflexion, ni la pensée toute nue, ni une simple idée : ce n'est que le sentiment, et que le sentiment excité dans le cœur jusqu'à éclater et à se répandre au dehors, comme de lui-même. L'*Apostrophe* en général ne serait que froide et insipide, si elle ne s'annonçait comme l'expression d'une émotion vive ou profonde, comme l'élan spontané d'une âme fortement affectée. Je dis en général, car il peut arriver qu'on ne l'emploie que pour exprimer des sentimens calmes, comme quand Henri IV, dans le récit du massacre de la Saint-Barthélemi, s'adresse ainsi à Guerchy et à Lavardin :

O combien de héros indignement périrent!
Renel et Pardaillan chez les morts descendirent,
Et vous, brave Guerchy, vous, sage Lavardin,
Digne de plus de vie et d'un autre destin.

Il semblerait, d'après la définition, que l'*Apostrophe* ne peut avoir lieu que dans le cours du discours; mais il arrive cependant quelquefois qu'elle se trouve à la fin, et même, qui plus est, au commencement.

INTERRUPTION

*L'*Interruption *laisse là tout-à-coup*, par l'effet d'une *émotion trop vive, une phrase déjà commencée, pour en commencer une autre toute différente, ou pour ne reprendre* *la première qu'après l'avoir entrecoupée d'expressions qui lui sont grammaticalement étrangères.* Elle produit ordinairement une *suspension* et une *parenthèse*, et on la prendrait d'abord pour une *réticence;* mais ce qui fait qu'elle n'en est pas une, c'est qu'elle n'annonce pas l'intention de faire deviner ce qu'on ne dit pas, et que d'ailleurs le plus souvent la phrase reprend son cours, et finit par se développer tout entière.

Mérope s'est attendrie au récit des aventures d'un jeune homme, son propre fils, qu'elle ne connaît pas : Euryclès lui demande le sujet de ses larmes ; elle répond :

Te le dirai-je, hélas ! tandis qu'il m'a parlé,
Sa voix m'attendrissait ; tout mon cœur s'est troublé.
Cresphonte... ô ciel ! j'ai cru... que j'en rougis de honte !
Oui, j'ai cru démêler quelques traits de Cresphonte...
Jeux cruels du hasard, en qui me montrez-vous
Une si fausse image et des rapports si doux ?

Et dans la même pièce, Isménie racontant à Narbas tout ce qui s'est passé dans le temple où Égyste a immolé l'infâme Poliphonte :

Déjà la garde accourt avec des cris de rage.
Sa mère... Ah ! que l'amour inspire de courage !
Quel transport animait ses efforts et ses pas !
Sa mère... Elle s'élance au milieu des soldats.
« C'est mon fils, arrêtez, cessez, troupe inhumaine !
» C'est mon fils, déchirez sa mère et votre reine,
» Ce sein qui l'a nourri, ces flancs qui l'ont porté. »

Nérestan, parlant à Châtillon, dans *Zaïre :*

Renvoyé dans Paris sur ma seule parole,
Seigneur, je me flattais... Espérance frivole !
De ramener Zaïre à cette heureuse cour
Où Louis des vertus a fixé le séjour...

Et plus bas :

Noradin m'éleva près de cette Zaïre
Qui depuis... Pardonnez si mon cœur en soupire !
Qui depuis, égarée en ce funeste lieu,
Pour un maître barbare abandonna son Dieu.

Athalie, sentant son inimitié et son courroux s'évanouir devant le jeune et intéressant Joas :

Quel prodige nouveau me trouble et m'embarrasse !
La douceur de sa voix, son enfance, sa grâce,
Font insensiblement à mon inimitié,
Succéder... Je serais sensible à la pitié !

Hermione, dans *Andromaque*, parlant de Pyrrhus à Cléone :

Pyrrhus revient à nous. Hé bien! chère Cléone,
Conçois-tu les transports de l'heureuse Hermione?
Sais-tu quel est Pyrrhus? t'es-tu fait raconter
Le nombre des exploits?... Mais qui peut les compter?

SUBJECTION

La Subjection *subordonne et soumet en quelque sorte, à une proposition, le plus souvent interrogative, une autre propostion le plus souvent positive, qui lui sert de réponse, d'explication, ou de conséquence.*

Boileau, *Art poétique :*

Voulez-vous du public mériter les amours?
Sans cesse en écrivant variez vos discours...
Craignez-vous pour vos vers la censure publique?
Soyez-vous à vous-même un sévère critique :

au lieu de, *Si vous voulez mériter les amours du public, sans cesse en écrivant variez vos discours : Si vous craignez pour vos vers la censure publique, soyez-vous à vous-même*, etc. Mais combien le tour de la *Subjection* n'est-il pas préférable! Il rend plus importante et fait mieux observer une proposition qui mérite toute l'attention de l'esprit, qui doit même lui être présentée comme objet principal, et qui, suivant le tour ordinaire, ne serait qu'une proposition à-peu-près secondaire et accidentelle.

Dites : « On est si peu héros pour avoir mis aux chaînes » un peuple ou deux, que Tibère eut cet honneur : On » l'est si peu en signalant ses haines par la vengeance, » qu'Octave eut ce bonheur : On l'est si peu en régnant » par la peur, que Séjan fit trembler jusqu'à son maître; » il n'y aura rien de moins saillant, ni de plus commun. Mais employez avec J.-B. Rousseau le tour *subjectif*, et vous verrez comme ce tour, en donnant de la noblesse au style, fera ressortir toutes les idées !

Est-on héros pour avoir mis aux chaînes
Un peuple ou deux? Tibère eut cet honneur.
Est-on héros en signalant ses haines
Par la vengeance? Octave eut ce bonheur.
Est-on héros en régnant par la peur?
Séjan fit tout trembler jusqu'à son maître...

Voici un exemple de *Subjection* où les deux propositions sont interrogatives : nous le citons d'après Beauzée, qui l'a emprunté de Massillon :

« Quelle est, selon l'Écriture, la voie qui conduit à la mort ?
» N'est-ce pas celle où marche le plus grand nombre ? Quel
» est le parti des réprouvés ? N'est-ce pas celui de la multitude. »

En voici un autre où tout est positif : il est encore de Massillon. L'orateur représente l'ambitieux comme victime de la passion qui le domine :

« L'ambitieux ne jouit de rien : ni de sa gloire, il la trouve
« obscure ; ni de ses places, il veut monter plus haut ; ni de sa
« prospérité, il sèche et dépérit au milieu de son abondance ;
» ni des honneurs qu'on lui rend, ils sont empoisonnés par ceux
» qu'il est obligé de rendre lui-même ; ni de sa faveur, elle
» devient amère dès qu'il faut la partager avec ses concurrens ;
» ni de son repos, il est malheureux à mesure qu'il est obligé
» d'être plus tranquille. »

La première proposition est quelquefois exclamative, comme dans cet exemple de La Fontaine : Fable XXIIe du VIIIe livre, *Le Chat et le Rat :*

Moi ton libérateur ! Je ne suis pas si sot.

DIALOGISME

Le Dialogisme *consiste à rapporter directement, et tels qu'ils sont censés sortis de la bouche, des discours que l'on prête à ses personnages, ou que l'on se prête à soi-même dans telle ou telle circonstance.* Ici, les exemples se présentent en foule ; mais nous n'en choisirons que peu, et que de très-courts.

Tantôt on fait parler plusieurs personnages entre eux, comme quand Boileau, dans sa satire VIII, met en scène l'homme et l'Avarice, et, dans son épître Ire, Pyrrhus et Cynéas ; comme quand La Fontaine y met le Chien et le Loup, les deux Grenouilles, et tant d'autres personnages de cette espèce. Un avare ne trouve plus que le nid d'un trésor qu'il avait enfoui dans sa terre :

Voilà mon homme aux pleurs : il gémit, il soupire,
Il se tourmente, il se déchire.
Un passant lui demande à quel sujet ses cris. —
C'est mon trésor que l'on m'a pris. —

Votre trésor! où pris? — Tout joignant cette pierre. —
Eh! sommes-nous en temps de guerre
Pour l'apporter si loin? N'eussiez-vous pas mieux fait
De le laisser chez vous en votre cabinet,
Que de le changer de demeure?
Vous auriez pu sans peine y puiser à toute heure. —
A toute heure! bons Dieux! ne tient-il qu'à cela?
L'argent vient-il comme il s'en va?
Je n'y touchais jamais. — Dites-moi donc, de grâce,
Reprit l'autre, pourquoi vous vous affligez tant :
Puisque vous ne touchiez jamais à cet argent,
Mettez une pierre à la place,
Elle vous vaudra tout autant.

Tantôt on ne fait parler qu'un seul personnage, comme dans ce morceau de la belle imitation par Racine le fils, du Cantique d'Isaïe sur la mort du tyran de Babylone :

Comment es-tu tombé des cieux,
Astre brillant, fils de l'Aurore?
Puissant roi, prince audacieux,
La terre aujourd'hui te dévore.
Dans ton cœur tu disais : « A Dieu même pareil,
» J'établirai mon trône au-dessus du soleil,
» Et près de l'Aquilon sur la montagne sainte,
» J'irai m'asseoir sans crainte :
» A mes pieds trembleront les humains éperdus. »
Tu le disais, et tu n'es plus.

Quelquefois celui qui parle, feint d'être interrogé au milieu de son discours, et répond aux questions qu'il suppose qu'on lui fait : La Fontaine, fable XIIe du XIIe livre :

L'oiseau, par le chasseur humblement présenté,
Si ce conte n'est apocryphe,
Va tout droit imprimer sa griffe
Sur le nez de sa majesté. —
Quoi! sur le nez du roi? — Du roi même en personne. —
Il n'avait donc alors ni sceptre ni couronne? —
Quand il en aurait eu, ç'aurait été tout un :
Le nez royal fut pris comme un nez du commun.

Ézéchias se fait lui-même interlocuteur dans le célèbre cantique que lui prête J.-B. Rousseau :

Ainsi de maux et d'alarmes
Mon mal semblait se nourrir,
Et mes yeux noyés de larmes
Étaient lassés de s'ouvrir.
Je disais à la nuit sombre :

« O nuit, tu vas dans ton ombre
» M'ensevelir pour toujours! »
Je redisais à l'Aurore :
« Le jour que tu fais éclore
» Est le dernier de mes jours. »

C. — FIGURES DE STYLE PAR RAPPROCHEMENT

On peut en distinguer jusqu'à sept : la *Comparaison*, l'*Antithèse*, la *Réversion*, l'*Enthymémisme*, la *Parenthèse*, et l'*Epiphonème*.

COMPARAISON

La Comparaison *consiste à rapprocher un objet d'un objet étranger, ou de lui-même, pour en éclaircir, en renforcer, ou en relever l'idée par les rapports de convenance ou de disconvenance : ou, si l'on veut, de ressemblance ou de différence.* Si les rapports sont de convenance, la *Comparaison* s'appelle *Similitude*; elle s'appelle *Dissimilitude*, s'ils sont de disconvenance. Mais, comme c'est bien plus souvent pour la convenance que pour la disconvenance que l'on *compare*, il en est résulté que le nom de *Comparaison* a été presque toujours confondu avec celui de *Similitude*. Nous ferons bien plus ici : nous comprendrons la *Dissimilitude* même sous le nom de *Comparaison*, que nous prendrons, par conséquent, dans sa plus grande généralité.

La *Comparaison* se fait, tantôt des hommes aux animaux, ou des animaux aux hommes, tantôt d'un objet moral à un objet physique, ou à un autre objet moral, tantôt d'un objet physique à un objet moral, ou à un autre objet physique, tantôt des objets de la nature aux objets de l'art, ou des objets de l'art aux objets de la nature, tantôt des grands aux petits, ou des petits aux grands. Or, suivant la nature de l'objet dont elle est tirée, on la dit *morale*, *animale*, *physique*, *historique*, *mythologique*, etc.

Comparaison *morale :* Boileau, *Art poétique :*

Telle qu'une bergère aux plus beaux jours de fête,
De superbes rubis ne charge point sa tête,
Et sans mêler à l'or l'éclat des diamans,
Cueille en un champ voisin ses plus beaux ornemens;

Telle, aimable en son air, mais humble dans son style,
Doit éclater sans pompe une élégante idylle.

Comparaison *animale : Henriade*, chant VI :

Tel qu'échappé du sein d'un riant pâturage,
Au bruit de la trompette animant son courage,
Dans les champs de la Thrace un coursier orgueilleux,
Indocile, inquiet, plein d'un feu belliqueux,
Levant les crins mouvans de sa tête superbe,
Impatient du frein, vole et bondit sur l'herbe;
Tel paraissait Egmont : une noble fureur
Éclate dans ses yeux et brûle dans son cœur.

Comparaison *physique : Henriade*, chant VI :

Les assiégeans surpris sont partout renversés,
Cent fois victorieux et cent fois terrassés;
Pareils à l'océan poussé par les orages,
Qui couvre à chaque instant et qui fuit ses rivages.

Comparaison *historique : Henriade*, chant Ier :

Le héros, qu'assiégeait une mer en furie,
Ne songe en ces dangers qu'aux maux de sa patrie;
Tourne ses yeux vers elle, et, dans ses grands desseins,
Semble accuser les vents d'arrêter ses destins.
Tel, et moins généreux, aux rivages d'Épire,
Lorsque de l'univers il disputait l'empire,
Confiant sur les flots aux aquilons mutins
Le destin de la terre et celui des Romains,
Défiant à-la-fois et Pompée et Neptune,
César à la tempête opposait sa fortune.

Les *Comparaisons* pompeuses et d'appareil, comme celles que nous venons de voir, sont *poétiques* ou *oratoires*. Mais il y en a de plus simples, qu'on n'emploie que par manière d'éclaircissement ou de preuve, ou que pour rendre plus sensible une idée abstraite : on pourrait les appeler *Comparaisons philosophiques*. La poésie elle-même en offre de ce genre. Elise, dans *Esther*, dit aux jeunes Israélites :

Puissent jusques au ciel vos soupirs innocens
Monter comme l'odeur d'un agréable encens!

Dans un des chœurs de la même pièce, on dit à Dieu, en l'invoquant contre les méchans :

Qu'ils soient comme la poudre et la paille légère
Que le vent chasse devant lui.

Le jeune Joas, dans *Athalie* :

Le bonheur des méchans comme un torrent s'écoule.

La *Comparaison* peut contribuer infiniment à la beauté du discours, et en être un des ornemens les plus magnifiques. Mais, en supposant que le sujet l'admette et qu'elle convienne au sujet, voici les conditions qu'elle doit réunir. Il faut, 1° qu'elle soit juste et vraie, non dans tous les rapports quelconques, mais dans ceux qui lui servent de fondement; 2° que l'objet dont elle est tirée soit plus connu que celui qu'on veut faire mieux connaître; 3° qu'elle présente à l'imagination quelque chose de neuf, d'éclatant, d'intéressant; rien, par conséquent, de bas, d'abject, ou même d'usé et de trivial. Ce qui est surtout à désirer, c'est que les rapports en soient imprévus et frappans, en même temps que sensibles et aisés à apercevoir.

ANTITHÈSE

*L'*Antithèse *oppose deux objets l'un à l'autre, en les considérant sous un rapport commun, ou un objet à lui-même, en le considérant sous deux rapports contraires.*

1° Deux objets l'un à l'autre :

Le riche et l'indigent, l'imprudent et le sage,
Sujets à même loi, subissent même sort.

2° Un objet à lui-même :

Vicieux, pénitent, courtisan, solitaire,
Il prit, quitta, reprit la cuirasse et la haire.

L'effet du contraste des couleurs en peinture et des tons en musique, peut faire juger de l'effet de l'*Antithèse* dans le discours. C'est une des figures les plus brillantes; mais c'est précisément à cause de son éclat qu'elle demande à n'être employée qu'avec beaucoup de réserve dans les sujets sérieux. Elle n'est déplacée nulle part, lorsqu'elle se présente naturellement, qu'elle naît du fond de la chose même, et qu'elle est fondée en raison et en vérité; lorsque, d'ailleurs, elle n'est pas trop soutenue, trop artistement arrangée, et qu'elle n'offre rien qui sente la prétention, la recherche. Passons aux exemples.

Tout le monde sait ce que Boileau dit de l'homme, dans sa satire VIII :

Tout lui plaît et déplaît, tout le choque et l'oblige.
Sans raison il est gai, sans raison il s'afflige.
Son esprit, au hasard, aime, évite, poursuit,
Défait, refait, augmente, ôte, élève, détruit.

Qui ne connaît pas le fameux sonnet de l'Avorton :

Toi, qui meurs avant que de naître,
Assemblage confus de l'être et du néant,
Triste avorton, informe enfant,
Rebut du néant et de l'être...

Voltaire, dans *la Henriade*, dit de l'Envie :

Triste amante des morts, elle hait les vivans :

et de l'Hypocrisie :

Le ciel est dans ses yeux, l'enfer est dans son cœur.

Quel bel exemple d'*Antithèse* en dialogue, Racine ne nous offre-t-il pas dans le chœur qui termine le troisième acte d'*Athalie !*

TOUT LE CHŒUR.

O promesse! ô menace! ô ténébreux mystère!
Que de maux, que de biens sont prédits tour à tour!
Comment peut-on avec tant de colère
Accorder tant d'amour?

UNE VOIX SEULE.

Sion ne sera plus : une flamme cruelle
Détruira tous ses ornemens.

UNE AUTRE VOIX SEULE.

Dieu protège Sion : elle a pour fondemens
Sa parole éternelle.

LA PREMIERE.

Je vois tout son éclat disparaître à mes yeux.

LA SECONDE.

Je vois de toutes parts sa clarté répandue.

LA PREMIERE.

Dans un gouffre profond Sion est descendue.

LA SECONDE.

Sion a son front dans les cieux.

LA PREMIERE.

Quel triste abaissement!

LA SECONDE.

Quelle immortelle gloire!

LA PREMIERE.

Que de cris de douleurs!

LA SECONDE.

Que de chants de victoire!

Plusieurs écrivains ont singulièrement abusé de l'*Antithèse*. Tels sont, parmi les Anciens, Sénèque, Pline le jeune, quelques Pères de l'Église, et particulièrement saint Augustin. Quelques modernes, tels que Fléchier parmi nous, ne sont pas à l'abri de tout reproche à cet égard. Mais quoi! Racine lui-même, Racine, que Laharpe regarde comme l'auteur le plus sobre d'*Antithèses*, pourrait bien se trouver quelquefois répréhensible. Quoi de plus froid, par exemple, que ce vers du rôle d'Hippolyte dans la scène où il veut engager Aricie à le suivre!

Quand je suis tout de feu, d'où vous vient cette glace?

Au reste, il ne faut pas prendre pour *Antithèse* toute façon quelconque d'exprimer une opposition d'idées : ce serait singulièrement se tromper. L'*Antithèse* exige, dit Laharpe, que les tournures se correspondent en opposant les idées, comme dans ces vers de *la Henriade :*

Esclaves de la ligue, ou *compagnons* d'un roi,
Allez *gémir* sous elle, ou *triompher* sous moi.

Par conséquent, point de véritable *Antithèse* dans ce vers du même poëme :

Et par timidité me déclara la guerre.

En effet, ce qui est véritablement opposé à la *guerre*, ce n'est point la *timidité*, mais la *paix*.

RÉVERSION

La Réversion *fait revenir sur eux-mêmes, avec un sens différent, et souvent contraire, tous les mots, au moins les plus essentiels, d'une proposition.* On peut la regarder comme une espèce particulière d'*Antithèse*. Il suffira d'en donner des exemples.

On connaît le mot d'Agésilas : « Ce ne sont pas les » places qui honorent les hommes, mais les hommes qui » honorent les places. » Et à qui la raison ne dit-elle pas : « Il ne faut pas vivre pour manger, mais il faut manger » pour vivre? »

Bourdaloue :

« Nous ne devons pas juger des règles et des devoirs par » les mœurs et par les usages; mais nous devons juger des » usages et des mœurs par les devoirs et par les règles. Donc,

» c'est la loi de Dieu qui doit être la règle constante des temps,
» et non la variété des temps qui doit devenir la règle et la
» loi de Dieu. »

C'est la même figure dans la fameuse épigramme d'Ausonne, ainsi traduite en français :

Pauvre Didon, où t'a réduite
De tes maris le triste sort ?
L'un en mourant cause ta fuite;
L'autre en fuyant cause ta mort.

C'est la même dans ces vers de Corneille sur Richelieu :

Qu'on dise mal ou bien du fameux cardinal,
Ma prose ni mes vers n'en diront jamais rien :
Il m'a trop fait de bien pour en dire du mal;
Il m'a trop fait de mal pour en dire du bien.

On la reconnaît dans ces vers de la prière que saint Louis adresse à Dieu, *Henriade*, chant X :

Des ligueurs obstinés confonds les vains projets :
Rends les sujets au prince, et le prince aux sujets

On ne la reconnaît pas moins dans ces vers de Boileau, satire VIII :

Mais, sans examiner si vers les antres sourds,
L'ours a peur du passant, ou le passant de l'ours...

Et quand J.-B. Rousseau dit dans son Ode à la paix :

C'est le courroux des rois qui fait armer la terre;
C'est le courroux des dieux qui fait armer les rois,

n'est-ce pas encore la même figure ? Ne l'est-ce pas aussi, quand il dit dans son Ode sur la naissance du duc de Bourgogne :

Les rois sont les maîtres du monde,
Les dieux sont les maîtres des rois ?

Delille, traduction de l'*Essai de Pope sur l'homme :*

Le sage est souvent fou, le fou souvent est sage...
La bête vit pour l'homme, et l'homme pour la bête...

ENTHYMÉMISME

*L'*Enthyménisme, *nouveau quant au nom, mais non sans doute quant à la chose, consiste dans un rapprochement* *vif et rapide de deux propositions ou de deux termes, d'où résulte dans l'esprit une conséquence vive et frappante qui le saisit et l'entraîne d'une manière victorieuse.*

Ovide fait dire à Médée : « J'ai pu le sauver, et tu » demandes si je pourrai le perdre ? » (1) N'est-ce pas comme si elle eût dit : « Il est bien plus difficile de sauver » que de perdre. Or, j'ai pu le sauver : donc à plus forte » raison je pourrai le perdre. » Mais quelle différence pour la force et pour l'énergie !

Le berger Corydon, combattant les préventions d'Alexis, lui dit dans Virgile, églogue II, « Ah ! qui fuis-» tu, insensé ? Les dieux aussi, et le Troyen Pâris ont » habité ces forêts : » (2) Et c'est comme s'il lui disait : « Insensé, qui fuis-tu ? Crains-tu d'habiter avec moi les » forêts ? Mais les dieux, mais Pâris les ont habitées : » pourquoi ne pas faire ce qu'ont fait les dieux et Pâris ? »

Nous avons déjà cité pour l'Ellipse ce vers si fameux, dont le second n'est que la conclusion *a fortiori* du premier :

Je t'aimais inconstant : qu'aurais-je fait fidèle ?

L'exemple qui suit renferme trois argumens du même genre, réduits à la forme la plus concise et la plus énergique : c'est une strophe d'une ode de J.-B. Rousseau :

Quel charme vous séduit ? quel démon vous conseille,
Hommes imbéciles et fous ?
Celui qui forma votre oreille
Sera sans oreilles pour vous ?
Celui qui fit vos yeux ne verra point vos crimes ?
Et celui qui punit les rois les plus sublimes,
Pour vous seuls retiendra ses coups ?

Premier argument : *Celui qui forma votre oreille sera sans oreilles pour vous ?* Second : *Celui qui fit vos yeux ne verra point vos crimes ?* Troisième : les deux derniers vers de la strophe. Il serait aisé de les développer ; mais, en les développant, comme on les affaiblirait, leur donnât-on la forme la plus oratoire !

On lit dans du Belloy, *Siège de Calais*, acte V :

Vous fûtes malheureux, et vous êtes cruel !

Or, de quel sens n'est pas ce vers, surtout pour ceux qui

(1) *Servare potui : perdere an possim rogas ?*

(2) *Quem fugis, ah ! demens ! habitârunt di quoque sylvas Dardaniusque Paris.*

sentent toute la vérité de celui que Virgile met dans la bouche de Didon, *Enéide*, livre Ier :

Malheureuse, j'appris à plaindre le malheur (1).

Esther peut-elle résister à la force de ces deux vers, que lui adresse Mardochée, dans Racine :

Quoi ! lorsque vous voyez périr votre patrie,
Pour quelque chose encor vous comptez votre vie ?

Et qu'a-t-elle à répondre, quand il ajoute :

Dieu parle, et d'un mortel vous craignez le courroux ?

Que répondre à Boileau, quand, pour justifier son goût pour la satire, il dit :

On sera ridicule, et je ne pourrai rire ?

PARENTHÈSE

La Parenthèse *est l'insertion d'un sens complet et isolé, au milieu d'un autre dont il interrompt la suite, avec ou sans rapport au sujet.* Il y aurait donc deux espèces de *Parenthèses*. La première, c'est-à-dire, celle qui se rapporte au sujet, se désignait autrefois, mais assez inutilement, ce me semble, par le nom particulier de *Parembole.* Nous nous en tiendrons ici au nom générique, nom si connu et si familier qu'on peut le dire en quelque sorte vulgaire.

Quoi de plus commun dans la conversation, que cette interruption à l'occasion de ce qu'on dit ou de ce qu'on entend : *Soit dit par parenthèse; je vous dirai par parenthèse que,* etc. ? Comment donc la *Parenthèse* n'aurait-elle pas lieu quelquefois dans le discours soutenu, et même dans les morceaux les plus relevés d'éloquence et de poésie ? Or, elle est suggérée par la réflexion ou par le sentiment.

Parenthèse de réflexion. — Athalie, en commençant le récit de ce songe affreux sur lequel elle veut consulter Abner et Mathan, s'excuse d'une frayeur qui lui paraît peu digne d'une âme forte :

Un songe (me devrais-je inquiéter d'un songe ?)
Entretient dans mon cœur un chagrin qui le ronge.
Je l'évite partout, partout il me poursuit.

(1) *Non ignara mali, miseris succurrere disco.*

La Fontaine, dans sa belle fable des *deux Pigeons :*

Mais un fripon d'enfant (cet âge est sans pitié)
Prit la fronde, et du coup tua plus d'à moitié
La volatille malheureuse.

Et dans celle où il met en scène le Savetier et le Financier :

Eh bien! que gagnez-vous, dites-moi, par journée? —
Tantôt plus, tantôt moins. Le mal est que toujours,
(Et sans cela nos gains seraient assez honnêtes)
Le mal est que dans l'an s'entremêlent des jours
Qu'il faut chômer : on nous ruine en fêtes.

PARENTHÈSE DE SENTIMENT. — Virgile dans sa belle peinture de la peste des animaux, représente le cheval se déchirant lui-même dans les accès furieux de sa douleur, et c'est pour lui l'occasion d'un beau mouvement contre ces guerres funestes où *Rome de ses mains déchirait ses entrailles*. Delille a conservé la figure dans sa traduction :

Mais ses forces bientôt se changeant en fureur,
(O ciel! loin des Romains ces transports pleins d'horreur!)
L'animal frénétique, à son heure dernière,
Tournait contre lui-même une dent meurtrière.

L'auteur de *la Henriade* va raconter un de ces actes de fureur et de désespoir dont l'idée seule révolte la nature et l'humanité. C'est une mère qui immole son fils pour assouvir sa faim. Il est lui-même saisi d'effroi, et n'ose commencer son récit. Dès le premier mot, il s'arrête, et se demande s'il révélera à l'avenir une telle horreur :

Une femme (grand Dieu! faut-il à la mémoire
Conserver le récit de cette horrible histoire?)
Une femme avait vu par ces cœurs inhumains
Un reste d'alimens arraché de ses mains...

C'est assez de tous ces exemples pour faire connaître la *Parenthèse*, et pour prouver qu'elle peut entrer heureusement dans le style le plus sublime, comme dans le plus familier. Mais par cela même qu'elle interrompt le discours, et qu'elle détourne pour un moment l'attention de son objet principal, elle tend nécessairement à produire l'embarras, l'obscurité, la confusion. On ne doit donc l'employer qu'avec sobriété, et que dans les cas où elle est à-peu-près nécessaire. Encore faut-il qu'elle soit courte, vive, rapide, et que, comme l'a dit je ne sais plus quel auteur, elle passe en quelque sorte aussi vite que l'ombre d'un oiseau qui fuit dans l'espace entre le soleil et nos yeux.

ÉPIPHONÈME

L'Épiphonème, suivant presque toutes les rhétoriques, *est une espèce d'exclamation ou une réflexion courte et vive, à la suite d'un récit, ou sur le sujet dont on vient de parler*. Mais il me semble que c'est beaucoup trop restreindre l'acception de ce mot, surtout dès qu'on n'a point imaginé de nom particulier pour désigner d'autres figures aussi réelles que celle-là, et qui n'en diffèrent que par la place qu'elles occupent dans le discours. *L'*Épiphonème *est*, suivant moi, *une réflexion vive et courte, ou un trait d'esprit, d'imagination, ou de sentiment, à l'occasion d'un récit ou d'un détail quelconque, mais qui s'en détache absolument par sa généralité ou par son objet particulier, et le précède, l'accompagne, ou le suit, en se plaçant avant ou après une phrase, ou entre deux phrases; en sorte qu'il est, suivant sa position*, initiatif, terminatif *ou* interjectif.

En considérant l'*Épiphonème* du côté du sens, on pourrait le prendre pour une sorte de *Parenthèse*, puisqu'il forme à lui seul un sens total, distingué de tout autre sens. Mais ce qui le distingue de la *Parenthèse* proprement dite, c'est qu'il fait lui-même une proposition, une phrase, ou même une période détachée et indépendante, au lieu de n'exister que dans une autre proposition, que dans une autre phrase ou période; c'est surtout ce tour vif et saillant, ou cet air de sentence, qui est bien quelquefois, mais non pas toujours ni nécessairement, celui de la *Parenthèse*.

I. ÉPIPHONÈME INITIATIF. — Le Fanatisme, dans *la Henriade*, chant V, vient de se montrer à Jacques Clément, sous les traits de Guise, de lui faire envisager l'assassinat de Valois comme ordonné par Dieu même, et de lui remettre entre les mains le fer parricide. Le jeune solitaire, trop aisément trompé, se croit dépositaire des intérêts du Ciel, baise avec respect le présent funeste, implore à genoux les bras du Très-Haut, et et s'apprête au crime d'un air sanctifié. Mais ce qui étonne le plus le poëte, c'est que ce malheureux goûte alors un paisible bonheur, c'est qu'il soit animé de *cette confiance qui affermit l'innocence dans le cœur des saints.* Il ne pense même pas qu'on puisse concevoir ce calme horrible. Aussi, avant d'en parler, prélude-t-il par cette réflexion exclamative, qui prépare à tout croire :

Combien le cœur de l'homme est soumis à l'erreur!

C'est ce vers qui est l'*Épiphonème.* Voici comment il se trouve encadré, en commençant lui-même un alinéa :

Trop aisément trompé, le jeune solitaire
Des intérêts des cieux se crut dépositaire.
Il baise avec respect ce funeste présent;
Il implore à genoux le bras du Tout-Puissant;
Et, plein du monstre affreux dont la fureur le guide,
D'un air sanctifié s'apprête au parricide.
Combien le cœur de l'homme est soumis à l'erreur!
Clément goûtait alors un paisible bonheur :
Il était animé de cette confiance
Qui dans le cœur des saints affermit l'innocence (1);
Sa tranquille fureur marche les yeux baissés;
Ses sacrilèges vœux au ciel sont adressés;
Son front de la vertu porte l'empreinte austère,
Et son fer parricide est caché sous sa haire.

II. ÉPIPHONÈME INTERJECTIF. — Voltaire, au commencement de *la Henriade*, oppose Valois à lui-même, et comme prince royal, et comme roi, et il veut montrer que le roi était bien au-dessous du prince. Tout en établissant le contraste et en marquant la différence, il laisse échapper ce vers si connu :

Tel brille au second rang qui s'éclipse au premier :

et voici comment il l'encadre dans son tableau :

Ce n'était plus ce prince environné de gloire,
Aux combats, dès l'enfance, instruit par la victoire,
Dont l'Europe, en tremblant, regardait les progrès,
Et qui de sa patrie emporta les regrets,
Quand du Nord étonné de ses vertus suprêmes,
Les peuples à ses pieds mettaient les diadèmes.
Tel brille au second rang qui s'éclipse au premier.
Il devint lâche roi d'intrépide guerrier;
Endormi sur le trône au sein de la mollesse,
Le poids de sa couronne accablait sa faiblesse.

(1) Ne faudrait-il pas plutôt, *Que dans le cœur des saints affermit l'innocence?* Voir *le Commentaire classique de la Henriade.*

On reconnaîtra, ce me semble, un *Épiphonème interjectif* dans ce trait plaisamment sérieux et vraiment admirable, par lequel La Fontaine, interrompant sa fable des deux coqs, met en contraste les plus grands objets et les plus grands intérêts avec les plus petits :

Deux coqs vivaient en paix : une poule survint,
Et voilà la guerre allumée.
Amour, tu perdis Troie, et c'est de toi que vint
Cette querelle envenimée,
Où du sang des dieux même on vit le Xanthe teint.
Long-temps entre nos coqs la guerre se maintint.

C'est cet *Épiphonème* charmant que Delille se plaît à rappeler dans son tableau de la ferme, poëme des Jardins. Là, dit le poëte, en s'adressant à l'immortel fabuliste,

Là, de tes deux pigeons tu verrais le tableau,
Et deux coqs amoureux, à la discorde en proie,
Te feraient dire encore : *Amour, tu perdis Troie.*

III. ÉPIPHONÈME TERMINATIF. — La Fontaine, que nous venons de citer, va nous en fournir les premiers exemples. La moralité de plusieurs de ses fables est en *Épiphonème* de cette espèce.

Fable du *Bouc et du Renard* descendus imprudemment dans un puits, d'où le Renard se tire à l'aide du Bouc, et où il abandonne son malheureux compagnon :

En toute chose il faut considérer la fin.

Fable des *Animaux malades de la peste*, où le pauvre Ane expie si cruellement le *forfait d'avoir tondu du pré d'un moine la largeur de sa langue.*

Selon que vous serez puissant ou misérable,
Les jugemens de cour vous rendront blanc ou noir.

Mais passons à des exemples d'un genre plus grave. L'humanité et la morale n'ont-elles pas inspiré l'*Épiphonème* qui termine cette partie du récit de Henri IV à Élisabeth, *Henriade*, chant II :

Après dix ans entiers de succès et de pertes,
Médicis, qui voyait nos campagnes couvertes
D'un parti renaissant qu'elle avait cru détruit,
Lasse enfin de combattre et de vaincre sans fruit,
Voulut, sans plus tenter des efforts inutiles,
Terminer d'un seul coup les discordes civiles.

La Cour de ses faveurs nous offrit les attraits,
Et, n'ayant pu nous vaincre, on nous donna la paix :
Quelle paix, juste Dieu! Dieu vengeur que j'atteste!
Que de sang arrosa son olive funeste!
Ciel ! faut-il voir ainsi les maîtres des humains
Du crime à leurs sujets aplanir les chemins !

Qui ne connaît pas les trois derniers vers si touchans du morceau relatif à l'amitié de Henri IV pour Biron, chant VIII?

Il l'aimait, non en roi, non en maître sévère
Qui souffre qu'on aspire à l'honneur de lui plaire,
Et de qui le cœur dur et l'inflexible orgueil
Croit le sang d'un sujet trop payé d'un coup-d'œil :
Henri de l'amitié sentit les nobles flammes :
Amitié, don du ciel, plaisir des grandes âmes,
Amitié, que les rois, ces illustres ingrats,
Sont assez malheureux pour ne connaître pas!

Voilà sans doute assez d'exemples sur chaque espèce d'*Épiphonème.* On a dû remarquer dans les uns le pur langage de l'esprit, dans les autres, un ton plus animé et les accens du cœur. Il faut en conclure que les *Épiphonèmes* peuvent, comme les *Parenthèses*, se rapporter à la réflexion ou au sentiment. Cette distinction est aisée à faire dans tous les cas; mais ce qui est quelquefois assez difficile, c'est de juger si tel ou tel trait, telle ou telle pensée est *Épiphonème*, ou ne l'est pas. Les *Épiphonèmes* sont souvent des *sentences* ou des *maximes:* mais qu'il s'en faut que toutes les *sentences* et toutes les *maximes* soient des *Épiphonèmes!* Elles ne le sont qu'autant qu'elles ne tiennent pas nécessairement et comme indivisiblement au sujet, quoique d'ailleurs elles y soient relatives, et s'y rattachent par quelques points.

Ainsi, il y a *sentence* sans *Épiphonème* dans ce vers de *la Henriade*, qui termine si bien la touchante Apostrophe du poëte aux magistrats envoyés à la potence par les Seize :

Vous n'êtes point flétris par ce honteux trépas;
Mânes trop généreux, vous n'en rougissez pas.
Vos noms toujours fameux vivront dans la mémoire,
Et qui meurt pour son roi, meurt toujours avec gloire.

Et pourquoi cette *sentence* n'est-elle point un *Épiphonème?* Parce qu'elle vient là comme preuve, et comme la preuve la plus forte de ce qui a été mis en avant dans les vers qui précèdent. C'est comme s'il y avait : « Ce

» honteux trépas ne vous flétrit point, et vous n'avez
» point à en rougir, mânes trop généreux : bien au
» contraire, vos noms toujours fameux vivront à jamais
» dans la mémoire des hommes, *parce que* qui meurt
» pour son roi, meurt toujours avec gloire. »

D. — FIGURES DE STYLE PAR IMITATION

Elles se réduisent à deux : l'*Hypotypose* et l'*Harmonisme.*

HYPOTYPOSE

*L'*Hypotypose *peint les choses d'une manière si vive et si énergique, qu'elle les met en quelque sorte sous les yeux, et fait d'un récit ou d'une description, une image, un tableau, ou même une scène vivante.*

Quelquefois elle ne consiste qu'en un seul trait; comme quand Boileau, dans le *Passage du Rhin,* dit de Grammont :

Son coursier écumant sous son maître intrépide,
Nage, tout orgueilleux de la main qui le guide.

Et comme quand il fait dire à la Mollesse, en parlant de ce temps si heureux pour elle, et si cher à son souvenir, *où les rois s'honoraient du nom de fainéans :*

Quatre bœufs attelés, d'un pas tranquille et lent
Promenaient dans Paris le monarque indolent.

Quelquefois ce sont plusieurs traits, mais réunis dans un cadre étroit, et à-peu-près dans une seule phrase, comme quand le même poëte peint la Mollesse tombant de lassitude, après un discours pour lequel elle avait fait un si grand effort sur elle-même :

... La Mollesse oppressée
Dans sa bouche, à ces mots, sent sa langue glacée,
Et lasse de parler, succombant sous l'effort.
Soupire, étend les bras, ferme l'œil, et s'endort.

Il en est de même de ce passage du *Télémaque,* où l'on voit aux pieds d'Hégésippe cet orgueilleux Protésilas qui a tant abusé de son pouvoir, et qui vient d'entendre l'arrêt de son exil dans l'île de Samos :

« Le voilà qui se jette tremblant aux pieds d'Hégésippe;
» il pleure, il hésite, il bégaie, il tremble, il embrasse les genoux

» de cet homme qu'il ne daignait pas, une heure auparavant,
» honorer d'un de ses regards. »

Quelquefois aussi, c'est dans une suite de phrases, une suite d'*Hypotyposes*, d'où résulte un tableau plus ou moins grand et plus ou moins composé. Tels sont les vers où Andromaque, dans Racine, peint à Céphise les horreurs du sac de Troie :

Songe, songe, Céphise, à cette nuit cruelle
Qui fut pour tout un peuple une nuit éternelle.
Figure-toi, Pyrrhus les yeux étincelans,
Entrant à la lueur de nos palais brûlans,
Sur tous mes frères morts se faisant un passage,
Et de sang tout couvert échauffant le carnage;
Songe aux cris des vaincus, songe aux cris des mourans,
Dans la flamme étouffés, sous le fer expirans;
Peins-toi dans ces horreurs Andromaque éperdue :
Voilà comme Pyrrhus vint s'offrir à ma vue!

On pourrait voir encore dans *Athalie*, la manière dont Josabeth raconte qu'elle sauva Joas du carnage, et dans la même pièce, le songe d'Athalie; dans l'*Électre* de Crébillon, le songe de Clytemnestre; dans cette même pièce, la peinture effrayante d'une tempête; et dans *la Henriade*, une autre peinture du même genre. Enfin, quel est le poëte, quel est même le prosateur un peu éloquent qui ne fournirait pas des *hypotyposes?* Finissons par un exemple de Voltaire, tiré de sa *Mérope*, et qui fait suite au second que nous avons cité pour l'*Interruption* :

A ces cris douloureux le peuple est agité.
Un gros de nos amis que son danger excite,
Entre elle et ces soldats vole et se précipite.
Vous eussiez vu soudain les autels renversés,
Dans des ruisseaux de sang leurs débris dispersés;
Les enfans écrasés dans les bras de leurs mères;
Les frères inconnus, immolés par leurs frères;
Soldats, prêtres, amis, l'un sur l'autre expirans :
On marche, on est porté sur les corps des mourans;
On veut fuir; on revient, et la foule pressée
D'un bout du temple à l'autre est vingt fois repoussée.
De ces flots confondus le flux impétueux
Roule, et dérobe Egiste et la reine à mes yeux.
Parmi les combattans je vole ensanglantée;
J'interroge à grands cris la foule épouvantée;
Tout ce qu'on me répond redouble mon horreur.
On s'écrie : *Il est mort, il tombe, il est vainqueur* :
Je cours, je me consume, et le peuple m'entraîne,

Me jette en ce palais, éplorée, incertaine,
Au milieu des mourans, des morts, et des débris...

HARMONISME

*L'*Harmonisme, *où peuvent entrer comme élémens l'*Onomatopée *et l'*Allitération, *consiste dans un choix et une combinaison de mots, dans une contexture et une ordonnance de la phrase ou de la période, telles que par le ton, les sons, les nombres, les chutes, les repos, et toutes les autres qualités physiques, l'expression s'accorde avec la pensée ou avec le sentiment, de la manière la plus convenable et la plus propre à frapper l'oreille et le cœur.* On voit par cette définition même en quoi il diffère de l'*Hypotypose* proprement dite. Ce qui constitue celle-ci, c'est cette vivacité, cet intérêt du style qui électrise et enflamme l'âme au point de lui faire voir comme présentes ou comme réelles, des choses très-éloignées, ou même purement fictives.

Virgile est, parmi les Anciens, le meilleur modèle que nous ayons en fait d'*Harmonisme.* Quelquefois dans tel morceau de ce poëte, il n'y a pas, dit Delille, son traducteur, une coupe de vers, pas un mot, pas une syllabe, qui ne soit une imitation par les sons. Mais nos grands poëtes et nos grands orateurs ont connu ce genre de beauté, et on l'a assez souvent à remarquer dans leur style.

Boileau, par exemple, pouvait-il mieux peindre que dans les deux derniers de ces trois vers, la marche lente et tardive du bœuf?

Le blé, pour se donner, sans peine ouvrant la terre,
N'attendait pas qu'un bœuf, pressé de l'aiguillon,
Traçât à pas tardifs un pénible sillon.

Quelle légèreté et quelle rapidité dans ces autres vers du même poëte!

Le moment où je parle est déjà loin de moi...
Le chagrin monte en croupe et galope avec lui...

Quelle dureté dans ceux-ci!

Je pense être à la gêne, et pour un tel dessein,
La plume et le papier résistent à la main...
Lui font scier des rocs, lui font fendre des chênes...

Quelle langueur et quelle nonchalance dans les suivans!

Suis-moi donc. Mais je vois, sur ce début de prône,
Que ta bouche déjà s'ouvre large d'une aune,
Et que, les yeux fermés, tu baisses le menton.

Quelle mollesse et quelle sorte de volupté dans le tableau charmant où le poëte représente la Mollesse même avec son cortège!

C'est là qu'en un dortoir elle fait son séjour;
Les Plaisirs nonchalans folâtrent à l'entour :
L'un pétrit dans un coin l'embonpoint des chanoines;
L'autre broie en riant le vermillon des moines;
La Volupté la sert avec des yeux dévots,
Et toujours le Sommeil lui verse des pavots.

La Fontaine fait frissonner à la peinture de Borée, qui

Se gorge de vapeurs, s'enfle comme un ballon,
　　Fait un vacarme de démon,
Siffle, souffle, tempête...

Il nous fait suer, souffler, avec les chevaux du coche, dans ces vers si pénibles :

Dans un chemin montant, sablonneux, malaisé,
Et de tous les côtés au soleil exposé,
　　Six forts chevaux tiraient un coche.
Femmes, moines, vieillards, tout était descendu :
L'attelage suait, soufflait, était rendu.

Qui ne se sentirait pas saisi d'horreur et d'effroi, en entendant prononcer ces vers où Rousseau nous représente Circé préparant ses enchantemens?

　　Sa voix redoutable
　　Trouble les enfers;
　　Un bruit formidable
　　Gronde dans les airs;
　　Un voile effroyable
　　Couvre l'univers.
　　La terre tremblante
　　Frémit de terreur;
　　L'onde turbulente
　　Mugit de fureur;
　　La lune sanglante
　　Recule d'horreur.

Enfin, Delille nous offre, soit dans ses traductions, soit dans ses ouvrages originaux, une infinité de vers, non-seulement imitatifs, mais même savans d'harmonie imitative, pour me servir de l'expression du poëte Lebrun. Bornons-nous à citer de lui un morceau où il donne tout-à-la-fois le précepte et l'exemple : c'est un passage traduit de Pope :

Peins-moi légèrement l'amant léger de Flore.
Qu'un doux ruisseau murmure en vers plus doux encore.
Entend-on de la mer les ondes bouillonner?
Le vers, comme un torrent, en roulant doit tonner.
Qu'Ajax soulève un roc et le lance avec peine :
Chaque syllabe est lourde, et chaque mot se traîne.
Mais vois d'un pied léger Camille effleurer l'eau :
Le vers vole et la suit, aussi prompt que l'oiseau.

L'*Harmonisme* peut aussi convenir à la prose, sans doute, et il me serait facile de l'y montrer employé avec goût par nos bons écrivains. Mais la poésie, essentiellement imitative, la poésie, qui est une sorte de peinture, le réclame comme un des caractères propres et distinctifs de son langage.

Quelques rhéteurs ont voulu enseigner l'art si savant et si difficile des combinaisons propres à le produire. Mais, quelque justes que puissent être en elles-mêmes les règles qu'ils ont données, elles ne seront jamais d'une grande utilité dans la pratique, pour quiconque n'est pas né avec une heureuse organisation, et ne s'est pas d'ailleurs formé sur les grands modèles. Du reste, il ne faut jamais oublier que l'*Harmonisme* ne doit, dans aucun cas, aller jusqu'à une dureté pénible ou choquante pour les organes; que dans aucun cas, il ne doit être aux dépens de la facilité et de l'élégance. Il n'importe pas moins qu'il soit produit naturellement, sans effort, et comme par instinct ou par inspiration. Lorsqu'il sent l'affectation, la recherche; lors même qu'il annonce une intention marquée et que les mots paraissent choisis ou arrangés pour le son plutôt que pour le sens, il devient ridicule, et déplaît à l'esprit en même temps qu'il blesse le goût. Ce n'est pas toujours en visant au mieux en ce genre qu'on est le plus sûr d'y arriver; on est même alors bien plus sûr d'arriver au pis. Eh! combien n'est-il pas difficile de juger sainement à cet égard! Combien n'est-il pas aisé, au contraire, de se faire illusion et de prendre le change! Il n'y a rien de si beau, de si parfait, qu'un homme d'esprit ne pût souvent faire paraître détestable; mais il n'y a rien, non plus, de si sot, de si détestable, qu'il ne pût faire trouver merveilleux à des esprits peu fins, ou que des esprits peu fins ou malfaits (et il y en a tant) ne pussent, en effet, admirer de la meilleure foi du monde. Molière en offre, dans ses *Précieuses ridicules*, un exemple qu'il faut citer.

MASCARILLE *récite son impromptu.*

Oh! oh! je n'y prenais pas garde;
Tandis que, sans songer à mal, je vous regarde,
Votre œil en tapinois me dérobe mon cœur :
Au voleur, au voleur, au voleur, au voleur!

CATHOS.

Ah! mon Dieu! voilà qui est poussé dans le dernier galant.

MASCARILLE.

Tout ce que je fais a l'air cavalier; cela ne sent point le pédant.

MADELON.

Il en est éloigné de plus de cent lieues.

MASCARILLE.

Avez-vous remarqué ce commencement, *oh! oh!* Voilà qui est extraordinaire, *oh! oh!* comme un homme qui s'avise tout d'un coup, *oh! oh!* La surprise, *oh! oh!*

MADELON.

Oui, je trouve ce *oh! oh!* admirable.

MASCARILLE.

Il semble que cela ne soit rien.

CATHOS.

Ah! mon Dieu! que dites-vous? Ce sont là de ces sortes de choses qui ne se peuvent payer.

MADELON.

Sans doute, et j'aimerais mieux avoir fait ce *oh! oh!* qu'un poëme épique.

MASCARILLE.

Tudieu! vous avez le goût bon.

MADELON.

Hé! je ne l'ai pas tout-à-fait mauvais.

MASCARILLE.

Mais n'admirez-vous pas aussi, *Je n'y prenais pas garde? Je n'y prenais pas garde*, je ne m'apercevais pas de cela : façon de parler naturelle, *Je n'y prenais pas garde. Tandis que, sans songer à mal;* tandis que innocemment, sans malice, comme un pauvre mouton. *Je vous regarde*, c'est-à-dire, je m'amuse à vous considérer, je vous observe, je vous contemple. *Votre œil en tapinois...* Que vous semble ce mot, *tapinois?* N'est-il pas bien choisi?

CATHOS.

Tout-à-fait bien.

MASCARILLE.

Tapinois, en cachette : il semble que ce soit un chat qui vienne de prendre une souris : *Tapinois*.

MADELON.

Il ne se peut rien de mieux.

MASCARILLE.

Me dérobe mon cœur, me l'emporte, me le ravit *Au voleur, au voleur, au voleur, au voleur!* ne diriez-vous pas que c'est un homme qui crie et court après un voleur pour le faire arrêter? *Au voleur, au voleur, au voleur, au voleur!*

MADELON.

Il faut avouer que cela a un tour spirituel et galant.

MADELON encore, quand MASCARILLE,

Ayant chanté son couplet, en a fait admirer
l'air, et surtout le fameux, Au voleur!

C'est là savoir le fin des choses, le grand fin, le fin du fin. Tout est merveilleux, je vous assure; je suis enthousiasmée de l'air et des paroles.

CATHOS.

Je n'ai encore rien vu de cette force-là.

E. — DE DEUX NOUVELLES FIGURES DE STYLE A DISTINGUER

Aux *figures de style* du premier genre, c'est-à-dire, à celles qui ont lieu par *Emphase*, nous proposerons d'en ajouter deux autres, non moins réelles sans doute, et non moins importantes : l'une, à laquelle nous appliquerons, avec une nouvelle acception, le nom déjà si ancien et si connu de *Paraphrase;* l'autre, que nous paraît assez bien désigner le nom d'*Épiphrase*, créé tout exprès pour elle.

PARAPHRASE

La Paraphrase, *telle que nous l'entendons ici, est une sorte d'amplification oratoire par laquelle on développe et on accumule dans une même phrase, plusieurs idées accessoires tirées d'un même fonds, c'est-à-dire, d'une même idée principale.* Elle diffère de la *Périphrase*, en ce que, dans une seule phrase, elle en présente comme plusieurs à-la-fois; au lieu que la *Périphrase* n'est qu'une phrase longue et oratoire, substituée à une phrase simple et commune. Elle diffère de la *Conglobation*, en ce que les idées qu'elle accumule ne sont que des idées accessoires, et que toutes ces idées accessoires se rapportent toutes à une même idée principale, à l'idée d'un même objet, au lieu que les idées qu'accumule la *Conglobation* sont des idées principales, et qui se rapportent à des objets distincts et différens.

C'est Racine qui va nous fournir le premier exemple. Ériphile, dans *Iphigénie*, déclare à Doris, sa confidente, qu'elle aime Achille, malgré tant de sujets de le haïr; et, ce qu'elle eût pu dire en deux mots, elle le développe en six vers, dont les cinq premiers, par leur beauté progressive, rendent si frappant le dernier, qui partout ailleurs serait fort commun, comme le dit Laharpe :

C'est peu d'être étrangère, inconnue et captive :
Ce destructeur fatal des tristes Lesbiens,
Cet Achille, l'auteur de tes maux et des miens,
Dont la sanglante main m'enleva prisonnière,
Qui m'arracha d'un coup ma naissance et ton père,
De qui jusques au nom tout doit m'être odieux,
Est de tous les mortels le plus cher à mes yeux.

La *Paraphrase* commence avec le second vers, *Ce destructeur fatal*, etc.; elle est interrompue un instant au troisième, par le mot *Achille*; mais elle reprend aussitôt pour ne finir qu'avec le cinquième; et vous voyez quelle est tout accumulée sur le sujet de la proposition principale, *Achille*, dont elle forme un complément très-complexe, un complément qui offre jusqu'à trois propositions incidentes.

Quelle brillante et pompeuse *Paraphrase*, que celle où Satan, dans Milton, décrit l'éclat et la grandeur du soleil! La voici telle que Voltaire l'a traduite : on reconnaîtra aisément qu'elle commence avec le premier vers, et qu'elle ne finit qu'avec l'avant-dernier :

Toi, sur qui mon tyran prodigua ses bienfaits,
Soleil, astre de feu, jour heureux que je hais,
Jour qui fais mon supplice, et dont mes yeux s'étonnent,
Toi, qui parais le Dieu des cieux qui t'environnent,
Devant qui tout éclat disparaît et s'enfuit,
Qui fais pâlir le front des astres de la nuit,
Image du Très-Haut qui régla ta carrière;
Hélas! j'eusse autrefois éclipsé ta lumière!

En voici une plus simple, mais encore assez belle, dans le portrait de la Renommée, *Henriade*, chant VIII :

Du vrai, comme du faux, la prompte messagère,
Qui s'accroît dans sa course, et, d'une aile légère,

Plus prompte que le temps vole au delà des mers,
Passe d'un pôle à l'autre, et remplit l'univers;
Ce monstre composé d'yeux, de bouches, d'oreilles,
Qui célèbre des rois la honte ou les merveilles,
Qui rassemble sous lui la curiosité,
L'espoir, l'effroi, le doute, et la crédulité,
De sa brillante voix, trompette de la gloire,
Du héros de la France annonçait la victoire.

On voit que tous les vers, depuis le second jusqu'à l'antépénultième inclusivement, se rapportent au premier, qui est une *Pronomination* employée pour le nom de *Renommée.* C'est de ces vers-là, au nombre de sept, que se compose la *Paraphrase;* et l'on peut y distinguer deux parties, l'une qui comprend les trois premiers des sept vers, et l'autre les quatre derniers. Elle se réduirait aux trois premiers vers, si l'on voulait regarder les quatre derniers comme absolument détachés de ceux-là, et comme ne formant ensemble qu'une nouvelle *Pronomination* plus étendue et plus complexe que la première. Mais il vaut mieux, sans doute, les regarder comme un nouveau développement de l'idée énoncée dans le premier vers, et comme se rattachant par leur mot principal, *Ce monstre,* au mot principal de ce vers, *La messagère.* Le poëte eût pu à la rigueur, il est vrai, terminer son portrait à, *Ce monstre,* ou ne le commencer que là, et la Renommée, si bien peinte par ses huit vers, l'eût été encore assez bien par les quatre auxquels il se serait borné. Mais, dès qu'il a voulu, et tant mieux sans doute, employer les huit vers, il a probablement entendu les lier et les subordonner entre eux de manière à ne donner qu'un seul et même sujet à la proposition principale : par conséquent, il doit avoir voulu dire : *La messagère du vrai et du faux..., Ce monstre composé,* etc.

Pourquoi l'avant-dernier vers, *De sa brillante voix,* etc., n'est-il pas regardé comme faisant partie de la *Paraphrase?* Par une raison toute simple. Ce vers-là ne se rapporte pas, comme les sept qui le précèdent, à la *Pronomination* du premier; il ne sert pas, comme eux, de complément à cette *Pronomination,* sujet de la proposition principale; mais il forme lui-même un complément à part et d'un genre tout différent, un complément énonciatif du moyen par lequel s'opère l'action énoncée par le dernier vers. C'est si vrai que, en prose, on mettrait après *Annonçait,* la matière dont il se compose, et qu'on dirait : *Annonçait de sa brillante voix, trompette de la gloire, la victoire du héros de la France.*

Ne remarquerons-nous pas, en passant, cette *Conglobation* des deux vers qui terminent la *Paraphrase* :

Qui rassemble sous lui la *curiosité*,
L'*espoir*, l'*effroi*, le *doute*, et la *crédulité?*

Rien ne saurait mieux prouver ni mieux faire sentir que cet exemple, combien ce sont deux figures différentes, que la *Paraphrase* et la *Conglobation*, et combien il faut se garder de les confondre l'une avec l'autre.

Les *Paraphrases* seront maintenant si aisées à reconnaître, qu'il me paraît inutile d'en citer d'autres. Elles se présentent partout en foule, et dans les poëtes et dans les orateurs. Ouvrez Massillon, par exemple, et vous verrez si elles y manquent! Combien même vous y en trouverez qui n'occupent guère moins d'une page!

ÉPIPHRASE

*L'*Épiphrase *est l'addition faite à une phrase qu'on eût pu croire finie et complète, d'un ou de plusieurs membres destinés à développer des idées accessoires plus ou moins importantes.* Elle a dans la construction à-peu-près la même place que l'*Épiphonème terminatif;* mais elle diffère de l'*Épiphonème terminatif*, en ce que, tout au contraire de ce dernier, elle n'exprime ni une pensée nouvelle, ni une pensée entière, ni même une idée principale, et en ce qu'elle ne saurait, prise à part, former une vraie phrase, ni même une proposition d'un sens achevé. Pour voir cette différence, on n'aurait qu'à rapprocher quelques exemples de l'*Épiphonème*, de ceux que nous allons citer pour l'*Épiphrase.*

Phèdre, ouvrant enfin les yeux sur ses égaremens, et voyant toute l'horreur de son crime, exhale ainsi son indignation contre Œnone, sa confidente, dont la lâche complaisance et les perfides conseils l'ont perdue :

Puisse le juste Ciel dignement te payer!
Et puisse ton supplice à jamais effrayer
Tous ceux qui, comme toi, par de lâches adresses,
Des princes malheureux nourrissent les faiblesses,
Les poussent au penchant où leur cœur est enclin,
Et leur osent du crime aplanir le chemin :
Détestables flatteurs, présent le plus funeste,
Que puisse faire aux rois la colère céleste !

Le sixième de ces huit vers ne vous semble-t-il pas finir la phrase dont il fait partie; et cette phrase, terminée là, laisserait-elle quelque chose à désirer pour le sens? Cependant voyez les deux derniers vers, ces vers si beaux de poésie et de vérité, que tous les rois devraient avoir toujours présens à leur pensée : vous offrent-ils une nouvelle phrase, une phrase qui se construise par elle seule, et forme un sens complet? vous offrent-ils au moins une phrase elliptique, où il ne manque que quelques mots faciles à suppléer? Non : mais par le sens et par la construction, ils se rattachent évidemment à ce qui précède, et l'on voit assez à quoi ils se rapportent : c'est aux mots dominans de cette éloquente désignation de l'indigne espèce d'hommes si justement vouée par Phèdre au supplice d'Œnone. On ne pourrait en faire une phrase à part, qu'autant qu'on voudrait les considérer comme une apostrophe aux flatteurs. Mais ce serait aller contre le sens naturel de tout ce morceau, et contre l'intention marquée de l'auteur, qui n'a mis, après le sixième vers, que deux points, au lieu d'un point d'exclamation. Les deux derniers vers réunissent donc tous les caractères d'une vraie *Épiphrase.* Cette *Épiphrase* fera aisément reconnaître toutes les autres.

En voici sans doute une dans les deux derniers de ces quatre vers de *la Henriade*, chant III :

Il forma dans Paris cette ligue funeste
Qui bientôt de la France infecta tout le reste :
Monstre affreux qu'ont nourri les peuples et les grands,
Engraissé de carnage, et fertile en tyrans.

N'en est-ce pas aussi incontestablement une, que les deux derniers de ces six vers du même poëte, dans sa pièce intitulée : *La police sous Louis XIV?*

Paris ne cède point à l'antique Italie;
Chaque jour nous rassemble au temple du génie,
A ces palais des arts, à ces jeux enchanteurs,
A ces combats d'esprit qui polissent les mœurs :
Pompe digne d'Athène, où tout un peuple abonde,
Ecole des plaisirs, des vertus et du monde.

Il peut arriver que l'*Épiphrase* soit beaucoup plus longue que la phrase sur laquelle elle tombe; et telle est celle de cet exemple en prose, fourni par Fléchier : elle commence à *Vrai adorateur* :

Avec quelle soumission adorait-il les œuvres de Dieu que l'esprit humain ne peut comprendre! *Vrai adorateur*

» *en esprit et en vérité ; cherchant le Seigneur, selon le*
» *conseil du sage, dans la simplicité du cœur ; ennemi irré-*
» *conciliable de l'impiété, éloigné de la superstition, et inca-*
» *pable d'hypocrisie.* »

Telle est aussi celle de ce passage de *la Henriade*, chant VII, où le poëte nous peint la liberté d'une manière si ingénieuse et si vraie : elle a quatre vers (les quatre derniers) ; tandis que la phrase dont ils dépendent n'en a que deux :

On voit la liberté, cette esclave si fière,
Par d'invisibles nœuds en ces lieux prisonnière :
Sous un joug inconnu, que rien ne peut briser,
Dieu sait l'assujettir sans la tyranniser ;
A ses suprêmes lois d'autant mieux attachée
Que sa chaîne à ses yeux pour jamais est cachée ;
Qu'en obéissant même elle agit par son choix,
Et souvent aux destins pense donner des lois.

Mais est-ce une *Épiphrase*, que les deux derniers de ces quatre vers de Boileau sur la fin tragique de ce couple avare dont il raconte si agréablement la hideuse histoire dans sa dixième satire :

Des voleurs qui chez eux pleins d'espérance entrèrent,
De cette triste vie enfin les délivrèrent :
Digne et funeste fruit du nœud le plus affreux
Dont l'hymen ait jamais uni deux malheureux ?

Il me semble que ces deux vers, qui expriment une réflexion, une moralité, à l'occasion de cette triste fin de l'indigne couple, présentent par eux-mêmes une pensée entière, un sens complet et fini. Il me semble que, loin d'être une dépendance, une partie accessoire de la phrase qui précède, ils forment, à eux seuls, non-seulement une proposition, mais même une phrase à part ; phrase, à la vérité, exclamative et elliptique, mais qui n'en est pas moins parfaite dans son genre. D'ailleurs, qu'y a-t-il dans la phrase précédente à quoi ils puissent se rapporter à titre de complément et comme une sorte d'apposition ? Est-ce de *ces voleurs pleins d'espérance*, que peut s'entendre, *digne et funeste fruit ?* Est-ce de ces vils époux, victime de leur avarice ? Il est trop visible que non. Concluons donc qu'il n'y a point d'*Épiphrase* dans cet exemple.

On ne saurait, non plus, en voir une dans les quatre derniers vers de ce passage de *la Henriade*, chant Ier, où se trouve si bien dépeint le gouvernement de l'Angleterre :

Aux murs de Westminster on voit paraître ensemble
Trois pouvoirs étonnés du nœud qui les rassemble,
Les députés du peuple, et les grands, et le Roi,
Divisés d'intérêt, réunis par la loi;
Tous trois membres sacrés de ce corps invincible,
Dangereux à lui-même, à ses voisins terrible.
Heureux, lorsque le peuple, instruit dans son devoir,
Respecte, autant qu'il doit, le souverain pouvoir!
Plus heureux, lorsqu'un roi, doux, juste et politique
Respecte, autant qu'il doit, la liberté publique!

Cependant, si l'on voulait tourner ces vers en *Épiphrase*, rien ne serait plus aisé. Il n'y aurait qu'à les réduire du ton exclamatif au ton positif, et qu'à substituer les deux points au point qui les précède. Alors *heureux* et *plus heureux* rentreraient dans la même construction que *Dangereux à lui-même*, et *Terrible à ses voisins*, et se lieraient de la même manière à *Corps invincible*. Mais l'*Épiphrase* vaudrait-elle ce mouvement qu'elle ferait perdre au style? Et que deviendrait le beau sentiment empreint dans ces vers? que deviendrait ce vœu si noble et si humain pour le bonheur d'une grande nation? Ah! que celui-là aurait peu de goût ou peu d'âme, qui voudrait corriger ainsi!

CHAPITRE IV

DES FIGURES DE PENSÉES

Si nous n'eussions voulu embrasser dans notre plan que les *figures du discours* qui tiennent plus ou moins aux mots ou à l'expression, que celles qui résultent de telles ou telles formes du langage, ou consistent essentiellement dans ces formes, il nous eût fallu, par une conséquence nécessaire, en écarter toutes ces figures peut-être mal-à-propos ainsi dénommées, qui ne tiennent qu'à la pensée seule, qu'à la pensée considérée abstractivement, sans égard à la forme qu'elle peut emprunter du langage; qui ne consistent, dis-je, que dans un certain tour d'esprit et d'imagination, et, comme le dit Dumarsais, que dans une manière particulière de penser ou de sentir; qui, par conséquent, sont indépendantes des mots, de l'expression et du style, et n'en resteraient pas moins les mêmes quant au fond, quant à la substance, avec un style, avec une expression, avec des mots tout-à-fait différens. Mais, pour bien connaître les autres, et en pouvoir bien juger, ne faut-il pas, ainsi que nous l'avons observé dans notre *Préambule*, avoir au moins une idée de celles-là, avec lesquelles on les trouve pêle-mêle dans toutes les rhétoriques? Nous allons donc en tracer ici le tableau. Elles s'y trouveront réduites à un assez petit nombre, par le retranchement de toutes celles qui ont dû entrer dans la classe des *figures d'expression* ou des *figures de style*, et par le retranchement de quelques-unes qui paraissent ne devoir entrer dans aucune classe.

Les *figures de pensées* ont lieu par *imagination*, par *raisonnement*, ou par *développement*. Certains rhéteurs en distinguent aussi qui auraient lieu par *liaison*, telles que la *Transition*, la *Rejection*, la *Digression*, et la *Révocation*. Mais il est sans doute assez inutile d'en parler, et d'ailleurs, comment en citer des exemples, à moins de copier des volumes?

Des rhéteurs en bien plus grand nombre, et même presque tous, pour mieux dire, reconnaissent beaucoup de *figures de pensées* dont le titre peut être contesté, ainsi que nous le verrons dans un dernier paragraphe.

A. — FIGURES DE PENSÉES PAR IMAGINATION

Nous en compterons trois : la *Prosopopée*, entendue ainsi qu'il sera dit en son lieu; une espèce de *Correction*, à laquelle nous donnerons le nom de *Rétroaction*, pour la distinguer de la *Correction*, figure de *style;* et enfin, une sorte de fiction poétique, que nous paraît désigner assez heureusement le nom de *Fabulation.*

PROSOPOPÉE

La Prosopopée, *qu'il ne faut confondre ni avec la* Personnification, *ni avec l'*Apostrophe, *ni avec le* Dialogisme, *qui l'accompagnent presque toujours, consiste à mettre en quelque sorte en scène, les absens, les morts, les êtres surnaturels, ou même les êtres inanimés; à les faire agir, parler, répondre, ainsi qu'on l'entend; ou tout au moins à les prendre pour confidens, pour témoins, pour garans, pour accusateurs, pour vengeurs, pour juges, etc.; et cela, ou par feinte, ou sérieusement, suivant qu'on est ou qu'on n'est pas le maître de son imagination.*

Un des plus beaux exemples de *Prosopopée* par feinte, que nous puissions citer, c'est sans contredit ce morceau du fameux discours où Jean-Jacques Rousseau fait si éloquemment le procès aux lettres et aux beaux-arts :

> *O Fabricius! qu'eût pensé votre grande âme, si, pour votre malheur, vous eussiez vu la face pompeuse de cette Rome sauvée par votre bras, et que votre nom respectable avait plus illustrée que toutes vos conquêtes?* « Dieux! eussiez-vous dit, que sont » devenus ces toits de chaume et ces foyers rustiques qu'habi- » taient jadis la modération et la vertu? Quelle splendeur » funeste a succédé à la simplicité romaine? Quel est ce lan- » gage étranger? quelles sont ces mœurs efféminées? Que » signifient ces statues, ces tableaux, ces édifices? Insensés! » qu'avez-vous fait? Vous, les maîtres des nations, vous vous » êtes rendus les esclaves des hommes frivoles que vous avez » vaincus! Ce sont des rhéteurs qui vous gouvernent! C'est » pour enrichir des architectes, des peintres, des statuaires et » des histrions, que vous avez arrosé de votre sang la Grèce

» et l'Asie! Les dépouilles de Carthage sont la proie d'un » joueur de flûte! Romains, hâtez-vous de renverser ces » amphithéâtres; brisez ces marbres; brûlez ces tableaux; » chassez ces esclaves qui vous subjuguent, et dont les funestes » arts vous corrompent. Que d'autres mains s'illustrent par de » vains talens : le seul talen digne de Rome est de conquérir » le monde, et d'y faire régner la vertu. »

Dans ce magnifique morceau, on remarque, d'abord une *Apostrophe*, puisque l'orateur se détourne tout-à-coup de ses contemporains, à qui il s'adressait, pour interpeller Fabricius, qui ne peut plus l'entendre; et après l'*Apostrophe* , un *Dialogisme*, puisque l'orateur cède momentanément la parole à Fabricius, et semble s'interrompre lui-même pour le faire parler. Où donc est la *Prosopopée?* Elle est dans cette fiction par laquelle l'orateur fait intervenir Fabricius, pour appuyer du nom et de l'autorité de ce grand homme l'opinion qu'il a pour objet d'établir. Et remarquez-le bien : l'*Apostrophe* et le *Dialogisme* pourraient disparaître, que la *Prosopopée* n'en subsisterait pas moins encore, quoique sans doute moins éloquente. Elle n'en subsisterait pas moins, dis-je, quand même il y aurait simplement : « Qu'eût pensé » la grande âme de Fabricius, si, pour son malheur, il eût » vu la face pompeuse de cette Rome sauvée par son bras, » et que son nom respectable avait plus illustrée que » toutes ses conquêtes? N'eût-il pas demandé ce » qu'étaient devenus ces toits de chaume et ces foyers » rustiques qu'habitaient jadis la modération et la vertu? » pourquoi cette splendeur funeste avait succédé à la » simplicité romaine? quel était ce langage étranger? » quelles étaient ces mœurs efféminées? que signifiaient » ces statues, ces tableaux, ces édifices? etc., etc. »

Louis Racine, dans son Poëme de la Religion, nous donne un autre bel exemple de ce même genre de *Prosopopée*. Il suppose que la terre lui parle, et lui annonce un Dieu : mais le *Dialogisme* ici n'est point amené par une *Apostrophe :*

La voix de l'univers à ce Dieu me rappelle.
La terre le publie : « Est-ce moi, me dit-elle,
» Est-ce moi qui produis mes riches ornemens?
» C'est celui dont la main posa mes fondemens.
» Si je sers tes besoins, c'est lui qui me l'ordonne.
» Les présens qu'il me fait, c'est à toi qu'il les donne.
» Je me pare des fleurs qui tombent de sa main.
» Il ne fait que l'ouvrir, et m'en remplit le sein.
» Pour consoler l'espoir du laboureur avide,

» C'est lui qui, dans l'Egypte, où je suis trop aride,
» Veut qu'au moment prescrit, le Nil, loin de ses bords,
» Répandu sur ma plaine, y porte ses trésors. »

Ce qui me paraît être une *Prosopopée* sérieuse, je veux dire une *Prosopopée* suggérée à l'imagination par la passion toute seule, c'est cette fiction par laquelle l'infortunée Phèdre, au moment qu'elle voudrait aller cacher dans les enfers sa honte et ses remords, se représente tout-à-coup le sévère Minos, son père, prêt à la juger, à la confondre, et à devenir lui-même son bourreau. Citons ce morceau, l'un des plus admirables et des plus sublimes de Racine, ce morceau vraiment unique, comme le dit Laharpe, et qu'on ne peut comparer à rien :

Où me cacher? fuyons dans la nuit infernale.
Mais que dis-je! mon père y tient l'urne fatale.
Le sort, dit-on, l'a mise en ses sévères mains :
Minos juge aux enfers tous les pâles humains.
Ah! combien frémira son ombre épouvantée,
Lorsqu'il verra sa fille, à ses yeux présentée,
Contrainte d'avouer tant de forfaits divers,
Et des crimes peut-être inconnus aux enfers!
Que diras-tu, mon père, à ce spectacle horrible?
Je crois voir de ta main tomber l'urne terrible;
Je crois te voir, cherchant un supplice nouveau,
Toi-même de ton sang devenir le bourreau.
Pardonne : un Dieu cruel a perdu ta famille.
Reconnais sa vengeance aux fureurs de ta fille.
Hélas! du crime affreux dont la honte me suit,
Jamais mon triste cœur n'a recueilli le fruit.
Jusqu'aux derniers soupirs de malheurs poursuivie,
Je rends dans les tourmens une pénible vie.

Il est aisé de reconnaître la *Prosopopée*. Elle commence au quatrième vers, se tourne en *Apostrophe* au neuvième, et continue, sous cette forme, jusqu'à la fin du dernier. Peut-être faudrait-il ne regarder comme véritables *Prosopopées* que celles qui sont le fruit d'une imagination un peu libre, et qui portent un certain caractère de combinaison et d'artifice. Mais je ne prends pas sur moi de décider la question : je laisse ce soin aux rhéteurs.

FABULATION

La Fabulation, *dans laquelle rentre toute* Personnification *et toute fiction qui n'est pas une simple façon de parler, mais qu'il ne faut pas confondre avec ces expressions empruntées de la Mythologie, que nous avons distinguées ailleurs sous le nom de* Mythologisme (1), *consiste à donner en quelque sorte pour sérieux et réel ce qui n'est au fond qu'une invention imaginaire,* fabuleuse, *en un mot, qu'une espèce de* fable.

L'Ignorance, dans le poëme de la *Peinture*, par Lemierre :

Il est une stupide et lourde déité :
Le Tmolus autrefois fut par elle habité.
L'Ignorance est son nom : la Paresse pesante
L'enfant sans douleur au bord d'une eau dormante;
Le Hasard l'accompagne, et l'Erreur la conduit :
De faux pas en faux pas la Sottise la suit.

Le Plaisir et son cortège, dans le *Discours* de Voltaire *sur la Modération :*

Jadis trop caressé des mains de la Mollesse,
Le Plaisir s'endormit au sein de la Paresse.
La Langueur l'accablait : plus de chant, plus de vers,
Plus d'amour, et l'Ennui détruisait l'univers.
Un Dieu qui prit pitié de la nature humaine,
Mit auprès du Plaisir le Travail et la Peine.
La Crainte l'éveilla, L'Espoir guida ses pas.
Ce cortège aujourd'hui l'accompagne ici-bas.

Les vices et les passions, à l'entrée des enfers, *Henriade*, chant VII :

Là gît la sombre Envie à l'œil timide et louche,
Versant sur des lauriers les poisons de sa bouche :
Le jour blesse ses yeux dans l'ombre étincelans;
Triste amante des morts, elle hait les vivans.
Elle aperçoit Henri, se détourne et soupire.
Auprès d'elle est l'Orgueil, qui se plaît et s'admire;
La Faiblesse au teint pâle, aux regards abattus,
Tyran qui cède au crime et détruit les vertus;
L'Ambition sanglante, inquiète, égarée,
De trônes, de tombeaux, d'esclaves entourée;
La tendre Hypocrisie aux yeux pleins de douceur;
(Le ciel est dans ses yeux, l'enfer est dans son cœur);
Le faux Zèle étalant ses barbares maximes,
Et l'Intérêt enfin, père de tous les crimes.

Par ces exemples, on peut juger combien il serait facile d'en citer d'autres. Il n'y aurait qu'à ouvrir le premier poëte venu : on verrait les êtres *fabuleux*, les êtres moraux, allégoriques, se présenter en foule : dans

(1) *Manuel des Tropes* (figures d'expression par fiction.)

la Henriade, la Discorde, la Politique, le Fanatisme, l'Amour, etc.; dans *le Lutrin*, la Discorde, la Chicane, la Nuit, la Piété, etc. Faut-il s'en étonner? La fiction est l'âme de la poésie : c'est par elle que tout y vit et respire, et c'est elle qui opère toutes les merveilles célébrées dans ces vers de l'*Art poétique :*

Tout prend un corps, une âme, un esprit, un visage.
Chaque vertu devient une divinité;
Minerve est la Prudence, et Vénus la Beauté.

Au reste, la *Fabulation* n'appartient pas tellement à la poésie, que la prose n'en fasse bien quelquefois usage. Nous pourrons en trouver des exemples jusque dans des ouvrages de morale ou de philosophie. En voici un de La Bruyère :

« La Galanterie paraît et promène son visage d'airain; le » Cynisme de la licence ombrage sa tête de son panache » orgueilleux; la Hardiesse règne dans ses yeux éhontés, » comme dans ceux des Bacchantes, lorsqu'échevelées, et » le thyrse à la main, elles foulent aux pieds les lois de la » pudeur. Sa demi-robe, semblable à celles des filles de Sparte, » quand, presque nues, elles allaient disputer les prix des » jeux olympiques, est parsemée de couleurs changeantes; » le feu des peintures dangereuses sort de sa bouche impure : » une jeunesse ardente et novice, portant d'une main la torche » de la passion, et de l'autre le frêle roseau de l'inexpérience, » court en foule perdre dans le gouffre de la corruption, les » fruits encore tendres de l'éducation, les racines déliées de » la vertu, et les fleurs délicates de la santé » (1).

Mais par *Fabulation*, faut-il n'entendre qu'un personnage fictif donné par jeu d'esprit pour un personnage réel? Il me semble qu'il faut entendre encore tout ce qu'on raconte de ce personnage, toutes les actions qu'on lui attribue, et en général tout le rôle qu'on lui fait jouer.

RÉTROACTION

La Rétroaction, *autrement* Épanorthose, *qu'il ne faut pas confondre avec la* Correction, *figure de style, consiste à revenir sur ce qu'on a dit, ou pour le renforcer, ou pour l'adoucir, ou même pour le rétracter tout-à-fait, suivant*

(1) Cependant, en citant cette *fabulation*, nous ne prétendons pas la donner pour modèle : nous croyons, au contraire, que le goût n'y aurait pas peu à reprendre.

qu'on affecte de le trouver, ou qu'on le trouve en effet trop faible ou trop fort, trop peu sensé, ou trop peu convenable.

Bossuet, dans son Oraison funèbre de Henriette-Anne d'Angleterre, nous fournit cet exemple, qui n'est pas un des moins beaux :

« Non, après ce que nous venons de voir, la santé n'est » qu'un nom, la vie n'est qu'un songe, la gloire n'est qu'une » apparence, les grâces et les plaisirs ne sont qu'un dangereux » amusement : tout est vain en nous, excepté le sincère aveu » que nous faisons devant Dieu de nos vanités, et le jugement » arrêté qui nous fait mépriser tout ce que nous sommes. » Mais dis-je la vérité ? L'homme que Dieu a fait à son image » n'est-il qu'une ombre ? Ce que Jésus-Christ est venu cher- » cher du ciel en terre, ce qu'il a cru pouvoir, sans se ravilir, » acheter de tout son sang, n'est-ce qu'un rien ? Reconnaissons » notre erreur. Sans doute ce triste spectacle des vanités » humaines nous imposait, et l'espérance publique frustrée » tout-à-coup par la mort de cette princesse, nous poussait » trop loin. Il ne faut pas permettre à l'homme de se mépriser » tout entier, de peur que, croyant avec les impies que notre » vie n'est qu'un jeu où règne le hasard, il ne marche sans » règle et sans conduite au gré de ses aveugles désirs. »

Ce qu'on peut remarquer dans cette *Rétroaction*, c'est que la passion n'y entre pour rien. Elle est pour beaucoup, au contraire, dans les deux que nous offre le morceau ci-après d'un monologue de Roxane dans *Bajazet*. Mais elle ne va pas jusqu'à troubler la raison, et à lui ôter toute liberté :

Ma rivale à mes yeux s'est enfin déclarée.
Voilà sur quelle foi je m'étais assurée !
Ce n'est pas tout : il faut maintenant m'éclaircir
Si dans sa perfidie elle a su réussir.
Il faut... *Mais que pourrais-je apprendre davantage?*
Mon malheur n'est-il pas écrit sur son visage?
Vois-je pas, au travers de son saisissement,
Un cœur dans sa douleur content de son amant?
Exempte des soupçons dont je suis tourmentée,
Ce n'est que pour ses jours qu'elle est épouvantée.
N'importe : poursuivons. Elle peut comme moi,
Sur des gages trompeurs s'assurer de sa foi.
Pour la faire expliquer, tendons-lui quelque piège.
Mais quel indigne emploi moi-même m'imposé-je?
Quoi donc? A me gêner appliquant mes esprits,
J'irai faire à mes yeux éclater ses mépris?
Lui-même il peut prévoir et tromper mon adresse.
D'ailleurs, l'ordre, l'esclave, et le visir me presse.
Il faut prendre un parti : l'on m'attend. Faisons mieux.
A tout ce que j'ai vu fermons plutôt les yeux.

La passion, dans les momens où elle n'est pas fureur, peut avoir sa finesse, ses artifices; et c'est ainsi que Phèdre, par une *Rétroaction* ingénieuse, met Hippolyte à même de deviner ce qu'elle n'oserait lui déclarer en termes exprès :

On ne voit point deux fois le rivage des morts,
Seigneur. Puisque Thésée a vu les sombres bords,
En vain vous espérez qu'un Dieu vous le renvoie,
Et l'avare Achéron ne lâche point sa proie.
Que dis-je? il n'est point mort, puisqu'il respire en vous.
Toujours devant mes yeux je crois voir mon époux.
Je le vois, je lui parle, et mon cœur... Je m'égare,
Seigneur, ma folle ardeur devant moi se déclare.

B. — FIGURES DE PENSÉES PAR RAISONNEMENT, OU, SI L'ON VEUT, PAR COMBINAISON

Cinq au moins : L'*Occupation*, la *Délibération*, la *Communication*, la *Concession* et la *Sustentation*.

OCCUPATION

*L'*Occupation, *que l'on appelle encore, du latin,* Antéoccupation *ou* Préoccupation, *et du grec,* Prolepse, *consiste à prévenir ou à répéter d'avance une objection que l'on pourrait essuyer, ou qui peut donner lieu d'ajouter de nouvelles raisons à celles qu'on a déjà alléguées.*

Massillon, dans Son Discours sur les vices et les vertus des grands, après avoir développé les avantages qui résultent pour les peuples des honneurs et des grâces accordés à la vertu par les chefs des empires, prévient ainsi l'objection que l'on pourrait tirer de quelques inconvéniens attachés à ces récompenses :

« Et ne dites pas, mes frères, qu'en récompensant la vertu » on ne corrige pas les pécheurs, et qu'on multiplie seulement » les hypocrites. Je sais jusqu'où l'amour de l'élévation peut » pousser les hommes, et quels abus ils sont capables de faire » de la religion pour arriver à leurs fins. Mais du moins vous » obligez le vice de se cacher; du moins vous lui ôtez l'éclat » et la sécurité qui le répand et le communique; vous conservez » du moins l'extérieur de la religion parmi les peuples; vous » multipliez du moins les exemples de la pitié parmi les fidèles, » et s'il n'y a pas moins de déréglement, les scandales du moins » sont plus rares. »

Voltaire, dans son poëme de *la Loi naturelle*, établit d'abord que Dieu a mis dans toutes les âmes les idées de la justice et les principes d'une morale universelle : il répond ensuite aux objections qu'on peut lui faire, et à celle-ci, entre autres :

On insiste, on me dit : « L'enfant dans son berceau,
» N'est point illuminé par ce divin flambeau;
» C'est l'éducation qui forme ses pensées;
» Par l'exemple d'autrui ses mœurs lui sont tracées :
» Il n'a rien dans l'esprit, il n'a rien dans le cœur;
» De ce qui l'environne il n'est qu'imitateur;
» Il répète les noms de devoir, de justice,
» Il agit en machine; et c'est par sa nourrice
» Qu'il est juif ou païen, fidèle ou musulman,
» Vêtu d'un justaucorps, ou bien d'un doliman. »
Oui, de l'exemple en nous je sais quel est l'empire :
Il est des sentimens que l'habitude inspire.
Le langage, la mode, et les opinions,
Tous les dehors de l'âme, et ses préventions,
Dans nos faibles esprits sont gravés par nos pères,
Du cachet des mortels impressions légères.
Mais les premiers ressorts sont faits d'une autre main.
Leur pouvoir est constant, leur principe est divin.
Il faut que l'enfant croisse afin qu'il les exerce;
Il ne les connaît pas sous la main qui le berce.
Le moineau, dans l'instant qu'il a reçu le jour,
Sans plumes dans son nid peut-il sentir l'amour?
Le renard en naissant va-t-il chercher sa proie?
Les insectes changeans qui nous filent la soie,
Les essaims bourdonnans de ces filles du ciel
Qui pétrissent la cire et composent le miel,
Sitôt qu'ils sont éclos forment-ils leur ouvrage?
Tout mûrit par le temps et s'accroît par l'usage.
Chaque être a son objet, et dans l'instant marqué
Il marche vers le but par le Ciel indiqué.

On trouve cité par tout le passage de la satire où Boileau, par le moyen de l'*Occupation*, justifie d'une manière aussi agréable que piquante, ses traits satiriques contre Chapelain. Mais ce n'est pas une raison pour qu'on ne le revoie ici avec plaisir :

« Il a tort, dira-t-on; pourquoi faut-il qu'il nomme?
» Attaquer Chapelain! Ah! c'est un si brave homme.
» Balzac en fait l'éloge en cent endroits divers.
» Il est vrai, s'il m'eût cru, qu'il n'eût point fait de vers.
» Il se tue à rimer : que n'écrit-il en prose? »
Voilà ce que l'on dit. Eh! que dis-je autre chose?
En blâmant ses écrits, ai-je d'un style affreux
Distillé sur sa vie un venin dangereux?

Ma muse, en l'attaquant, charitable et discrète,
Sait de l'homme d'honneur distinguer le poëte...

L'*Occupation* peut avoir de grands effets, et singulièrement servir à la conviction. Mais il faut que les difficultés qu'on se fait puissent se résoudre d'une manière satisfaisante pour les esprits les plus difficiles, pourvu qu'ils soient raisonnables.

DÉLIBÉRATION

La Délibération, *qu'il ne faut pas confondre avec la* Dubitation, *consiste à feindre de mettre en question, pour en faire valoir les raisons et les motifs, ce qu'on a déjà décidé ou résolu d'une manière à-peu-près irrévocable.*

Didon s'est déjà condamnée à mourir; mais elle a besoin de se raffermir dans sa résolution; elle veut la justifier à ses propres yeux, et se prouver à elle-même qu'il ne lui reste pas, dans son malheur, d'autre parti à prendre. Voici comment Delille la fait parler d'après Virgile :

Que faire? hélas! irai-je, abaissant mon orgueil,
Chez Iarbe, à mon tour, implorer un coup-d'œil?
Ou des rois, mes voisins, mendier l'hyménée,
Eux que j'ai tant de fois dédaignés pour Énée?
Pour suivre les Troyens, dois-je fuir de ces lieux,
Me mettre à la merci de ce peuple orgueilleux?
En effet, ils ont droit à tant de confiance!
Mes bienfaits, sur leur âme, ont eu tant de puissance!
Et quand je le voudrais, le pourraient-ils souffrir?
Dans ces vaisseaux ingrats, qu'ils m'ont vu secourir,
Les cruels voudraient-ils m'accorder une place?
Ah! de Laomédon connais la digne race.
Après leurs trahisons, après leurs attentats,
Malheureuse, peux-tu ne les connaître pas?
D'ailleurs, suivrai-je seule une foule insolente?
Et mon peuple, jouet de ma fortune errante;
Lui qu'avec tant de peine on arracha de Tyr,
A cet exil nouveau voudra-t-il consentir?
Malheureuse! bannis un espoir inutile!
Meurs, tu l'as mérité : meurs, voilà ton asile.

Bourdaloue, dans son sermon sur la Nativité, demande à Dieu ce qu'il dira aux grands du monde, en leur annonçant un Sauveur humble et pauvre :

« J'annonce un Sauveur humble et pauvre, mais je l'annonce

» aux grands du monde... Que leur dirai-je donc, Seigneur, » et de quels termes me servirai-je, pour leur proposer le » mystère de votre humilité et de votre pauvreté? Leur dirai-je, » Ne craignez point? dans l'état où je les suppose, ce serait » les tromper. Leur dirai-je, Craignez? je m'éloignerais de » l'esprit du mystère que nous célébrons, et des pensées » consolantes qu'il inspire et qu'il doit inspirer aux plus » grands pécheurs. Leur dirai-je, Affligez-vous? pendant que » tout le monde chrétien est dans la joie. Leur dirai-je, Consolez-» vous, pendant qu'à la vue d'un Sauveur qui condamne » toutes leurs maximes, ils ont tant de raisons de s'affliger. » Je leur dirai, ô mon Dieu! l'un et l'autre; et par là je satisferai » au devoir que vous m'imposez. »

Par quelle belle *Délibération* sur l'usage du pouvoir et des richesses, Massillon prouve aux grands que ce n'est qu'en faisant des heureux qu'ils peuvent être heureux eux-mêmes!

« Mais quel usage plus doux et plus flatteur, mes frères, » pourriez-vous faire de votre élévation et de votre opulence? » Vous attirer des hommages? Mais l'orgueil lui-même s'en » lasse. Commander aux hommes, et leur donner des lois? » Mais ce sont là les soins de l'autorité, ce n'en est pas le » plaisir. Voir autour de vous multiplier à l'infini vos serviteurs » et vos esclaves? Mais ce sont des témoins qui vous embarras-» sent et vous gênent, plutôt qu'une pompe qui vous décore. » Habiter des palais somptueux? Mais vous édifiez, dit Job, » des solitudes, où les soucis et les noirs chagrins viennent » bientôt habiter avec vous. Y rassembler tous les plaisirs? » Ils peuvent remplir ces vastes édifices, mais ils laisseront » toujours votre cœur vide. Trouver tous les jours dans votre » opulence de nouvelles ressources à vos caprices? La variété » des ressources tarit bientôt; tout est bientôt épuisé; il faut » revenir sur ses pas, et recommencer sans cesse ce que l'ennui » rend insipide, et ce que l'oisiveté a rendu nécessaire. Employez » tant qu'il vous plaira vos biens et votre autorité à tous les » usages que l'orgueil et les plaisirs peuvent inventer, vous » serez rassasié, mais vous ne serez pas satisfait; ils vous » montreront la joie, mais ils ne la laisseront pas dans votre » cœur. »

La forme interrogative est sans doute celle qui convient le mieux à la *Délibération*, et c'est celle aussi sous laquelle elle se montre le plus souvent. Mais on pourrait en trouver des exemples sous la forme positive, et l'on sent qu'il ne serait pas impossible d'y réduire ceux que nous avons cités. La seule impossibilité serait de leur conserver, dans cette transmutation, cette vivacité, cette force, et cet intérêt qu'ils tiennent du style.

COMMUNICATION

Par la Communication, *afin de mieux persuader ceux à qui ou contre qui l'on parle, et même souvent afin de leur arracher des aveux plus ou moins pénibles, on a l'air de les consulter, d'entrer en conférence avec eux, et de s'en rapporter à ce qu'ils décideront eux-mêmes.*

Caïus Rabirius, chevalier romain, était accusé de trahison par le tribun *Labienus*, pour avoir, dans une émeute populaire, participé à la mort d'un factieux nommé *Saturnin*, qui venait de s'emparer du Capitole : Cicéron plaidant pour ce chevalier, s'adresse à *Labienus* lui-même, et lui dit :

« Je vous le demande, qu'eussiez-vous fait dans une cir-
» constance aussi délicate, vous qui prîtes la fuite par lâcheté;
» tandis que, d'un côté, la fureur et la méchanceté de *Saturnin*
» vous appelaient au Capitole, et que, d'un autre côté, les
» consuls imploraient votre secours pour la défense de la
» patrie et de la liberté ? Quelle autorité auriez-vous respectée ?
» Quelle voix auriez-vous écoutée ? Quel parti auriez-vous
» embrassé ? Aux ordres de qui vous seriez-vous soumis ?...
» Pouvez-vous donc faire un crime à *Rabirius* de s'être joint
» à ceux qu'il ne pouvait ni attaquer sans folie, ni abandonner
» sans déshonneur ? »

Brutus, balançant entre Rome et César, entre son père et sa patrie, consulte les conjurés; et Cassius, par des questions pleines d'art, où l'on peut voir une *Communication*, sait, en lui inspirant contre César la même horreur que contre Catilina, le décider pour le parti qui est selon son vœu : *La mort de César*, Acte III, scène II :

CASSIUS.

Je frémis du conseil que je vais te donner.

BRUTUS.

Parle.

CASSIUS.

Si tu n'étais qu'un citoyen vulgaire,
Je te dirais : « Va, sers, sois tyran sous ton père,
» Écrase cet État que tu dois soutenir :
» Rome aura désormais deux traîtres à punir : »
Mais je parle à Brutus, à ce puissant génie,
A ce héros armé contre la tyrannie,
Dont le cœur inflexible, au bien déterminé,
Épura tout le sang que César t'a donné.
Écoute : tu connais avec quelle furie
Jadis Catilina menaçait sa patrie ?

BRUTUS.

Oui.

CASSIUS.

Si le même jour que ce grand criminel
Dut à la liberté porter le coup mortel;
Si lorsque le sénat eût condamné ce traître,
Catilina pour fils t'eût voulu reconnaître;
Entre ce monstre et nous, forcé de décider,
Parle, qu'aurais-tu fait?

BRUTUS.

Peux-tu le demander?
Penses-tu qu'un moment ma vertu démentie
Eût mis dans la balance un homme et la patrie?

CASSIUS.

Brutus, par ce seul mot, ton devoir est dicté.

Mais, il faut en convenir, la *Communication* doit ici une partie de son mérite et de son effet à une autre figure : à laquelle? à une *Allusion*, qui fait voir aussitôt à Brutus un nouveau Catilina dans César.

La *Communication* peut se borner à une seule phrase, et telle est celle qu'offre l'interrogation si vive et si pressante des trois premiers vers de cette strophe de l'Ode de Rousseau sur les faux jugemens des hommes :

Que deviendront alors, répondez grands du monde,
Que deviendront ces biens où votre espoir se fonde,
Et dont vous étalez l'orgueilleuse moisson?
Sujets, amis, parens, tout deviendra stérile,
Et dans ce jour fatal l'homme à l'homme inutile,
Ne paîra point à Dieu le prix de sa rançon.

CONCESSION

Par la Concession, *on veut bien accorder quelque chose à son adversaire, pour en tirer ensuite un plus grand avantage.*

C'est au moyen de cette figure, que Boileau, dans sa Satire sur la noblesse, combat les ridicules prétentions de ceux qui, sans mérite personnel, se prévalent du nom et de la gloire de leurs aïeux :

Je veux que la valeur de ses aïeux antiques
Ait fourni de matières aux plus vieilles chroniques,
Et que l'un des Capets, pour honorer leur nom,
Ait de trois fleurs de lis doté leur écusson.
Que sert ce vain amas d'une inutile gloire,
Si de tant de héros célèbres dans l'histoire,

Il ne peut rien offrir aux yeux de l'univers,
Que de vieux parchemins qu'ont épargnés les vers :
Si tout sorti qu'il est d'une source divine,
Son cœur dément en lui sa superbe origine;
Et n'ayant rien de grand qu'une sotte fierté,
S'endort dans une lâche et molle oisiveté?

Massillon, après avoir prouvé combien sont souvent vaines et chimériques les espérances de gloire et d'avancement dans la carrière des armes, accorde que les espérances viennent cependant à être comblées; et partant de là, il vous prouve que vous êtes encore loin de ce bonheur après lequel vous courez :

« Mais quand même votre bonheur répondrait à vos espé-
» rances; quand même les douces erreurs et les songes sur
» lesquels votre esprit s'endort, deviendraient un jour des
» réalités; quand même, par un de ces coups du hasard, qui
» entre toujours pour beaucoup dans la fortune des armes,
» vous vous verriez élevé à des postes auxquels vous n'oseriez
» même aspirer, et que vous n'auriez plus rien à souhaiter
» du côté des prétentions humaines : que sont les félicités
» d'ici-bas, et quelle est leur fragilité et leur rapide durée?
» Que nous reste-t-il de ces grands noms qui ont autrefois
» joué un rôle si brillant dans l'univers? Ils ont paru un seul
» instant, et ont disparu pour toujours aux yeux des hommes.
» On sait ce qu'ils ont été pendant ce petit intervalle qu'a
» duré leur éclat; mais qui sait ce qu'ils sont dans la région
» éternelle des morts? »

Plusieurs rhéteurs, ou, si l'on veut, plusieurs auteurs de rhétoriques, ont cru voir une *Concession* dans le commencement de ce morceau de la harangue d'Antoine au peuple romain pour le porter à venger la mort de César :

Contre ses meurtriers je n'ai rien à vous dire :
C'est à servir l'État que leur grand cœur aspire.
De votre dictateur ils ont percé le flanc;
Comblés de ses bienfaits, ils sont teints de son sang.
Pour forcer les Romains à ce coup détestable,
Sans doute il fallait bien que César fût coupable.
Je le crois. Mais enfin César a-t-il jamais
De son pouvoir sur vous appesanti le faix?
A-t-il gardé pour lui le fruit de ses conquêtes?
Des dépouilles du monde il couronnait vos têtes;
Tout l'or des nations qui tombaient sous ses coups,
Tout le prix de son sang fut prodigué pour vous.
De son char de triomphe il voyait vos alarmes :
César en descendait pour essuyer vos larmes.
Du monde qu'il soumit vous triomphez en paix,

Puissans par son courage, heureux par ses bienfaits.
Il payait le service, il pardonnait l'outrage :
Vous le savez, grands Dieux! vous dont il fut l'image;
Vous, Dieux, qui lui laissiez le monde à gouverner,
Vous savez si son cœur aimait à pardonner.

Mais une *Concession* me paraît devoir être sincère, et dans tout ce qu'on donne là pour une *Concession*, je ne vois guère qu'une *ironie*. Ne serait-ce pas plutôt une *Occupation?* Car enfin, tout ce qu'Antoine semble avancer en faveur des conjurés, il va l'attaquer à l'instant même avec beaucoup d'éloquence, et il finira par le détruire de la manière la plus victorieuse.

SUSTENTATION

La Sustentation *consiste à tenir long-temps le lecteur ou l'auditeur en suspens, et à le surprendre ensuite par quelque chose qu'il était loin d'attendre.* Non-seulement elle est très-propre à piquer la curiosité, et à réveiller, à soutenir l'attention; mais, comme le dit Beauzée, elle fait du trait final comme un foyer commun où se réunissent les rayons de lumière qui partent de tous les objets précédens. Elle diffère de la *Suspension*, figure de style, en ce qu'elle ne dépend pas, comme celle-ci, de la structure du discours, et qu'elle n'est pas non plus renfermée dans les limites d'une phrase ou d'une période.

Un bel exemple de *Sustentation* nous est offert par Corneille, dans la mémorable scène par laquelle commence le cinquième acte de la tragédie de *Cinna*. Auguste, instruit des projets de Cinna contre lui, veut frapper ce conjuré d'étonnement et d'effroi, au moment où il lui dévoilera le secret de son horrible complot. Il commence par exiger de lui qu'il l'écoute en silence et sans l'interrompre; puis il lui rappelle toutes les grâces, tous les bienfaits dont il l'a comblé, et ce n'est qu'après cette longue énumération, qui remplit près de quarante vers, qu'il arrive enfin au point capital :

Tu t'en souviens, Cinna : tant d'heur et tant de gloire
Ne peuvent pas sitôt sortir de ta mémoire;
Mais ce qu'on ne pourrait jamais s'imaginer,
Cinna, tu t'en souviens, et *veux m'assassiner*.

Le coup si long-temps suspendu tombe sur Cinna comme un coup de foudre : c'est ce terrible hémistiche :

Et veux m'assassiner. Cinna en est si violemment frappé qu'il oublie sa promesse d'interrompre, et s'écrie :

Moi! Seigneur, moi! que j'eusse une âme si traîtresse!

Mais il a beau nier, son trouble le décèle, et devient contre lui une nouvelle preuve.

Le tour suspensif de la *Sustentation* peut être traité en moins de paroles, et cependant donner encore beaucoup de force au discours, et faire naître dans les cœurs la surprise et l'admiration, comme on le voit par cet exemple de Bossuet :

« La reine d'Angleterre, Henriette-Marie, pénétrée de » religion, surtout dans ses dernières années, remerciait » Dieu humblement de deux grâces : l'une de l'avoir fait » chrétienne; l'autre... Messieurs, qu'attendez-vous? Peut-» être d'avoir rétabli les affaires du roi son fils? Non, c'est » de l'avoir fait reine malheureuse » (1).

L'amour-propre, craignant d'en venir au point qui fait l'objet de la curiosité, emploie assez souvent, au lieu d'une explication franche et précise, des détours d'où résulte la *Sustentation :* c'est ce qu'on voit dans l'admirable scène où Phèdre est pressée par Œnone, sa nourrice et sa confidente, de lui révéler la cause secrète de son chagrin :

PHÈDRE.

Ciel! que vais-je lui dire? et par où commencer?

ŒNONE.

Par de vaines frayeurs cessez de m'offenser.

PHÈDRE.

O haine de Vénus! ô fatale colère!
Dans quels égaremens l'amour jeta ma mère!

ŒNONE.

Oublions-les, Madame, et qu'à tout l'avenir
Un silence éternel cache ce souvenir.

PHÈDRE.

Ariane, ma sœur, de quel amour blessée,
Vous mourûtes aux bords où vous fûtes laissée?

ŒNONE.

Que faites-vous, Madame, et quel mortel ennui
Contre tout votre sang vous anime aujourd'hui?

PHÈDRE.

Puisque Vénus le veut, de ce sang déplorable
Je péris la dernière et la plus misérable.

(1) Il faudrait, *de l'avoir faite chrétienne, de l'avoir faite reine malheureuse;* mais alors les règles des participes n'étaient pas encore bien fixées.

ŒNONE

Vous aimez?

PHÈDRE.

De l'amour j'ai toutes les fureurs.

ŒNONE.

Pour qui?

PHÈDRE.

Tu vas ouïr le comble des horreurs.
J'aime... A ce nom fatal, je tremble, je frissonne.
J'aime...

ŒNONE.

Qui?

PHÈDRE.

Tu connais le fils de l'Amazone,
Ce prince si long-temps par moi-même opprimé.

ŒNONE.

Hippolyte, grands Dieux!

PHÈDRE.

C'est toi qui l'as nommé.

Voici une *Sustentation* qui n'est pas moins en action qu'en discours : c'est l'abbé Batteux qui nous en fournit l'exemple dans ses Principes de littérature :

On raconte qu'une impératrice, ayant été trompée par un lapidaire, voulut s'en venger avec éclat. Elle s'adressa à son époux, lui exagéra la perfidie et l'audace du marchand infidèle : c'était un crime de lèse-majesté. « Il est » juste, dit l'empereur, que vous soyez vengée; il sera » puni comme le mérite son crime : qu'il soit condamné » aux bêtes. » Le jour du supplice arrivé, la princesse s'apprête à jouir de toute sa vengeance; toute la cour, toute la ville prend part à ses sentimens. Le malheureux paraît dans l'arêne; il est tremblant, saisi, anéanti. Quel monstre va fondre sur lui? Sera-ce un tigre furieux? un lion? un ours? *C'est un chevreau.*

Quelque courte que soit l'épigramme suivante, on y reconnaît une *Sustentation*, et c'est même cette figure qui en aiguise les traits :

Un gros serpent mordit Aurèle.
Que pensez-vous qu'il arriva?
Qu'Aurèle en mourut? Bagatelle :
Ce fut le serpent qui creva.

Quelquefois la *Sustentation*, après vous avoir fait attendre quelque chose de sérieux ou même de terrible, vous surprend tout-à-coup par quelque innocente plaisanterie. En voici un exemple très-connu :

Après le malheur effroyable
Qui vient d'arriver à mes yeux,
J'avoûrai désormais, grands Dieux,
Qu'il n'est rien d'incroyable :
J'ai vu, sans mourir de douleur,
J'ai vu... (siècles futurs, pourrez-vous bien le croire?
Ah! j'en frémis encor de dépit et d'horreur!)
J'ai vu mon verre plein, et je n'ai pu le boire.

A cette dernière *Sustentation*, se trouve jointe une vraie *suspension* de style : elle consiste dans les quatre derniers vers.

C. — FIGURES DE PENSÉES PAR DÉVELOPPEMENT

D'abord l'*Expolition*, et puis toutes les différentes espèces de *descriptions*, la *Topographie*, la *Chronographie*, la *Prosopographie*, l'*Étopée*, le *Portrait*, le *Parallèle*, enfin le *Tableau*. Tout ce que nous dirons de la *Description* en général, c'est qu'elle consiste à exposer un objet aux yeux, et à le faire connaître par le détail de toutes les circonstances les plus intéressantes; c'est qu'elle donne lieu à l'*Hypotypose*, quand l'exposition de l'objet est si vive, si énergique, qu'il en résulte dans le style une *image*, un tableau.

EXPOLITION

L'*Expolition, qui est pour les pensées ce que la* Synonymie *est pour les mots, reproduit une même pensée sous différens aspects ou sous différens tours, afin de la rendre plus sensible ou plus intéressante.*

Molière, dans le *Tartufe*, veut faire sentir combien il serait absurde de ne pas distinguer entre l'*Hypocrisie* et la *Dévotion*. Il emploie à cet effet cinq comparaisons qui, quant au fond, reviennent à une seule, et ne diffèrent un peu entre elles que quant aux termes :

Hé quoi! vous ne ferez nulle distinction
Entre l'hypocrisie et la dévotion?
Vous les voulez traiter d'un semblable langage,
Et rendre même honneur au masque qu'au visage?
Égaler l'artifice à la sincérité,
Confondre l'apparence avec la vérité,
Estimer le fantôme autant que la personne,
Et la fausse monnaie à l'égal de la bonne?

Mardochée, pour ranimer le courage et la confiance d'Esther, lui développe l'idée de la puissance de Dieu, dans huit vers magnifiques qui semblent enchérir les uns sur les autres :

Trop heureuse pour Dieu de hasarder vos jours!
Et quel besoin son bras a-t-il de nos secours?
Que peuvent contre lui tous les rois de la terre?
En vain ils s'uniraient pour lui faire la guerre :
Pour dissiper leur ligue il n'a qu'à se montrer;
Il parle, et dans la poudre il les fait tous rentrer.
Au seul son de sa voix, la mer fuit, le ciel tremble;
Il voit comme un néant tout l'univers ensemble;
Et les faibles mortels, vains jouets du trépas,
Sont tous devant ses yeux comme s'ils n'étaient pas.

Hippolyte, se justifiant auprès de Thésée, emploie aussi huit vers à lui prouver que ce n'est pas tout-à-coup, mais insensiblement et par degrés, qu'une âme vertueuse devient capable d'un grand crime, tel que l'inceste :

Examinez ma vie, et voyez qui je suis.
Quelques crimes toujours précèdent les grands crimes.
Quiconque a pu franchir les bornes légitimes,
Peut violer aussi les droits les plus sacrés.
Ainsi que la vertu, le crime a ses degrés;
Et jamais on n'a vu la timide innocence
Passer subitement à l'extrême licence.
Un seul jour ne fait pas d'un mortel vertueux,
Un perfide assassin, un lâche incestueux.

Voilà assez d'exemples en vers; en voici en prose :

Massillon, dans son Discours pour une bénédiction des drapeaux du régiment de Catinat, montre ainsi que les hommes et les peuples ne font que passer sur la terre :

« Qui ne le dit tous les jours dans le siècle? Une fatale » révolution, une rapidité que rien n'arrête, entraîne tout » dans les abîmes de l'éternité; les siècles, les générations, les » empires, tout va se perdre dans ce gouffre : tout y entre et » rien n'en sort : nos ancêtres nous en ont frayé le chemin, » et nous allons le frayer dans un moment à ceux qui viennent » après nous : ainsi les âges se renouvellent; ainsi la figure » du monde change sans cesse; ainsi les morts et les vivans » se succèdent, et se remplacent continuellement : rien ne » demeure, tout s'use, tout s'éteint. »

Le même orateur, dans son Discours sur les tentations des grands, montre par combien de bassesses l'ambition avilit et dégrade l'homme :

« Que de bassesses pour parvenir! Il faut paraître, non pas

» tel qu'on est, mais tel qu'on nous souhaite. Bassesse d'adu-
» lation; on encense et on adore l'idole qu'on méprise : bas-
» sesse de lâcheté; il faut savoir essuyer des dégoûts, dévorer
» des rebuts, et les recevoir presque comme des grâces : bas-
» sesse de dissimulation; point de sentimens à soi, et ne penser
» que d'après les autres : bassesse de déréglement; devenir
» les complices et peut-être les ministres des passions de
» ceux de qui nous dépendons, et entrer en part de leurs
» désordres, pour participer plus sûrement à leurs grâces :
» enfin, bassesse même d'hypocrisie; emprunter quelquefois
» les apparences de la piété; jouer l'homme de bien pour
» parvenir, et faire servir à l'ambition la religion même qui
» la condamne. »

Par tous ces exemples, on peut juger de quelle ressource l'*Expolition* est en éloquence : elle est le principe de l'amplification oratoire, et nous lui devons plusieurs figures de style ou d'élocution, dont quelques-unes, telles que la *Métabole*, l'*Énumération* et la *Paraphrase*, pourraient, si on voulait ne regarder qu'à la pensée, être confondues avec elle.

TOPOGRAPHIE

La Topographie *est une* description *qui a pour objet un lieu quelconque, tel qu'un vallon, une montagne, une plaine, une ville, un village, une maison, un temple, une grotte, un jardin, un verger, une forêt, etc.*

La demeure de Calypso, *Télémaque*, liv. I :

« On arrive à la porte de la grotte de Calypso, où Télémaque
» fut surpris de voir, avec une apparence de simplicité rus-
» tique, tout ce qui peut charmer les yeux. On n'y voyait ni
or, ni argent, ni marbre, ni colonnes, ni tableaux, ni statues :
» cette grotte était taillée dans le roc, en voûtes pleines de
rocailles et de coquilles : elle était tapissée d'une jeune
vigne qui étendait ses branches souples également de tous
» côtés. Les doux zéphirs conservaient en ce lieu, malgré
» les ardeurs du soleil, une délicieuse fraîcheur : des fontaines
» coulant avec un doux murmure sur des prés semés d'ama-
» ranthes et de violettes, formaient en divers lieux des bains
» aussi purs et aussi clairs que le cristal : mille fleurs naissantes
» émaillaient les tapis verts dont la grotte était environnée.
» Là, on trouvait un bois de ces arbres touffus qui portent
» des pommes d'or, et dont la fleur, qui se renouvelle dans
» toutes les saisons, répand le plus doux de tous les parfums;
» ce bois semblait couronner ces belles prairies, et formait
» une nuit que les rayons du soleil ne pouvaient percer : là,

» on n'entendait jamais que le chant des oiseaux, ou le bruit » d'un ruisseau, qui, se précipitant du haut d'un rocher, tom- » bait à gros bouillons pleins d'écume, et s'enfuyait au travers » de la prairie... »

La campagne de Boileau : Épître à M. de Lamoignon :

Oui, Lamoignon, je fuis les chagrins de la ville,
Et contre eux la campagne est mon unique asile.
Du lieu qui m'y retient veux-tu voir le tableau ?
C'est un petit village, ou plutôt un hameau,
Bâti sur le penchant d'un long rang de collines
D'où l'œil s'égare au loin dans les plaines voisines.
La Seine, au pied des monts que son flot vient laver,
Voit du sein de ses eaux vingt îles s'élever,
Qui, partageant son cours en diverses manières,
D'une rivière seule y forment vingt rivières.
Tous ses bords sont couverts de saules non plantés,
Et de noyers souvent du passant insultés.
Le village au-dessus forme un amphithéâtre :
L'habitant ne connaît ni la chaux ni le plâtre ;
Et dans le roc qui cède et se coupe aisément,
Chacun sait de sa main creuser son logement.
La maison du seigneur, seule un peu plus ornée,
Se présente au dehors de murs environnée.
Le soleil en naissant la regarde d'abord,
Et le mont la défend des outrages du Nord.

La *Topographie* n'a pas toujours ce développement ni cette étendue. En voici une du même poëte, qui, pour être assez courte, n'en a pas moins de mérite : *le Lutrin*, chant Ier :

Dans le réduit obscur d'une alcôve enfoncée,
S'élève un lit de plume à grands frais amassée :
Quatre rideaux pompeux, par un double contour,
En défendent l'entrée à la clarté du jour.
Là, parmi les douceurs d'un tranquille silence,
Règne sur le duvet une heureuse indolence.

La *Topographie* est aussi à l'usage de l'orateur, et Fléchier, dans son Oraison funèbre de la Reine, nous offre cet exemple, bien digne d'être cité :

« Voyons-la dans ces hospices où elle pratiquait ses miséri- » cordes publiques : dans ces lieux, où se ramassent toutes » les infirmités et tous les accidens de la vie humaine ; où les » gémissemens et les plaintes de ceux qui souffrent, remplissent » l'âme d'une tristesse importune ; où l'odeur qui s'exhale » de tant de corps languissans, porte dans le cœur de ceux » qui les servent le dégoût et la défaillance : où l'on voit la » douleur et la pauvreté exercer à l'envi leur funeste empire ;

» et où l'image de la misère et de la mort entre presque par
» tous les sens. »

CHRONOGRAPHIE

La Chronographie *est une* description *qui caractérise vivement le temps d'un événement, par le concours des circonstances qui s'y rattachent.*

Delille, dans sa traduction du *Paradis perdu*, livre IV, peint ainsi l'approche et le retour de la nuit :

Mais enfin la Nuit vient, et le peuple des fleurs
A du soir par degrés revêtu les couleurs.
Le silence la suit : les troupeaux s'assoupissent;
Tous les oiseaux muets dans leurs nids se tapissent;
Tous, hors le rossignol, qui, d'un ton amoureux,
Répète dans la nuit ses refrains douloureux :
Il chante, l'air répond, et le silence écoute.
Cependant de saphirs les cieux peignent leur voûte :
Précurseur radieux des astres de la nuit,
Le brillant Hespérus en pompe les conduit.
Au milieu du repos, de l'ombre et du silence,
D'un air majestueux leur reine enfin s'avance;
Et, versant sur le monde une tendre clarté,
De son trône d'azur jette un voile argenté.

Voici comment, dans la narration de l'ange Raphaël, il peint le retour de la lumière : c'est au commencement du VIe livre :

Cependant par degrés la lumière est éclose;
Les Heures conduisant l'Aurore aux doigts de rose,
Ont ouvert la barrière au char brillant du Jour.
Sur la montagne sainte est un profond séjour
D'où, reprenant sans fin leur course régulière,
Partent pour revenir la Nuit et la Lumière,
Du théâtre des cieux douce variété :
Chacune a son issue : et lorsque d'un côté
Paraît le Jour naissant, de l'autre la Nuit sombre
Rentre dans son palais jusqu'à l'heure où son ombre,
Comme un voile léger déployée à son tour,
Laisse au ciel étoilé la clarté d'un beau jour.

Passage de l'été à l'automne : J.-B. Rousseau, Ode IIIe du 3e livre :

Le soleil, dont la violence
Nous a fait languir si long-temps,
Arme de feux moins éclatans
Les rayons que son char nous lance,

Et, plus paisible dans son cours,
Laisse la céleste balance
Arbitre des nuits et des jours.
L'Aurore, désormais stérile
Pour la divinité des fleurs,
De l'heureux tribut de ses pleurs
Enrichit un dieu plus utile,
Et sur tous les coteaux voisins,
On voit briller l'ambre fertile
Dont elle dore nos raisins.

PROSOPOGRAPHIE

La Prosopographie *est une* description *qui a pour objet la figure, le corps, les traits, les qualités physiques, ou seulement l'extérieur, le maintien, le mouvement d'un être animé, réel ou fictif, c'est-à-dire, de pure imagination.*

Adam et Eve, tels qu'ils s'offrent aux regards de Satan; *Paradis perdu*, livre IV :

Parmi ceux qui peuplaient ces bords voluptueux,
Un couple au front superbe, au port majestueux,
A frappé ses regards : leur noble contenance,
Leur corps paré de grâce, et vêtu d'innocence,
Tout en eux est céleste; et l'Ange des enfers
A d'abord reconnu les rois de l'univers...
Dans les yeux de l'époux la majesté respire;
Il est né pour la gloire, il est né pour l'empire :
Sur son front mâle et fier ses cheveux partagés,
Voilent son cou d'albâtre; et leurs flots négligés,
Sans passer son épaule, en grappes ondoyantes
Roulaient le jai brillant de leurs touffes pendantes.
Comme un voile flottant sans ornement, sans art,
La chevelure d'Eve, assemblée au hasard,
Couvrait sa belle taille, et de ses tresses blondes
Aux folâtres zéphirs abandonnait les ondes...

Le vieillard Termosiris, prêtre d'Apollon, aperçu par Télémaque dans un bois sombre, un livre à la main :

« Ce vieillard, dit Télémaque, avait un grand front chauve « et un peu ridé : une barbe blanche pendait jusqu'à sa ceinture; » sa taille était haute et majestueuse; son teint était encore » frais et vermeil; ses yeux étaient vifs et perçans, sa voix » douce, ses paroles simples et aimables. Jamais je n'ai vu » un si vénérable vieillard. »

Le prélat, héros du *Lutrin :*

La jeunesse en sa fleur brille sur son visage;
Son menton sur son sein descend à double étage,

Et son corps ramassé dans sa courte grosseur
Fait gémir les coussins sous sa molle épaisseur.

La fée Urgelle sous les traits d'une vieille, dans un conte de Voltaire :

Il ne vit plus qu'une vieille édentée,
Au teint de suie, à la taille écourtée,
Pliée en deux, s'appuyant d'un bâton;
Son nez pointu touche à son court menton;
D'un rouge brun sa paupière est bordée;
Quelques crins blancs couvrent son noir chignon;
Un vieux tapis, qui lui sert de jupon,
Tombe à moitié sur sa cuisse ridée...

Le sanglier qui, blessé par Antiope, allait la mettre en pièces, si Télémaque, heureusement pour elle, ne se fût trouvé là pour la sauver :

« Les chiens poursuivaient un sanglier d'une grandeur » énorme, et furieux comme celui de Calydon; ses longues » soies étaient dures et hérissées comme des dards; ses yeux » étincelans étaient pleins de sang et de feu : son souffle se » faisait entendre de loin, comme le bruit sourd des vents » séditieux, quand Éole les rappelle dans son antre pour » apaiser les tempêtes : ses défenses longues et crochues » comme la faux tranchante des moissonneurs, coupaient » le tronc des arbres. Tous les chiens qui osaient en approcher » étaient déchirés; les plus hardis chasseurs, en le poursuivant, » craignaient de l'atteindre. »

Le Coq et le Paon, dans le magnifique récit de la création par l'Ange Raphaël; *Paradis perdu*, chant VII :

Au milieu d'eux, le Coq, d'un air de majesté,
Marche, sûr de sa force et fier de sa beauté;
Superbe, le front haut, en triomphe il étale
Son panache flottant, son aigrette royale;
Son plumage doré descend en longs cheveux;
L'orgueil est dans son port, l'éclair est dans ses yeux;
Sa voix est un clairon; son organe sonore
Marque l'heure des nuits, et réveille l'Aurore;
C'est le chant du matin, c'est l'annonce du jour,
L'accent de la victoire, et le cri de l'amour :
Lui seul réunit tout, force, beauté, courage.
De la création le plus brillant ouvrage,
Après lui vient le Paon, de lui-même ébloui;
Son plumage superbe, en cercle épanoui,
Déploie avec orgueil la pompe de sa roue;
Iris s'y réfléchit, la lumière s'y joue;
Il semble réunir dans son arc radieux
Et les fleurs de la terre et les astres des cieux.

ÉTHOPÉE

*L'*Éthopée *est une* description *qui a pour objet les mœurs, le caractère, les vices, les vertus, les talens, les défauts, enfin les bonnes ou les mauvaises qualités morales d'un personnage réel ou fictif.*

Henri de Guise le Balafré, peint au moral par Voltaire, *Henriade*, chant III :

Nul ne sut mieux que lui le grand art de séduire;
Nul sur ses passions n'eut jamais plus d'empire,
Et ne sut mieux cacher, sous des dehors trompeurs,
Des plus vastes desseins les sombres profondeurs.
Altier, impérieux, mais souple et populaire,
Des peuples en public il plaignait la misère,
Détestait des impôts le fardeau rigoureux :
Le pauvre allait le voir, et revenait heureux :
Il savait prévenir la timide indigence :
Ses bienfaits dans Paris annonçaient sa présence;
Il se faisait aimer des grands qu'il haïssait,
Terrible et sans retour alors qu'il offensait :
Téméraire en ses vœux, sage en ses artifices,
Brillant par ses vertus, et même par ses vices,
Connaissant le péril et ne redoutant rien :
Heureux guerrier, grand prince, et mauvais citoyen.

Cromwel, d'après Bossuet, dans son Oraison funèbre de la reine d'Angleterre :

« Un homme s'est rencontré d'une profondeur d'esprit » incroyable; hypocrite raffiné, autant qu'habile politique; » capable de tout entreprendre et de tout cacher; également » actif et infatigable dans la paix et dans la guerre; qui ne » laissait rien à la fortune de ce qu'il pouvait lui ôter par » conseil et par prévoyance; mais, au reste, si vigilant et si » prêt à tout, qu'il n'a jamais manqué les occasions qu'elle » lui a présentées; enfin, un de ces esprits remuans et auda- » cieux, qui semblent être nés pour changer le monde. »

La femme jalouse, d'après Boileau, satire X :

Et puis, quelque douceur dont brille ton épouse,
Penses-tu, si jamais elle devient jalouse,
Que son âme livrée à ses tristes soupçons
De la raison encore écoute les leçons?
Alors, Alcippe, alors tu verras de ses œuvres :
Résous-toi, pauvre époux, à vivre de couleuvres;
A la voir tous les jours, dans ses fougueux accès,
A ton geste, à ton rire, intenter un procès;
Souvent, de la maison gardant les avenues,
Les cheveux hérissés, t'attendre au coin des rues;

Te trouver en des lieux de vingt portes fermés,
Et partout où tu vas, dans ses yeux enflammés,
T'offrir, non pas d'Isis la tranquille Euménide,
Mais la vraie Alecto peinte dans l'Énéide,
Un tison à la main, chez le roi Latinus,
Soufflant sa rage au sein d'Amate et de Turnus.

Encore un exemple, mais court. L'Hypocrite, d'après J.-B. Rousseau; Ode contre l'Hypocrisie :

L'Hypocrite en fraudes fertile,
Dès l'enfance est pétri de fard;
Il sait colorer avec art
Le fiel que sa bouche distille,
Et la morsure du serpent
Est moins aiguë et moins subtile
Que le venin caché que sa langue répand.

PORTRAIT

On appelle souvent du nom de *Portrait*, soit l'*Éthopée*, soit la *Prosopographie*, toute seule; mais le *Portrait*, tel qu'on l'entend ici, doit les réunir l'une et l'autre. *C'est la* Description *tant au moral qu'au physique d'un être animé, réel ou fictif*.

Astarbé, d'après Fénelon, *Télémaque*, livre III :

« Cette femme était belle comme une déesse; elle joignait » aux charmes du corps tous ceux de l'esprit; elle était enjouée, » flatteuse, insinuante. Avec tant de charmes trompeurs, elle » avait, comme les sirènes, un cœur cruel et plein de malignité; » mais elle savait cacher ses sentiments corrompus par un » profond artifice. Elle avait su gagner le cœur de Pygmalion » par sa beauté, par son esprit, par sa douce voix, et par l'har- » monie de sa lyre. »

La Politique, d'après Voltaire, *Henriade*, chant IV :

Au fond du Vatican régnait la Politique,
Fille de l'Intérêt et de l'Ambition,
Dont naquirent la Fraude et la Séduction.
Ce monstre ingénieux, en détours si fertile,
Accablé de soucis, paraît simple et tranquille;
Ses yeux creux et perçans, ennemis du repos,
Jamais du doux sommeil n'ont senti les pavots.
Par ses déguisemens à toute heure elle abuse
Les regards éblouis de l'Europe confuse.
Le Mensonge subtil qui conduit ses discours,
De la Vérité même empruntant le secours,
Du sceau du Dieu vivant empreint ses impostures,
Et fait servir le Ciel à venger ses injures.

La Chicane, d'après Boileau, *Lutrin*, chant V :

Là, sur des tas poudreux de sacs et de pratique,
Hurle tous les matins une sibylle étique.
On l'appelle *Chicane :* et ce monstre odieux
Jamais pour l'équité n'eut d'oreilles ni d'yeux.
La Disette au teint blême et la triste Famine,
Les Chagrins dévorans et l'infâme Ruine,
Enfans infortunés de ses raffinemens.
Troublent l'air d'alentour de longs gémissemens.
Sans cesse feuilletant les lois et la coutume,
Pour consumer autrui le monstre se consume,
Et dévorant maisons, palais, châteaux entiers,
Rend pour des monceaux d'or de vains tas de papiers.
Sous le coupable effort de sa noire insolence,
Thémis a vu cent fois chanceler sa balance.
Incessamment il va de détour en détour;
Comme un hibou, souvent il se dérobe au jour :
Tantôt, les yeux en feu, c'est un lion superbe;
Tantôt, humble serpent, il se glisse sous l'herbe.

Le Cheval, d'après Buffon, *Histoire naturelle :*

« La plus noble conquête que l'homme ait jamais faite, » est celle de ce fier et fougueux animal qui partage avec lui » les fatigues de la guerre et la gloire des combats. Aussi » intrépide que son maître, le cheval voit le péril et l'affronte. » Il se fait au bruit des armes, il l'aime, il le cherche, et s'anime » de la même ardeur : il partage aussi ses plaisirs à la chasse, » aux tournois, à la course; il brille, il étincelle; mais, docile » autant que courageux, il ne se laisse point emporter à son » feu, il sait réprimer ses mouvemens; non-seulement il » fléchit sous la main de celui qui le guide, mais il semble » consulter ses désirs; et obéissant toujours aux impressions » qu'il en reçoit, il se précipite, se modère ou s'arrête, et » n'agit que pour y satisfaire. C'est une créature qui renonce » à son être, pour n'exister que par la volonté d'un autre, qui » sait même la prévenir; qui, par la promptitude et la préci- » sion de ses mouvemens, l'exprime et l'exécute; qui sent » autant qu'on le désire, et ne rend qu'autant qu'on veut; » qui se livrant sans réserve ne se refuse à rien, sert de toutes » ses forces, s'excède, et même meurt pour mieux obéir. »

PARALLÈLE

Le Parallèle *consiste dans deux* descriptions, *ou consécutives, ou mélangées, par lesquelles on rapproche l'un de l'autre, sous leurs rapports physiques ou moraux, deux objets dont on veut montrer la ressemblance ou la différence.*

Corneille et Racine, d'après La Bruyère :

« *Corneille* nous assujettit à ses caractères et à ses idées : » *Racine* se conforme aux nôtres. Celui-là peint les hommes » comme ils devraient être : celui-ci les peint tels qu'ils sont. » Il y a plus, dans le premier, de ce qu'on admire et de ce » qu'on doit même imiter : il y a plus, dans le second, de ce » qu'on reconnaît dans les autres, et de ce qu'on éprouve » en soi-même. L'un élève, étonne, maîtrise, instruit : l'autre » plaît, remue, touche, pénètre. Ce qu'il y a de plus grand, » de plus impérieux dans la raison, est manié par celui-là; » par celui-ci, ce qu'il y a de plus tendre et de plus flatteur » dans la passion. Dans l'un, ce sont des règles, des préceptes, » des maximes; dans l'autre, du goût et des sentimens. L'on » est plus occupé aux pièces de *Corneille :* l'on est plus ébranlé » et plus attendri à celles de *Racine. Corneille* est plus moral; » *Racine* plus naturel. Il semble que l'un imite *Sophocle,* » et que l'autre doit plus à *Euripide.*

Les deux mêmes poëtes, d'après La Motte :

Des deux souverains de la Scène
L'aspect a frappé nos esprits :
C'est sur leurs pas que Melpomène
Conduit ses plus chers favoris.
L'un plus pur, l'autre plus sublime,
Tous deux partagent notre estime
Par un mérite différent :
Tour-à-tour ils nous font entendre
Ce que le cœur a de plus tendre,
Ce que l'esprit a de plus grand.

Richelieu et Mazarin, *Henriade*, chant VII :

Richelieu, Mazarin, ministres immortels,
Jusqu'au trône élevés de l'ombre des autels,
Enfans de la fortune et de la politique,
Marcheront à grands pas au pouvoir despotique :
Richelieu, grand, sublime, implacable ennemi :
Mazarin, souple, adroit, et dangereux ami :
L'un fuyant avec art et cédant à l'orage;
L'autre aux flots irrités opposant son courage :
Des princes de mon sang ennemis déclarés;
Tous deux, haïs du peuple, et tous deux admirés;
Enfin, par leurs efforts, et par leur industrie,
Utiles à leur roi, cruels à la patrie.

L'Armée de Joyeuse et l'Armée de Henri IV : Récit de la bataille de Coutras, par Henri IV ; *Henriade*, chant III :

Il n'eut à m'opposer qu'un excès de courage,
Dans un jeune héros dangereux avantage.

Les courtisans en foule, attachés à son sort,
Du sein des voluptés s'avançaient à la mort.
Des chiffres amoureux, gages de leurs tendresses,
Traçaient sur leurs habits les noms de leurs maîtresses;
Leurs armes éclataient du feu des diamans,
De leurs bras énervés frivoles ornemens
Ardens, impétueux, privés d'expérience,
Ils portaient au combat leur superbe imprudence :
Orgueilleux de leur pompe, et fiers d'un camp nombreux,
Sans ordre ils s'avançaient d'un pas impétueux.
D'un éclat différent mon camp frappait leur vue.
Mon armée, en silence à leurs yeux étendue,
N'offrait de tous côtés que farouches soldats,
Endurcis aux travaux, vieillis dans les combats,
Accoutumés au sang, et couverts de blessures;
Leur fer et leurs mousquets composaient leurs parures.
Comme eux vêtu sans pompe, armé de fer comme eux,
Je conduisais aux coups leurs escadrons poudreux;
Comme eux, de mille morts affrontant la tempête,
Je n'étais distingué qu'en marchant à leur tête.

TABLEAU

On appelle du nom de Tableau *certaines* descriptions *vives et animées, de passions, d'actions, d'événemens, ou de phénomènes physiques ou moraux.*

Les Arts enfantés par le besoin : *Géorgiques* de Virgile, livre Ier, traduction de Delille.

Enfin, l'Art, à pas lents, vint adoucir nos peines :
Le caillou rend le feu recélé dans ses veines;
La terre obéissante et les flots étonnés
Par la rame et le soc déjà sont sillonnés;
Déjà le nocher compte et nomme les étoiles;
Des chiens lancent un cerf, le chasseur tend ses toiles;
La glu trompe l'oiseau; le crédule poisson
Tombe dans des filets, ou pend à l'hameçon :
Bientôt le fer rougit dans la fournaise ardente;
J'entends crier la dent de la lime mordante :
L'acier coupe les bois que déchiraient les coins.
Tout cède aux longs travaux, et surtout aux besoins.

On pourrait voir encore dans les *Géorgiques* de Virgile, les prodiges arrivés à la mort de César, l'éloge de l'Italie, le bonheur champêtre, la peste des animaux, etc. Mais nos grands écrivains fourniront eux-mêmes assez d'exemples, et on ne sera embarrassé que de choisir.

Amphitrite traînée dans son char par des chevaux marins; *Télémaque*, livre IV :

« Pendant qu'Hazaël et Mentor parlaient, nous aperçûmes » des dauphins couverts d'une écaille qui paraissait d'or et » d'azur. En se jouant, ils soulevaient les flots avec beaucoup » d'écume. Après eux venaient des Tritons qui sonnaient de la » trompette avec leurs conques recourbées. Ils environnaient » le char d'Amphitrite, traîné par des chevaux marins plus » blancs que la neige, et qui, fendant l'onde salée, laissaient » loin derrière eux un vaste sillon dans la mer. Leurs yeux » étaient enflammés, et leurs bouches étaient fumantes. Le char » de la déesse était une conque d'une merveilleuse figure; » elle était d'une blancheur plus éclatante que l'ivoire, et les » roues étaient d'or. Ce char semblait voler sur la face des » eaux paisibles. Une troupe de Nymphes couronnées de » fleurs nageaient en foule derrière le char; leurs beaux che- » veux pendaient sur leurs épaules, et flottaient au gré du vent. » La déesse tenait d'une main un sceptre d'or pour commander » aux vagues : de l'autre elle portait sur ses genoux le petit » Dieu Palémon son fils, pendant à sa mamelle. Elle avait un » visage serein, et une douce majesté qui faisait fuir les vents » séditieux et toutes les noires tempêtes. Les Tritons condui- » saient les chevaux et tenaient les rênes dorées. Une grande » voile de pourpre flottait dans l'air au-dessus du char; elle » était à demi-enflée par le souffle d'une multitude de petits » zéphirs qui s'efforçaient de la pousser par leurs haleines. » On voyait au milieu des airs Éole empressé, inquiet, et ardent. » Son visage ridé et chagrin, sa voix menaçante, ses sourcils » épais et pendans, ses yeux pleins d'un feu sombre et austère, » tenaient en silence les fiers aquilons, et repoussaient tous les » nuages. Les immenses baleines et tous les monstres marins, » faisant avec leurs narines un flux et reflux de l'onde amère, » sortaient en hâte de leurs grottes profondes pour voir la » déesse. »

Ouvrons *la Henriade* : que d'exemples de la plus grande beauté elle va nous offrir! En voici deux pris comme au hasard parmi les plus courts : *Les effets de la poudre à canon; D'Aumale rapporté mourant dans Paris.* Si l'on en veut de plus longs, on n'a qu'à voir dans le second chant, telle ou telle scène de la Saint-Barthélemi, et particulièrement, la *Mort de Coligny;* dans le huitième chant, le *Combat de d'Ailly le père et de d'Ailly le fils;* dans le neuvième, *l'Amour et son cortège;* dans le dixième, le *Combat de Turenne et de d'Aumale*, la *Famine de Paris*, et l'*Horrible égarement de cette mère qui immole son fils à sa faim.* N'y a-t-il pas même tels chants de ce poëme, et, entre autres, le second, le septième et le neuvième, qu'on peut regarder comme de grands *tableaux*, ou comme des suites de tableaux dans un même cadre ?

Les effets terribles de la poudre à canon; *Henriade*, chant VI :

On entendait gronder ces bombes effroyables,
Des troubles de la Flandre enfans abominables :
Dans ces globes d'airain le salpêtre enflammé
Vole avec la prison qui le tient enfermé.
Il la brise, et la mort en sort avec furie.
Avec plus d'art encore et plus de barbarie,
Dans des antres profonds on a su renfermer
Des foudres souterrains tout prêts à s'allumer.
Sous un chemin trompeur où, volant au carnage,
Le soldat valeureux se fie à son courage,
On voit en un instant des abîmes ouverts,
De noirs torrens de soufre épandus dans les airs,
Des bataillons entiers, par ce nouveau tonnerre,
Emportés, déchirés, engloutis sous la terre...

D'Aumale rapporté mourant dans Paris; *Henriade*, chant X :

Cependant des soldats dans les murs de Paris
Rapportaient à pas lents le malheureux d'Aumale.
Ce spectacle sanglant, cette pompe fatale,
Entre au milieu d'un peuple interdit, égaré :
Chacun voit en tremblant ce corps défiguré,
Ce front souillé de sang, cette bouche entr'ouverte,
Cette tête penchée et de poudre couverte,
Ces yeux où le trépas étale ses horreurs.
On n'entend point de cris, on ne voit point de pleurs :
La honte, la pitié, l'abattement, la crainte,
Étouffent leurs sanglots, et retiennent leur plainte.
Tout se tait, et tout tremble. Un bruit rempli d'horreur
Bientôt de ce silence augmente la terreur...

D. — PRÉTENDUES FIGURES DE PENSÉES

Outre les *figures de pensées* qui font l'objet des paragraphes précédens, presque tous les rhéteurs en distinguent beaucoup d'autres : la *Commination*, l'*Imprécation*, l'*Optation*, la *Déprécation*, le *Serment*, la *Dubitation*, la *Licence*. Mais ce ne sont, très-probablement, des figures d'aucune espèce. Toutefois ce titre leur est reconnu depuis trop longtemps pour que nous nous flattions de le leur faire perdre. Et peu nous importe au reste qu'on le leur conserve : il nous suffit de montrer qu'on peut le leur contester.

COMMINATION

La Commination *est la menace ou l'annonce d'un malheur plus ou moins horrible, par l'image duquel on cherche à porter le trouble et l'effroi dans l'âme de ceux contre qui l'on se sent animé par la haine, la colère, l'indignation ou la vengeance.*

Le grand-prêtre Joad, à l'indigne Mathan, dont la vue lui fait horreur, et qu'il chasse loin du saint lieu :

Sors donc de devant moi, monstre d'impiété.
De toutes les horreurs, va, comble la mesure;
Dieu s'apprête à te joindre à la race parjure,
Abiron, et Dathan, Doëg, Achitophel :
Les chiens à qui son bras a livré Jézabel,
Attendant que sur toi sa fureur se déploie,
Déjà sont à ta porte, et demandent leur proie.

Pyrrhus, à Andromaque, après de vains efforts pour la rendre sensible à son amour :

Hé bien! Madame, hé bien! il faut vous obéir;
Il faut vous oublier, ou plutôt vous haïr.
Oui, mes vœux ont trop loin poussé leur violence
Pour ne plus s'arrêter que dans l'indifférence;
Songez-y bien, il faut désormais que mon cœur,
S'il n'aime avec transport, haïsse avec fureur.
Je n'épargnerai rien dans ma juste colère :
Le fils me répondra des mépris de la mère.

Dans l'*Orphelin de la Chine*, Gengis, à Idamé, en voyant la résistance invincible qu'elle oppose à ses vœux :

Eh bien! vous le voulez; vous choisissez ma haine,
Vous l'aurez; et déjà je la retiens à peine.
Je ne vous connais plus; et mon juste courroux
Me rend la cruauté que j'oubliais pour vous.
Votre époux, votre prince, et votre fils, cruelle,
Vont payer de leur sang votre fierté rebelle.
Ce mot que je voulais les a tous condamnés.
C'en est fait, et c'est vous qui les assassinez.

Voilà trois comminations différentes, et toutes plus ou moins énergiques. Or, dans laquelle peut-on voir une figure nouvelle et particulière, qui, par la forme ou le caractère du langage, diffère absolument de toutes celles que nous avons observées dans les différentes classes? Serait-ce donc l'objet particulier du langage, ou le sentiment, la passion que le langage exprime, qui ferait ici la figure? Mais alors, autant de nouvelles figures, que de sentimens ou de passions diverses, ou que de diverses manières dont les sentimens, les passions peuvent éclater. Alors, dis-je, l'injure, le reproche, le blâme, le louange, la flatterie, le compliment, le conseil, l'exhortation, l'offre, la demande, le remercîment, la plainte, et que sais-je encore, seront autant de figures qu'il faudra classer sans doute d'après leurs caractères distinctifs de malignité et de violence, ou de douceur et d'aménité.

Dira-t-on que ce sont des *figures de pensées?* Mais où est, en ce cas-là, ce tour, cet artifice, ce je ne sais quoi de fin, de délié, qui doit en faire le caractère? Ces sentimens énoncés avec tant de force et d'énergie, peuvent-ils ne pas être sincères et véritables? Où trouver dans le langage ces détours, ces combinaisons ingénieuses d'un esprit qui médite une surprise ou un triomphe? N'est-il pas tout de la nature seule, s'il faut le dire, et n'y voit-on pas en quelque sorte le cœur tout entier?

Et supposé que la *Commination*, la menace, pût n'être que feinte et simulée de la part de celui qui l'emploie, en quoi serait-elle plutôt une figure, qu'une promesse mensongère et perfide, ou que toute ruse quelconque, employée pour tromper, subjuguer ou séduire? Enfin, ne faudrait-il pas toujours, pour produire son effet et inspirer la terreur, qu'elle parût réelle et sérieuse, et ne pût pas être prise pour un vain jeu?

IMPRÉCATION

*On appelle du nom d'*Imprécation *ces malédictions et ces vœux terribles de la fureur et de la vengeance, qui éclatent sans connaître de frein ni de mesure.*

C'est une *Imprécation* assez violente, que celle de Didon contre Énée, au moment où, du haut d'une tour, elle le voit s'éloigner du port de Carthage : la voici traduite par Delille :

Soleil! dont les regards embrassent l'univers;
Reine des Dieux, témoin de mes affreux revers,
Triple Hécate! pour qui, dans l'horreur des ténèbres,
Retentissent les airs de hurlemens funèbres!
Pâles filles du Styx, vous tous, lugubres Dieux,
Dieux de Didon mourante, écoutez tous mes vœux!
S'il faut qu'enfin ce monstre, échappant au naufrage,
Soit poussé dans le port, jeté sur le rivage,

Si c'est l'arrêt du sort, la volonté des cieux,
Que du moins, assailli d'un peuple audacieux,
Errant dans les climats où son destin l'exile,
Implorant des secours, mendiant un asile,
Redemandant son fils arraché de ses bras,
De ses plus chers amis il pleure le trépas!...
Qu'une honteuse paix suive une guerre affreuse!
Qu'au moment de régner, une mort malheureuse
L'enlève avant le temps! Qu'il meure sans secours,
Et que son corps sanglant reste en proie aux vautours!

Une *Imprécation* bien plus violente encore, c'est celle que Camille fait entendre contre Rome, lorsque, son amant Curiace ayant été immolé par Horace son frère, celui-ci veut lui faire partager la joie de son triomphe : on peut dire que c'est la rage elle-même qui parle :

Rome, l'unique objet de mon ressentiment!
Rome, à qui vient ton bras d'immoler mon amant!
Rome, qui t'a vu naître, et que ton cœur adore!
Rome, enfin, que je hais, parce qu'elle t'honore!
Puissent tous ses voisins ensemble conjurés
Saper ses fondemens encor mal assurés!
Et si ce n'est assez de toute l'Italie,
Que l'Orient contre elle à l'Occident s'allie!
Que cent peuples unis des bouts de l'univers
Passent pour la détruire et les monts et les mers!
Qu'elle-même sur soi renverse ses murailles,
Et de ses propres mains déchire ses entrailles!
Que le courroux du Ciel allumé par mes vœux,
Fasse pleuvoir sur elle un déluge de feux!
Puissé-je de mes yeux y voir tomber la foudre,
Voir ses maisons en cendre et tes lauriers en poudre!
Voir le dernier Romain à son dernier soupir!
Moi seule en être cause, et mourir de plaisir!

L'*Imprécation* peut toutefois être inspirée par une passion moins forte et moins impétueuse; elle peut ne l'être que par l'horreur du crime et des scélérats, comme, dans *Athalie*, celle de Joad contre Joas, si jamais il devient infidèle à la foi divine, et contre Athalie et Mathan, ennemis du vrai Dieu :

Grand Dieu! si tu prévois qu'indigne de sa race,
Il doive de David abandonner la trace;
Qu'il soit comme le fruit en naissant arraché,
Ou qu'un souffle ennemi dans sa tige a séché!
Mais si ce même enfant, à tes ordres docile,
Doit être à tes desseins un instrument utile,
Fais qu'au juste héritier le sceptre soit remis;
Livre en ses faibles mains ses puissans ennemis;

Confonds dans ses conseils une reine cruelle;
Daigne, daigne, mon Dieu! sur Mathan et sur elle.
Répandre cet esprit d'imprudence et d'erreur,
De la chute des rois funeste avant-coureur!

Mais, quel que soit le sentiment qui inspire l'*Imprécation* et domine dans son langage, qu'a-t-elle qui puisse la faire plus regarder comme une figure que la *Commination?* Ne donne-t-elle pas, au contraire, lieu aux mêmes observations que celle-ci, et ne peut-on pas en porter le même jugement? On y remarque assez souvent une invocation aux Dieux ou à Dieu; mais, dès qu'elle peut aller sans l'invocation, ce n'est pas sans doute par là qu'elle est figure. Elle aime l'*Exclamation*, et c'est de l'*Exclamation* qu'elle tire souvent toute sa force et toute son énergie. Mais alors la figure est dans l'*Exclamation* même, dont le tour pourrait servir à exprimer des sentimens et des vœux tout opposés à ceux de l'*Imprécation.*

Il peut arriver que l'*Imprécation* soit tout-à-coup révoquée par un regret subit, ou même remplacée par un souhait tout contraire; qu'elle soit remplacée, dis-je, par une *Optation.* Alors, sans doute, il en résulte une véritable figure; mais quelle figure? une *Rétroaction*, et rien de plus, comme on en peut juger par cet exemple de saint Jean-Chrysostôme : « Puissiez-vous à jamais périr, » téméraires, qui osez outrager le Saint des Saints par » vos blasphèmes! Mais que dis-je? puissiez-vous plu- » tôt recourir à la miséricorde divine, et faire pénitence! » Qu'on examine cet exemple tant qu'on voudra, on n'y verra que les deux parties dont une *Rétroaction* est toujours nécessairement composée : une première proposition avancée avec assurance, et une autre proposition immédiatement substituée à celle-là, comme la seule véritable, et la seule à laquelle on s'arrête.

Clytemnestre, dans *Iphigénie*, révoque une *imprécation* cruelle que sa douleur vient de lui arracher contre Eriphile, et ce qu'elle y substitue, c'est, au lieu d'une *Optation* en faveur de cette princesse, la plus affreuse *Imprécation* contre tous les Grecs. Mais la seule figure de pensée qu'on puisse encore voir, c'est, comme dans l'exemple de saint Jean-Chrysostôme, une *Rétroaction* :

O monstre que Mégère en ses flancs a porté!
Monstre que dans nos bras les enfers ont jeté!
Quoi! tu ne mourras point! quoi! pour punir son crime!...
Mais où va ma douleur chercher une victime?...

Quoi! pour noyer les Grecs et leurs mille vaisseaux,
Mer, tu n'ouvriras pas des abîmes nouveaux!
Quoi! lorsque les chassant du port qui les recèle,
L'Elide aura vomi leur flotte criminelle,
Les vents, ces mêmes vents si long-temps accusés,
Ne les couvriront pas de ces vaisseaux brisés!

OPTATION

*L'*Optation *est l'expression d'un désir ardent d'obtenir pour soi ou pour d'autres quelque chose à quoi l'on attache, au moins pour le moment, un grand prix et une grande importance.*

Dans Virgile, *Énéide*, livre V, Iris, sous les traits de la vieille Béroé, voulant engager les femmes troyennes à brûler la flotte d'Énée, fait ainsi éclater, dans le discours qu'elle leur adresse, le désir qu'elles partagent toutes de se fixer sur des bords où elles retrouvent tant de souvenirs de leur ancienne patrie :

O terre où je suis née! ô malheureux Pergame!
O mes Dieux! vainement échappés de la flamme,
Ne pourrai-je de vous revoir au moins le nom,
Retrouver quelque lieu qu'on appelle *Ilion!*
Quand verrai-je d'Hector la cité renaissante,
L'aimable Simoïs, les bords heureux du Xanthe?

Entendez aussi, dans *Esther*, les filles de Sion soupirant, sur des bords étrangers, après cette patrie si chère à leur cœur :

O rives du Jourdain! ô champs aimés des cieux!
Sacrés monts, fertiles vallées,
Par cent miracles signalées!
Du doux pays de nos aïeux
Serons-nous toujours exilées?

Alzire, réduite par la cruelle position où elle se trouve entre Gusman et Zamore, à voir le trépas comme un bien pour elle, provoque à-la-fois et l'amant et l'époux à le lui donner :

Qui des deux osera se venger aujourd'hui?
Qui percera ce cœur que l'on arrache à lui?
Toujours infortunée, et toujours criminelle,
Perfide envers Zamore, à Gusman infidèle,
Qui me délivrera, par un trépas heureux,
De la nécessité de vous trahir tous deux?

Voici une *Optation* qu'une réflexion subite sur les difficultés arrête dans son élan, et où, par conséquent, se fait remarquer une *Rétroaction*. Zamore, dans *Alzire*, exprime à ses fidèles compagnons d'infortune son impatience de se venger :

Illustres malheureux! que j'aime à voir vos cœurs
Embrasser mes desseins, et sentir mes fureurs!
Puissions-nous de Gusman punir la barbarie!
Que son sang satisfasse au sang de ma patrie!
Triste divinité des mortels offensés,
Vengeance, arme nos mains : qu'il meure, et c'est assez,
Qu'il meure... Mais hélas! plus malheureux que braves,
Nous parlons de punir, et nous sommes esclaves.

On voit par ces exemples que si l'*Optation* et l'*Imprécation* diffèrent entre elles ou sont même opposées, ce n'est que quant à leur objet, l'une voulant le bien, et l'autre voulant le mal; mais que ce qui les caractérise l'une et l'autre, c'est un désir, un vœu du cœur auquel semble céder tout autre désir, tout autre vœu. Ce qu'on voit encore, c'est qu'elles se montrent sous les mêmes formes, et qu'elles emploient les mêmes tours, le même langage, et les mêmes figures. Il y a même tel exemple où elles semblent se confondre quant à leur objet; tel exemple, dis-je, où ce qu'on désire comme un mal pour les autres est un bien pour soi; tel exemple encore, où l'on met son bonheur dans ce qui ordinairement, et en toute autre circonstance, est réputé un très-grand malheur ou le plus grand malheur. L'*Optation* va souvent sans l'*Imprécation;* on le conçoit sans peine. Mais quelle est l'*Imprécation* où l'on ne verrait pas une *Optation?* Et n'y a-t-il pas telle *Optation* qu'on pourrait dire une *Imprécation*, ou telle *Imprécation* qu'on pourrait dire une *Optation?* Ces deux qualifications ne conviendraient-elles pas à-peu-près également au vœu d'Eriphile (1)? Quelle est celle des deux qui conviendrait le mieux à ce vœu dont Didon fait suivre son *Imprécation* contre Énée?

(1) ... Ah! Doris, quelle joie!
Que d'encens brûlerait dans les temples de Troie,
Si, troublant tous les Grecs et vengeant ma prison,
Je pouvais contre Achille armer Agamemnon!
Si leur haine, de Troie oubliant la querelle,
Tournait contre eux le fer qu'ils aiguisent contre elle!
Et si de tout le camp mes avis dangereux
Faisaient à ma patrie un sacrifice heureux!

RACINE, *Iphigénie.*

Sors de ma cendre, sors, prends la flamme et le fer,
Toi qui dois me venger des enfans de Tencer!
Que le peuple latin, que le fils de Carthage,
Opposés par les lieux, le soient plus par leur rage!
Que de leurs ports jaloux, que de leurs murs rivaux,
Soldats contre soldats, vaisseaux contre vaisseaux,
Courent ensanglanter et la mer et la terre!
Qu'une haine éternelle éternise la guerre!
Que l'épuisement seul accorde le pardon!
Enée est à jamais l'ennemi de Didon :
Entre son peuple et vous point d'accord, point de grâce.
Que la guerre détruise, et que la paix menace!
Que vos derniers neveux s'arment contre les miens!
Que mes derniers neveux s'acharnent sur les siens!

Quoi qu'il en soit à cet égard, il me paraît assez certain que l'*Optation*, lors même qu'elle se dinstingue le plus de l'*Imprécation*, n'est pas plus que celle-ci, par elle-même et comme *Optation*, une figure particulière de pensée ou de toute autre classe. Mais on peut y remarquer, comme dans l'*Imprécation*, diverses figures, telles que des *Ellipses*, des *Interrogations*, des *Exclamations*, des *Apostrophes*, des *Réticences*, etc. Le tour exclamatif est, au reste, son tour le plus ordinaire.

DÉPRÉCATION

La Déprécation, *que quelques-uns appellent* Obsécration *consiste, suivant l'Académie, à souhaiter du bien ou du mal à quelqu'un.* Alors ce serait un genre par rapport à l'*Optation* et à l'*Imprécation*, qui s'y rapporteraient comme deux espèces. C'est encore, suivant l'Académie, une prière faite avec soumission pour obtenir le pardon d'une faute. Mais les rhéteurs la définissent un peu différemment; ils la font consister *à demander avec ardeur et avec instance ce qu'on désire, et à le demander par les moyens les plus propres à toucher, à fléchir, à persuader.*

Didon à Énée, pour l'empêcher de partir, et le retenir auprès d'elle :

Est-ce moi que tu fuis? Par ces pleurs, par ta foi,
Puisque je n'ai plus rien qui te parle pour moi;
Par l'amour dont mon cœur épuisa les supplices,
Par l'hymen dont à peine il goûtait les délices;
Si par quelque bienfait j'adoucis ton malheur;
Si par quelques attraits j'intéressai ton cœur,

Songe, ingrat, songe aux maux où ta fuite me laisse!
Et, par pitié, du moins, au défaut de tendresse,
Si pourtant la pitié peut encor t'émouvoir,
Romps cet affreux projet, et vois mon désespoir.

Brutus, à genoux, conjurant César de renoncer à son usurpation :

Que le salut de Rome, et que le tien te touche!
Ton génie alarmé te parle par ma bouche.
Il me pousse, il me presse, il me jette à tes pieds...
César, au nom des Dieux dans ton cœur oubliés,
Au nom de tes vertus, de Rome et de toi-même,
Dirai-je au nom d'un fils qui frémit et qui t'aime,
Qui te préfère au monde, et Rome seule à toi,
Ne me rebute pas...

Le malheureux Achéménide, s'élançant tout en pleurs vers les Troyens qui viennent d'aborder en Sicile; *Énéide*, livre III :

... Par ces Dieux que j'atteste,
Par ce soleil, témoin de mon destin funeste,
Par ce ciel, par cet air que nous respirons tous,
O Troyens! me voici; je m'abandonne à vous :
Que l'un de vos vaisseaux loin d'ici me transporte
Dans une île, un désert, où vous voudrez, n'importe.
Je suis Grec; j'ai, comme eux, marché contre Ilion.
Si c'est un attentat indigne de pardon,
Voici votre ennemi, qu'il soit votre victime.
Frappez, tranchez ses jours, plongez-le dans l'abîme!
Mais ne le laissez point sur ce bord désolé :
Mourant des mains d'un homme, il mourra consolé.

Mais, dans lequel de tous ces exemples, la *Déprécation* est-elle comme *Déprécation*, une vraie figure? Dans lequel en est-elle plus une que l'*Optation*, que l'*Imprécation*, que la *Commination*, ou que toute autre déclaration ou énonciation inspirée par l'amour, par la haine, par la crainte, par l'espérance, ou par tout autre sentiment?

Cependant, je l'avoue, on ne pourrait se refuser à reconnaître une figure, et une figure de pensée, si la *Déprécation* ne portait pas le caractère de la persuasion et de la confiance, et ne s'adressait pas à un être sincèrement reconnu en état de l'entendre et d'en remplir l'objet. Mais cette figure ne serait pas dans la *Déprécation* même : elle serait dans le tour d'esprit, dans la fiction qui y aurait donné lieu, et il faudrait la rapporter à ce que nous avons appelé du nom de *Prosopopée.* Telles sont les invocations que nos poëtes, et même quelquefois nos orateurs, adressent à des êtres moraux, tels que la Justice, la Vérité, la Vertu, ou à des divinités de l'ancien paganisme auxquelles ils sont sans doute très-loin de croire. Telle est, pour le dire en passant, une invocation citée en exemple par M. l'abbé Girard, qui, dans sa rhétorique, comme tous les rhéteurs, fait de la *Déprécation* une figure particulière. C'est l'invocation que La Fontaine, dans sa belle et touchante idylle sur la disgrâce de Fouquet, adresse aux nymphes de Vaux, en faveur de cet infortuné ministre, qu'il présente sous le nom d'Oronte :

Mais quittons ces pensers, Oronte vous appelle,
Vous dont il a rendu la demeure si belle,
Nymphes, qui lui devez vos plus charmans appas :
Si le long de vos bords Louis porte ses pas,
Tâchez de l'adoucir, fléchissez son courage;
Il aime ses sujets, il est juste, il est sage.
Du titre de clément rendez-le ambitieux.
C'est par là que les rois sont semblables aux Dieux.
Du magnanime Henri qu'il contemple la vie :
Dès qu'il put se venger, il en perdit l'envie.
Inspirez à Louis cette même douceur :
La plus belle victoire est de vaincre son cœur.
Oronte est à présent un objet de clémence.
S'il a cru les conseils d'une aveugle puissance,
Il est assez puni par son sort rigoureux,
Et c'est être innocent que d'être malheureux.

SERMENT

Le Serment, *tel qu'on l'entend ici, et dont Beauzée, dans l'*Encyclopédie méthodique, *ne balance pas à faire une figure, mais qui pourrait sans doute être mieux dénommé, consiste à affirmer, à protester, ou à promettre de la manière la plus énergique, la plus solennelle et la plus éclatante.*

Didon, combattant encore la nouvelle passion qui s'allume dans son cœur, proteste à Anne, sa sœur, de son inviolable fidélité à Sichée, et se voue à toutes les vengeances du ciel, si jamais elle vient à trahir sa foi :

Du feu dont je brûlais je reconnais la trace.
Mais des Dieux qui du crime épouvantent l'audace,
Que le foudre vengeur sur moi tombe en éclats;
Que la terre à l'instant s'entr'ouvre sous mes pas;
Que l'enfer m'engloutisse en ses royaumes sombres,
Ces royaumes affreux, pâle séjour des ombres,
Si jamais, ô pudeur! je viole ta loi!

Azarias, dans *Athalie*, se rend l'organe du *Serment* des lévites en faveur du jeune Joas, et appelle d'avance la mort sur la tête des transgresseurs :

Oui, nous jurons ici pour nous, pour tous nos frères,
De rétablir Joas au trône de ses pères,
De ne poser le fer entre nos mains remis,
Qu'après l'avoir vengé de tous ses ennemis.
Si quelque transgresseur enfreint cette promesse,
Qu'il éprouve, grand Dieu! ta fureur vengeresse!
Qu'avec lui ses enfans, de ton partage exclus,
Soient au rang de ces morts que tu ne connais plus!

Dans *Esther*, les jeunes Israélites jurent à leur manière qu'elles perdront plutôt l'usage de la voix que de cesser de chanter les malheurs de Sion :

Sion, jusques au ciel élevée autrefois,
Jusqu'aux enfers maintenant abaissée,
Puissé-je demeurer sans voix,
Si dans mes chants ta douleur retracée,
Jusqu'au dernier soupir n'occupe ma pensée!

Cléopâtre, dans *Rodogune*, est décidée à se venger, au risque des plus grands malheurs :

Dût le peuple en fureur pour ses maîtres nouveaux,
De mon sang odieux arroser leurs tombeaux;
Dût le Parthe vengeur me trouver sans défense;
Dût le Ciel égaler le supplice à l'offense;
Trône, à t'abandonner je ne puis consentir :
Par un coup de tonnerre, il vaut mieux en sortir...
Tombe sur moi le ciel pourvu que je me venge!

Antoine, haranguant le peuple romain contre les meurtriers de César, prend les Dieux à témoin de la bonté et de la clémence de ce grand homme; *Mort de César*, Acte III, scène dernière :

Du monde qu'il soutint vous triomphez en paix (1),
Puissans par son courage, heureux par ses bienfaits.
Il payait le service, il pardonnait l'outrage :
Vous le savez, grands Dieux, vous dont il fut l'image;
Vous, Dieux qui lui laissiez le monde à gouverner,
Vous savez si son cœur aimait à pardonner.

Quelquefois il faut que les événemens reconnus les plus impossibles se réalisent avant qu'il y ait possibilité à la violation de la foi; comme quand Tityre, dans la

(1) Ne faudrait-il pas, *Du monde qu'il soumit*, plutôt que *Du monde qu'il soutint?*

première églogue de Virgile, voue une reconnaissance éternelle au dieu qui fait son bonheur, c'est-à-dire à Auguste : Traduction de Gresset :

> Le cerf, d'un vol hardi traversera les airs,
> Les habitans des eaux fuiront dans les déserts,
> La Saône ira se joindre aux ondes de l'Euphrate,
> Avant qu'un lâche oubli me fasse une âme ingrate.

D'autres fois, c'est au cours des choses les plus constantes et les plus durables, qu'on égale la durée de l'engagement; comme lorsqu'Énée témoigne à Didon sa reconnaissance pour l'hospitalité qu'elle lui accorde, à lui et à ses compagnons d'infortune : *Enéide*, livre Ier, Traduction de Delille :

> Tant que du haut des monts la nuit tendra ses voiles,
> Tant qu'on verra les cieux se parsemer d'étoiles,
> Tant que la mer boira les fleuves vagabonds,
> Quel que soit mon destin, votre gloire, vos dons,
> J'en atteste les Dieux, suivront partout Énée.

Voilà bien des *Sermens* de toutes les espèces; mais y en a-t-il un seul qu'on puisse regarder comme formant par lui-même une figure particulière? Qu'est-ce qui fait cette pompe oratoire des deux derniers? N'est-ce pas cette reproduction sous trois ou quatre formes différentes d'une idée au fond toujours la même; reproduction d'où résulte une magnifique *figure de style*, qui, à certains égards, tient de l'*Expolition*, et, à certains autres, de l'*Accumulation* ou de la *Paraphrase?* Qu'est-ce qui fait la force et l'énergie du *Serment* de Cléopâtre? n'est-ce pas le détail de tous les dangers et de tous les malheurs au risque desquels Cléopâtre prétend assurer son inébranlable résolution de ne pas abandonner le trône? Que serait le *Serment* d'Antoine sans le beau mouvement qui en fait une *Apostrophe* si éloquente et si pathétique? Qu'y a-t-il de remarquable dans les trois premiers, c'est-à-dire dans ceux de Didon, d'Azarias, et des jeunes filles d'Israël, que ces *Imprécations* terribles contre les violateurs de la foi jurée? Et que seraient ces *Imprécations* sans le tour *exclamatif* qui en fait toute l'énergie?

DUBITATION

La Dubitation, *si différente de la* Délibération, *avec laquelle on l'a toujours confondue, est cette irrésolution, cette incertitude pénible et cruelle d'une âme qui, poussée en sens divers ou contraires par la violence de la passion, et ne conservant ni assez de liberté ni assez de raison pour réfléchir et se décider, veut tantôt une chose, tantôt une autre, ou, pour mieux dire, ne sait ni ce qu'elle veut ni ce qu'elle ne veut pas, et ne fait que se contredire, et en quelque sorte que se combattre continuellement elle-même.*

Orosmane, soupçonnant la foi de Zaïre, veut et ne veut pas qu'on le venge, donne et révoque au même instant l'ordre de poignarder l'infidèle.

Cours chez elle à l'instant; va, vole, Corasmin,
Montre-lui cet écrit... Qu'elle tremble!... et soudain
De cent coups de poignard que l'infidèle meure.
Mais, avant de frapper... Ah! cher ami, demeure,
Demeure, il n'est pas temps. Je veux que ce chrétien
Devant elle amené... Non... Je ne veux plus rien...
Je me meurs... Je succombe à l'excès de ma rage.

Hermione, trop convaincue de l'abandon de Pyrrhus, ne sait encore si elle laissera exécuter à Oreste l'ordre de la venger : voici les passages de son monologue qui peignent le mieux son incertitude :

Où suis-je? Qu'ai-je fait? que dois-je faire encore?
Quel transport me saisit? Quel chagrin me dévore?
Errante et sans dessein, je cours dans ce palais.
Ah! ne puis-je savoir si j'aime ou si je hais?
Le cruel! de quel œil il m'a congédiée!
Sans pitié, sans douleur au moins étudiée!...
Et je le plains encore! Et, pour comble d'ennui,
Mon cœur, mon lâche cœur s'intéresse pour lui!
Je tremble au seul penser du coup qui le menace,
Et, prête à me venger, je lui fais déjà grâce!
Non, ne révoquons point l'arrêt de mon courroux.
Qu'il périsse! Aussi-bien il ne vit plus pour nous...
Non, non, encore un coup, laissons agir Oreste.
Qu'il meure, puisqu'enfin il a dû le prévoir,
Et puisqu'il m'a forcée enfin à le vouloir!...
A le vouloir! hé quoi! c'est donc moi qui l'ordonne!
Sa mort sera l'effet de l'amour d'Hermione!...
Je n'ai donc traversé tant de mers, tant d'États,
Que pour venir si loin préparer son trépas,
L'assassiner, le perdre! Ah! devant qu'il expire!...

Aménaïde, condamnée à mort par le conseil de Syracuse, à cause d'une imprudence commise en faveur de Tancrède son amant, proscrit et fugitif, aime mieux subir son sort que de devoir son salut à Orbassan, qui s'offre pour son chevalier et pour son époux; mais elle n'est pourtant pas si raffermie dans sa résolution, qu'elle voie le supplice sans trouble et sans horreur :

J'ai donc dicté l'arrêt... Et je me sacrifie!
O toi seul des humains qui méritas ma foi!
Toi pour qui je mourrai, pour qui j'aimais la vie,
Je suis donc condamnée?... Oui, je le suis pour toi;
Allons... Je l'ai voulu... Mais tant d'ignominie,
Mais un père accablé dont les jours vont finir!
Des liens, des bourreaux... ces apprêts d'infamie!
O mort! affreuse mort! puis-je vous soutenir?
Tourmens, trépas honteux... Tout mon courage cède...
Non, il n'est point de honte en mourant pour Tancrède.
On peut m'ôter le jour, et non pas me punir.
Quoi! je meurs en coupable?... Un père! une patrie!
Je les servis tous deux, et tous deux m'ont flétrie!
Et je n'aurai pour moi, dans ces momens d'horreur,
Que mon seul témoignage, et la voix de mon cœur!...

En voilà assez pour juger si la *Dubitation* est une figure. Pourquoi en serait-elle une plutôt que le trouble, la perplexité, l'ennui, le dégoût, la douleur, ou toute autre situation pénible de notre âme? Pourquoi en serait-elle une plutôt que la résolution, la détermination formelle? La *Délibération*, entendue, définie d'après l'exemple de celle que Virgile fait faire à Didon, est sans contredit une figure, et une figure de pensée; mais l'on voit pourquoi : la combinaison, l'artifice s'y montrent assez à découvert. Quand Didon se demande et recherche ce qu'elle doit faire, elle sait très-bien ce qu'elle fera, et sa résolution est prise d'avance; mais elle veut se raffermir dans sa résolution; elle veut la justifier à ses propres yeux, et elle ne parle de divers autres partis qu'elle aurait à prendre, que pour se convaincre de plus en plus que celui de la mort est en effet le seul qui lui convienne. Tout ce qu'elle se dit à elle-même, un autre aurait pu le lui dire, en lui conseillant la mort, ou en voulant l'y résigner, l'y encourager. Or, que l'on examine bien les trois exemples de *Dubitation* que nous venons de citer, on verra qu'ils ont un caractère bien différent : on verra qu'Orosmane, pour ne parler que de lui, ne réfléchit point, ne discute point; que sa raison, que son âme est alternativement subjuguée par deux passions opposées, l'amour et la vengeance; qu'elle est tantôt à l'une, et tantôt à l'autre, sans jamais se posséder ou même se reconnaître un seul instant.

C'est d'après toutes ces différences, faciles à saisir, qu'il faut distinguer l'une de l'autre la *Dubitation* et la *Délibération*. Dans la première, on ne voit que la passion seule, et, dans la seconde, la raison paraît plus ou moins.

LICENCE

La Licence, *qu'on appelle autrement* Parrhésie, *est cette liberté d'expression dont on use quelquefois envers de grands personnages, ou avec laquelle on en dit plus qu'il n'est permis ou convenable d'en dire.* Mais si cette liberté est franche, et n'énonce que des sentimens vrais, que les sentimens dont se trouve réellement animé celui qui parle; si d'ailleurs elle ne sort pas des bornes prescrites par la décence, je ne vois pas ce qui peut en faire une figure, même de pensée, à moins qu'on ne veuille en faire aussi une de tout ce qui annonce du courage, de la hardiesse, du caractère. Si, au contraire, cette liberté va jusqu'à l'insulte, jusqu'à une raillerie sanglante, on peut y voir une figure, si l'on veut, mais laquelle? un *Sarcasme*, par exemple, ou quelque autre des diverses espèces qui se rapportent à l'*Ironie*.

Cependant, voyez toutes les rhétoriques : vous y trouverez des exemples de *Licence*, et, entre autres, celui de ces vers de Burrhus à Agrippine, dans *Britannicus :*

Je ne m'étais chargé dans cette occasion,
Que d'excuser César d'une seule action;
Mais, puisque, sans vouloir que je le justifie,
Vous me rendez garant du reste de sa vie;
Je répondrai, Madame, avec la liberté
D'un soldat qui sait mal farder la vérité.
Vous m'avez de César confié la jeunesse,
Je l'avoue, et je dois m'en souvenir sans cesse.
Mais vous avais-je fait serment de le trahir?
D'en faire un empereur qui ne sût qu'obéir?
Non, ce n'est plus à vous qu'il faut que j'en réponde :
Ce n'est plus votre fils, c'est le maître du monde,
J'en dois compte, Madame, à l'empire romain,
Qui croit voir son salut ou sa perte en sa main.

« Ce morceau, dit Beauzée, est admirable par la liberté » même avec laquelle s'explique Burrhus; mais elle est » vraie, et il n'y a point de *Parrhésie*. J'en dis autant du » discours plein d'une agreste fierté que les envoyés des » Scythes tiennent à Alexandre. »

Voilà donc deux des plus fameux exemples de *Parrhésie* ou *Licence*, réprouvés par Beauzée. Pourquoi cet observateur si exact n'a-t-il pas réprouvé la *Licence* elle-même, au lieu de chercher à la justifier par d'autres exemples ? Ces exemples, au reste, sont-ils plus concluans, plus décisifs que les premiers ? On va en juger ; ils se réduisent à deux.

En voici un : c'est un passage du Discours pour Ligarius, où Cicéron déclare qu'il a été lui-même plus coupable que cet illustre proscrit, lorsqu'il avait pris les armes contre César :

« Oui, César, lorsque la guerre était commencée, qu'elle » était même faite en partie, sans y être forcé en aucune manière » de mon choix et de ma propre volonté, je me rendis à l'armée » qui avait été levée contre vous. »

Beauzée dit que ce trait fait autant d'honneur au cœur de Cicéron qu'à son esprit : d'accord. Mais cela fait-il une *Licence*, vraiment figure ? Cicéron, en prenant cette liberté, a-t-il craint d'offenser César ? N'a-t-il pas eu, au contraire, en vue de le flatter le plus agréablement possible, en montrant jusqu'où il a porté la clémence ? N'était-il pas tout occupé à proclamer cette clémence de toutes ses forces, à en faire l'éloge le plus pompeux, le plus magnifique ? et enfin, cette liberté que prend l'orateur romain, n'est-ce pas contre lui-même qu'il la prend, plutôt que contre César ? Ces torts qu'il reconnaît, qu'il avoue, qu'il confesse, ne sont-ce pas les siens propres, que César a généreusement pardonnés ?

L'autre exemple cité par Beauzée en faveur de la *Licence*, est cet extrait d'une lettre de Voiture que nous avons cité nous-mêmes pour exemple d'*Astéisme*, dans le *Manuel des tropes*. Mais, si c'est là de l'*Astéisme*, comme il n'y a point de doute, il faut y voir une *figure d'expression*, et non une *figure de pensée*, ou toute autre espèce de figure.

CONCLUSION DE CE PARAGRAPHE

Nous avons suffisamment prouvé, ce me semble, que la *Commination*, l'*Imprécation*, l'*Optation*, la *Déprécation*, le *Serment*, la *Dubitation*, la *Licence*, ne sont pas de véritables figures. Mais si tant on voulait leur conserver ce titre, il faudrait, sans doute, les ranger dans la classe des *figures de pensées*, à moins qu'on ne voulût faire des six premières une classe de *figures de passion*. En en faisant des *figures de pensées*, on les rapporterait sans doute à l'*Imagination*, comme la *Prosopopée*. Quant à la *Licence*, on ne pourrait, j'imagine, la rapporter qu'au *Raisonnement*.

CHAPITRE V

RAPPROCHEMENT GÉNÉRAL DES DIVERSES CLASSES DE FIGURES, « TROPES » OU « NON-TROPES »

Telles sont les quatre classes de *figures non tropes*, objet de ce Traité. Ajoutons-y par la pensée la classe des *figures de diction* et les deux classes de *figures-tropes*, c'est-à-dire, les deux classes de *figures de signification* et de *figures d'expression*, et rapprochons ensuite les unes des autres toutes ces différentes classes, alors nous verrons combien, malgré tous leurs rapports réciproques, elles sont distinguées entre elles ; combien peu il conviendrait, et combien même il serait difficile, de les réduire à des classes plus générales, de les réduire, par exemple, aux deux classes de *figures de mots* et de *figures de pensées*, aux deux classes de *figures de grammaire* et de *figures de rhétorique*, ou aux deux classes de *figures d'imagination* et de *figures de passion;* combien, par conséquent, avec toute l'imperfection, avec tous les défauts même qu'on peut lui reprocher, notre système de classification mérite encore d'être, au moins pour le moment et jusqu'à nouvel ordre, accueilli, adopté, maintenu.

A. — NOS SEPT CLASSES DE FIGURES TRÈS-DISTINGUÉES ENTRE ELLES, MALGRÉ TOUS LES RAPPORTS DES UNES AUX AUTRES

Si nous comparons entre elles nos sept classes de figures, nous pourrons trouver qu'elles rentrent, à certains égards, les unes dans les autres. Les *figures de Diction*, par exemple, ne semblent-elles pas quelquefois se confondre avec celles de *Construction*, ou avec celles d'*Élocution?* Dans les *figures d'Élocution*, l'*Adjonction*, la *Disjonction* n'ont-elles pas le plus grand rapport avec l'*Ellipse* ou avec le *Zeugme*, figures de *Construction;* et la

Répétition, la *Conjonction*, avec le *Pléonasme?* Dans les *figures d'Expression*, la *Personnification*, l'*Allégorie*, ne s'annoncent-elles pas, au premier abord, comme figures de *Signification*, comme tropes, et comme ne faisant qu'un avec la *Métaphore*, avec la *Synecdoque*, ou avec la *Métonymie?* D'autres figures d'*Expression*, telles que l'*Ironie*, la *Prétérition*, l'*Épitrope*, la *Litote*, la *Réticence*, l'*Hyperbole*, la *Métalepse*, ne ressemblent-elles pas assez à des figures de *Style?* Bien des *figures de style*, à leur tour, ne pourraient-elles pas, à la rigueur et dans un sens, passer pour des *figures d'expression*, ou pour des *figures de pensées?* Il en sera de même des *figures de pensées* : elles vous paraîtront plus d'une fois des figures d'*Expression* ou des *figures de Style;* et dans la *Rétroaction*, par exemple, vous croirez voir une *Correction;* dans l'*Expolition*, une *Paraphrase;* dans la *Fabulation*, un *Mythologisme:* dans la *Prosopopée*, une *Personnification* ou une *Apostrophe*. Mais si nous voulons y regarder de près, nous verrons bientôt toutes ces petites ressemblances nous échapper, et faire place à des différences très-marquées entre toutes les classes; nous verrons que chacune de ces classes a son caractère propre, particulier, distinctif, d'après lequel on ne saurait la confondre avec une autre classe.

D'abord, les *figures de Diction* se distinguent de toutes les autres par leur *matérialité* absolue. Elles consistent à-peu-près tout entières dans la forme ou dans le son des mots; elles n'affectent guère que la sensibilité de l'ouïe, ne modifient que la sensation, ou, si l'on veut, que le sentiment physique qui résulte de la commotion de l'organe; et si, comme les *figures de Construction*, elles ajoutent, retranchent, ou changent, ce n'est jamais dans plusieurs mots, jamais même dans tout un mot, mais seulement dans une lettre, et tout au plus dans une syllabe, que consiste l'addition, le retranchement, ou le changement; en sorte que l'idée n'en reste pas moins toujours invariablement la même. S'il y a plus ou moins de *matérialité* dans les autres classes, du moins cette *matérialité* ne fait-elle pas seule l'essence de la figure : il s'y trouve, au contraire, plus ou moins de ce que, par opposition, j'appellerai *Spiritualité;* et c'est même cette *spiritualité* qui donne lieu à la figure, qui en fait toute la valeur, tout le prix. C'est-à-dire, pour rendre la chose plus sensible, que, dans les autres classes, la figure a, s'il faut le dire, non-seulement un corps, mais encore une âme, un esprit; et que son influence s'étend jusque sur l'idée ou sur la pensée même, ou qu'elle va tout au moins jusqu'au sentiment moral, jusqu'à ce sentiment, non de l'*animal*, mais de l'*homme*, ou, si l'on veut, non des sens, mais de l'âme, qui tient au souvenir ou à la réflexion.

Les *figures de Construction* servent à l'*Élocution* ou au *Style;* mais c'est à la construction même, et à la construction seule, qu'elles sont dues. Énoncer ou omettre ce que la Grammaire et la Logique sembleraient rejeter comme superflu ou réclamer comme nécessaire, ou enfin l'énoncer dans un ordre tout différent de celui qu'elles sembleraient indiquer ou prescrire : c'est là ce qui donne lieu à ces figures, et ce qu'on peut en regarder comme la *matérialité*. Mais par cette surabondance, par ces omissions, ou par ce désordre apparent, dire beaucoup plus, ou le dire mieux, le dire avec un plus grand effet sur l'esprit ou sur le cœur, en voilà la *spiritualité*. Cette *spiritualité* pourrait, considérée seule, se confondre avec celle des *figures d'Élocution* ou avec celle des *figures de Style;* mais si on la considère par rapport à la *matérialité* dont elle résulte, si on la considère ensemble avec cette *matérialité*, les *figures de Construction* se trouvent aussi distinguées de toutes les autres que *les figures de Diction*.

Les *figures d'Élocution* entrent dans la construction mais elles n'en sont point l'effet, le résultat : la construction n'en subsiste pas moins sans elles dans son intégrité, et elles, à leur tour, n'en subsistent pas moins toujours les mêmes, que la construction soit pleine ou elliptique, directe ou inverse. Ces mêmes figures ne peuvent pas non plus être confondues avec celles *de Style :* elles ne consistent que dans quelques mots au plus, ou que dans une partie de la phrase ou de la période, au lieu que les *figures de Style* consistent dans la phrase ou dans la période entière, c'est-à-dire, dans l'énonciation totale de la pensée.

Qui ne distinguerait pas les *figures de Signification de* toutes les précédentes ? Elles en diffèrent presque autant que le blanc du noir, que le jour de la nuit. C'est avec les *figures d'Expression* qu'elles ont le plus de rapport. Mais combien cependant n'en diffèrent-elles pas, puisqu'elles ne consistent pas, comme ces dernières, dans plusieurs mots, mais dans un seul, et que ce qu'elles présentent sous une image étrangère n'est pas une pensée tout entière, un assemblage d'idées, mais une idée seule et unique, un simple élément de pensée !

Combien les *figures d'Expression*, à leur tour, ne diffèrent-elles pas des *figures de Style*, puisqu'elles déguisent plus ou moins la pensée, et qu'elles l'énoncent d'une manière si détournée, que, prises à la lettre, elles seraient absurdes ou diraient tout autre chose que ce qu'elles disent; tandis que les *figures de Style* présentent la pensée dans toute son étendue, telle qu'elle est dans l'esprit, sans déguisement, sans détour, et que tout leur artifice se borne à l'embellir, à l'orner, à lui donner plus de vivacité, d'énergie, de couleur et d'éclat!

Passons aux *figures de Pensées*. Examinez bien celles que nous avons présentées comme telles : vous verrez qu'elles ne sont pas rigoureusement circonscrites dans les bornes d'une période ou d'une phrase, et qu'il faut même quelquefois nécessairement qu'elles s'étendent plus ou moins au delà; vous verrez de plus combien peu elles tiennent à telle ou telle forme du discours, et combien le discours pourrait varier ou changer à cet égard, sans qu'elles en reçussent la moindre atteinte; vous verrez, dis-je, que leur existence est tout intellectuelle, et que, si c'est par le discours qu'elles se manifestent, peu importe cependant pour cette manifestation, que le discours soit matériellement et physiquement tel ou tel. Or, c'est là ce qui n'a lieu ni pour les *figures d'Expression*, ni pour les *figures de Style*, ni pour les figures d'aucune autre classe.

Voilà donc la distinction, la différence des diverses classes de figures assez reconnue, assez établie, et notre classification, par conséquent, déjà bien justifiée. Il ne s'ensuit pas qu'on ne puisse bien toujours dans la pratique prendre le change sur quelques figures particulières : il y en a en effet que l'on dirait en quelque sorte amphibies, et qui semblent appartenir à plus d'une classe à-la-fois. Mais ce n'est point ici le cas de voir comment on peut procéder pour éviter l'erreur, la méprise : nous ne considérons les classes que comme classes. Voyons, pour en justifier de plus en plus le système, s'il serait bien aisé, bien utile, ou bien convenable de les réduire à des classes plus générales. Essayons de vouloir opérer cette réduction : ce sera assez pour en sentir toutes les difficultés, tous les inconvéniens.

B. — NOS SEPT CLASSES DE FIGURES POURRAIENT-ELLES SE RÉDUIRE AISÉMENT A DES CLASSES PLUS GÉNÉRALES, ET, PAR EXEMPLE, AUX DEUX CLASSES DE *figures de mots* ET DE *figures de pensées ?*

Eh bien ! oui, je le suppose, nous ne voulons, comme tant de grammairiens et tant de rhéteurs, que des *figures de mots* et des *figures de pensées :* voyons alors comment nous ferons. Nous n'aurons pas beaucoup de difficulté pour la seconde de ces deux classes : elle est toute trouvée ; et nous savons que, si elle est parfaitement distincte, et en quelque sorte parfaitement une, elle est aussi assez restreinte, et ne comprend qu'un bien petit nombre de genres et d'espèces.

Mais la première classe, celle des *figures de mots*, comment la composerons-nous ? Trois de nos six classes restantes (les trois premières) doivent y entrer incontestablement, quoique non pas toutes au même titre sans doute. Les *figures de Diction* y entreront comme figures dans la *matière*, dans le *physique* des mots, et les *figures de Construction* avec les *figures d'Élocution*, comme figures dans le *sens propre*. Dès lors, division de figures de mots en *figures de mots dans le physique* et en *figures de mots dans le sens propre*, et puis, subdivision de celles-ci en *figures de Construction* et en *figures d'Élocution*.

Que ferons-nous ensuite de nos trois dernières classes ? Peuvent-elles raisonnablement entrer dans cette classe si générale des *figures de mots ?* Peuvent-elles s'y ranger à côté des trois premières, qui elles-mêmes, loin de s'y confondre, s'y distinguent en classes particulières plus ou moins subordonnées ? Les *figures*, tant de *Signification* que d'*Expression* tiennent sans doute aux mots, puisqu'elles résultent en partie de ce que les mots disent plus ou moins, ou disent tout autre chose que ce qu'ils semblent dire, que ce qu'ils disent, pris à la lettre. Mais elles tiennent aussi à la pensée, puisque ce n'est que par jeu de l'esprit et de la pensée quelles ont leur sens d'artifice et d'emprunt, et qu'elles atteignent leur but ou produisent leur effet. Les *figures de Style* tiennent aussi aux mots ; mais de quelle manière ? D'une manière qui les a toujours fait prendre généralement pour des *figures de pensées*, quoiqu'elles ne le soient pas plus assurément, et qu'elles le soient moins peut-être que les *figures d'Expression.*

Nous ne pourrons donc pas nous en tenir aux deux classes de *figures de mots* et de *figures de pensées*, et il faudra nécessairement en créer une intermédiaire; il faudra en créer une de *figures mixtes* ou *doubles*. Eh bien! créons cette classe : les *figures de Signification* et les *figures d'Expression* y entrent de plein droit; elles y entrent comme classes particulières et subordonnées. Mais il nous reste encore les *figures de Style*. Je suppose, ce qu'on pourrait contester pour plus d'une, qu'on doive les considérer toutes comme *figures de mots*, pourrons-nous les placer à côté des deux précédentes comme une troisième classe du même rang? Les *figures de Signification* et les *figures d'Expression* ont de commun ensemble de présenter un sens d'emprunt ou de détour, un sens différent du sens propre. Mais les *figures de Style* n'ont pas avec elles ce rapport, ou elles ne l'ont pas essentiellement, ne l'ont pas toujours. Il faudra donc, en les rangeant dans la classe des *figures mixtes*, diviser d'abord cette classe en deux moins générales, dont elles soient elles-mêmes l'une, et dont l'autre comprenne tout-à-la-fois les *figures de Signification* et les *figures d'Expression*. Il faudra ensuite, d'après la différence qui se trouve entre les *figures de Signification* et les *figures d'Expression*, subdiviser leur classe commune en deux autres encore moins générales. Or, quelle multiplicité, quelle complication de classes les unes plus ou moins générales, les autres plus ou moins subordonnées? Comment s'y retrouver? comment s'y reconnaître?

C. — LA RÉDUCTION DES CLASSES EN *figures de grammaire* ET EN *figures de rhétorique* EST-ELLE DU MOINS PLUS AISÉE QUE LA PRÉCÉDENTE?

Serons-nous plus heureux en distinguant les figures en *figures de Grammaire* et en *figures de Rhétorique?* D'abord, il faudra déterminer de quelle sorte de grammaire il s'agit; si c'est de la *grammaire mécanique* ou de la *grammaire philosophique*. Ne s'agit-il que de la première? elle a bien peu de chose à réclamer; la rhétorique envahira presque tout; elle ne lui laissera guère que les *figures de Diction*, que ces figures connues sous le nom de *Métaplasmes*, et dont la plupart même méritent si peu le titre de *figures*, que nous avons hésité à les faire entrer dans notre classification. La Rhétorique, d'après cela, n'aura-t-elle pas beaucoup trop? ou quelle confusion dans son immense domaine, si l'on n'a soin de marquer des distinctions, des séparations entre tant d'objets si différens par leur nature et par leurs caractères! Au reste, les distinctions, les séparations seront toutes marquées, si, de nos six classes envahies en entier, l'on fait autant de classes subordonnées à la classe générale des *figures de Rhétorique*. Alors on aura un système de classification qui ne différera de celui que nous avons adopté, qu'en ce que les six classes, au lieu d'être présentées comme des classes générales du premier ordre, ne le seront plus que comme des classes générales dominées par une classe encore plus générale. Or, cette différence, qu'est-elle, vue de près?

Mais non, cet arrangement ne peut pas avoir lieu. D'un côté, les rhéteurs ne veulent pas pour eux de certaines figures, et de l'autre, les grammairiens philosophes les réclament avec force. Il faut donc faire la part de la *Grammaire philosophique*. Mettons-la, si vous voulez, avec la *Grammaire mécanique*, et, des deux n'en faisant qu'une seule, procédons à la répartition des figures entre elle et la Rhétorique.

Oui, fort bien, procédons à cette répartition. Mais, dès l'abord, quel pénible embarras! La Rhétorique abandonne sans peine les figures de Diction dites *Métaplasmes;* mais elle ne veut nullement se dessaisir des autres; elle revendique en partie les figures de Construction, en totalité les figures d'Élocution et les figures de Style, avec les *figures de Pensées;* elle prétend même avoir part aux figures d'Expression, et elle va jusqu'à disputer les figures de Signification, dont il n'appartient qu'à elle seule de régler l'usage.

La Grammaire, de son côté, veut pour elle seule toutes les figures de Construction; elle prétend que toutes les figures de Signification et d'Expression la regardent particulièrement, et sont, à plus d'un titre, de son domaine; elle fait même valoir ses droits sur plusieurs des figures de Style, dont son génie seul peut autoriser la forme, ou justifier la hardiesse.

Essayez de mettre d'accord les rhéteurs et les grammairiens, ou plutôt n'écoutez ni les uns ni les autres, et commencez le partage : vous ne faites que fortifier les prétentions; que ranimer la dispute; et, si vous persistez encore, les deux parties se tourneront contre vous.

D'ailleurs, voulût-on vous laisser faire à votre aise et sans trouble, vous ne pourriez vous flatter d'aucun succès réel : vous ne tarderiez pas à vous convaincre qu'un partage en tout bien juste, bien égal, c'est-à-dire bien conforme aux droits respectifs, est à-peu-près inexécutable, impossible. Vous verriez, en outre, par combien de divisions et de subdivisions vous l'auriez à effectuer tant bien que mal.

D. — ENFIN QUE PENSER DE LA RÉDUCTION DES FIGURES EN *figures d'Imagination* ET *en figures de Passion*?

Changeons de système, et, comme le docteur Blair, voyons de tout rapporter à l'*Imagination* ou à la *Passion*. Ne voilà que deux classes générales, pourront-elles suffire? D'abord, je ne vois pas quel rôle l'*Imagination* et la *Passion* peuvent jouer dans les figures de Diction, ni lequel même elles peuvent jouer dans quelques genres ou espèces de telle ou telle autre de nos sept classes. Il faudra donc créer une classe de *figures neutres?* Et puis, combien çà et là de figures sur lesquelles l'*Imagination* et la *Passion* semblent avoir un droit égal! Combien où c'est tantôt l'une, tantôt l'autre qui domine seule! Combien où souvent elles se montrent toutes les deux à-la-fois, et à-peu-près autant l'une que l'autre! Telles, par exemple, entre tant d'autres, l'Ellipse, l'Inversion, la Prétérition, l'Hyperbole, l'Épitrope, l'Interrogation, l'Ironie. Il faudra donc encore créer une classe de *figures mixtes*, et une aussi, peut-être, de *figures équivoques?*

Par conséquent, voilà quatre ou cinq classes générales, au lieu de deux seulement que nous en voulions. Et ces quatre ou cinq classes, comment les remplirons-nous? Comment même remplirons-nous les premières, celles qui doivent être exclusivement pour l'*Imagination* ou pour la *Passion* seule? Comment, dis-je, saurons-nous partager entre l'*Imagination* et la *Passion*, de manière que chacune ait ce qui lui appartient véritablement, et rien de moins, rien de plus? Ce n'est pas tout : faudra-t-il ne considérer que la *Passion* en général, tandis qu'il y a tant de passions si différentes, ou même si opposées? Mais en distinguant plusieurs passions, nous engagerons-nous à répartir entre elles toutes le lot commun? Pourrions-nous, à la seule idée d'une pareille tâche, ne pas perdre courage? Convenons-en, le partage des figures entre l'*Imagination* et la *Passion* est bien autrement difficile que celui dont il s'agissait tout-à-l'heure entre la *Grammaire* et la *Rhétorique*.

CONCLUSION

Il est donc plus à propos de nous en tenir à la classification tout-à-la-fois simple, naturelle, exacte, lumineuse et complète, que nous avons adoptée. De combien ne l'emporte-t-elle pas sur les autres! et combien l'espèce de comparaison indirecte que nous venons d'en faire avec celles-ci, n'en fait-elle pas ressortir les avantages! Cependant, il faut l'avouer, ces classifications défectueuses ou imparfaites ne sont telles que dans leur système général, que dans leur ensemble : dans le détail et même dans les parties principales, elles n'offrent le plus souvent rien que de vrai, que de juste. Pourquoi donc ne pourrions-nous pas employer leurs distinctions, leurs termes, leur langage, lorsqu'il ne s'agira de considérer les figures qu'à-peu-près individuellement ou en détail, sous tels ou tels de leurs rapports généraux? Pourquoi, par exemple, ne dirions-nous pas, soit de l'*Exclamation*, soit de l'*Apostrophe*, en les considérant quant à leur cause morale : *figures de passion*, ou *figures de sentiment?* De la *Personnification*, de l'*Allégorie*, de la *Métaphore : figures d'imagination?* Pourquoi ne dirions-nous pas de la *Prétérition*, de la *Métalepse*, de l'*Allusion*, de l'*Ironie : figures de rhétorique*, en les considérant quant à leur effet ou quant à leur usage en éloquence; et *figures de grammaire*, c'est-à-dire de *grammaire philosophique*, en les considérant dans le rapport de l'expression avec la pensée? Pourquoi par opposition à *figures de pensées*, ne dirions-nous pas *figures de mots*, même en parlant de celles qui tenant tout-à-la-fois aux idées et aux mots, ou à l'expression et à la pensée, sont *mixtes?* Mais alors, à *figures de mots*, il faudra ajouter, *dans le sens figuré*, ou *dans un sens détourné*, pour les distinguer des figures de mots proprement dites; pour les distinguer, dis-je, *des figures de mots dans le sens propre*. Pourquoi ne pourrions-nous pas aussi comme nous l'avons fait dans le *Manuel*, donner le nom de *Tropes* à celles de ces figures qui ne consistent qu'en un seul mot, et même l'appliquer par extension, par abus, à celles qui consistent en plusieurs mots; ou tout au moins donner ces dernières pour des *Tropes improprement dits?* Et pourquoi, qui plus est, en ne regardant qu'à la *spiritualité*, ou, si l'on veut, qu'à l'esprit de ces mêmes figures, ou de la plupart des figures de Style, ne pourrions-nous pas, à la rigueur, dire : *Sortes de figures de pensées*, ou *figures de pensées improprement dites*, par opposition aux figures qui tiennent ou semblent beaucoup plus tenir au physique des mots? Observons toutefois qu'il sera toujours convenable, et même souvent nécessaire, dans l'usage de ces termes ou expressions d'une classification peu philosophique, d'en déterminer tellement le sens qu'il n'en puisse résulter ni confusion, ni erreur, ni absurdité.

Ici, vient se placer comme d'elle-même une observation qui se trouve en note dans le *Manuel des Tropes*, second chapitre de la troisième partie : « Nous croyons » devoir observer que des distinctions rigoureuses de » classes sont sans doute nécessaires dans l'enseigne- » ment ou dans l'étude de la théorie des figures, mais » qu'il pourrait y avoir de la minutie ou une sorte » d'affectation pédantesque, à vouloir toujours s'y » astreindre dans l'usage ordinaire. Il peut souvent » suffire de rapporter telle ou telle figure, à la classe » générale sous laquelle se trouve la classe subordonnée » à laquelle elle appartient. Il y a même telle classe » subordonnée dont on peut faire, en certains cas, une » classe générale; et telle est, entre autres, la classe des » *figures de Diction :* on y fait souvent rentrer les *figures* » *d'Élocution* et les *figures de Construction*, comme on » comprend, sous le titre de *figures de Langage*, toutes » les sortes de Tropes. C'est, par exemple ce que fait » à tout moment Laharpe dans son Cours de littérature, » et dans son Commentaire sur Racine; et quand vous » y voyez, *figures de Diction*, ou *figures de Langage*, vous » devez souvent entendre par les premières, *figures de* » *Construction*, ou *figures d'Élocution*, quelquefois même, » peut-être, *figures de Style;* et par les secondes, assez » ordinairement, *figures de Signification* ou *figures* » *d'Expression*. »

CHAPITRE VI

CONSIDÉRATIONS GÉNÉRALES SUR LES FIGURES « NON-TROPES »

Ces considérations vont avoir pour objet : 1° l'origine et les causes des figures non-Tropes; 2° leurs effets dans le discours; 3° leur usage et leur abus; 4° les moyens de les reconnaître où elles se trouvent; 5° les moyens de les apprécier à leur juste valeur.

A. — ORIGINE ET CAUSES DES FIGURES NON-TROPES

Il en est sans doute de l'origine des figures *non-Tropes* comme de l'origine des figures *Tropes;* elle est aussi ancienne, et par conséquent aussi difficile à constater que celle du langage de la parole.

Les figures *non-Tropes* ont aussi, incontestablement, leurs *causes occasionnelles* et leurs *causes génératrices.* Leurs *causes occasionnelles,* ce sont, d'abord l'envie ou le besoin de plaire, d'intéresser ou de persuader par des moyens plus forts et plus efficaces que ceux du discours ordinaire. Ce sont ensuite l'agrément, le charme ou la force que le goût, la raison ou le sentiment nous ont fait découvrir en elles. Et n'est-ce pas en effet pour l'agrément, le charme ou la force qui doit en résulter dans le discours, que, par exemple, on laisse la construction pleine ou directe pour la construction elliptique ou inversive; qu'on répète à dessein certains mots, certaines expressions; qu'on accumule les termes en les graduant; qu'on relève les noms par des appositions ou par des épithètes ? N'est-ce pas dans les mêmes vues qu'on suspend une période; qu'on interrompt une phrase; que, au lieu de quelques mots qui auraient mené droit au but, on en accumule une foule pour y conduire par un long détour; que, à des formes simples, froides ou calmes, on en substitue qui sont toutes de passion ou de sentiment; qu'on oppose avec art les mots aux mots, comme les idées aux idées; qu'on s'applique à faire du discours une vraie peinture qui saisisse l'esprit et le remplisse d'une douce illusion?

Mais quelles sont les *causes génératrices* de ces figures? Comptons d'abord pour telles les trois grandes facultés intellectuelles ou morales que nous avons indiquées pour les Tropes : l'*Imagination*, l'*Esprit*, la *Passion*.

A l'*Imagination*, se rapportent particulièrement toutes les figures plus ou moins pittoresques, c'est-à-dire, qui servent plus ou moins à peindre, à faire image : entre autres, par exemple, parmi *les figures de Construction*, l'*Inversion*, l'*Apposition*, le *Pléonasme;* parmi les *figures d'Élocution*, la *Pronomination*, l'*Épithète*, l'*Épithétisme;* parmi les *figures de Style*, la *Périphrase*, la *Conglobation*, la *Comparaison*, l'*Hypotypose*, l'*Harmonisme;* parmi les *figures de Pensées*, la *Prosopopée*, la *Fabulation*, la *Topographie*, la *Prosopographie*, et les autres peintures de ce genre, surtout quand l'objet en est purement fictif.

N'est-ce pas surtout à l'*Esprit* que se rapportent, parmi les *figures de Construction*, l'*Ellipse*, la *Synthèse*, le *Zeugme?* Parmi les *figures d'Élocution*, l'*Adjonction*, la *Disjonction*, la *Métabole?* Parmi les *figures de Style*, la *Suspension*, la *Correction*, l'*Antithèse*, l'*Épiphonème*, le *Dialogisme?* Parmi les *figures de Pensées*, l'*Exposition*, l'*Éthopée*, le *Portrait*, le *Parallèle*, et en général toute la partie morale des descriptions?

Nous l'avons observé pour les Tropes, et nous l'observerons encore ici : la *Passion* est moins véritablement *cause génératrice* que *cause motrice;* c'est-à-dire, qu'elle ne produit par elle-même aucune figure, mais qu'elle détermine plus ou moins fortement telle ou telle faculté à les produire. Or, quelles sont les figures *non-Tropes* à la production desquelles elle contribue plus ou moins? Ce sont en général toutes celles qui portent l'empreinte de quelque affection plus ou moins vive de l'âme; par exemple : parmi les *figures de Construction*, l'*Ellipse* et le *Pléonasme;* parmi les *figures d'Élocution*, *la Répétition*, la *Conjonction*, l'*Abruption;* parmi les *figures de Style*, l'*Interrogation*, l'*Exclamation*, l'*Apostrophe*, l'*Interruption;* parmi les *figures de Pensées*, la *Commination*, l'*Imprécation*, l'*Optation*, la *Déprécation*, si l'on veut en faire de véritables figures.

Mais, à ces trois facultés, il faudra peut-être en joindre deux autres qui n'ont pas été indiquées pour les Tropes : la *Sensibilité organique* et la *Raison.*

1°. La *Sensibilité organique*, c'est-à-dire, la sensibilité de l'oreille, ou plutôt la sensibilité de l'âme par rapport à l'oreille : car les organes des sens ne sont pas sensibles par eux-mêmes. L'oreille, aussi ennemie des sons durs, rudes, pénibles, des sons propres à l'offenser, qu'amie des sons doux, coulans, et propres à la flatter agréablement, ne supporte les premiers qu'autant qu'ils offrent une imitation de ce qu'il faut peindre, et veut que les autres, hors ce cas-là, règnent partout dans le discours seuls et sans partage. Elle met, s'il faut le dire, la langue sous l'empire de l'euphonie et de l'harmonie, exige que l'on sacrifie à l'une dans les mots, à l'autre dans les phrases, et commande des arrangemens ou assortimens particuliers, des changemens ou modifications de tout genre. C'est donc elle qui préside à la formation des *figures d'Élocution par consonnance*, et sans doute elle n'est point étrangère à la formation de bien d'autres figures, non seulement de cette même classe, mais même des classes de Construction et de Style.

2° La *Raison.* Persuader et convaincre, tel est le but de la *Raison* dans le discours. Mais elle n'est pas toujours sûre d'y parvenir par ses propres moyens, parce qu'ils peuvent être trop faibles et contre les obstacles et contre la résistance qu'on lui oppose. Alors elle appelle l'*esprit* à son aide, elle lui emprunte ses ruses, ses artifices, et je ne sais quel charme puissant qui lui assure ordinairement la victoire. Ces ruses, ces artifices, ce charme vainqueur, ce sont les *figures de Pensées par raisonnement;* ce sont aussi quelques *figures de Style;* et l'on voit que c'est à la *Raison* surtout qu'il faut en faire honneur, quoique la *Raison* n'en soit pas sans doute la cause unique.

Et quelle est, au reste, la faculté qui agisse absolument seule dans la formation des figures? Quelle est la figure qui tienne tout d'une seule faculté, et n'en reconnaisse qu'une seule pour cause? Dans laquelle l'*Imagination*, la *Raison* ou l'*Esprit* n'entrent-ils pas pour plus ou pour moins, et dans laquelle n'y a-t-il rien de la *Passion* ou de la *Sensibilité organique?* Disons que toutes ces causes sont seulement principales par rapport aux figures qu'on leur attribue particulièrement.

B. — EFFETS DES FIGURES NON-TROPES

Toutes les *figures non-Tropes*, de même que les *figures Tropes*, à quelque classe qu'elles appartiennent, produisent nécessairement un effet quelconque, et cet effet est bon ou mauvais, suivant que les figures sont bien ou mal employées. Ici, nous supposons les figures bien employées, parce qu'elles doivent toujours l'être; et nous n'avons en vue que l'effet qui peut résulter de ce bon emploi. Souvent, et même toujours sans doute, il en résulte plus d'un d'une même figure; et, parmi ces effets, il y en a de communs à toutes les figures, ou du moins à presque toutes; il y en a qui n'appartiennent qu'à quelques-unes ou de la même classe, ou des autres classes. Les premiers sont donc généraux ou à-peu-près généraux; les autres sont plus ou moins particuliers.

Les effets généraux doivent être : 1° d'embellir le langage; 2° de plaire par cet embellissement. Les effets les plus généraux après ceux-là, sont, il me semble, de rendre le discours plus riche, plus varié, plus noble ou plus gracieux, plus piquant ou plus énergique. Mais ces effets, que toutes les figures, ou presque toutes, produisent, ne sont pas à-beaucoup-près les mêmes pour toutes : ils varient du plus au moins de l'une à l'autre, et l'on ne peut sans doute qu'en dire autant de tous les effets qui ne sont pas les plus particuliers. Voyons un peu par aperçu quelles sont les figures qui peuvent être le plus à remarquer pour les effets généraux, ou qui, aux effets généraux, en joignent de particuliers dignes de remarque.

1° Relever, ennoblir des idées ou des pensées qui, dans un style sans art et sans ornement, auraient quelque chose de bas ou de commun : tel est le propre de l'*Épithète*, de la *Pronomination*, de la *Périphrase*, et de l'*Inversion*, dans les genres qui la comportent.

2° Étendre, développer, renforcer les idées ou les pensées, les mettre dans le plus grand jour, les revêtir du plus grand éclat, et donner à l'expression, au style, de la majesté, de la pompe, de la magnificence : c'est à quoi servent merveilleusement, entre autres figures de diverses classes, l'*Apposition*, l'*Épithétisme*, la *Métabole*, la *Comparaison*, la *Conglobation*, la *Paraphrase*, la *Prosopopée*, la *Fabulation*, l'*Exposition*, la *Topographie*, la *Prosopographie*, etc.

3° Quelle force, quelle énergie ne prêtent pas aux idées, aux pensées, aux sentimens, et les *figures de Construction* en général, et plusieurs *figures d'Élocution* et les *figures de Style* par tour *de phrase!* Quelle vivacité, quelle rapidité, ne donnent pas à l'expression, au style, toutes ces dernières et plusieurs des autres, telles que l'*Adjonction*, la *Disjonction*, l'*Abruption*, l'*Ellipse!*

4°. Plusieurs figures dans diverses classes pourraient d'abord ne sembler guère faites que pour l'oreille. Mais, comme l'oreille, ainsi qu'on le dit ingénieusement, est le chemin du cœur et de l'esprit, elles ne servent pas peu à conduire par cette voie, soit jusqu'à l'un, soit jusqu'à l'autre, et leur influence n'est jamais si absolument *physique*, qu'elle ne soit bien encore toujours assez *morale*. La modification qu'elles opèrent dans les mots en entraîne nécessairement une d'analogue dans les idées, et cette modification peut aller jusqu'à prêter aux idées une sorte de prestige qu'elles n'auraient point par elles-mêmes. Tel est même souvent le charme de ces figures, qu'elles convertissent en beauté et en mélodie, s'il faut le dire, la dureté, l'âpreté, la rudesse des sons, lorsqu'il en résulte une sorte d'imitation des choses qui en font l'objet; parce que, comme le dit Boileau,

Il n'est point de serpent ni de monstre odieux
Qui par l'art imité ne puisse plaire aux yeux.

C. — USAGE ET ABUS DES FIGURES NON-TROPES

Ce que nous avons dit des *figures Tropes*, par rapport à leur usage, peut se dire encore des *figures non-Tropes*. Si, en général, elles produisent un très-heureux effet dans le discours quand elles sont employées convenablement, elles en produisent un mauvais quand elles sont employées mal-à-propos et par abus. C'est à la raison et au goût à en régler l'emploi. Elles ne conviennent pas toutes à tous les sujets, et les unes peuvent y convenir plus que les autres; les unes d'ailleurs peuvent demander à n'y paraître que de loin à loin, et les autres peuvent risquer à s'y reproduire plus fréquemment. Nous allons indiquer celles dont on peut le plus abuser, et les principaux défauts que cet abus entraîne dans le style : ce sera faire connaître indirectement les conditions et les règles du bon usage.

Parmi les figures *non-Tropes* des diverses classes, vous en avez qui tendent plus ou moins à resserrer, à presser le discours, et d'autres qui, au contraire, tendent plus ou moins à le développer, à l'étendre. Or, les premières, par une concision affectée, excessive, y produiront l'obscurité, la dureté, la sécheresse; les secondes, par la superfétation, par cette abondance stérile et *appauvrissante* dont parle Boileau, y produiront la diffusion, la langueur, une mortelle insipidité. Il en est même, telles, par exemple, que la *Pronomination* et la *Périphrase*, qui, trop prodiguées ou mal-entendues, pourraient, comme certains Tropes vicieux, rendre le style recherché, précieux, ridiculement emphatique, et, pour tout dire en un mot, le faire dégénérer en galimatias, en phébus, enfin en extravagance.

L'*Antithèse*, la *Réversion*, la *Paraclase*, ne pourront que dégénérer en pointes, en calembourgs, en jeux de mots puérils, si les pensées ne sont pas bien naturelles, si, par leur opposition ou leur rapprochement, elles ne se donnent pas mutuellement et plus de justesse et plus de clarté. Les mêmes figures ne pourront, si elles reviennent trop souvent, que nuire à la liaison des idées, à la rapidité de l'énonciation, et que répandre dans tout le style un froid mortel.

De trop fréquentes *interrogations* ne joindraient peut-être pas le dernier de ces effets aux premiers; mais elles y en joindraient un non moins triste, celui d'une pénible et fatigante monotonie.

Et jusqu'où ne va pas quelquefois la froideur, le ridicule de ces *exclamations* et de ces *apostrophes* qui ne partent pas spontanément du cœur, ou qui ne viennent pas le saisir, l'ébranler par une sorte de commotion électrique!

Les figures elles-mêmes qui ont pour but l'harmonie du style, les figures, dis-je, telles, par exemple, que les *figures d'Élocution par consonnance*, ne produiraient qu'une bien fâcheuse impression, si elles étaient mal placées. Il y a même, disons-le, très-peu de circonstances où elles puissent convenir; encore faut-il alors qu'elles se glissent comme furtivement, et ne soient pas, pour ainsi dire, aperçues. Pour peu que l'intention s'y fasse remarquer, elles ne trouveront que difficilement grâce devant l'homme de goût, si même elles ne vont pas jusqu'à le révolter : tant elles sont près de l'affectation et tant l'affectation y est près du ridicule! Ces figures ne sont pas précisément étrangères à la langue française; mais la langue française les recherche peu, et elle ne les admet qu'avec un scrupule qu'on pourrait appeler de la défiance. C'est sans doute à cause de leur peu d'usage dans cette langue qu'elles se trouvent, pour la plupart, oubliées dans presque toutes les rhétoriques.

D. — MOYENS DE RECONNAITRE LES FIGURES NON-TROPES

Nous avons assez montré, dans le *Manuel des Tropes*, troisième partie, chapitre second, à distinguer, par la différence qu'il y a entre elles, les figures *non-Tropes* des figures *Tropes*. Il ne s'agit donc plus que de montrer ici à reconnaître sûrement ces premières sortes de figures partout où elles se trouvent, et à ne pas les confondre l'une avec l'autre, soit quant au genre, soit quant à l'espèce.

Il faut savoir avant tout que toute figure est ou *positive* ou *négative*, suivant qu'elle consiste dans quelque chose de *positif*, c'est-à-dire dans des mots exprimés, ou qu'elle consiste dans quelque chose de *négatif*, c'est-à-dire dans des mots supprimés ou sous-entendus. Ce qu'il faut savoir encore, c'est que toute figure est *simple* ou *composée; simple*, si elle est unique, et qu'on ne puisse pas y en distinguer d'autres; *composée*, dans le cas contraire. Mais, si l'on peut concevoir de la complexité dans une chose *positive*, en peut-on concevoir de même dans une chose purement *négative?* Les *figures négatives* paraissent donc ne pouvoir être que *simples*.

Maintenant, la figure est-elle *négative?* Ce ne peut guère être qu'une figure de *Construction par sous-entente*, ou qu'une *figure d'Elocution par liaison :* car il ne s'agit point ici de ces prétendues figures de diction appelées *Métaplasmes*, et qui pourraient consister dans la suppression de quelques lettres. Or, est-ce une figure de *Construction par sous-entente?* Examinez si les mots supprimés ont été exprimés ailleurs dans la phrase, ou ne l'ont pas été du tout. Dans le premier cas, c'est un *Zeugme*, et dans le dernier, une *Ellipse* proprement dite. Ce serait une *Anacoluthe*, si, au mot supprimé, correspondait un corrélatif exprimé. Ce serait une *Synthèse*, si l'accord des mots n'avait lieu que dans la pensée.

Est-ce une figure d'*Élocution par liaison?* Ou plusieurs membres de la phrase se rapportent à un terme commun : *Adjonction.* Ou l'on a supprimé à dessein entre les mots la conjonction copulative d'usage : *Disjonction.* Ou l'on a passé brusquement du discours direct au discours indirect : *Abruption.*

Passons aux figures *positives.* Dès qu'une figure s'annonce comme *positive*, examinez si elle consiste dans toute la phrase, ou seulement dans une partie de la phrase. Consiste-t-elle dans toute la phrase ? c'est nécessairement une *figure de Style*, ou une *figure de Pensées :* car il n'est point ici question de ces *figures Tropes* appelées *figures d'Expression.* Or, voyez, pour le style, si elle a lieu par *emphase*, par *tour de phrase*, par *rapprochement*, ou par *imitation :* voyez, pour la pensée, si elle a lieu par *imagination*, par *raisonnement*, ou par *développement :* après en avoir ainsi déterminé le genre, il vous sera bien aisé d'en déterminer l'espèce.

La figure ne consiste-t-elle que dans une partie de la phrase ? Ou cette partie de la phrase est une suite de mots, ou elle n'est qu'un seul mot. Dans les deux cas, la figure est nécessairement ou de *Construction* ou d'*Élocution*, mais de *Construction par exubérance* ou *par révolution*, et d'*Élocution par extension, par déduction*, ou *par consonnance.*

Appliquons à quelques exemples les principes de cette théorie. Il pourra s'y trouver plus d'un trope, et s'y en trouver de plus d'une espèce; mais nous procéderons comme s'il n'y en avait point du tout, parce que nous n'avons en vue que les figures non-Tropes, et que d'ailleurs des analyses trop compliquées, ne pourraient pas être sans quelque confusion.

I

Racine, dans *Athalie :*

Faut-il, Abner, faut-il vous rappeler le cours
Des prodiges fameux accomplis en nos jours;
Des tyrans d'Israël les célèbres disgrâces,
Et Dieu trouvé fidèle en toutes ses menaces;
L'impie Achab détruit, et, de son sang trempé,
Le champ que par le meurtre il avait usurpé;
Près de ce champ fatal Jézabel immolée;
Sous les pieds des chevaux cette reine foulée;
Dans son sang inhumain les chiens désaltérés,
Et de son corps hideux les membres déchirés;
Des prophètes menteurs la troupe confondue,
Et la flamme du ciel sur l'autel descendue;

Elie aux élémens parlant en souverain;
Les cieux par lui fermés et devenus d'airain;
Et la terre trois ans sans pluie et sans rosée;
Les morts se ranimant à la voix d'Élisée?...

Cette longue suite de vers ne fait qu'une même phrase, et cette phrase est visiblement *interrogative*. Mais cette *Interrogation* exprime-t-elle quelque doute de la part de celui qui parle, et fait-elle attendre une réponse de la part de celui à qui elle est adressée? Elle est au contraire très-*affirmative*, s'il faut le dire, et *faut-il* y signifie à-peu-près la même chose que *Il faut donc*. C'est donc une *Interrogation* véritablement figure de Style, et cette figure est de celles qui ont lieu par *tour de phrase*.

Mais considérez tous ces divers régimes accumulés sur un même verbe, sur *rappeler*, et qui remplissent jusqu'à seize vers : que forment-ils par leur ensemble? une *Conglobation*. Voilà donc une *figure de Style par emphase* jointe à une *figure de Style par tour de phrase*, et même comprise dans celle-ci.

Quelle vivacité et quelle énergie dans ces deux figures réunies! Ne rendent-elles pas présens à l'esprit, ne mettent-elles pas comme sous ses yeux les prodiges terribles qu'elles retracent? N'en font-elles pas un bien vrai tableau, un tableau tout-à-fait frappant, et où ils semblent se reproduire? Troisième *figure de Style* à distinguer, une *Hypotypose*, figure par *imitation*.

Si à présent nous voulons entrer dans les détails, combien d'autres figures n'allons-nous pas trouver! Par quel lien merveilleux tous ces divers régimes vont-ils se rattacher au verbe *rappeler* du premier vers, et s'enchaînent-ils l'un à l'autre de manière à n'en former en quelque sorte qu'un seul? C'est par l'*Adjonction*, figure d'*Élocution par liaison*. Mais avant cette *adjonction*, qu'est-ce que ce redoublement de *faut-il?* Une *Répétition*, autre *figure d'Élocution*, mais par *déduction*, et non par *liaison*. Voyez ensuite *Prodiges fameux*, *Célèbres disgrâces*, *Champ fatal*, *Sang inhumain*, *Corps hideux* : tous ces divers adjectifs *fameux*, *célèbres*, *fatal*, *inhumain*, *hideux*, sont-ils pour déterminer les noms qu'ils accompagnent, et en compléter l'idée principale? Non sans doute, mais seulement pour caractériser cette idée et la rendre plus saillante ou plus énergique par l'idée accessoire qu'ils y ajoutent. Ce sont donc des *Épithètes*, des figures d'*Élocution par extension*.

Maintenant regardons un peu à la construction, nous verrons si elle est *analytique* dans toutes les parties de la phrase, c'est-à-dire, si les mots y sont énoncés dans l'ordre suivant lequel les idées se succèdent dans l'*analyse* de la pensée. Il est évident qu'elle n'est conforme à l'*ordre d'analyse* que pour les deux premiers vers, le quatrième, la moitié du cinquième, et les deux derniers, et que, pour qu'elle le fût dans tout le reste, il faudrait qu'il y eût : *Les disgrâces célèbres des tyrans d'Israël...; Et le champ qu'il avait usurpé par le meurtre, trempé de son sang; Jézabel immolée près de ce champ fatal; Cette reine foulée sous les pieds des chevaux; les chiens désaltérés dans son sang inhumain, et les membres de son corps hideux déchirés; la troupe des prophètes menteurs confondue, et la flamme du ciel descendue sur l'autel; Élie parlant en souverain aux élémens; les cieux fermés par lui, et devenus d'airain*. Par conséquent, c'est presque partout dans ce beau morceau la construction *inversive*. Combien donc n'offre-t-il pas d'*inversions* plus ou moins fortes! Autant que de parties de phrases où cette sorte de construction se fait remarquer. Or, il en est neuf où elle se fait remarquer plus ou moins.

II

Louis Racine, *poëme de la Religion*, chant Ier :

Oui, c'est un Dieu caché, que le Dieu qu'il faut croire.
Mais tout caché qu'il est, pour révéler sa gloire,
Quels témoins éclatans devant moi rassemblés!
Répondez, cieux et mers; et vous, terre, parlez.
Quel bras put vous suspendre, innombrables étoiles?
Nuit brillante, dis-nous qui t'a donné tes voiles?
O cieux, que de grandeur, et quelle majesté!
J'y reconnais un maître à qui rien n'a coûté,
Et qui dans vos déserts a semé la lumière,
Ainsi que dans nos champs il sème la poussière...

Revenons sur ces vers. Ce *Oui* du premier n'est pas pour confirmer quelque chose qui vienne d'être dit de Dieu, puisqu'il n'en a pas encore été même question, et que le poëte entre seulement en matière. Il ne se rapporte qu'à la phrase même qu'il commence, et il n'y ajoute aucune nouvelle idée, il ne fait qu'en renforcer d'avance l'affirmation et que la rendre plus positive; en sorte que, si on la retranchait, la phrase n'en resterait pas moins foncièrement la même, mais qu'elle en serait seulement moins pleine, moins arrondie, et moins énergique. C'est donc une sorte de *pléonasme*, une de ces figures de *construction par exubérance;* mais c'est un pléonasme de la petite espèce, une *Explétion.*

Dans ce même vers, le mot *Dieu* du second hémistiche est déterminé, restreint par le mot *Dieu* du premier ; car c'est comme s'il y avait, *Oui, le Dieu qu'il faut croire est un Dieu caché.* Ce même mot a donc un sens plus étendu dans une partie de la phrase que dans l'autre. Or, n'est-ce pas là une figure d'*élocution par consonnance*, une *Antanaclase?* Pour faire disparaître cette figure, vous n'auriez qu'à mettre : *Oui, c'est un Dieu caché que celui qu'il faut croire.*

Le second et le troisième vers forment ensemble une même phrase. Or, le tour même de cette phrase n'exprime-t-il pas l'étonnement, l'admiration ? Ne fait-il pas entendre une sorte de cri de l'âme ? C'est donc une phrase *exclamative*, et où l'on ne peut que reconnaître la figure de style appelée *Exclamation.* Mais, dans cette figure, n'en remarque-t-on pas une autre moins étendue et même purement *négative*, une figure de *construction par sous-entente? Rassemblés* suppose en effet devant soi les mots *sont* ou *se trouvent*, et, si ces mots-là manquent, ils n'ont été supprimés que par une *ellipse* aisée à suppléer, et qui rend l'expression tout-à-la-fois plus vive et plus rapide. Ce n'est pas tout : *Devant moi* ne devrait-il pas, dans l'ordre analytique, se trouver après *rassemblés?* C'est donc une *inversion* que l'arrangement de ces mots entre eux.

Nous voici au quatrième vers. Le poëte, par un mouvement subit et spontanné, s'adresse tout-à-coup aux *cieux*, aux *mers*, et puis à la *terre :* n'est-ce pas là la figure de *style par tour de phrase* appelée *Apostrophe?* Mais les *cieux*, les *mers*, la *terre*, ne sont-ils pas par eux-mêmes des êtres insensibles, des êtres sourds et muets ? Comment dont pourront-ils *répondre* ou *parler?* C'est que l'imagination du poëte leur prête par fiction la vie, le sentiment, l'intelligence, enfin l'ouïe et la parole. Or, qu'est-ce que cette fiction ou supposition poétique ? Une *figure de pensée par imagination*, et de l'espèce qu'on appelle *Prosopopée.*

Cinquième et sixième vers. Le poëte laisse là les cieux, les mers, la terre, et s'adressant, par un nouveau détour, d'abord aux Étoiles, il leur demande *Quel bras les a suspendues*, et puis à la Nuit, il lui demande *Qui lui a prêté ses voiles.* Là, d'abord deux nouvelles *apostrophes.* Mais que penser des deux *interrogations?* Elles semblent, il est vrai, provoquer une réponse, et le poëte semble même attendre cette réponse, comme il attend celle que, plus loin, il se fait rendre par la terre; mais ce n'est qu'une vaine et fausse apparence. Le poëte n'a aucun doute dans son esprit; il sait bien d'ailleurs qu'on ne lui répondra pas; et l'on sent assez que ce qu'il a voulu dire, c'est : *Quel bras, si ce n'est celui d'un Dieu, put vous surprendre, innombrables étoiles, qui sûrement ne vous êtes pas suspendues vous-mêmes? Nuit brillante, dis-nous qui t'a donné tes voiles, si ce n'est un Dieu? Ces interrogations* sont donc au fond du même genre que celles que Joad, dans *Athalie,* adresse à Abner : *Faut-il, Abner, faut-il vous rappeler le cours,* etc. Elles se rapportent donc à la figure de style qu'on appelle *Interrogation.*

Passons au septième vers : *O cieux, que de grandeur,* etc. Le poëte y revient aux *cieux :* autre *apostrophe.* Et quel est le tour de cette phrase? Le même que celui de la phrase que constituent le second et le troisième vers : il exprime de même l'admiration, et l'admiration, qui plus est, y va jusqu'à l'enthousiasme. C'est donc encore la figure de style appelée *Exclamation.*

Il ne reste plus à examiner que les trois derniers vers, qui ne forment ensemble qu'une seule et même phrase. Le premier n'offre aucune figure que nous ayons à remarquer ici; mais il n'en est pas de même des deux autres : ils offrent chacun une *inversion,* puisque l'*ordre analytique* exigerait qu'il y eût dans l'un : *Et qui a semé la lumière dans vos déserts,* au lieu de, *Et qui dans vos déserts a semé la lumière;* et dans l'autre : *Ainsi qu'il sème la poussière dans nos champs,* au lieu de, *Ainsi que dans nos champs il sème la poussière.* Et, dans ce dernier vers, n'y a-t-il pas, outre l'*inversion,* une autre figure? Oui, ce dernier vers renferme une *comparaison,* une figure de *style par rapprochement;* mais cette *comparaison* est, comme on voit, du genre le plus simple.

III

Le même poëte, dans le même chant du même poème :

Aux pieds de son idole un barbare à genoux,
D'un être destructeur vient fléchir le courroux :

« Etre altéré de sang, je viens te satisfaire :
» Que cette autre victime apaise ta colère :
» J'arrose ton autel du sang de cet agneau.
» N'en es-tu pas content? Te faut-il un taureau?
» Faut-il une hécatombe à ta haine implacable?
» Pour mieux me remplacer, te faut-il mon semblable?
» Faut-il mon fils? Je viens l'égorger devant toi.
» De ce sang enivré, cruel, épargne-moi.

Voyez si les deux premiers vers sont construits suivant *l'ordre analytique?* Dans l'un, c'est *Aux pieds de son idole un barbare à genoux*, pour *Un barbare à genoux aux pieds de son idole;* dans l'autre, *D'un être destructeur vient fléchir le courroux*, pour *Vient fléchir le courroux d'un être destructeur*. Voilà donc deux *inversions*, et toutes les deux assez marquées, quoique sans doute très-naturelles et du genre le plus ordinaire.

Mais que dites-vous du passage si brusque de ces deux vers au troisième : *Être altéré de sang*, etc.? C'était le poëte qui parlait de ce barbare idolâtre, et voilà maintenant cet idolâtre lui-même en scène! Voilà que c'est lui qui parle au lieu du poëte, sans aucun lien apparent qui rattache son discours à celui dont il vient de rompre le fil! Ne remarquez-vous pas là une *abruption*, et une *abruption* des plus soudaines, des plus hardies? Mais cette *figure d'élocution* n'en entraîne-t-elle pas une autre avec elle? Vous voyez le rôle d'un personnage substitué à celui du poëte, et le discours direct au discours indirect : *Dialogisme*, figure de *style par tour de phrase*.

Suivons ce discours, ou, si vous voulez, cette prière de l'idolâtre. Dans les trois premiers vers, aucune figure bien sensible. Mais voyez le quatrième, le cinquième, le sixième et le septième : ils vous offrent d'abord cinq *interrogations*, dont les deux premières toutefois peuvent se réduire à une seule, parce que l'une sert à compléter l'autre. Or, ces *interrogations* sont-elles de celles qui excluent tout doute, et qui affirment d'une manière si positive? Non, mais elles ne sont pas non plus, il s'en faut, de celles qui provoquent une réponse de la part de ceux à qui on les adresse. C'est l'interlocuteur lui-même qui y répond. Sa réponse, à la vérité, n'est formellement exprimée que pour la dernière; mais elle est sous-entendue et facile à suppléer pour les précédentes. *N'en es-tu pas content* (de cet *agneau*, ma nouvelle victime)? et *te faut-il un taureau?* je l'immolerai. *Faut-il une hécatombe à ta haine implacable?* tu auras une hécatombe. *Pour mieux me remplacer, te faut-il mon semblable?* tu l'auras pour victime. Telles sont à-peu-près les réponses que se fait tacitement à lui-même l'interlocuteur, et toutes ces réponses, vous le voyez se trouvent respectivement combinées avec les diverses interrogations en une seule et même phrase. Reconnaissez-y donc la *figure de style* appelée *Subjection.*

Mais à la *Subjection*, ne se joint-il pas là une autre figure, et une figure d'un genre bien différent? L'idolâtre vient d'immoler à son Dieu un *agneau*, et il lui offre, il lui promet en sacrifice un *taureau*, si ce n'est pas assez de l'agneau; une *hécatombe*, c'est-à-dire cent bœufs, si ce n'est pas assez du taureau; son *semblable*, si ce n'est pas assez de l'hécatombe; enfin son propre *fils*, s'il faut ce sang même et cette victime. Or, n'y a-t-il pas dans ces offres ou promesses successives un progrès toujours plus grand du moins au plus, une *gradation ascendante* très-sensible et très-marquée? figure *d'élocution par déduction.*

L'idolâtre est très-disposé à immoler jusqu'à son fils même, et il l'immolera, s'il le faut. Mais il ne *vient* pas réellement l'immoler tout-à-l'heure. Ainsi, *Je viens l'immoler devant toi*, est pour *Je viendrai* ou *Je suis prêt à venir l'immoler*. C'est le présent pour le futur : *Énallage*, figure de *construction par révolution.*

Il ne reste plus qu'un seul vers :

De ce sang enivré, cruel, épargne-moi.

D'abord, une *inversion* dans le premier hémistiche : *De ce sang enivré*, pour *Enivré de ce sang :* et puis, une *ellipse; Enivré de ce sang* ou *De ce sang enivré*, pour *Quand tu seras enivré de ce sang.*

E. — MOYENS D'APPRÉCIER LES FIGURES NON-TROPES

Vous devez savoir comment il faut procéder pour apprécier les *figures tropes*. Eh bien! ce sont les mêmes procédés à suivre pour l'appréciation des *figures non-tropes :* l'art de les apprécier ne diffère point de l'art de les employer, et connaître l'un c'est connaître l'autre. Voulez-vous vous assurer si ces figures sont des beautés? assurez-vous, avant tout, si elles ne sont pas des défauts. Mais, pour vous en bien assurer, ne les examinez pas seulement en elles-mêmes, examinez-les encore relativement au sujet, relativement au style et au genre d'écrire où elles se trouvent employées.

En examinant les *figures non-tropes* relativement au sujet et au style, voyez si elles n'ont rien de contraire à la nature de l'un et à la nature de l'autre; si, le sujet demandant un style simple, naturel, aisé, elles ne sentent pas un peu la recherche, l'affectation, ou l'emphase; si, le sujet demandant, au contraire, un style noble, élevé, sublime, ou tout au moins élégant, elles ne pèchent pas par trop peu de dignité, d'élévation, de force ou d'énergie Dans tous les cas, souvenez-vous bien que les figures de la poésie ne peuvent pas toujours être celles de la prose, ni les figures de tel ou tel genre, soit de prose, soit de poésie, celles de tel ou tel autre genre de poésie ou de prose.

En examinant les *figures non-tropes* en elles-mêmes et d'une manière absolue, voyez si elles ne manquent d'aucune des conditions d'où dépend leur mérite respectif; voyez, par exemple, si les *ellipses*, les *inversions* n'ont rien de forcé ou d'obscur, ou ne heurtent pas, par hasard, autant la logique que la grammaire; si les *épithètes*, les *appositions*, les *pléonasmes*, les *paraphrases*, les *conglobations*, les *expolitions*, les *tableaux*, ne produisent ni embarras, ni longueur, ni rédondance dans le discours; si les *pronominations* et les *périphrases* sont claires, naturelles, faciles à saisir et sans équivoque; si les *antithèses* sont vraies et justes dans leurs rapports, et ne jouent pas plus sur les mots que sur la pensée. Mais c'est surtout pour les figures dont on peut le plus abuser ou dont l'abus est le plus dangereux, qu'il faut être difficile et sévère.

Appliquons encore nos principes à quelques exemples.

I

Henriade, chant VI :

Comme on voit un torrent, du haut des Pyrénées,
Menacer des vallons les nymphes consternées :
Les digues qu'on oppose à ses flots orageux,
Soutiennent quelque temps son choc impétueux;
Mais bientôt, renversant sa barrière impuissante,
Il porte au loin le bruit, la mort et l'épouvante;
Déracine, en passant, ces chênes orgueilleux
Qui bravaient les hivers, et qui touchaient les cieux;
Détache les rochers du penchant des montagnes,
Et poursuit les troupeaux fuyant dans les campagnes.
Tel Bourbon descendait à pas précipités,

Du haut des murs fumans qu'il avait emportés;
Tel d'un bras foudroyant fondant sur les rebelles,
Il moissonne, en courant, leurs troupes criminelles.
Les Seize avec effroi fuyaient ce bras vengeur,
Égarés, confondus, dispersés par la peur.

Voilà une *comparaison* d'appareil, s'il en fut jamais. Voyez d'abord si elle est juste, si les rapports indiqués entre les objets comparés sont exacts. Qu'est-ce que ce *Torrent* qui se précipite du haut des Pyrénées, menaçant les Nymphes consternées des vallons? C'est Bourbon qui, du haut des remparts dont il s'est rendu maître de vive force, se précipite sur les ligueurs. Ce torrent est un moment arrêté par les digues qu'on lui oppose; mais enfin ces digues cèdent à ses efforts, et lui laissent un libre cours. Les ligueurs prétendraient bien aussi d'abord arrêter Bourbon; mais il les enfonce, les foudroie, les moissonne en courant. Dans les ravages du torrent, vous voyez les exploits de Bourbon. *Ces chênes* qu'*il déracine*, ces *rochers* qu'*il détache*, ce sont les chefs des ligueurs, Mayenne et d'Aumale eux-mêmes, entraînés dans la déroute générale; et ces *troupeaux fuyant dans les campagnes*, c'est la multitude qui fuit épouvantée.

Tout cela paraît d'une vérité, d'une justesse, d'une convenance à laquelle il ne manque rien. Mais est-ce pour l'expression, pour le style, une de ces peintures vives et animées qui constituent la figure appelée *Hypotypose?* S'il fallait en croire Clément, l'un des critiques les plus acharnés de *la Henriade*, il n'y aurait là ni *rapidité*, ni *vigueur*, ni *harmonie*, ni même de l'élégance. « Quelle froideur, dit-il, dans ces vers :

« Les digues qu'on oppose à ses flots orageux,
» Soutiennent quelque temps son choc impétueux!

» Ce style flasque et coupé, continue-t-il, n'a aucune
» convenance; je voudrais là un torrent d'harmonie;
» je voudrais des vers enchaînés et se précipitant les uns
» sur les autres. »

Quoi qu'en dise Clément, toute cette *comparaison* est pour moi, je l'avoue, une vraie peinture, une *hypotypose* frappante, et je ne conçois pas qu'elle pût ou dût avoir plus de rapidité, de *vigueur*, de *chaleur*, d'*harmonie*. Laharpe me paraît ici un bien meilleur juge que Clément.
« Observez, dit-il, que M. Clément veut *précipiter les vers*
» *les uns sur les autres*, quand le torrent ne se précipite pas
» encore; qu'il veut faire courir les vers quand le torrent

» lutte contre les digues. Voltaire, qui en savait un peu » davantage, a ralenti et coupé à dessein la marche des » premiers vers, sans pourtant les rendre *flasques;* il y a » marqué l'effort; et, quant aux derniers, il leur a donné » une marche progressivement accélérée jusqu'à la fin. »

Ce qui, dans cette magnifique *comparaison*, ne contribue pas peu à l'*Hypotypose*, c'est l'*Adjonction* qui rattache au même pronom *il* tous les verbes employés à retracer les ravages du torrent, lorsqu'il a renversé l'impuissante barrière de ses digues : *Il porte.... Déracine.... Détache.... Et poursuit.* Les vers *enchaînés* par cette *Adjonction se précipitent en effet les uns sur les autres*, ainsi que le voulait Clément tout-à-l'heure, et produisent un vrai *torrent d'harmonie.*

Si nous voulions examiner toutes les autres *figures non-tropes* de ce morceau, nous trouverions qu'elles n'y sont pas moins bien assorties, ni d'un moins heureux effet, chacune en leur genre.

II

Même poëme, chant VIII :

Des ligueurs en tumulte une foule s'avance.
Tels, au fond des forêts précipitant leurs pas,
Ces animaux hardis, nourris pour les combats,
Fiers esclaves de l'homme, et nés pour le carnage,
Pressent un sanglier, en raniment la rage :
Ignorant le danger, aveugles, furieux,
Le cor excite au loin leur instinct belliqueux.

Nous n'examinerons pas ici cette *comparaison* qui, en elle-même, est fort belle, comme presque toutes celles de *la Henriade;* mais nous examinerons une autre figure qu'elle renferme, et dont elle tire en grande partie son éclat : c'est cette *pronomination* des deux vers :

Ces animaux hardis, nourris pour les combats,
Fiers esclaves de l'homme, et nés pour le carnage.

Quels animaux le poëte a-t-il voulu désigner? Sont-ce des chevaux de guerre? sont-ce les chiens de chasse? Les uns et les autres sont *hardis*, les uns et les autres sont les *esclaves de l'homme*, les uns et les autres servent pour *les combats* et pour *le carnage.* On dira que tout cela ne peut s'entendre que des chiens seuls; que *nés pour le carnage* veut dire, *nés carnassiers, naturellement carnassiers*, et que des chevaux, quelque belliqueux qu'on les suppose ne pourraient jamais être appelés *carnassiers*, fussent-ils, comme la fable le raconte de ceux de Diomède, nourris de chair humaine. Accordons que *nés pour le carnage* ne puisse signifier en effet que *nés carnassiers*, ou, ce qui revient au même, que *nés pour exercer le carnage*, et ne prétendons pas, comme il n'y aurait pourtant aucune absurdité à le faire, qu'il pourrait, à la rigueur, signifier, *nés pour servir au carnage* : n'y a-t-il pas d'autres traits de cette *pronomination* qui sembleraient mieux convenir aux chevaux qu'aux chiens ? On *nourrit* bien des chiens pour les *combats de la chasse;* mais *combats*, dit absolument, ne s'entend-il pas plutôt des *combats humains*, c'est-à-dire, des combats entre hommes, que des *combats de la chasse?* Or, sont-ce des *chiens*, ou bien des *chevaux* que, parmi nous au moins, on *nourrit* pour ces sortes de combats ? Et puis, si les *chiens* et les *chevaux* sont également les *esclaves de l'homme*, lesquels des *chiens* ou des *chevaux* sont *les fiers esclaves?* Personne ne dira que ce soient les *chiens*. La *pronomination* est donc défectueuse, en ce qu'elle manque de précision, de clarté, et qu'elle ne s'applique pas sûrement et sans équivoque à l'espèce d'animal qui en fait l'objet.

Nous pourrions observer que l'équivoque dont il s'agit se perpétue jusqu'à la fin de la comparaison. En effet, n'emploie-t-on pas aussi quelquefois le cheval à la chasse comme à la guerre, et le cheval, quand il est excité par le cor, ne court-il pas aussi en *aveugle*, en *furieux*, au danger ?

III

L'*Antithèse* est une des *figures non-Tropes* dont on abuse le plus; mais c'est aussi une des plus difficiles à reconnaître, et par conséquent à apprécier. De très-habiles critiques ont quelquefois pris le change à cet égard. Nous allons citer deux exemples de ces méprises : l'une est relative au portrait de Mornay, et l'autre au portrait de Sixte-Quint, dans *la Henriade*.

Portrait de Mornay, chant Ier :

De tous ses favoris Mornay seul l'accompagne :
Mornay, son confident, mais jamais son flatteur;
Trop vertueux soutien du parti de l'erreur;
Qui, signalant toujours son zèle et sa prudence,

Servit également son Église et la France :
Censeur des courtisans, mais à la cour aimé;
Fier ennemi de Rome, et de Rome estimé.

Laharpe censure les deux derniers vers : il trouve que l'opposition y est trop affectée, et que l'*Antithèse* y joue trop sur les mêmes mots; que ces deux vers ont l'air d'être symétrisés l'un sur l'autre.

« Oui, il y a dans ces vers une sorte de *symétrie*, on ne peut le nier; on ne peut aussi qu'y reconnaître une sorte d'opposition. Mais cette opposition, bien qu'elle tienne sans doute de l'*Antithèse*, forme-t-elle pourtant une *antithèse* proprement dite? Il faudrait pour cela, je crois, qu'elle allât jusqu'à rendre les idées et les mots absolument contraires les uns aux autres. Or, c'est ce qu'on ne voit dans aucun des deux vers : le *Censeur des courtisans* peut ne pas les *haïr*, et la *Cour* peut *aimer* un homme vrai et honnête qui la *censure*. De même un *ennemi de Rome* peut ne pas la *mépriser*, et *Rome* peut *estimer* un ennemi noble et vertueux. Quelle est même, au fond, la pensée du poëte? celle-ci, ce me semble : *Aimé à la cour, quoique rien moins que courtisan : Estimé de Rome, quoique fortement prononcé contre Rome*. Eh bien! y a-t-il là de quoi tant crier à l'*Antithèse?* »

Voilà ce qu'on répond à Laharpe, dans le *Commentaire classique de la Henriade;* et cette réponse paraît sans réplique.

Portrait de Sixte-Quint, chant III :

Sixte, au trône élevé du sein de la poussière,
Avec moins de puissance, a l'âme encor plus fière.
Le pâtre de Montalte est le rival des rois :
Dans Paris, comme à Rome, il veut donner des lois;
Sous le pompeux éclat d'un triple diadème,
Il pense asservir tout, jusqu'à Philippe même;
Violent, mais adroit, dissimulé, trompeur,
Ennemi des puissans, des faibles oppresseur...

« Palissot ne voit dans les deux derniers vers de ce portrait que de *fausses antithèses*, que des *antithèses en simples oppositions de mots*, Mais Palissot y a-t-il bien réfléchi? Il n'y a là, ce me semble, d'*antithèses* d'aucune espèce. Sans doute il faut, pour l'*antithèse*, une opposition réelle. Or, où est d'abord l'opposition entre *violent* et *adroit?* On peut très-bien, je crois, être à-la-fois l'un et l'autre, surtout si la violence, comme il est très-permis de le supposer, ne va pas jusqu'à ôter l'usage de la raison. Mais, s'il n'y a point d'opposition entre *violent* et *adroit*, y en a-t-il plus entre *dissimulé* et *trompeur*, qui se suivent presque toujours comme deux synonymes, dont l'un enchérit sur l'autre ? Enfin, où est l'opposition entre *ennemi des puissans* et *oppresseur des faibles ?* Ici j'en verrais une, si, au lieu d'*ennemi des puissans*, il y avait *ami* ou *flatteur des puissans*, parce que ce serait, en effet, le contraire d'*oppresseur des faibles*. Les mots *puissans* et *faibles* expriment bien des idées opposées ; mais ces mots, loin d'être disposés dans le vers l'un contre l'autre pour se combattre directement, y sont à peine mis en rapport. » (*Commentaire classique de la Henriade.*)

CHAPITRE VII

NOMENCLATURE DES FIGURES NON-TROPES

Les noms des *figures non-tropes* ne sont pas moins utiles à connaître que les noms des *figures tropes*. Mais plusieurs de ces noms ont aussi tant varié depuis l'origine, et non-seulement d'une langue à l'autre, mais même, qui plus est, dans la même langue! Il est donc à-propos de les passer tous en revue, et d'exposer, avec leur étymologie, les principales variations qu'ils peuvent avoir subies dans les divers âges de la littérature. Rien ne saurait plus contribuer à déterminer leur signification respective, et à mettre en concordance les divers synonymes. Ce sera d'ailleurs un rapprochement tout particulier des *figures non-tropes*, qui pourra faire découvrir entre elles de nouveaux rapports, ou du moins faire paraître dans un plus grand jour ceux qui ont été déjà observés.

Nous avons à choisir, pour le tableau de cette nomenclature, entre l'ordre alphabétique et l'ordre des classes. Il est naturel que nous préférions le dernier, qui seul est philosophique. Mais ce qui doit surtout lui faire donner la préférence, c'est l'avantage incontestable et si important qu'il aura sur l'autre, d'offrir comme un résumé de toute la théorie des *figures non-tropes*. Et ce résumé court et rapide ne sera-t-il pas encore assez complet? Il n'y manquera guère, je crois, que la définition exacte de chaque figure, telle qu'elle a été arrêtée en chaque article; et encore cette définition, si aisée à suppléer, sera-t-elle suffisamment indiquée ou rappelée par l'explication de chaque nom.

A. — FIGURES DE CONSTRUCTION

I. *Figures de construction par révolution :* Inversion, Imitation, Énallage.

Inversion, du latin *inversio* (*versio in*), version contre : de *vertere*, tourner, et de la préposition *in*, qui, dans ce cas, veut dire *contre*. C'est un ordre de construction contraire à l'ordre ordinaire, ou c'est, si l'on veut, un *ordre renversé*, un *ordre inverse* de construction.

On désigne quelquefois l'*Inversion* par le nom d'*Anastrophe*, ou par le nom d'*Hyperbate*, empruntés l'un et l'autre du grec. Mais, sous le nom d'*Hyperbate*, on comprend, avec l'*Inversion*, plusieurs autres espèces, et, par *Anastrophe*, on n'entend qu'une espèce particulière d'*Inversion* qu'il est assez inutile de distinguer, surtout en français. Au reste, *Anastrophe* est formé de σθροφή (*versio*) et de la préposition ἀνά, qui revient à l'*in* des latins : *Hyperbate* (ὑπερβατός) de ὑπέρ, au-delà, et de βαίνω, je vais : littéralement, transgression, passage au-delà, déplacement; transport d'une place en une autre.

Imitation, action d'imiter, du latin *imitari*, dérivé du grec μιμεῖσθαι, qui a la même signification, et où se trouve l'idée de μῖμος, mime, qui contrefait.

Quant aux noms particuliers des diverses sortes d'*imitations* dont il s'agit ici, ils sont respectivement tirés de la langue imitée, et on n'a fait qu'y joindre une terminaison commune empruntée du grec, la terminaison *isme*, qui marque *imitation*. Ainsi l'étymologie en est facile à trouver. Par exemple, *Hellénisme*, en grec ἑλληνισμός, dérive d' ἕλλην, grec, et de ισμος, isme : d'où *imitation du grec*.

Énallage, en grec ἐναλλαγή, permutation, échange : de ἐν, dans, en, d' ἀλλαγή, mutation, change : εν ajoute à la force du mot. L'*Énallage* est en effet l'échange d'un temps, d'un nombre, ou d'une personne, contre un autre temps, un autre nombre, ou une autre personne, tandis que l'*Inversion* est une construction dans un ordre inverse de l'ordre analytique des idées, et l'*Imitation*, une construction imitée d'une langue étrangère, ou d'un ancien usage de la même langue.

II. *Figures de construction par exubérance :* Apposition, Pléonasme, Explétion.

Apposition, du latin *Appositio*, formé de *ad*, auprès, et de *positio*, position : Position auprès. Ce nom vient à cette figure de ce que l'espèce d'addition qui la constitue, se trouve ordinairement placée auprès du nom ou du pronom qui la reçoit.

Pléonasme, du grec πλεονασμός, plénitude, abondance : formé de πλεονάζω, j'abonde, dont la racine est πλέος, plein. Un *pléonasme* vicieux s'appelle *Périssologie*, mot qui signifie littéralement *discours superflu*, et qui est formé de περισσός, et de λόγος : λόγος, discours, et περίσσός, superflu, dont la racine est περί, outre-mesure.

EXPLÉTION, du latin *expletio*, dérivé d'*expleo*, je remplis, lequel est formé du grec, πλέος, plein, et de la préposition *ex*, qui ici marque augmentation, et ajoute à la force du simple.

III. *Figures de construction par sous-entente :* Ellipse, Synthèse, Zeugme, Anacoluthe.

ELLIPSE, du grec ἔλλειψις, défaut, retranchement, suppression : dérivé de λείπω, manquer, être moindre. L'*Ellipse* a été appelée par quelques-uns *Synecdoque*, nom d'une figure bien différente, qui est un *trope*.

ZEUGME, du grec ζεῦγμα, connexion, lien, assemblage : de ξεύγω, joindre, mettre sous un même joug, accoupler. On l'appelle *Protozeugme*, quand les mots sous-entendus se retrouvent au commencement; *Mésozeugme*, quand ils se retrouvent au milieu; *Hypozeugme*, quand ils se retrouvent à la fin; et ces différences viennent des trois initiales, πρῶτος premier, μέσος, qui est au milieu, et ὑπό, sous, dessous.

ANACOLUTHE, du grec ἀνακόλουθος, formé d'*a* privatif, et d'ἀκόλουθος, compagnon, avec un ν euphonique entre les deux *a*, pour éviter l'hiatus et le bâillement. *Anacoluthe*, c'est-à-dire, qui n'est pas compagnon, ou qui ne se trouve pas à la compagnie de celui avec lequel il devrait être : ce qui est précisément le cas du corrélatif sous-entendu d'un mot exprimé.

IV. *Nouvelle figure de construction par exubérance à distinguer :* l'Incidence.

INCIDENCE, dérivé, comme *incident*, du latin *incidere*, tomber sur, lequel est formé de *in* dans le sens de *sur*, et de *cadere*, tomber. L'*Incidence* tombe sur une proposition principale, mais sans en faire partie intégrante, et sans ressembler en rien à ce que les grammairiens appellent *proposition incidente*.

B. — FIGURES D'ÉLOCUTION

I. *Figures d'élocution par extension :* Épithète, Pronomination.

Épithète, en grec ἐπίθετος, de επίθετος, posé sur, imposé, ajouté, adjoint : de ἐπί, sur et θετος, posé.

Pronomination, du latin *nominatio*, nomination, et de *pro*, pour; comme *pronom* de *pro*, pour, et de *nomen*, nom. C'est précisément une désignation employée au lieu du nom ordinaire.

II. *Figures d'élocution par déduction :* Répétition, Métabole, Gradation.

Répétition, en latin *repetitio :* de *re*, équivalent de *rursùs*, et qui marque le retour, réitération d'une chose; et de *petitio*, qui veut dire demande, reprise.

Les diverses espèces de *répétitions* se distinguent par les noms d'*Anaphore*, d'*Épiphore*, de *Symploque*, d'*Épanalepse*, d'*Anadiplose*, d'*Épanode*, etc. Mais il serait sans doute aussi inutile que fastidieux d'entrer dans le détail de toutes ces étymologies. Bornons-nous à celle d'*Anaphore*, qui, en grec, est le nom du genre ἀναφορά, du verbe ἀναφέρω, composé de ανα, signifiant ici *re*, *rursùs*, de rechef, et de φέρω, en latin *fero*, je porte : rapporter, reproduire et, par conséquent, *répéter*.

Métabole, en grec μεταβολή, changement : de μετά, d'une autre manière, et de βάλλω, je jette : Jeter, c'est-à-dire, rapporter, redire d'une autre manière, en d'autres termes.

Si l'on préférait pour cette figure le nom de *Synonymie* que lui donnent quelques rhéteurs, voici d'où ce nom dérive : de σύν, ensemble, et d'ὄνυμα en dorique, pour ὄνομα, nom : assemblage de plusieurs mots dont le sens est à certains égards le même.

Gradation, action d'aller par degrés : du latin *gradus*, grade, degré. Or, on monte des degrés ou on les descend : de là la *gradation ascendante*, et la *gradation descendante*. La *gradation ascendante* s'appelle en latin *incrementum*, et c'est sous ce nom qu'on la trouve dans certains auteurs.

III. *Figures d'élocution par liaison :* Adjonction, Conjonction, Disjonction, Abruption.

L'Adjonction, la Conjonction et la Disjonction ont une racine commune, *Jonction*, action de joindre, du latin *jungere* ou *jugare*, où se trouve l'idée de *joug*, *jugum*, et qui signifie à la lettre, Mettre sous le même joug. Mais elles diffèrent par les prépositions *ad*, *cum* et *dis*; *ad*, qui marque mouvement vers quelque lieu, et la proximité, *cum*, qui marque l'accompagnement, l'assemblage, la réunion; et *dis*, qui marque division, séparation.

La *Conjonction* s'appelait autrefois *Polysyndéton*, et la *Disjonction*, *Asyndéton*, deux noms d'origine grecque. *Polysyndéton*, de πολυ, beaucoup, plusieurs, de σύν, avec, et de δέω, je lie, j'enchaîne : liaison, enchaînement de plusieurs ensemble. *Asyndéton*, le contraire de *Polysyndéton*, par la préposition α, qui marque privation, retranchement.

ABRUPTION, du latin *Abruptio*, formé de la préposition *ab*, qui marque le terme de départ, et de *ruptio*, rupture, fraction. Dans l'*Abruption*, il y a en effet comme *rupture*, par le passage brusque et rapide d'un objet à l'autre.

IV. *Figures d'élocution par consonance :* Allitération, Paronomase, Antanaclase, Assonance, Dérivation, Polyptote.

ALLITÉRATION, de LITTÉRATION et de *ad*, auprès, changé en *al* par euphonie : redoublement, réitération des mêmes lettres, ou suite de lettres à-peu-près les mêmes. Le simple *Littération* veut dire Étude des premiers élémens de la grammaire.

PARONOMASE, ou PARONOMASIE, comme disent quelques-uns; en grec παρονομασία, de παρά, proche, et de ὄνομα, nom : proximité ou ressemblance de deux noms. Et c'est ce que veut dire encore *Prosonomasie*, du grec προσονομασία, en latin *Insupernominatio* ou *Annominatio* (*Nominatio insuper* ou *Nominatio ad*), nom sur un autre nom ou auprès d'un autre nom : de πρός, sur, auprès, et de ὀνομάζω, je nomme.

ANTANACLASE, en grec ἀντανάκλασις, de ἀντί, contre, et de ἀνάκλασις, répercussion, du verbe ἀνακλάω, frapper une seconde fois : en effet, par l'*Antanaclase*, la même expression frappe deux fois l'oreille, mais d'une manière différente, au moins quant au sens.

ASSONANCE, rapport de son : du latin *adsonare* ou *assonare*, retentir, résonner, répondre à la voix : de *ad* et de *sonare : adsonare*, sonner de la même manière, rendre le même son.

Assonance dite *Homoïoteleuton :* du grec ὅμοιος, pareil, et de τελέω, définir, terminer : *Terminaison pareille*, en latin *similiter desinens*.

Assonance dite *Homoïoptoton* : de ὅμοιος, pareil, semblable, et de πίπτω, tomber, choir : *Chute pareille*, en latin *similiter cadens*.

Dérivation, en latin *derivatio*, de *derivare* (*rivare de*), où se trouve l'idée de *rivus*, ruisseau, ou de *ripa*, rive : action de venir de la même source.

La *Dérivation* s'appelait anciennement *Paregmenon*, du grec παρήγμενον, participe parfait passif de παράγω; racine παρά, à côté, et ἄγω, conduire.

Polyptote, du grec πολύπτωτον : Multiplication de terminaisons ou de chutes : de πόλυς, en latin *multus*, nombreux, et du verbe fictif πτόω, qui fournit le prétérit πέπτωκα, au verbe usité πίπτω, en latin *cado*, je tombe, je fais chute.

V. *Nouvelle figure d'élocution par extension, à distinguer* : l'Épithétisme.

Épithétisme, qui tient de l'*Épithète*, ou sorte d'imitation de l'*Épithète* : d'abord, du mot *Épithète*, et puis de la terminaison *isme*, qui, comme on sait, marque l'*imitation*.

C. — FIGURES DE STYLE

I. *Figures de style par emphase* : Périphrase, Conglobation, Suspension, Correction.

Périphrase, en grec περίφρασις, détour de mots, langage autour : de περί, autour, et de φράζω, parler : phrase de circuit et de détour, pour une phrase simple, courte et directe. Aussi la *Périphrase* s'appelle-t-elle en latin *circuitio*.

Conglobation, du français *conglobé*, mis en un globe, en un tas; roulé, enveloppé ensemble : de *cum*, avec, et de *globe*. Telle est aussi à-peu-près la signification d'*Accumulation*, autre nom de cette figure, dérivé d'*accumuler*, lequel est formé du latin *cumulus*, comble, et de *ad*, à, auprès, changé par euphonie en *ac*.

La *Conglobation* est ce qu'on appelle en latin *congeries*, et en grec συναθροισμός ou ἀθροισμιός. *Congeries*, entassement, accumulation, amas, assemblage : de *cum*, avec, et de *gerere*, porter. Συναθροισμός, de σύν, avec, et d'ἀθρόος, rassemblé, d'ἀθήρ, épi, barbe de blé; de sorte qu'ἀθρόος signifie littéralement *rassemblé, ramassé comme des épis*.

On donne encore en grec à la *Conglobation* le nom de *Mérisme*, μερισμός, qui signifie partage, *distribution* : de μερίζω, partager, diviser, *distribuer*. Mais ici la *distribution* n'est pas sans liaison, et même sans la liaison la plus intime; de sorte que, considérées sous un certain rapport, les choses ainsi distribuées se présentent comme formant un assemblage, un groupe, un tout.

C'est à ce nom de *Mérisme* que semble correspondre en français le nom d'*énumération*, que l'on emploie quelquefois au lieu de celui de *Conglobation*, ou d'*Accumulation*. *Énumération*, du verbe *énumérer*, formé du latin *numerus*, nombre, et de la préposition extractive *è*.

Suspension, en latin *suspensio*, de *suspendere*, suspendre, formé de *pendere*, pendre, et de *sus* pour *sursùm*, en haut. C'est tenir pendu en haut, en l'air, au-dessus et de manière qu'on ne puisse pas tout de suite y atteindre, au propre, de la main, et au figuré, de l'esprit.

Correction, en latin *correctio*, du verbe *corrigere*, corriger, formé de *cum*, avec, et de *regere*, régir, diriger, conduire. Or, *régir avec*, c'est *régir par le moyen de;* c'est tempérer, modifier, ou même quelquefois fortifier, renchérir; enfin c'est *corriger*. Par la *correction*, on se reprend pour dire quelque chose de plus fort, ou même tout autre chose que ce qu'on vient de dire.

Le nom grec de la *Correction* est *Épanorthose*, ἐπανόρθωσις, du verbe ἐπανορθέω, redresser, corriger, qui a pour racine ἐπί, sur, ἀνά, préposition réduplicative, et ὀρθός, droit.

II. *Figures de style par tour de phrase :* Interrogation, Exclamation, Apostrophe, Interruption, Subjection, Dialogisme.

Interrogation, du latin *interrogare*, formé de la préposition *inter*, entre, et de *rogare*, prier, demander, questionner, s'enquérir; dérivé du grec ὀρέγω, désirer, c'est-à-dire ici, désirer savoir.

L'*Interrogation* en grec s'appelle ἐρώτησις ou ἐρώτημα, d'ἐρωτήσω, futur d'ἐρωτάω, interroger; dérivé d'εἰρέω, qui, formé d'εἰ, si, et de ῥέω, dire, signifie littéralement *dire, demander si*.

Exclamation, du latin *exclamare*, s'écrier : de *ex*, qui ici est augmentatif, et de *clamare*, crier : c'est crier avec force, avec une forte élévation de la voix. Telle est aussi la signification d'ἐκφώνησις, nom grec de cette figure :

ἐκφώνησις, d'ἐκφωνέω, élever la voix, formé de εα augmentatif, et de φωνέω , dire, parler, dont la racine est φωνή, voix, son, parole, etc.

APOSTROPHE, d'ἀποστροφή, en latin aversion, détour, éloignement du sujet que l'on traite: dérivé d'ἀποστρέφω, détourner, composé d'απἀό, de, et de στρέφω, je tourne.

INTERRUPTION, action d'interrompre : du latin *interrumpere* (*rumpere inter*), rompre entre, par le milieu.

SUBJECTION, du latin *subjectio*, formé de *sub*, dessous, et du simple *jectio*, qui ne se dit point, mais que l'on peut supposer ici se dire, et qui exprime l'action de *jacio*, jeter. La *subjection* jette, met dessous, et c'est ce que veut dire aussi *hypobole*, autre nom de cette figure : *Hypobole*, en grec ὑποβολή. de ὑηό, sous, dessous, et de βάλλω, je jette.

DIALOGISME, imitation du dialogue: du grec διάλογος, dialogue, formé de δια, entre, et de λόγος, discours : discours entre, c'est-à-dire, discours entre deux ou plusieurs personnes, ou de soi à soi-même. Telle est aussi la signification du *sermocinatio* des latins, dérivé de *sermocinium*, conversation, entretien.

III. *Figures de style par rapprochement* : Comparaison, Antithèse, Réversion, Enthymémisme, Parenthèse, Epiphonème.

COMPARAISON, du latin *comparatio*, dérivé de *comparare*, où l'on voit *cum*, avec, et *parare*, approcher, avancer, faire venir : mettre avec un autre, ou à côté d'un autre. Dans *comparare*, l'on peut encore, si l'on veut, voir, au lieu de *parare*, d'abord *par*, pareil, égal, semblable, et ensuite la finale *are*, qui marque l'action de *faire*, de *rendre :* faire, rendre pareil.

Quant au grec ὁμοίωσις, *Homoïose* ou *Homiose*, autre nom de la Comparaison, il dérive du verbe ομοιοω, rendre semblable, assimiler, verbe dans lequel se trouve compris l'adjectif ὅμοιος, semblable.

ANTITHÈSE, en grec ἀντίθεσις, opposition, position contre : d'ἀντί, contre, et de τίθημι, placer, poser; d'où l'on a fait ἀντίθημι, opposer.

RÉVERSION, du latin *reversio*, dérivé de *revertere*, qui a pour racines *re* réduplicatif, et *vertere*, tourner, retourner, faire retour. C'est ce que signifie aussi *Rétrogression*, autre nom de cette figure également dérivé du latin, et formé de *retrò*, en arrière, et de *gradi*, marcher. C'est encore ce que signifient trois autres noms qu'elle tire du grec, *Antimétabole*, *Antimétalepse*, et *Antiméthèse*. Ces trois noms ont, comme on voit, deux racines communes, ἀντί, contre, et μετά, au delà, et ils sont ensuite distingués l'un de l'autre par des verbes tout-à-fait différens, βάλλω, je jette, λαμβάνω, je conçois, je comprends, et τίθημι, je pose. Ainsi, le premier veut dire, *transjection contraire;* le second, *conception renversée;* et le troisième, *transposition opposée.* Mais que de noms pour une seule figure, et nous pourrions encore en citer d'autres!

ENTHYMÉMISME, en grec ἐνθυμημισμός, imitation de l'*Enthymême*, ou sorte, manière d'*Enthymême*. Racines : la terminaison *isme*, et ενθυμῆμα, qui signifie pensée, d'ἐν, dans, et de θῦμος, esprit : l'*Enthymême* est un argument parfait dans l'esprit, quoiqu'imparfait dans l'expression.

PARENTHÈSE, en grec παρένθησις, interposition : de παρά, entre, ἐν, dans, et τίθημι, je place : chose placée entre d'autres. Il y a une sorte de *Parenthèse* que les rhéteurs appellent *Parembole :* c'est celle qui a rapport au sujet. Dans *Parembole*, vous trouvez aussi παρά et ἐν, et puis, au lieu de τίθημι, c'est βάλλω, qui veut dire *Je jette*.

ÉPIPHONÈME, en grec ἐπιφωνῆμα, exclamation : du verbe ἐπιφωνέω, s'écrier sur quelque chose : racines de ce verbe, ἐπί, sur, après, et φωνέω, parler.

IV. *Figures de style par imitation :* Hypotypose et Harmonisme.

HYPOTYPOSE, en grec ὑποτύπωσις, modèle, original, tableau : de ὑποτυπόω, dessiner, peindre, former une vive image. Racines de ce verbe, ὑπο, sous, et τυπόω, figurer, tracer. Par l'*Hypotypose*, on trace, on peint sous l'expression, ou sous l'objet même; ou enfin on trace sous les yeux.

HARMONISME, imitation par harmonie : d'ἁρμονία, qui signifie suite, enchaînement, liaison, accord; dérivé d'ἄρω , concerter, accorder, ajuster.

V. *Deux autres figures de style par emphase à distinguer :* La Paraphrase et l'Épiphrase.

PARAPHRASE, en grec παράφρασις, de παραφράζω, interpréter, parler selon le sens : παρά, selon, et φράζω, parler. Phrase dans le sens de la phrase, roulant sur la même pensée, et ne servant qu'à la présenter dans un plus grand développement : voilà ce qu'il faut entendre par *Paraphrase*.

ÉPIPHRASE, d'ἐπί, sur, et de φράζω, parler : phrase sur une phrase qui lui sert comme de support, et à laquelle elle se rattache, et par le sens, et par la forme grammaticale.

D. — FIGURES DE PENSÉES

I. *Figures de pensées par imagination :* Prosopopée, Fabulation, Rétroaction.

PROSOPOPÉE, en grec ηροσωποποιία, fiction, introduction mise en jeu d'une personne, d'un personnage : racines, προσωηον, personne, et ποιεῖν, faire, supposer.

FABULATION, fiction qui tient de la *fable*, et ne doit même être prise que pour une *fable*, quoique donnée en apparence pour une réalité.

RÉTROACTION, du latin *retrò*, en arrière, et du français *action*, dont la signification est assez connue. Le nom d'*Epanorthose* que l'on donne quelquefois à la *correction*, pourrait aussi convenir à cette figure. Ce nom se trouve expliqué après celui de *correction*, dans le paragraphe des *figures de style par emphase*.

II. *Figures de pensées par raisonnement ou par combinaison :* Occupation, Délibération, Communication, Concession, Sustentation.

OCCUPATION, action de s'emparer : avec l'initiale *anté* ou *pré*, qui signifient auparavant, d'avance, c'est l'action d'anticiper, de prévenir. L'Occupation s'appelle aussi *Prolepse*, du grec πρόληψις, qui vient de προλήψομαι, futur de προλάμβανω, et qui a pour racines, προ, auparavant, d'avance, et λάμβανω, prendre, occuper.

DÉLIBÉRATION, action de délibérer : or, d'où vient *délibérer?* de la préposition *de*, à ce qu'il paraît, et de *librare*, balancer, peser. Celui qui *délibère*, pèse en effet, balance les raisons de part et d'autre.

COMMUNICATION, dérivé de *communiquer*, qui veut dire Rendre commun : *commun*, formé de *cum* et d'*omnibus*, signifie *Ce qu'on partage avec tous.*

La *Communication* s'appelle en grec ἀνακοίνωσις, de ἀνά, qui marque mouvement et réduplication, et de κοινόω, communiquer, faire part.

CONCESSION, du latin *concessio*, de *concedere*, concéder, accorder : par cette figure, on accorde à son adversaire ce qu'on pourrait lui disputer.

La *Concession* est appelée par quelques-uns *Confession*, et c'est même là ce que signifie son nom d'origine grecque, *Parhomologie*, formé de παρά, entièrement, et de ὁμολογέω, j'avoue, je confesse : ὁμολογέω, formé de ὁμός, semblable, et de λόγος, discours. Mais *confesser*, *avouer*, n'est-ce pas en un sens accorder, *concéder?*

SUSTENTATION, ou du latin *sustinere*, soutenir, ou du français *sustenter*, qui signifie nourrir, entretenir. La *sustentation* tient en effet en suspens, *soutient* comme en l'air, s'il faut le dire; elle sert aussi à *nourrir*, à entretenir la curiosité, l'attention.

III. *Figures de pensées par développement :* Expolition, Topographie, Chronographie, Prosopographie, Éthopée, Portrait, Parallèle, Tableau.

EXPOLITION, du latin *expolitio*, dépouillement, formé de la préposition augmentative *ex*, et de *spoliatio*. C'est-à-dire que par cette figure on ne fait que *dépouiller* et *habiller* sans cesse une même pensée, que la déguiser sans cesse sous une forme nouvelle et différente.

TOPOGRAPHIE, CHRONOGRAPHIE, PROSOPOGRAPHIE; trois mots qui ont pour racine commune *graphie*, de γραφεῖν, crayonner, peindre, et qui ne diffèrent entre eux que par les syllabes initiales, *topo* de τόπος, lieu; chrono, χρόνοσ, temps; et *prosopo*, de πρόσωπον, visage, extérieur, figure, etc.; en sorte que *Topographie* veut dire Description de lieu; *Chronographie*, Description de temps, et *Prosopographie*, Description de tout l'extérieur d'un être physique et vivant.

ÉTHOPÉE, en grec ἠθοποιία, peinture des mœurs : d'ἦθος, les mœurs, et de ποιέω, je fais, c'est-à-dire, je décris, je peins ou dépeins. C'est ce que signifie aussi, mais moins directement, *Mimèse*, autre nom de cette figure, dérivé de μιμῆσις, imitation, action de contrefaire. C'est ce que signifient encore, mais moins parfaitement, deux autres noms tirés du latin : *Notatio*, notation, marque, note; et *Effectio*, action de faire, de rendre, de reproduire. Enfin, c'est ce qu'on entend quelquefois en français par le mot *Portrait :* le portrait de l'esprit et du cœur.

PORTRAIT, du verbe français *portraire*, anciennement *pourtraire*, dérivé du latin *protrahere*, qui a pour racines *pro*, au devant, devant soi, et *trahere*, tirer. Par le *Portrait*, on *tire* en effet l'image, la ressemblance d'une personne.

Parallèle, du grec παράλληλος, qui signifie *également distant, qui est à distance égale*. Il se dit adjectivement en géométrie d'une ligne ou d'une surface qui est également éloignée d'une autre dans toute son étendue. Ici, il se prend substantivement pour *comparaison*. Faire le *parallèle* de deux personnes, c'est examiner à quelle distance elles sont, en quelque sorte, des mêmes points de mérite, de vertu, de talent.

Tableau, du latin *tabula*, table. Les ouvrages de peinture se faisaient sans doute dans l'origine sur une *table* de bois, de cuivre ou d'autre matière; et de là *tableau* pour *peinture*.

IV. *Prétendues figures de pensées :* Commination, Imprécation, Optation, Déprécation, Serment, Dubitation, Licence.

Commination, en latin *comminatio*, de *comminari*, menacer avec force, formé de *cum* augmentatif, et de *minari*, menacer.

Imprécation, en latin *imprecatio*, anti-prière, ou plutôt contre-prière, c'est-à-dire prière contre : de *in*, qui ici marque l'opposition et signifie *contre*, et de *precari*, prier : c'est demander du mal contre quelqu'un, c'est le maudire, c'est appeler des malheurs sur sa tête. Et c'est à quoi se rapporte le mot *Exécration*, autre nom de cette figure, d'*exsecrari*, exécrer, avoir en horreur, charger de malédictions : *Exécrer*, de *ex* privatif, et de *sacrer*, c'est *désacrer*, s'il faut le dire, c'est regarder comme tout l'opposé de sacré et d'inviolable.

Optation, en latin *optatio*, du verbe *optare*, désirer, souhaiter avec ardeur, de tous ses vœux.

Déprécation, supplication, instante prière : de la préposition *de*, qui marque ici augmentation, et de *precatio*, prière. Telle est aussi la signification d'*obsécration*, avec la seule différence de quelques idées accessoires. *Obsécration*, du verbe *obsécrer*, supplier, conjurer au nom des choses sacrées : racines, *ob*, devant, *sacer*, sacré, etc.

Serment, formé par contraction de *sacrement*, en latin *sacramentum :* affirmation d'une chose en prenant à témoin Dieu, ou ce qu'on regarde comme divin, comme sacré.

Dubitation, en latin *dubitatio*, de *dubitare*, douter, formé de *duo*, et de *itare*, fréquentatif de *ire*, aller : mot à mot, aller par deux chemins, ou entre deux. La *Dubi-*

tation s'appelle en grec ἀπορία, *Aporie*, c'est-à-dire, perplexité, incertitude, irrésolution : de ἀ privatif, et de πόρος, passage, trajet, expédient, mot à mot, par où l'on ne peut ou l'on ne sait passer.

LICENCE, permission ou liberté un peu hardie qu'on se donne; du latin *licentia*, qui a la même signification. Le nom grec est παρρησία, *Parrhésie*, comme qui dirait παν-ρησία, ou πασαρησία : de πᾶς, πᾶσα, πᾶν, tout, et de ῥέω, je dis : liberté qu'on prend de tout dire.

INDEX

A

ABRUPTION 342
ADJONCTION 336
ALLÉGORISME 115
ALLITÉRATION 345
ALLUSION 125
ANACOLUTHE 315
ANTANACLASE 347
ANTITHÈSE 379
ANTONOMASE 95
APPOSITION 296
APOSTROPHE 371
ASSOCIATION 129
ASSONANCE 349
ASTÉISME 150

C

CATACHRÈSE 213
CHRONOGRAPHIE 424
COMMINATION 434
COMMUNICATION 414
COMPARAISON 377
CONCESSION 415
CONGLOBATION 363
CONJONCTION 339
CONTREFISION 152
CORRECTION 366

D

DÉLIBÉRATION 412
DÉPRÉCATION 440
DÉRIVATION 351
DIALOGISME 375
DISJONCTION 340
DUBITATION 444

E

ELLIPSE 305
ÉNALLAGE 293
ENTHYMÉMISME 382
ÉPIPHONÈME 386
ÉPIPHRASE 399
ÉPITHÈTE 324
ÉPITHÉTISME 354
ÉPITROPE 148
EXPLÉTION 303
EXPOLITION 420
ÉTHOPÉE 427
EXCLAMATION 370

F

FABULATION 406

G

GRADATION 333

H

HARMONISME 392

HYPERBOLE 123
HYPOTYPOSE 390

I

IMPRÉCATION 435
INTERROGATION 368
INTERRUPTION 372
INVERSION.............. 284
IRONIE 145

L

LICENCE 447
LITOTE 133

M

MÉTABOLE 332
MÉTALEPSE 127
MÉTONYMIE 79
MYTHOLOGISME 120
MÉTAPHORE 99

O

OCCUPATION 410
OPTATION 438

P

PARADOXISME 137
PARALLÈLE 429
PARAPHRASE 396
PARONOMASE 347
PARENTHÈSE 384
PERSONNIFICATION 111
PÉRIPHRASE 361
PLÉONASME 299
POLYPTOTE 352
PORTRAIT............... 428
PRÉTÉRITION 143
PRONOMINATION....... 326
PROSOPOGRAPHIE 425
PROSOPOPÉE 404

R

RÉPÉTITION 329
RÉTROACTION 408
RÉTICENCE 135
RÉVERSION 381

S

SERMENT 442
SUBJECTION 374
SUSPENSION 364
SUSTENTATION 417
SYLLEPSE 105
SYNECDOQUE 87
SYNTHÈSE 308

T

TABLEAU 431
TOPOGRAPHIE 422

TABLE DES MATIÈRES

MANUEL CLASSIQUE POUR L'ÉTUDE DES TROPES

Introduction 5
Avertissement. 21
Préface 25
De l'usage du Manuel, *soit pour l'enseignement, soit pour l'étude des Tropes* 31

PREMIÈRE PARTIE

NOTIONS PRÉLIMINAIRES, où l'on voit jusqu'aux premiers fondemens de la Théorie des Tropes.... 39
CHAPITRE PREMIER. — Des idées et des mots..... 41
A. Les idées 41
B. Les mots 44
CHAP. II. — De la pensée et de son expression, ou de la Proposition 49
CHAP. III. — Des différens sens dont la Proposition est susceptible, soit dans ses élémens, soit dans son ensemble 55
A. Sens objectif 56
B. Sens littéral 57
C. Sens spirituel ou intellectuel 58
D. Qualités ou caractères du sens, tant littéral que spirituel 59
CHAP. IV. — Des figures du discours en général. 63
A. Définition des figures 63
B. Division des figures 65
C. Division des figures de mots 66
D. Utilité de la connaissance des figures 67

SECONDE PARTIE

Théorie des Tropes........................ 73

SECTION PREMIÈRE

Des Tropes en un seul mot, ou proprement dits. 77
CHAPITRE PREMIER. — Des Tropes par *correspondance*, connus sous le nom de *Métonymies*..... 79
Métonymie de la cause........................ 79
— De instrument........................ 81
— De l'effet........................ 81
— Du contenant........................ 82
— Du lieu........................ 82
— Du signe........................ 84
— Du physique........................ 84
— Du maître ou du patron........................ 85
— De la chose........................ 86
CHAP. II. — Des Tropes par *connexion*, ordinairement appelés *Synecdoques*................... 87
Synecdoque de la partie........................ 87
— Du tout........................ 90
— de la matière........................ 90
— Du nombre........................ 91
— Du genre........................ 92
— De l'espèce........................ 93
— D'abstraction........................ 93
— D'individu, ou *Antonomase*................ 95
CHAP. III. — Des Tropes par *ressemblance*, c'est-à-dire, des *Métaphores*................ 99
CHAP. IV. — Des Tropes mixtes, ou des *Syllepses* 105
Syllepse de Métonymie................ 105
— De Synecdoque................ 106
— De Métaphore................ 107

SECTION SECONDE

Des Tropes en plusieurs mots, ou improprement dits................ 109
CHAPITRE PREMIER. — Des Tropes, *figures d'expression par fiction*................ 111
Personnification................ 111
Allégorie................ 114

Allégorisme 115
Subjectification 118
Mythologisme 120
CHAP. II. — Des Tropes, *figures d'expression par réflexion* 123
Hyperbole...................................... 123
Allusion 125
Métalepse 127
Association 129
Litote 133
Réticence 135
Paradoxisme 137
CHAP. III. — Des Tropes, *figures d'expression par opposition* 143
Prétérition 143
Ironie 145
Épitrope.. 148
Astéisme 150
Contrefision.................................... 152

SECTION TROISIÈME

Des Tropes, tant en un seul mot qu'en plusieurs mots, considérés quant à leur emploi dans le discours.. 155
CHAPITRE PREMIER. — De l'origine des Tropes... 157
I. — Causes occasionnelles des Tropes....... 158
II. — Causes génératrices des Tropes........ 161
III. — Distinction à faire entre les Tropes relativement à leur origine........................ 164
CHAP. II. — Des effets des Tropes dans le discours (Divers exemples)........................ 167
CHAP. III. — De l'usage des Tropes............ 175
A. Les Tropes ne conviennent pas également à tous les sujets................................. 175
B. Les Tropes conviennent moins en général à la prose qu'à la poésie, et moins à certains genres de poésie qu'à certains autres.............. 180
C. L'usage des Tropes dans les sujets qui les comportent le mieux, est subordonné à certaines règles impérieusement prescrites par la raison et le goût.................................... 182
CHAP. IV. — De l'abus des Tropes (Divers exemples)...................................... 189

TROISIÈME PARTIE

SUPPLÉMENT à la théorie des Tropes 209
CHAPITRE PREMIER. — Des Tropes comme pures *catachrèses*, et par conséquent, comme *non vraies figures* 213
I. — Catachrèse de Métonymie 214
II. — Catachrèse de Synecdoque 215
III. — Catachrèse de Métaphore 215
CHAP. II. — En quoi diffèrent des Tropes les autres formes du discours appelées *figures* 221
A. Figures de Diction 222
B. Figures de Construction 223
C. Figures d'Élocution 224
D. Figures de Style 226
E. Figures de Pensées 228
CHAP. III. — Moyens de reconnaître les Tropes dans le discours, et d'en apprécier le mérite ... 233
A. Procédés et principes 233
B. Application des principes à un grand nombre d'exemples 236
CHAP. IV. — Explication des noms par lesquels on désigne les Tropes 259
I. — Tropes en un seul mot 261
II. — Tropes en plusieurs mots, généralement reconnus 262
III. — Tropes en plusieurs mots, non généralement reconnus, mais qui paraissent devoir l'être 263
IV. — Prétendus Tropes 265

DES FIGURES DU DISCOURS AUTRES QUE LES TROPES

Avertissement 271
Préface 273
Préambule 279
CHAPITRE PREMIER. — Des figures de construction 283
A. Figures de construction par révolution 284
Inversion 284
Imitation 288
Énallage 293
B. Figures de construction par exubérance 296
Apposition 296
Pléonasme 299

Explétion 303
C. Figures de construction par sous-entente 305
Ellipse 305
Synthèse 308
Zeugme 313
Anacoluthe 315
D. D'une nouvelle figure de construction par exubérance à distinguer 318
Incidence 318
CHAP. II. — Des figures d'élocution 323
A. Figures d'élocution par extension 324
Épithète 324
Pronomination 326
B. Figures d'élocution par déduction 329
Répétition 329
Métabole ou synonymie 332
Gradation 333
C. Figures d'élocution par liaison 336
Adjonction 336
Conjonction 339
Disjonction 340
Abruption 342
D. Figures d'élocution par consonance 344
Allitération 345
Paronomase 347
Antanaclase 347
Assonance 349
Dérivation 351
Polyptote 352
E. D'une nouvelle figure d'élocution par extension à distinguer 353
Épithétisme 354
CHAP. III. — Des figures de style 359
A. Figures de style par emphase 361
Périphrase 361
Conglobation 363
Suspension 364
Correction 366
B. Figures de style par tour de phrase 367
Interrogation 368
Exclamation 370
Apostrophe 371
Interruption 372
Subjection 374
Dialogisme 375

C. Figures de style par rapprochement 377
Comparaison 377
Antithèse 379
Réversion 381
Enthymémisme 382
Parenthèse 384
Épiphonème 386
D. Figures de style par imitation 390
Hypotypose 390
Harmonisme 392
E. De deux nouvelles figures de style par emphase à distinguer 396
Paraphase 396
Épiphrase 399
Chap. IV. — Des figures de pensées 403
A. Figures de pensées par imagination 404
Prosopopée 404
Fabulation 406
Rétroaction 408
B. Figures de pensées par raisonnement ou par combinaison 410
Occupation 410
Délibération 412
Communication 414
Concession 415
Sustentation 417
C. Figures de pensées par développement 420
Expolition 420
Topographie 422
Chronographie 424
Prosopographie 425
Éthopée 427
Portrait 428
Parallèle 429
Tableau 431
D. Prétendues figures de pensées 433
Commination 434
Imprécation 435
Optation 438
Déprécation 440
Serment 442
Dubitation 444
Licence 447
Chap. V. — Rapprochement général des diverses classes de figures, tropes ou non-tropes 451

A. Nos sept classes de figures très-distinguées entre elles, malgré tous les rapports des unes aux autres 451
B. Nos sept classes de figures pourraient-elles se réduire à des classes plus générales; par exemple, aux deux classes de *figures de mots* et de *figures de pensées?* 455
C. La réduction des classes en *figures de grammaire* et en *figures de rhétorique* est-elle du moins plus aisée que la précédente? 456
D. Enfin, que penser de la réduction des *classes en figures d'imagination* et en *figures de passion?*... 458
CONCLUSION 459
CHAP. VI. — Considérations générales sur les figures non-tropes........................ 461
A. Origine et cause des figures non-tropes....... 461
B. Effets des figures non-tropes.............. 464
C. Usage et abus des figures non-tropes........ 465
D. Moyens de reconnaître les figures non-tropes (Exemples)................................ 467
E. Moyens d'apprécier les figures non-tropes (Exemples)................................ 474
CHAP. VII. — Nomenclature des figures non-tropes 481
A. Figures de construction.................. 481
B. Figures d'élocution...................... 484
C. Figures de style......................... 486
D. Figures de pensées....................... 490

DÉJÀ PARUS

Collection Champs

ABELLIO **Assomption de l'Europe.**
ADOUT **Les raisons de la folie.**
ALAIN **Idées.**
ALQUIÉ **Philosophie du surréalisme.**
ARAGON **Je n'ai jamais appris à écrire** ou les *Incipit.*
ARNAUD, NICOLE **La logique ou l'art de penser.**
AXLINE Dr **Dibs.**
BADINTER **L'amour en plus.**
Les Remontrances de Malesherbes.
BARRACLOUGH **Tendances actuelles de l'histoire.**
BARTHES **L'empire des signes.**
BASTIDE **Sociologie des maladies mentales.**
BECCARIA **Des délits et des peines.**
BERNARD **Introduction à l'étude de la médecine expérimentale.**
BIARDEAU **L'hindouisme. Anthropologie d'une civilisation.**
BINET **Les idées modernes sur les enfants.**
BOIS **Paysans de l'Ouest.**
BONNEFOY **L'arrière-pays.**
BRAUDEL **Écrits sur l'histoire.**
La Méditerranée. L'espace et l'histoire.
BRILLAT-SAVARIN **Physiologie du goût.**
BROUÉ **La révolution espagnole (1931-1939).**
BURGUIÈRE **Bretons de Plozévet.**
BUTOR **Les mots dans la peinture.**
CAILLOIS **L'écriture des pierres.**
CARRÈRE D'ENCAUSSE **Lénine, la révolution et le pouvoir.**
Staline, l'ordre par la terreur.
CASTEL **Le psychanalysme.**
CHAR **La nuit talismanique.**
CHASTEL **Éditoriaux de la Revue de l'art.**
CHAUNU **La civilisation de l'Europe des Lumières.**
CHEVÈNEMENT **Le vieux, la crise, le neuf.**
CHOMSKY **Réflexions sur le langage.**
CLAVEL **Qui est aliéné ?**
COHEN **Structure du langage poétique.**
CONDOMINAS **Nous avons mangé la forêt.**
CORBIN **Les filles de noce.**
Le miasme et la jonquille.
DAVY **Initiation à la symbolique romane.**
DERRIDA **Éperons. Les styles de Nietzsche.**
La vérité en peinture.
DETIENNE, VERNANT **Les ruses de l'intelligence. La métis des Grecs.**
DEVEREUX **Ethnopsychanalyse complémentariste.**
DIEHL **La République de Venise.**
DODDS **Les Grecs et l'irrationnel.**
DUBY **L'économie rurale et la vie des campagnes dans l'Occident médiéval** (2 tomes).
Saint-Bernard. L'art cistercien.
L'Europe au Moyen Âge.
EINSTEIN, INFELD **L'évolution des idées en physique.**
ÉLIADE **Forgerons et alchimistes.**
ELIAS **La société de cour.**
ERIKSON **Adolescente et crise.**
ESCARPIT **Le littéraire et le social.**
*****Les états généraux de la philosophie.**
FABRA **L'anticapitalisme.**
FEBVRE **Philippe II et la Franche-Comté.**
FÉRRO **La révolution russe de 1917.**
FINLEY **Les premiers temps de la Grèce.**
FOISIL **Le Sire de Gouberville.**
FONTANIER **Les figures du discours.**
FUSTEL DE COULANGES **La cité antique.**
GARDEN **Lyon et les Lyonnais au XVIIIe siècle.**
GENTIS **Leçons du corps.**
GERNET **Anthropologie de la Grèce antique.**
Droit et institutions en Grèce antique.
GINZBURG **Les batailles nocturnes.**
GONCOURT **La femme au XVIIIe siècle.**
GOUBERT **100 000 provinciaux au XVIIe siècle.**
GREPH (Groupe de recherches sur l'enseignement philosophique) **Qui a peur de la philosophie ?**
GRIMAL **La civilisation romaine.**
GUILLAUME **La psychologie de la forme.**
GUSDORF **Mythe et métaphysique.**
GURVITCH **Dialectique et sociologie.**
HEGEL **Esthétique.** Tome I. **Introduction à l'esthétique.** Tome II. **L'art symbolique. L'art classique. L'art romantique.** Tome III. **L'architecture. La sculpture. La peinture. La musique.** Tome IV. **La poésie.**
JAKOBSON **Langage enfantin et aphasie.**
JANKÉLÉVITCH **La mort.**
le pur et l'impur.
L'ironie.
L'irréversible et la nostalgie.
Le sérieux de l'intention.
JANOV **L'amour et l'enfant.**
Le cri primal.
KRIEGEL **Aux origines du communisme français.**
KROPOTKINE **Paroles d'un révolté.**
KUHN **La structure des révolutions scientifiques.**
LABORIT **L'homme et la ville.**
LAPLANCHE **Vie et mort en psychanalyse.**
LAPOUGE **Utopie et civilisations.**
LEAKEY **Les origines de l'homme.**
LEPRINCE-RINGUET **Sciences et bonheur des hommes.**

LE ROY LADURIE **Les paysans de Languedoc.**
Histoire du climat depuis l'an mil (2 tomes).
LOMBARD **L'Islam dans sa première grandeur.**
LORENZ **L'agression.**
L'homme dans le fleuve du vivant.
MACHIAVEL **Discours sur la première décade de Tite-Live.**
MANDEL **La crise.**
MARIE **Le trotskysme.**
MARX **Le Capital.** Livre I (2 tomes).
MEDVEDEV **Andropov au pouvoir.**
MICHELET **Le peuple.**
La femme.
Louis XIV et la Révocation de l'Édit de Nantes.
MICHELS **Les partis politiques.**
MOSCOVICI **Essais sur l'histoire humaine de la nature.**
MOULÉMAN MARLOPRÉ **Que reste-t-il du désert ?**
NOËL **Dictionnaire de la Commune** (2 tomes).
ORIEUX **Voltaire** (2 tomes).
PAPAIOANNOU **Marx et les marxistes.**
PAZ **Le singe grammairien.**
POINCARÉ **La science et l'hypothèse.**
PÉRONCEL-HUGOZ **Le radeau de Mahomet.**
PORCHNEV **Les soulèvements populaires en France au XVIIe siècle.**
POULET **Les métamorphoses du cercle.**
RAMNOUX **La Nuit et les enfants de la Nuit.**
RENOU **La civilisation de l'Inde ancienne d'après les textes sanskrits.**
RICARDO **Des principes de l'économie politique et de l'impôt.**
RICHET **La France moderne. L'esprit des institutions.**
RUFFIÉ **De la biologie à la culture** (2 tomes).
SCHUMPETER **Impérialisme et classes sociales.**
SCHWALLER DE LUBICZ R.A. **Le miracle égyptien. Le roi de la théocratie pharaonique.**
SCHWALLER DE LUBICZ Isha **Her-Back, disciple.**
Her-Back « Pois Chiche ».
SEGALEN **Mari et femme dans la société paysanne.**
SIMONIS **Claude Lévi-Strauss ou la « Passion de l'inceste ».** Introduction au structuralisme.
STAROBINSKI **1789. Les emblèmes de la raison.**
Portrait de l'artiste en saltimbanque.
STOETZEL **La psychologie sociale.**
STOLERU **Vaincre la pauvreté dans les pays riches.**
STRAUSS **Droit et Histoire.**
SUN TZU **L'art de la guerre.**
TAPIÉ **La France de Louis XIII et de Richelieu.**
TRIBUNAL PERMANENT DES PEUPLES **Le crime de silence. Le génocide des Arméniens.**
THIS **Naître... et sourire.**
ULLMO **La pensée scientifique moderne.**
VILAR **Or et monnaie dans l'histoire 1450-1920.**
WALLON **De l'acte à la pensée.**

Achevé d'imprimer en janvier 1988
sur les presses de l'Imprimerie Bussière
à Saint-Amand (Cher)

N° d'éditeur : 11455.
Dépôt légal : 2e trimestre 1977.
N° d'impression : 3075.

Imprimé en France